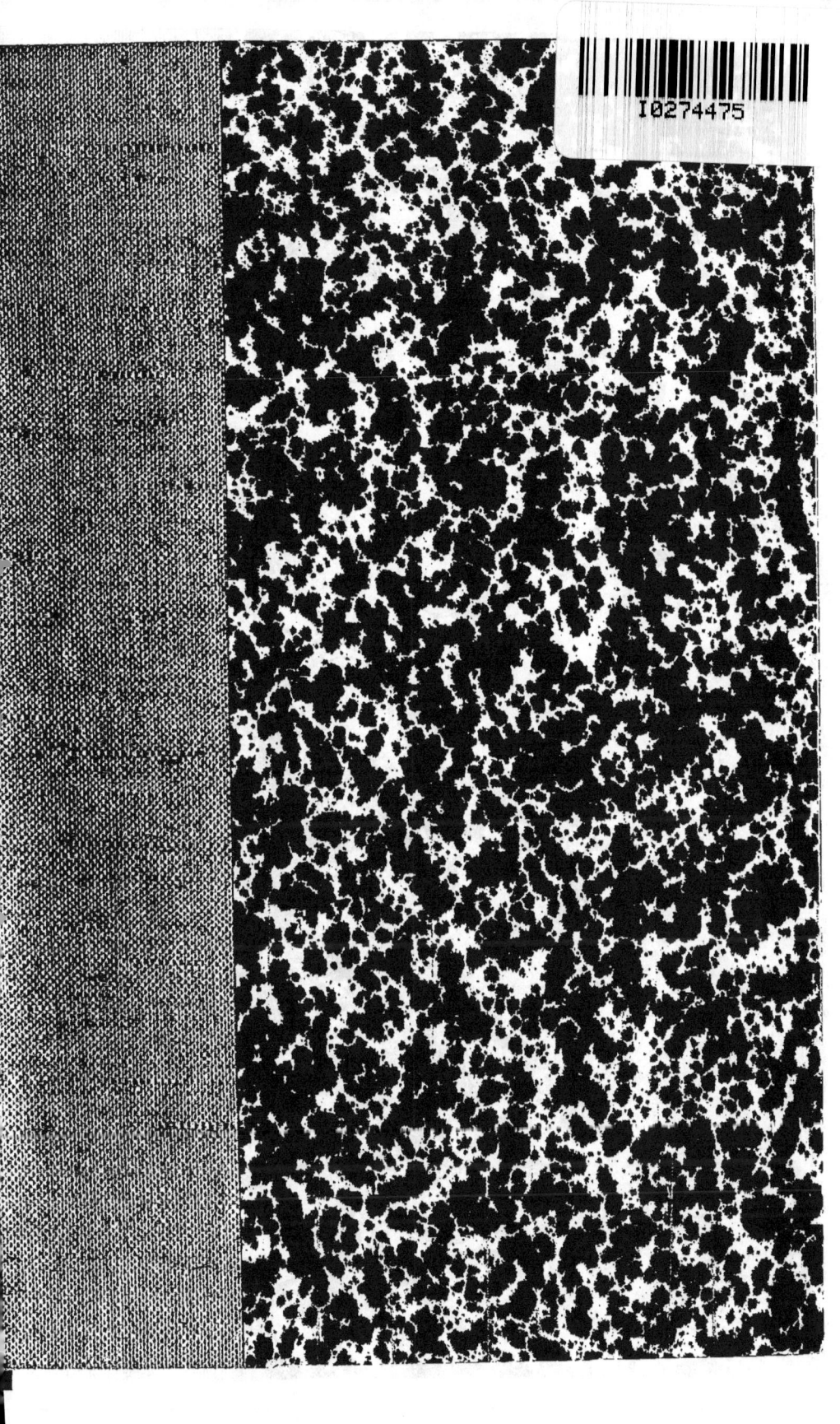

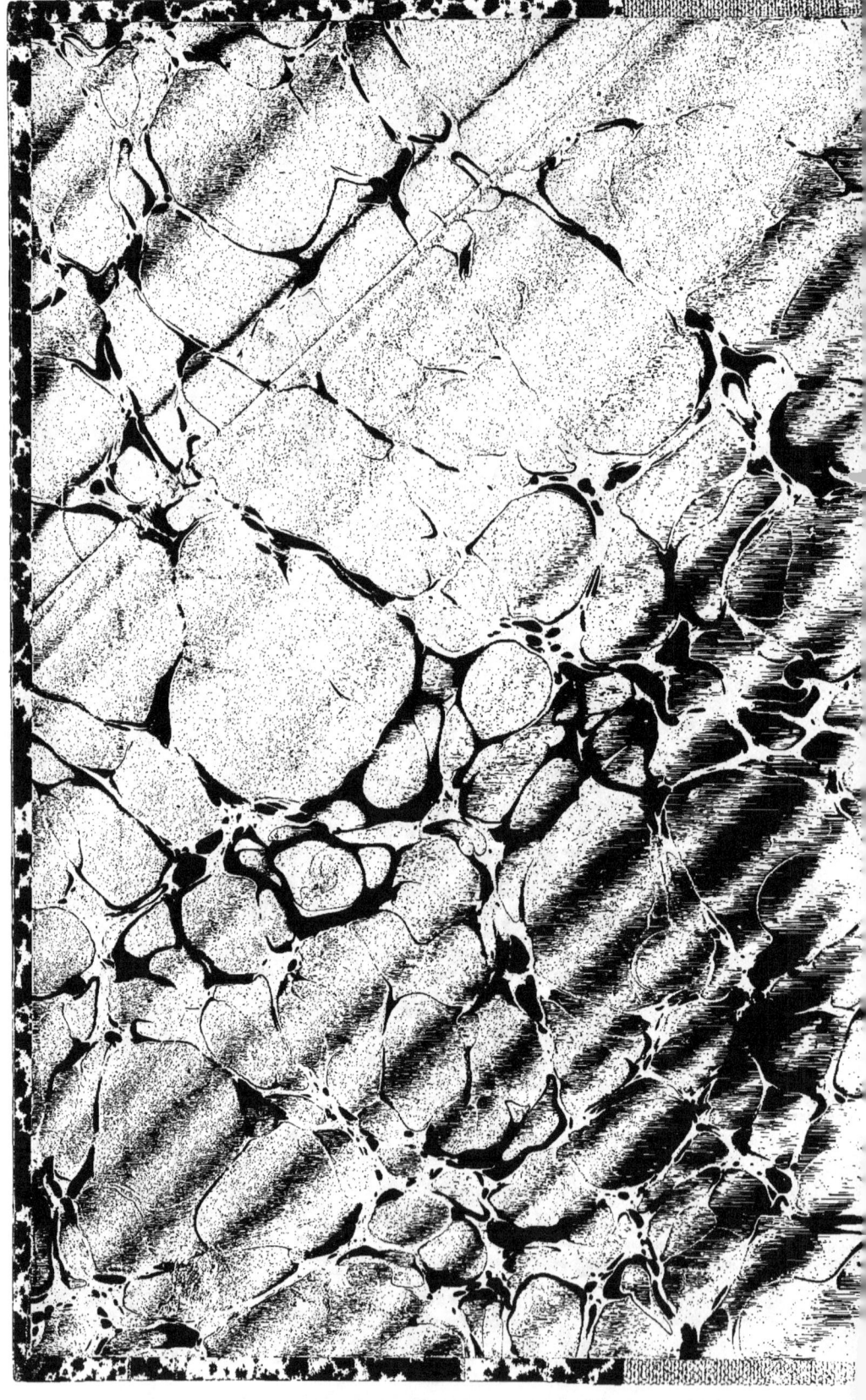

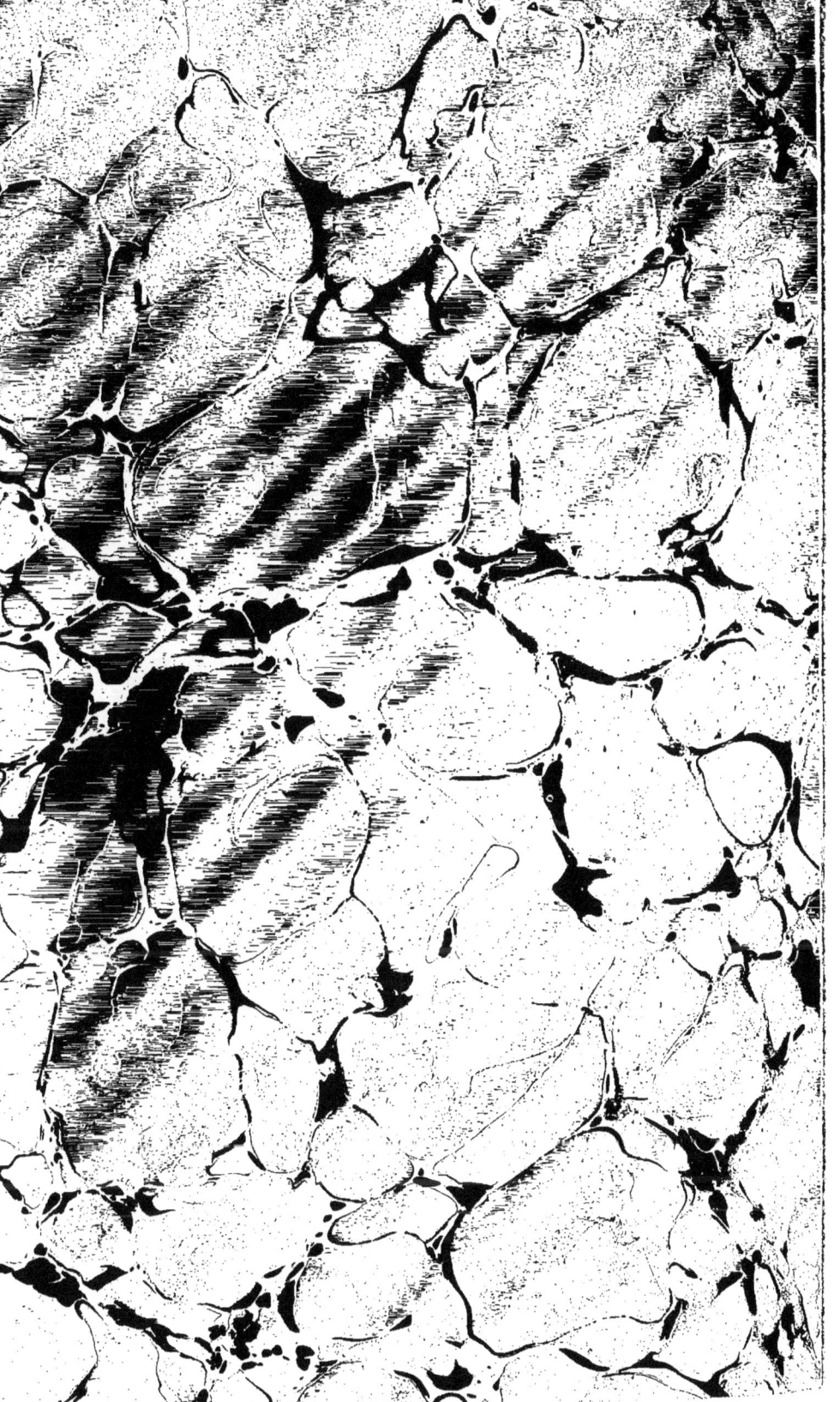

SECTION TUNISIENNE
DE LA
SOCIÉTÉ DE GÉOGRAPHIE COMMERCIALE DE PARIS

CONGRÈS NATIONAL
DES
SOCIÉTÉS FRANÇAISES DE GÉOGRAPHIE

XXVe SESSION — TUNIS — 3-7 AVRIL 1904

Compte Rendu des Travaux du Congrès

TUNIS
SOCIÉTÉ ANONYME DE L'IMPRIMERIE RAPIDE
2ter, rue d'Alger, vis-à-vis de la Résidence Générale

1904

SECTION TUNISIENNE
DE LA
SOCIÉTÉ DE GÉOGRAPHIE COMMERCIALE DE PARIS

CONGRÈS NATIONAL
DES
SOCIÉTÉS FRANÇAISES DE GÉOGRAPHIE

XXVᵉ SESSION — TUNIS — 3-7 AVRIL 1904

Compte Rendu des Travaux du Congrès

TUNIS
SOCIÉTÉ ANONYME DE L'IMPRIMERIE RAPIDE
2ᵗᵉʳ, rue d'Alger, vis-à-vis de la Résidence Générale

1904

SECTION TUNISIENNE
DE LA
SOCIÉTÉ DE GÉOGRAPHIE COMMERCIALE DE PARIS

CONGRÈS NATIONAL
DES
SOCIÉTÉS FRANÇAISES DE GÉOGRAPHIE

XXVᵉ SESSION — TUNIS — 3-7 AVRIL 1904

INTRODUCTION

Organisation du Congrès

En vertu d'une décision prise par le Congrès de Rouen en 1903, la Section tunisienne de la *Société de Géographie Commerciale de Paris* a eu l'honneur d'organiser, pour 1904, la XXVᵉ session du Congrès national des Sociétés françaises de Géographie.

La Section tunisienne s'est immédiatement mise à l'œuvre pour se montrer digne de l'honneur qui lui était fait. Dès le 15 février, elle constituait ainsi qu'il suit la Commission générale chargée de cette mission :

1º *Les Membres du Bureau de la Société* :

MM. D'ANTHOÜARD, secrétaire d'Ambassade, délégué à la Résidence Générale de France à Tunis, O. ✻, président ;

    PAUL BONNARD, avocat, ✻, vice-président ;

    le lieutenant GRILLIÈRES du 4ᵉ régiment de Zouaves, lauréat de la Société, ✻, vice-président ;

MM. MONCELON, vice-président de la Municipalité de Bizerte, vice-président ;
PIQUET, agent maritime à Bizerte, ✪, vice-président ;
DOLLIN DU FRESNEL, lauréat de la Société, président honoraire, I. ✪, secrétaire général ;
GRÉBAUVAL, avocat, ✪, secrétaire général adjoint ;
BELBÉZÉ, propriétaire, ✪, trésorier ;
VALENSI (Rodolphe), secrétaire de la Chancellerie du Nicham-Iftikhar, archiviste-bibliothécaire ;
DE PARLIER, Marcel FRAENKEL et Sion FELLOUS, collaborateurs du Bureau.

2° *La Commission des Finances :*

MM. Th. PROUST, vice-président de la Municipalité de Tunis, O. ✪ ;
DANINOS, directeur des Monts-de-Piété, ✪ ;
DEMARCQ, industriel ;
ESTRAGNAT, pharmacien ;
FÉRET, propriétaire, membre de la Chambre d'Agriculture, ✪ ;
DE FONTBRUNE, propriétaire ;
MORTIER, chimiste ;

3° *La Commission de Publicité :*

MM. Paul LAFITTE, directeur du *Petit Bizertin*, ✪ ;
REVOL, directeur de *La Dépêche Sfaxienne*, ✪ ;
le Docteur TROUILLET, à Kairouan ;
SOLER, artiste photographe, ✪ ;
DELSTANCHE, ingénieur ;

4° *La Commission technique :*

MM. GALTIER, ancien officier interprète, ✪, ✪ ;
HAGELSTEIN, industriel ;
DESTRÉES, avocat ;
D'ORGEVAL, contrôleur civil suppléant à Bizerte, ✪ ;
Paul PROUST, chef du Bureau du dessin (Construction) de la Compagnie Bône-Guelma, ✪, ✪ ;
NICOLAS, chargé de cours d'arabe au Lycée Carnot, ✪ ;
GIRAUD, propriétaire, président de la Société d'Horticulture, ✪ ;
PAGEYRAL, ingénieur, directeur de la mine du Djebel-Ressas, ✪.

La présidence du Congrès fut offerte à M. Eugène Etienne, vice-président de la Chambre des Députés, et les vice-présidences d'honneur à MM. le général Roux, commandant la Division d'occupation, et Machuel, directeur général de l'Enseignement public.

M. Stephen Pichon, résident général, a bien voulu accepter la présidence du Congrès, qui lui a été offerte par notre Société, dont il est président d'honneur.

Afin de pouvoir donner au Congrès un éclat exceptionnel digne de notre cité, la Commission d'organisation s'est préoccupée immédiatement de s'assurer les ressources nécessaires. Le Ministère des Affaires étrangères, le Gouvernement Tunisien, la Municipalité de Tunis, ainsi que la Compagnie des Chemins de fer de Bône à Guelma, le Comptoir National d'Escompte, la Compagnie Algérienne et le Crédit Foncier et Agricole d'Algérie, la Compagnie des Minerais de Liège accordèrent de généreuses subventions qui, jointes au montant d'une souscription spécialement ouverte parmi les membres de la Société, permirent de tracer largement le programme du Congrès et de lui donner l'importance et la solennité désirables. En même temps, les membres des Sociétés de Géographie de France et ceux de notre Association, comme aussi les membres des diverses Sociétés savantes de Tunisie, furent invités à préparer des travaux scientifiques, et l'empressement avec lequel beaucoup de nos collègues acceptèrent cette invitation assura la présentation de nombreux mémoires intéressants.

Sur la demande de la Commission d'organisation, les Compagnies de chemins de fer P.-L.-M., de l'Etat, du Midi, du Nord, de l'Ouest, de l'Est, d'Orléans, de Bône à Guelma et Prolongements, du Sfax-Gafsa, des Messageries tunisiennes par automobiles, de l'Est-Algérien, du P.-L.-M. Algérien, de l'Ouest-Algérien et de l'Etat-Algérien voulurent bien accorder aux membres du Congrès une réduction de cinquante pour cent.

Les Compagnies maritimes Transatlantique, Navigation Mixte, accordèrent une réduction de trente pour cent.

Pour la tenue du Congrès, la Direction des Travaux publics nous accorda la libre disposition du Palais des Sociétés Françaises; l'Office Postal y installa un bureau comprenant la poste, le télégraphe et le téléphone, et l'Administration du Casino mit le théâtre municipal à notre disposition pour les séances solennelles d'ouverture et de clôture du Congrès.

Enfin, à l'occasion des excursions, le Commandant de la Division navale de Tunisie, ainsi que la Compagnie Commerciale du Port de Bizerte, ont généreusement prêté de confortables vapeurs pour conduire les congressistes aux chantiers de Sidi-Abdallah et aux Pêcheries. D'autre part, pour les visites des villes et centres de la Régence, la Commission d'organisation a trouvé le meilleur accueil auprès des Contrôleurs civils, Administrateurs municipaux et Présidents de Sociétés.

La Société organisatrice du Congrès, qui doit à tous ces concours précieux l'éclat et le succès de la session, tient à exprimer ici ses plus chaleureux remerciements : à la Résidence Générale, aux Autorités, aux Conseils municipaux de Tunis et de Bizerte, aux Corps élus, aux Banques, aux Compagnies de transports et à toutes les personnes qui l'ont aidée dans sa tâche. Si la réussite du Congrès a couronné nos efforts, si les nombreuses notabilités qui ont bien voulu répondre à notre appel, les Délégués des Ministères et des Sociétés de Géographie et assimilées ont conservé un agréable souvenir du Congrès de Tunis, notre Société ne peut que se montrer heureuse et fière de ce résultat, espérant qu'il sera favorable à l'expansion française et à la prospérité de la Tunisie.

LISTE DES DÉLÉGUÉS

Délégués des Ministères

Ministère des Affaires étrangères :

MM. A. GILBERT, secrétaire d'Ambassade, chef du Cabinet du Ministre-Résident général de la République Française à Tunis.

Ministère des Colonies :

GAUTHIOT, membre du Conseil supérieur des Colonies, O. ✻.

Ministère de l'Instruction publique :

AYMONIER, directeur de l'Ecole Coloniale, à Paris, O. ✻.
PAUL LABBÉ, explorateur, ✻.
FRÉDÉRIC LEMOINE, chargé de Cours d'Histoire et de Géographie au Collège Rollin, à Paris.
HENRI LORIN, professeur de Géographie Commerciale à la Faculté de Bordeaux.

Ministère de la Guerre :

le Commandant TOUSSAINT, chef des Brigades topographiques d'Algérie et de Tunisie, O. ✻.

Ministère des Travaux publics :

DE FAGES, directeur général des Travaux publics, ✻.

Ministère de la Marine :

l'Amiral AUBERT, commandant la Division navale de la Tunisie, C. ✻.

Ministères du Commerce, Postes et Télégraphes :

MAZOYER, directeur de l'Office Postal tunisien, ✻.

Représentant du Gouverneur Général de l'Algérie :

le Commandant LACROIX, chef du Service des Affaires indigènes au Gouvernement Général de l'Algérie, O. ✻.

Représentant du Commandant du XIXᵉ Corps d'Armée :

le Lieutenant-Colonel PAMBET, chef d'Etat-Major de la Division d'occupation de Tunisie, ✻.

Gouvernement Tunisien :

ROY, consul général de France, secrétaire général du Gouvernement, O. ✻.

Délégués des Sociétés de Géographie constituant le Comité du Congrès

MM.

Alger.............	PELLEPORT, sous-intendant militaire en retraite, O. ✶, vice-président.
Bordeaux.........	le Docteur GILBERT-LASSERRE, secrétaire général.
Bourges..........	Paul HAZARD, ancien Bâtonnier, avocat à la Cour de Bourges, président.
Brives-la-Gaillarde.	COLRAT, chargé de Mission, ✶.
Douai............	Georges BOTTIN, président.
Dunkerque.......	Thomas DEMAN, avocat, ancien Bâtonnier.
Lille..	Raymond THÉRY.
Lorient..........	LEGRAND, président.
Lyon	ZIMMERMANN, professeur à la Faculté des Lettres, secrétaire général.
Marseille........	VALRAN, professeur au Lycée.
Montpellier......	le Commandant BORDIER, ✶, O.
Nancy...........	Bertrand AUERBACH, professeur à la Faculté des Lettres.
Nantes	Louis LINYER, président.
Oran	LECLERC, professeur d'arabe au Collège de Médéah.
Paris............	Frédéric LEMOINE, professeur à l'Université.
Paris-Commerciale.	Georges BLONDEL, vice-président.
Rouen...........	CANONVILLE-DESLYS, président.
Rochefort........	le Capitaine TRIVIER, ✶.
Roubaix	BOULENGER, président.
Saint-Etienne.....	le Docteur MERLIN et FOUGEROLLES.
Saint-Nazaire	Etienne PORT, président.
Saint-Omer	César DE GIVENCHY.
Toulouse.........	TACHARD, président.
Tours	PINGUET.
Tunis............	le Baron D'ANTHOUARD, O. ✶, président.

Délégués des Sociétés assimilées assistant au Congrès

MM.

Association Française pour l'Avancement des Sciences............	Charles GAUTHIOT, membre du Conseil.
Asie Française	Paul LABBÉ, explorateur.
Union Coloniale	MARCAGGI.
Sciences Médicales, de Tunis......	le Docteur LAFFORGUE.
Ligue Française de l'Enseignement (Cercle de Tunis)...............	{ G. LOTH, professeur au Lycée Carnot. { GUIOT, juge au Tribunal Mixte.
La Khaldounia	{ Mohamed LASRAM, directeur de la Ghaba. { Béchir SFAR, directeur des Habous.
Institut de Carthage............	Auguste FABRY, président.
Horticulture, de Tunisie	{ RANDET, juge au Tribunal Mixte. { GUILLOCHON, jardinier en chef au Jardin d'essais.
France Colonisatrice, de Rouen....	BUCHÈRE, président.
Club Alpin de France	{ BELLOC. { MACÉ DE LÉPINAY.
Apiculture, de Tunisie...........	le Commandant DE FRANCE.
Alliance Française...............	FABRY, président du Tribunal de Tunis.
Comité de l'Afrique française......	le Marquis DE SEGONZAC.
Comité du Maroc................	le Marquis DE SEGONZAC.

Délégués des Sociétés de Géographie étrangères

MM.

Société de Géographie de Genève...	DE CLAPARÈDE, président.
— royale — de Londres..	BERKELEY, consul d'Angleterre à Tunis.
— — — de Madrid...	le Consul général d'Espagne à Tunis.
— de Géographie de Neuchatel.	le Docteur STAUFFER.

LE CONGRÈS

Séance du Dimanche 3 Avril 1904

RÉUNION DU COMITÉ

La séance est ouverte à dix heures du matin, sous la présidence de M. d'Anthouard, président de la Section tunisienne de la *Société de Géographie commerciale de Paris,* assisté du Bureau de la Société organisatrice du Congrès.

Etaient présents les Représentants des Ministères :

Des Affaires étrangères : M. A. Gilbert, secrétaire d'Ambassade, chef du Cabinet du Ministre-Résident Général de la République Française à Tunis.

Des Colonies : M. Gauthiot, membre du Conseil supérieur des Colonies.

De l'Instruction publique : MM. Aymonnier, directeur de l'Ecole Coloniale, à Paris ; Paul Labbé, explorateur ; Frédéric Lemoine, chargé de cours d'Histoire et de Géographie au Collège Rollin, et Henri Lorin, professeur de Géographie commerciale à la Faculté de Bordeaux.

De la Guerre : M. le Commandant Toussaint, chef des Brigades topographiques d'Algérie et de Tunisie.

De la Marine : M. l'Amiral Aubert, commandant de la Division navale de Tunisie.

Des Travaux publics : M. de Fages, directeur général des Travaux publics de la Régence.

Du Commerce, des Postes et Télégraphes : M. Delmolino, sous-directeur de l'Office Postal tunisien.

Représentant du Gouverneur général de l'Algérie : M. le Commandant Lacroix, chef du Service des Affaires indigènes au Gouvernement général de l'Algérie.

Représentant du Général commandant le XIXe Corps d'Armée:
M. le Lieutenant-Colonel PAMBET, chef d'Etat-Major de la Division d'occupation de Tunisie.

Les Délégués des Sociétés de Géographie ci-après : MM. PELLEPORT (Alger), PAUL HAZARD (Bourges), COLRAT (Brives), DEMAN (Dunkerque), THÉRY (Lille), VALRAN (Marseille), le Commandant BORDIER (Montpellier), LECLERC (Oran), BLONDEL (Paris-Commerciale), FR. LEMOINE (Paris), CANONVILLE-DESLYS (Rouen), le Capitaine TRIVIER (Rochefort), BOULENGER (Roubaix), DE GIVANCHY (Saint-Omer), TACHARD (Toulouse), D'ANTHOUARD (Tunis).

M. le Président D'ANTHOUARD, en souhaitant la bienvenue aux Délégués des Ministères et des Sociétés de Géographie, déclare la séance ouverte et invite les Délégués à voter pour la nomination des Présidents de séances.

Nombre de votants : 16.

Ont obtenu : MM. BLONDEL et RAYMOND COLRAT, 14 voix ; PAUL HAZARD et BOULENGER, 12 ; D'ANTHOUARD, 11 ; CANONVILLE-DESLYS, le Capitaine TRIVIER, DEMAN et le Commandant BORDIER, 10 ; PELLEPORT et THÉRY, 9.

Le Comité décide ensuite d'ouvrir deux sections simultanées, la première consacrée aux communications sur la géographie générale, la seconde aux communications sur la géographie coloniale.

Les séances du Congrès sont publiques.

L'après-midi du dimanche 3 avril a été consacré par les congressistes à une visite de la ville et des souks, sous la conduite de MM. Noël, ancien professeur de l'Université, et Rodolphe Valensi, secrétaire de la Chancellerie du Nicham-Iftikhar.

A six heures du soir, les Congressistes se sont réunis, à l'Hôtel des Sociétés françaises, pour entendre une intéressante conférence de M. G. Destrées sur le Maroc dont nous rendons compte dans le cours de ce travail.

Enfin, le soir de cette même journée, M. le Résident Général, soucieux de ce qui pourrait être agréable aux Congressistes, avait voulu réserver une surprise mondaine qui a été pour tous un véritable enchantement en même temps qu'une occasion de voir de combien de sympathies vraies et sincères sont entourés M. le Ministre de France et Mme Pichon, qui sait faire avec tant de grâce, de bonté et de distinction les honneurs de la « Maison de France ». Une réception officielle réunissait donc dans la soirée du dimanche les délégués des Ministères, les sommités du fonctionnarisme tunisien, tous les Chefs de Service, officiers généraux, membres de la Conférence Consultative, consuls, en un mot, toute la Colonie européenne et les Congressistes accompagnés de leur famille.

A minuit, les invités de la « Maison de France » prenaient congé du Ministre et de Mme Pichon.

LES TRAVAUX DU CONGRÈS

Séance solennelle d'ouverture du Lundi 4 Avril 1904

Présidence de M. Stephen Pichon, Ministre Plénipotentiaire, Résident Général de France, C. ✻, *président du Congrès*.

La séance solennelle d'ouverture a eu lieu à neuf heures du matin, au Théâtre municipal, avec un éclat exceptionnel. La façade de l'édifice avait été décorée d'écussons et de drapeaux, et un piquet d'honneur de cavaliers de l'Oudjak était aligné dans le vestibule d'entrée, orné de plantes vertes dues au gracieux concours des Pépinières de la Ville.

Quand la séance s'est ouverte, la salle était à peu près comble, le public ayant répondu en grand nombre à l'invitation de la *Société de Géographie Commerciale de Tunis*.

A neuf heures précises arrive M. le Résident Général Pichon ; il est reçu par M. d'Anthoüard, président de la Section tunisienne, entouré du Bureau de la Société. Au moment où le Ministre arrive sur l'estrade, la musique du 4e Zouaves joue *la Marseillaise*, que tout le monde écoute debout ; les cavaliers de l'Oudjak présentent le sabre.

Au bureau prennent place : MM. Pichon, résident général, président ; d'Anthoüard ; le général Roux ; l'amiral Aubert ; Machuel, directeur de l'Enseignement ; Dollin du Fresnel, secrétaire général, et Grébauval, secrétaire général adjoint.

Sur les sièges disposés en arrière prennent place toutes les autorités militaires, civiles, et particuliers que l'affinité de caractère groupe en petits clans amis où l'on échange les meilleurs sentiments de confraternité et de sympathie.

En ouvrant la séance, M. d'Anthoüard, président de la Section tunisienne de la Société de Géographie Commerciale de Paris, a prononcé le discours suivant :

Messieurs,

En arrivant à Tunis, la statue de Jules Ferry a frappé votre regard.

Elle se dresse à l'entrée de notre principale avenue et représente l'illustre homme d'État debout, face à son œuvre. Une jeune Arabe lui offre, d'un geste gracieux, les fruits de la terre d'Afrique comme hommage naïf et sincère des indigènes à celui qui prétendit relever leur condition ; un colon fatigué se repose de son labeur, et son regard, tourné vers Jules Ferry, l'interroge avec confiance sur le sort de la future société qui naîtra de ce sol vierge. Derrière le monument, l'Avenir, que deux enfants personnifient, annonce l'union du protecteur et du protégé dans la communauté de l'étude et du travail.

Ces figures symboliques représentent, sous une forme saisissante, les idées directrices du « Tunisien », surnom où la haine politique a voulu mettre une flétrissure, mais que l'Histoire, plus prompte que d'habitude dans ses arrêts, a déjà auréolé de gloire, car il est devenu un témoignage de la reconnaissance de la France au principal fondateur de son empire colonial.

Comme l'indiquait très justement un des précédents résidents généraux, ces idées directrices se résument en deux mots : Colonisation et Protectorat.

Aujourd'hui, à côté des symboles, la réalité apparaît.

Commencée en 1881, l'œuvre est encore loin d'être achevée, mais l'ébauche en est assez poussée pour faire saillir les traits principaux et caractéristiques et permettre de prévoir le résultat définitif. La lumière du beau soleil d'Afrique, qui l'éclaire de tout son éclat, permet de la voir dans tous ses détails.

Nous vous laisserons le soin, Messieurs, de formuler votre opinion et nous ne chercherons pas à vous influencer, car nous croyons, en agissant ainsi, répondre à vos intentions. En choisissant Tunis comme siège du 25e Congrès des Sociétés françaises de Géographie, n'avez-vous pas formé le dessein d'étudier sur place le travail accompli par le Protectorat ?

La géographie et la colonisation sont étroitement associées dans notre esprit en vue de la grandeur de la France, elles se prêtent un mutuel appui, et quiconque s'intéresse à l'une ne peut être indifférent à l'égard de l'autre. L'appliquant à la Tunisie, nous pouvons reprendre la pensée d'un de nos principaux géographes modernes parlant de la France : ici, comme de l'autre côté de la Méditerranée, l'homme a été le disciple longtemps fidèle du sol. En interrogeant ce sol nous comprendrons le caractère, les mœurs et les tendances des habitants ; bien plus, nous pourrons déchiffrer l'énigme des réactions que ce milieu exercera sur les générations futures.

A la Section tunisienne de la Société de Géographie commerciale revient donc la tâche lourde, mais particulièrement honorable, de vous guider. Soucieuse de sa responsabilité, désireuse de vous montrer la Tunisie de la manière la plus complète, de mettre vos études sous la direction la plus éclairée et la plus active, elle a pensé que ce but ne pouvait être plus sûrement atteint qu'en plaçant à votre tête deux hommes qui personnifient sur cette terre africaine l'énergie française.

Vous connaissez tous les services incomparables que votre président d'honneur, M. Etienne, vice-président de la Chambre, a rendus à la cause coloniale, et spécialement au développement de notre influence en Afrique. Pour tous les hommes épris de science géographique, pour tous ceux qui se vouent à notre expansion sur ces vastes territoires où le drapeau tricolore a été scellé dans le sang de nos soldats, pour tous ceux, enfin, qui veulent que la pensée française rayonne dans le monde et marque de son sceau les peuples que nous avons entrepris d'arracher à leur immobilité séculaire, le nom d'Etienne est un mot de ralliement, le signe certain d'une puissante influence au service de la plus patriotique des tâches.

Des occupations pressantes n'ont pas permis à M. Etienne de venir à Tunis, malgré le vif désir qu'il en avait. Nous le regrettons profondément, car il nous eût été particulièrement agréable de lui exprimer de vive voix les sentiments que je viens de traduire.

M. Pichon, résident général de la République Française en Tunisie, votre président effectif, ne vous est pas moins sympathique, mais j'avoue mon embarras au moment de saluer sa présence parmi nous, car, Messieurs, je crains que mes paroles ne trahissent involontairement mes sentiments intimes. Six ans bientôt de collaboration étroite, dans des conditions particulièrement difficiles, ont créé entre nous une communauté morale où, pour ma part, l'estime ne laisse de place qu'à une respectueuse affection. Tout en m'honorant hautement de servir sous les ordres d'un tel chef, je dois cependant taire ici mes sentiments personnels et me borner à vous indiquer ceux qui ont guidé le choix des congressistes tunisiens chargés de l'organisation de vos assises. Au Parlement, dans la diplomatie et enfin dans la direction de notre politique tunisienne, M. Pichon s'est toujours consacré à l'étude des grands problèmes de notre vie nationale. Il en a poursuivi la solution avec un dévouement inlassable, avec le souci du triomphe de la vérité. Depuis son arrivée ici, il a su exercer la haute autorité dont il est investi avec un libéralisme et une bienveillance qui lui ont attiré le respect et l'affection de tous. Il semble que sa conduite s'inspire de cette pensée de Montesquieu que rappelait M. Hanotaux au Congrès d'Oran : « Les pays ne sont pas cultivés en raison de leur fertilité, mais en raison de leur liberté. » Ces mérites ont paru à vos collègues des titres incontestables à la direction de vos travaux au double profit de la science et de l'influence française.

Sous l'égide de ces deux noms éminents, la Section tunisienne de la Société de Géographie commerciale vous a conviés, Messieurs, à cette session et vous adresse son salut le plus cordial. Votre empressement prouve d'une manière éclatante la bonne renommée de notre chère Tunisie au dehors, la puissance de l'attrait qu'elle exerce, et ce témoignage nous cause une joie sincère que nous ne saurions dissimuler. Nous tenons tout spécialement à remercier les notabilités du Gouvernement, de la science et de l'Administration qui, dans une assistance si nombreuse et si remarquable, jettent l'éclat de leurs noms, de leur haute autorité. La présence de Messieurs les Représentants des Ministres de la République, du Gouverneur général de l'Algérie, cette colonie voisine pour qui la Tunisie ressent une affection de sœur cadette pour une sœur aînée, des délégués du général commandant le 19e corps d'armée, nous fait sentir vivement tout l'honneur, mais aussi tout le poids de la mission qui nous incombe. Et vraiment notre courage pourrait faiblir si d'autres présences ne venaient pas nous seconder.

S. A. le Bey, dont le concours loyal et dévoué sert si puissamment l'œuvre du Protectorat, a bien voulu nous affirmer sa sympathie en se faisant représenter. Qu'il veuille bien recevoir ici l'expression de nos remerciements respectueux. M. le général commandant la Division d'occupation, MM. les Chefs de service du Gouvernement Tunisien, la Colonie française dans la personne de plusieurs de ses élus, auxquels se sont jointes des délégations de plusieurs sociétés savantes, marquent de leur présence l'intérêt qu'ils portent à la réussite du Congrès.

Enfin, nous constatons avec une profonde reconnaissance que le secrétaire perpétuel de notre société, M. Gauthiot, qui compte plus de vingt-cinq ans de services tout à fait exceptionnels rendus à la géographie, a bien voulu affronter les fatigues d'un long voyage pour apporter à la Section tunisienne le concours de sa solide expérience et la chaleur de son affectueuse sollicitude.

La force de ces précieux encouragements nous rassure et nous avons conscience de pouvoir vous faire les honneurs de la Tunisie comme il sied à l'intérêt que vous lui témoignez et à la valeur de l'œuvre accomplie par l'énergie et l'intelligence de nos colons.

Je termine, Messieurs, sur cette parole qui exprime bien le sentiment de la Section tunisienne de la Société de Géographie commerciale et je m'empresse de céder ce fauteuil à votre président.

Des applaudissements répétés ont souligné de nombreux passages de ce magistral discours, qui a causé une vive et agréable impression sur tout l'auditoire.

M. Pichon, prenant à son tour la parole, a prononcé le discours ci-après :

Messieurs,

Les remerciements et les éloges que le Président de la Section tunisienne de la Société de Géographie commerciale m'adresse, dans des termes dont je serais confus s'ils ne s'expliquaient par une affection réciproque qui s'est nouée et développée au cours déjà long d'une œuvre commune traversée par des vicissitudes tragiques, doivent être reportés aux organisateurs de ce Congrès.

C'est la seconde fois en deux ans que les délégués des Sociétés de Géographie se donnent rendez-vous sur la terre d'Afrique. En 1902, ils tenaient, à Oran, une session mémorable sous la présidence d'un ancien Ministre des Affaires étrangères qui a marqué son passage au pouvoir par des actes qui lui vaudront l'impérissable reconnaissance de la Colonie française de Tunisie. Aujourd'hui, ils viennent apporter à Tunis un témoignage de sympathie et d'attachement qui est pour la Régence, placée sous le protectorat de la France, un hommage et un honneur dont elle se réjouit.

Elle y voit la preuve qu'elle a définitivement conquis la place qui lui appartient parmi nos possessions d'Afrique. Elle y trouve la consécration de son rôle et la récompense des services qu'elle s'applique à rendre à la Métropole. Elle se dit, avec autant de satisfaction que de fierté, que si elle n'avait pas justifié par sa prospérité croissante et par la sagesse de son administration l'attente de ceux auxquels elle est redevable des bienfaits de l'ordre et de la civilisation, elle n'aurait pas dans sa capitale le spectacle d'une assemblée comme celle-ci.

Supposez que le Protectorat ait trompé l'espoir de ses fondateurs, qu'il soit une charge et une déception pour la France, qu'il n'ait su remédier ni aux abus, ni aux injustices, ni à la détresse financière, ni à l'anarchie générale qui ont précipité son avènement, et la motion par laquelle M. Bonnard, qui prêche par l'exemple sa foi robuste dans les destinées africaines de notre pays, proposait aux congressistes d'Oran de se réunir deux ans plus tard en Tunisie n'aurait pu se produire sans provoquer quelque étonnement. Elle a, au contraire, été acceptée comme toute naturelle. Personne de ceux qui l'ont votée, pas plus que de ceux qui en ont assuré l'exécution, n'a eu de doute sur son succès. Le Comité local chargé d'y donner suite s'est mis à l'œuvre avec l'ardeur et le dévouement qui distinguent ses membres dans l'accomplissement habituel de leur tâche patriotique, et il a trouvé pour coordonner ses efforts, les diriger et assurer leur réussite, un Président sur l'autorité, l'expérience et le tact duquel il pouvait compter en toute sûreté.

C'est un grand fait, Messieurs, que ces réunions multipliées des Congrès français dans les villes d'Afrique. Sans parler des voyageurs et des touristes qui sont attirés par la séduction de nos sites, les souvenirs de l'antiquité romaine, le nom magique de Carthage, la blancheur de nos minarets et la poésie de nos mosquées, la curiosité des mœurs et des productions arabes, l'attrait des créations et des métamorphoses qui s'opèrent chaque jour sous notre impulsion, il nous vient depuis quelques années, non plus du désert, mais de nos cités les plus cultivées, de véritables caravanes que nous accueillons avec d'autant plus de joie qu'elles n'oublient jamais notre réception. Ce sont des instituteurs, des savants, des écrivains, des hommes politiques, des ministres, qui emportent de tels souvenirs de ce qu'ils ont vu que beaucoup nous reviennent, que quelques-uns nous restent et que tous s'en vont avec regret, emportant la mélancolique douceur de leurs impressions d'Orient, comme ces visiteurs de Rome qui ne pouvaient, dit-on, se consoler de quitter la Ville Eternelle après avoir goûté l'eau de la fontaine de Trévi.

Quelle stupéfaction ce serait pour ceux qui, sous la Monarchie de Juillet, réclamaient infatigablement l'évacuation de l'Algérie, de voir sortir du sol qu'ils déclaraient impropre à la colonisation de l'Europe (ils ne biffaient de l'histoire que celle de Rome!) une nouvelle France pleine de vigueur et de vaillance, qui est pour l'ancienne un réservoir de ressources et de richesses et qui puise dans la fécondité de son labeur des leçons de travail et des raisons de persévérer! Comme ils se pardonneraient difficilement d'avoir prédit la destruction, la ruine et la mort aux malheureux qui se hasarderaient dans les régions à jamais malsaines de l'antique Libye, lorsqu'ils apprendraient qu'entre les frontières du Maroc et celles de la Tripolitaine, une population qui dépasse sept cent mille Européens et qui comprend quatre cent mille Français, vit sous les lois et sous la protection de la République!

Sans doute, la part de la Tunisie dans ce dernier chiffre n'est pas encore ce qu'elle doit être. N'est-ce rien, toutefois, qu'elle ait monté en vingt-deux ans de 700 à 29.000, exception faite bien entendu des militaires qui constituent le corps d'occupation? Et ne semblons-nous pas assez loin du temps, pourtant rapproché, où l'Algérie apparaissait au général Duvivier sous la forme d'un cimetière, et où l'on admirait comme une témérité, dans notre pays si volontiers casanier, l'initiative audacieuse autant qu'isolée de ceux qui, croyait-on, bravaient en s'exilant en Tunisie l'insalubrité d'une terre inhospitalière et l'étouffante chaleur d'un ciel meurtrier?

Des budgets qui se soldent constamment par des excédents, des recettes qui sont en progression continue, une tranquillité que ne menace aucun trouble, une Colonie qui augmente sans cesse et qui, sans prétendre à l'opulence, vit dans l'aisance et l'honnêteté, un commerce annuel qui a passé, entre 1881 et 1901, de moins de trente-quatre à plus de cent cinquante-cinq millions, avec une part de près de cent millions pour la France et l'Algérie, voilà quelques-uns des résultats du Protectorat tunisien.

J'aurais mauvaise grâce à l'en glorifier, Messieurs, puisque les hasards de ma carrière font que j'ai la responsabilité de l'administrer sous le contrôle du Département des Affaires étrangères et avec la collaboration de chefs de service auxquels il faut reporter principalement l'honneur de ces constatations. Mais peut-être m'est-il permis de réagir d'un mot, dans cette réunion composée d'hommes à qui les questions coloniales sont familières et à l'opinion desquels s'attache une importance spéciale, contre les observations et les craintes injustifiées dont le régime de la Régence a été l'objet. Peut-être me pardonnera-t-on d'affirmer, à l'aide de faits qui sont des preuves, que le programme tracé par Jules Ferry lorsqu'il disait que « le Protectorat ne doit pas être un Protectorat borné, mais un Protectorat réformateur » a été fidèlement suivi et demeure en cours d'exécution.

Sans doute, il reste à ce régime beaucoup à faire. Qu'on lui laisse le temps de l'accomplir, et il le fera.

Mais je m'en voudrais de prolonger cette incursion dans un domaine qui n'est pas celui que vous avez choisi comme champ de vos investigations. Le nombre et la variété des questions qui figurent à l'ordre du jour de vos séances indiquent assez que vous comptez donner à vos études une signification plus générale et une portée beaucoup plus grande. Indépendamment de notre empire africain — et j'entends par là non seulement nos possessions actuelles, mais les territoires que la géographie, la politique, l'intérêt des populations indigènes et celui de toutes les nations civilisées entrainent inévitablement dans notre sphère d'action — vous avez l'intention de vous entretenir des problèmes que pose partout la pénétration de l'Europe chez les peuples considérés naguère comme placés aux confins du monde et maintenant rapprochés d'elle par la rapidité des communications et l'incessant mélange des races, au point d'être confondus dans son histoire et attachés à sa fortune.

Vous ne parlerez pas seulement de l'Algérie, de la Tunisie, du Maroc, du Trans-saharien, de la France colonisatrice, mais aussi de l'Extrême-Orient, qui est, en ce moment plus que jamais, l'objet des préoccupations du monde et qui est le théâtre d'une lutte où l'avenir des plus grandes puissances est engagé. Ce sujet, à lui seul, suffirait à vous occuper, comme aussi celui que s'est assigné votre secrétaire perpétuel, dont les initiatives furent si fécondes et à l'éloge duquel j'applaudissais tout à l'heure de si grand cœur : « Ce que l'étude de la géographie économique a produit depuis trente ans; ce qu'on doit en attendre encore. ». Ah ! Messieurs, voilà une question qui était bien digne de tenter un homme d'intelligence lucide et pratique et de patriotisme éclairé comme M. Gauthiot !

L'étude de la géographie économique a produit, pour une large part, le groupement actuel et les divisions des nations modernes, le mouvement universel qui les transforme en les transportant loin de leurs frontières, les grandes entreprises qui ont bouleversé les habitudes et les relations des peuples, l'aspect nouveau de l'activité que l'humanité déploie dans sa rude et glorieuse bataille pour assouplir et dominer les forces de la nature, aussi bien que pour vivifier les agglomérations mourantes et relever les races dégradées.

C'est de l'étude de la géographie économique, autant que de l'esprit d'aventure et du besoin d'action développé par le besoin de vivre, que se sont inspirés les explorateurs qui ont parcouru, depuis un demi-siècle, les parties les plus ignorées et les plus fermées du globe, et qui ont fait notamment de ce qu'on appelait « le continent noir » une sorte de dépendance et d'annexe de l'Europe. Sans doute, ils ont jalonné de leurs corps les routes sanglantes où ils ont tenu le drapeau de la conquête militaire ou de la science, mais le noble sacrifice qu'ils ont fait de leurs personnes n'a pas été perdu pour la génération qui leur survit ou leur succède. Parmi les chemins qu'ils ont ouverts, il en est qui sont, dès maintenant, fréquentés ou qui serviront de voies d'accès à notre pénétration saharienne. Le souvenir ému que nous ont laissé les autres est un gage que nous n'abandonnons pas le dessein de les y suivre librement et pacifiquement un jour.

Je ne veux pas terminer, Messieurs, sans féliciter ceux d'entre vous qui traiteront des questions indigènes. Il n'est pas permis à la France, dont on a dit avec raison qu'elle est une grande puissance musulmane, de ne pas savoir ou de négliger ce qu'elle doit faire pour les musulmans. Nous n'hésitons pas, quant à nous, à le proclamer en Tunisie, et il y a peu de temps, mon éminent ami M. Jonnart l'exposait au Parlement, pour ce qui concerne l'Algérie, avec une éloquence, une fermeté et une clarté dont on ne peut trop le remercier.

Nous devons, en somme, à nos populations d'Afrique, le bien-être, le respect de leurs traditions, la liberté de leurs coutumes, une éducation appropriée à leurs besoins, l'assistance dans la maladie ou la misère, la justice et la bonté. S'il est vrai qu'il a fallu compter, ailleurs qu'en Tunisie, avec leurs oppositions, leurs résistances, leurs rébellions, leur esprit réfractaire à la compréhension du nôtre, la conquête morale a remplacé la conquête guerrière. La différence des régimes marque elle-même cette différence des conceptions. Le vainqueur — quand il a fallu vaincre, et, dans la Régence, nous n'avons pas eu cette fatalité — a pris le parti de faire oublier la victoire. Il n'est pas interdit de croire que, par une solidarité au moins égale à celle qui fait la grandeur de l'Islam, et par des institutions que nous seuls pouvons tirer de notre générosité comme de notre libéralisme, nous arriverons progressivement à persuader ceux que nous gouvernons en amis plus qu'en maîtres que la fraternité inscrite dans notre devise n'est pas une prétention vaine ou une apparence, mais la déduction raisonnée d'une moralité supérieure. Suivant le mot d'Elisée Reclus, nous rapporterons ainsi aux indigènes d'Afrique la civilisation que naguère nous avons reçue nous-mêmes des riverains du Nil, c'est-à-dire de la terre sacrée que les Hellènes considéraient comme le berceau commun des hommes.

Nous n'avons pas, Messieurs, sur le sol africain, comme au temps d'Homère, de fruit si savoureux et si doux à manger qu'il nous fasse oublier notre patrie. Elle nous suit, au contraire, partout. Son image sans cesse occupe notre pensée. Sa gloire est le but de nos efforts. C'est pour lui faire honneur que nous n'avons d'autre ambition que d'appliquer et de faire aimer ses principes. Nous ne sommes esclaves, comme le disait un philosophe du dernier siècle, ni de notre race, ni de notre langue, ni de notre religion, ni des cours de nos fleuves, ni de la direction de nos chaînes de montagnes. Mais nous avons une conscience morale dont nous nous enorgueillissons. Nous savons à quoi elle nous oblige. Et si vous êtes venus ici pour étudier des questions qui semblent d'ordre essentiellement pratique, qui dérivent à la fois, dans leur texte, de soucis commerciaux et géographiques, vous n'en êtes pas moins guidés par des raisons d'un ordre supérieur. Vous ne séparerez pas notre idéal de nos intérêts matériels, les nobles préoccupations qui ont commandé de tout temps les interventions de la France dans les autres parties du globe des besoins légitimes auxquels une puissance comme elle doit satisfaire pour garder son rang, rester prospère et maintenir son influence.

C'est dans ces pensées que vous éluciderez au Congrès qui s'ouvre les points obscurs des discussions que vous vous êtes proposées. Vous nous rendrez de la sorte un nouveau service, et ma reconnaissance personnelle sera d'autant plus grande que votre confiance m'aura permis de participer à vos travaux.

L'auditoire salue d'une double salve de bravos ce brillant hommage rendu à des gloires qui nous sont chères, cette reconnaissance des services rendus et cet exposé lumineux de la situation tunisienne.

Puis M. le Résident Général donne la parole aux délégués pour la lecture de leurs rapports sur la situation de leurs Sociétés.

Société de Géographie d'Alger et de l'Afrique du Nord

Rapport de M. Pelleport, vice-président :

La Société de Géographie d'Alger et de l'Afrique du Nord devient de jour en jour plus prospère.

Le nombre de ses membres est actuellement de plus de onze cents, et ce n'est plus seulement en Algérie ou en Tunisie qu'ils se recrutent, mais encore dans les pays les plus éloignés. Parmi les nouveaux adhérents, la Société est fière de citer le général Kouropatkine, à qui la Russie vient de confier la glorieuse mission de défendre en Extrême-Orient la cause de la race blanche contre les appétits de la race jaune.

Nos bulletins trimestriels sont échangés contre ceux de soixante et une sociétés françaises et de vingt-neuf sociétés étrangères.

Nos séances privées, au nombre de huit par mois — deux pour chacune des trois sections, deux pour les sections réunies — sont en général très suivies; notre salle a parfois peine à contenir les nombreux auditeurs.

Nos conférences publiques, pour lesquelles nous sommes obligés de louer un local plus vaste, constituent, pour tout Alger, un des attraits de la saison d'hiver, et les dames ne sont pas les moins empressées à s'y rendre.

Ces divers résultats favorables tiennent en grande partie à un concours heureux de circonstances.

Musset regrettait
> Le temps où se faisait tout ce qu'a dit l'Histoire.

Nous ne serions pas en droit de formuler les mêmes regrets.

De grandes choses s'accomplissent maintenant en Afrique ou sont à la veille de s'y accomplir. La Civilisation — hélas! au prix de bien des vies — fait reculer devant elle la Barbarie.

A Alger, nous avons les échos rapprochés de cette lutte. Il y a mieux, nous avons souvent la visite des héros qui y ont pris part, et nous sommes en rapports journaliers avec bon nombre des explorateurs qui leur ont préparé les voies. Notre Société, qui les reçoit à bras ouverts les uns et les autres, recueille avidement leurs communications et trouve certainement en elles un puissant élément de succès.

Et ce n'est pas seulement sur l'Afrique que nous nous trouvons à même de procurer à nos auditeurs et à nos lecteurs des documents originaux. Dans une colonie encore pleine de jeunesse on rencontre, plus nombreux que dans les pays au long passé, de ces esprits aventureux qui aiment à parcourir le monde pour pénétrer les secrets des contrées lointaines. Les récits que nous leur deman dons et qu'ils veulent bien nous accorder contribuent à rendre nos séances et nos Bulletins singulièrement intéressants.

A l'appui de cet exposé de quelques-unes des causes de notre prospérité, il conviendrait de donner la liste des communications et des conférences faites depuis quelques années. Mais leur énumération serait trop longue, et il est malheureusement nécessaire de se borner à citer les conférences publiques postérieures au dernier Congrès :

1° *En zigzag dans l'Atlas marocain*, par M. BRIVES ;
2° *L'Esperanto*, par M. le capitaine CAPÉ ;
3° *Les beautés de l'Amérique de l'Ouest*, par M. BARBEDETTE ;
4° *La Crimée*, par M. le Dr DERRIEUX ;
5° *Exploration de l'Afrique Équatoriale*, par M. COLRAT ;
6° *Le paludisme*, par M. le Dr MOREAU ;
7° *Le Canada*, par M. BARBEDETTE.

Ces conférences, par un hasard qui ne se reproduit pas dans la série des précédentes, ne comprennent aucun récit d'aventures guerrières. Leur énumération montre, par contre, la variété des sujets que nous abordons.

Nous n'avons même pas craint de sortir du domaine de la géographie pure, une première fois, pour aider à la propagation d'une langue qui — si elle se répand suffisamment — facilitera les relations entre les hommes ; une seconde fois, pour prêter l'appui de notre publicité à des savants profondément philanthropes qui consacrent leurs efforts à chasser du sol algérien un fléau plus meurtrier que la guerre : le paludisme.

Mais si notre Société a été puissamment aidée par les conditions ambiantes, il convient de déclarer hautement que, plus encore qu'à ces conditions, son développement inespéré est dû au dévouement absolu de plusieurs de ses membres, à leur travail persévérant, à leur parfaite instruction des moyens à employer pour susciter les bonnes volontés, à la sagesse avec laquelle ils ont su maintenir la Société dans une voie également éloignée du terrain brûlant de la politique et de l'indifférence en matière de patriotisme.

M. Armand Mesplé, président de la Société, et M. Demontès, chargé du Bulletin, méritent à ces divers égards un hommage tout particulier que nous sommes heureux de leur adresser.

Grâce à leur concours et à celui de nombreux autres membres très méritants qui apportent chacun leur pierre à l'édifice, la Société de Géographie d'Alger et de l'Afrique du Nord ne peut manquer de grandir encore. Le passé donne bonne espérance pour l'avenir.

Société de Géographie Commerciale de Bordeaux

Rapport de M. le docteur Gilbert LASSERRE, délégué :

Depuis le Congrès de Rouen, où j'exposai la marche générale de la Société de Géographie Commerciale de Bordeaux, avec ses difficultés et ses succès, notre situation ne s'est guère modifiée à Bordeaux. La multiplicité des Sociétés diverses dans notre ville, surtout des Sociétés dites sœurs ou filiales, rend notre recrutement plus pénible que dans le passé ; nous subissons aussi la crise de l'insuffisante natalité. Nous avons confiance dans l'énergie de notre Société et nous regardons l'avenir avec sérénité.

Le Bulletin de la Société, toujours administré par notre excellent collègue et ami M. Henri Lorin, s'efforce de recueillir des travaux originaux et intéressants ; vous avez tous pu voir combien depuis quelques mois il a réussi dans cet ordre d'idées. Nos dévoués secrétaires, MM. Camena d'Almeïda, Girard, Imbert et Nicolaï, présentent chaque mois un résumé des nouvelles géographiques du monde entier ; le Bulletin les publie *in extenso* ; ce sont de précieux documents à consulter.

Nos conférences publiques, toujours très suivies, se maintiennent constamment à un niveau élevé qui en font le régal tout à la fois du géographe, du commerçant et du lettré.

Dans sa Section coloniale et du commerce extérieur, la Société de Géographie Commerciale a constitué une Commission d'étude des pêcheries du banc d'Arguin. Un rapport complet et détaillé sur cette question, concluant à la constitution d'une mission de la Société, a été remis à M. le Gouverneur général de l'Afrique Occidentale française.

Nous ne doutons pas d'une solution favorable.

Grâce aux travaux de cette même Section, un marché de caoutchoucs a été créé à Bordeaux ; il devient de jour en jour plus important. A la demande de la Société, se faisant l'écho des commerçants intéressés, et par l'intermédiaire de l'Union Coloniale Française, représentée par nous à Bordeaux, des mesures ont été prises pour assurer la bonne qualité des caoutchoucs provenant de nos colonies.

La question des cotons africains nous a aussi préoccupés ; nous y travaillons avec ardeur. Grâce à la générosité d'un de nos collègues du Comité, M. de Saint-Laurent, récemment décédé, nous pouvons publier la table des matières des vingt-cinq premières années de notre Bulletin. Bientôt, toutes nos Société sœurs vont recevoir les conditions de concours à des prix créés par M. de Saint-Laurent dans le but de propager le goût des études géographiques et des voyages chez les femmes françaises. Ne nous bornant plus à décerner des prix aux lycées et collèges de notre ressort, nous allons pouvoir en décerner au lycée de jeunes filles de Bordeaux et à l'école normale d'institutrices de la Gironde.

Comme vous le voyez, Messieurs, nous n'avons point perdu notre temps, à Bordeaux ; comme dans le passé, nous avons essayé de nous rendre utiles au commerce de notre cité et de notre pays. Nous avons, en outre, donné notre patronage à de nouveaux efforts en vue d'améliorer les communications entre Bordeaux, Lyon et la Suisse. Cette question déjà ancienne pour nous se résoudra bientôt, espérons-nous ; la Société de Géographie Commerciale de Bordeaux sera fière d'y avoir attaché son nom.

Société de Géographie de Brives

Rapport de M. Raymond COLRAT, délégué :

J'ai aujourd'hui l'honneur enviable de représenter la plus jeune et la plus petite Société de Géographie de France. J'ai donc le droit et le devoir de faire le compte rendu le plus court.

Je suis du reste persuadé que vous serez de mon avis dans la question, et que vous proclamerez, comme moi, qu'en fait de communications, comme en fait de plaisanteries, les plus courtes sont les meilleures.

Comme je vous le disais, les adhérents à la Société de Géographie Commerciale de Brives-la-Gaillarde sont peu nombreux. Les populations du Bas-Limousin sont plus portées vers la culture maraîchère que vers la culture intellectuelle. Mais je veux espérer que, grâce aux efforts de son distingué secrétaire général M. Ruffin, et à l'attention toute paternelle de M. Gauthiot, la jeune Société briviste prendra vite rang parmi les Sociétés françaises par la valeur de ses membres et par leur dévouement à la cause de la géographie.

Société de Géographie du Cher (Bourges)

Rapport de M. Paul HAZARD, président, délégué :

L'effectif de la Société a subi, dans l'intervalle du Congrès de Rouen à celui-ci, les modifications suivantes :

	SOCIÉTAIRES	
	1903	1904 (avril)
Membres titulaires	347	402
— d'honneur	5	5
— correspondants	11	21
ENSEMBLE	363	428

Cette simple comparaison suffira pour démontrer que l'Association continue à prospérer d'une façon manifeste, surtout si l'on tient compte de ce que, dans l'intervalle d'une année à l'autre, il a été admis soixante-dix membres titulaires, quand il n'en a été rayé que quinze.

Au cours de la saison qui approche de son terme, la Société a entendu cinq conférences qui, toutes, ont été remarquables et qui ont été données par quatre explorateurs, M. le comte Bernard d'ATTANOUX et M. Raymond COLRAT (sur l'*Afrique*), MM. Paul LABBÉ et Gervais COURTELLEMONT (sur l'*Asie*), et par un professeur de l'Université, M. Paul BERRET (sur le *Dauphiné*).

L'événement le plus saillant de cet exercice, semblable au précédent pour tout le reste, a été la célébration, à sa date exacte (3-4 février 1904), du vingtième anniversaire de la fondation de la Société : le banquet, la soirée littéraire et musicale (qu'on a eu l'indulgence de trouver réussie) et la conférence offerts à cette occasion ont été présidés par M. E.-A. MARTEL, l'éminent spéléologue, vice-président de la Société de Géographie, à ce spécialement délégué par la Commission permanente de notre grande sœur de Paris.

J'ai le plaisir d'annoncer à l'Assemblée que vingt et un membres de notre Société, dont neuf dames, vont visiter la Tunisie à l'occasion du présent Congrès. Dans ce nombre, je ne comprends pas MM. GAUTHIOT, DE CLAPARÈDE, Georges BLONDEL, COLRAT et LABBÉ, les plus éminents de nos membres correspondants, dont les savantes communications ou conférences feront honneur à notre Association et que je suis heureux de saluer dans cette enceinte !

Société de Géographie de Lille

Rapport de M. Raymond Théry, secrétaire général adjoint, délégué :

La Société de Géographie de Lille a été fondée en 1880 ; elle compte aujourd'hui, les sections de Roubaix et Tourcoing comprises, plus de 2.200 membres (2.248 suivant le recensement de février 1904).

Des conférences, des voyages et des excursions, des concours et des bourses de voyage, la publication d'un Bulletin mensuel, voilà les moyens que nous employons pour chercher à intéresser les membres de notre Société et aussi le public aux questions géographiques.

Conférences. — Les conférences ont toujours chez nous un très grand succès, aussi nos conférenciers sont-ils sûrs de trouver un auditoire nombreux et sympathique.

Dans le courant de 1903, nous avons eu le plaisir d'entendre et d'applaudir une quarantaine de conférenciers ; quinze autres ont, depuis le 1er janvier dernier, reçu bon accueil à Lille. Plusieurs de ces conférenciers ont prêté leur concours aux Sections de Roubaix et de Tourcoing, qui, de leur côté, ont en outre organisé de nombreuses conférences avec des éléments de leur choix.

Certes, nous avons eu des conférenciers de marque dans le monde géographique, voire même dans le monde politique, mais il est un point intéressant que je tiens à vous signaler, c'est que plus que jamais nos sociétaires nous fournissent un important contingent.

Les uns nous ont fait connaître le résultat de travaux spéciaux et remplis d'intérêt auxquels ils s'étaient livrés dans le silence du cabinet. Les autres nous ont charmés par le récit des excursions qu'ils avaient faites.

Ce concours de nos sociétaires nous est particulièrement agréable, car, oserai-je le dire ? il flatte un peu notre amour-propre et prouve combien nous mettons d'ardeur à travailler dans l'intérêt de la Société.

Voyages et excursions. — Pour mieux vulgariser les connaissances géographiques par un enseignement pratique, la Société de Géographie de Lille organise chaque année de nombreux voyages ou excursions. Une commission spéciale a été, à cet effet, instituée, et c'est elle seule qui se charge des détails de l'organisation des voyages ou des excursions, sans avoir recours à aucune aide étrangère.

Le programme de 1903 comprenait vingt-trois voyages, parmi lesquels il en était de première importance, par exemple l'Espagne, la Hollande, la Suisse et les Vosges, j'en passe et des meilleurs.

Plus de 900 membres de notre Société ont pris part à ces voyages ou excursions.

En 1904, le programme comporte vingt et une excursions ou voyages, il est aussi varié que celui de l'année dernière, et nous sommes certains d'obtenir cette année encore un plein succès.

Concours de Géographie. — Depuis 1881, notre Société organise chaque année des concours de géographie et chaque année nous voyons grossir le nombre des candidats qui viennent prendre part à ces concours. Des prix et récompenses sont attribués aux lauréats; leur importance varie suivant la série dans laquelle ils ont concouru.

En 1903, époque de notre dernier concours, nous avons eu 227 candidats, dont 128 garçons et 99 filles. En général, nos candidats nous sont envoyés par divers établissements d'enseignement de la région; pourtant, dans certaines séries, ils se recrutent parmi les jeunes gens déjà sortis de l'école ou du collège.

Le programme de nos concours généraux s'adapte exactement aux programmes officiels d'enseignement, de sorte que dans chaque série les candidats ont à traiter des questions qu'ils ont dû étudier dans le courant de l'année.

Les prix attribués aux lauréats de ces concours généraux consistent en livres; nos dépenses de ce chef s'élèvent chaque année à quelques centaines de francs. Elles sont couvertes par de généreux donateurs. Des fondations de médailles, ou prix spéciaux, comme aussi un voyage à la mer offert à dix jeunes gens choisis parmi les lauréats les plus méritants, et les volumes qui nous sont annuellement envoyés par les Ministères de l'Instruction publique, du Commerce et des Colonies, nous permettent d'ajouter de nouvelles récompenses aux prix décernés.

Concours de Monographies géographiques. — Pour répondre au vœu exprimé au Congrès des Sociétés Françaises de Géographie tenu à Rouen en 1903, vœu tendant à favoriser dans chaque arrondissement les études monographiques des communes, nous venons d'instituer un concours annuel de monographies de localités de l'arrondissement de Lille.

La récompense de ce concours sera un prix dont la valeur pourra s'élever à 500 francs à partir de 1905. Les travaux devront être déposés chaque année avant le 1er juillet.

Les candidats devront répondre à un questionnaire très détaillé qu'avec sa grande compétence en la matière a établi M. Ardaillon, professeur de géographie à la Faculté des Lettres de Lille et membre de notre Comité.

Voilà donc un vœu du Congrès de Rouen qui n'est pas resté stérile, grâce à l'initiative prise par la Société de Géographie de Lille.

Sans attendre l'époque fixée pour l'ouverture de ces concours, notre Comité a voulu dès cette année prouver combien il s'intéressait à ce genre d'études. C'est pourquoi il a récemment voté un subside de 1.000 francs en faveur d'un agrégé d'histoire et de géographie des plus méritants de l'Université de Lille qui prépare en ce moment un ouvrage sur la Flandre.

Fondation Paul Crepy. — A propos des concours, permettez-moi de vous signaler un concours tout spécial, qui a été institué à la suite d'une fondation faite au profit de la Société.

Déjà au Congrès d'Oran, en 1902, M. Nicolle, président de notre Société, en a parlé dans son rapport; il s'agit d'une fondation annuelle de 300 francs, instituée par la famille de feu M. Paul Crepy, premier président et fondateur de la Société de Géographie de Lille, dont la mémoire est fidèlement conservée dans le monde géographique.

Cette fondation nous a permis de constituer une bourse de voyage, qui est chaque année attribuée par la voie du concours au lauréat le plus digne. C'est ainsi que ce dernier peut compléter sur place l'étude de la région que dans son travail il a décrite au point de vue géographique et économique.

Notre Comité d'études, désireux de développer le goût des études géographiques et de favoriser ceux qui s'y adonnent, vient de décider que les frais de transport pour aller dans la région à parcourir et pour en revenir resteraient à la charge de la Société, de façon à ce que la bourse de voyage soit entièrement consacrée à la visite de cette région.

Bulletin. — Il me reste à vous parler du Bulletin que publie la Société de Géographie de Lille. Nous cherchons à le rendre de plus en plus attrayant, soit par une plus grande variété dans le choix des communications et des récits d'excursions faites par ses membres, soit par l'insertion des nouvelles géographiques les plus récentes ou de faits commerciaux d'une incontestable utilité dans une région aussi commerçante et aussi industrielle que le Nord.

Le Bulletin est mensuel; il forme chaque année deux volumes in-8° de près de 500 pages chacun; il est très fréquemment illustré de simili-gravures et de cartes. Depuis le 1er janvier dernier il est imprimé sur un nouveau papier, dit papier perfectionné, bien supérieur à l'ancien, ce qui nous permet de mettre mieux en valeur les simili-gravures intercalées dans le texte.

Le tirage moyen du Bulletin est de 2.650 exemplaires; il est envoyé à tous les membres titulaires, aux membres d'honneur et aux membres correspondants, ainsi qu'à de nombreuses Sociétés savantes de tous pays avec lesquelles nous pratiquons l'échange.

Le Bulletin constitue une très lourde charge pour notre budget, mais nous avons la conviction qu'il nous aide puissamment à faire œuvre utile comme élément de diffusion et qu'il contribue à faire naître ou à développer le goût des études géographiques.

En terminant ce trop long rapport, permettez-moi, Messieurs, d'espérer que je suis arrivé à vous faire partager quelque peu mes sentiments de vive sympathie pour la Société de Géographie de Lille, ou tout au moins que vous voudrez bien conserver d'elle un bon souvenir.

Société Bretonne de Géographie (de Lorient)

Rapport de M. Al. LEGRAND, délégué :

La Société Bretonne de Géographie vient d'entrer dans sa vingt-deuxième année d'existence. Comme à l'origine, bon nombre de ses adhérents appartiennent encore au groupe maritime et colonial. Malheureusement, la destination du port de Lorient, où ses fondateurs l'avaient organisée, a été, en ces dernières années, très gravement modifiée. La suppression momentanée des armements a éloigné en partie le personnel qui augmentait son importance numérique. Nous avons fait une propagande active dans le monde commercial et nous arriverons à réparer nos pertes.

La Société compte aujourd'hui deux cent vingt-cinq membres et fait l'échange de son Bulletin trimestriel avec trente-trois Sociétés savantes de France et dix-huit étrangères. Les excursions inaugurées en 1895 sont très suivies. Aucune n'est encore sortie de la Bretagne, mais par ses monuments, ses curiosités géographiques et la variété pittoresque de son littoral, la péninsule offrira encore longtemps de quoi satisfaire notre intérêt. La Société Bretonne a donné sept conférences au cours de l'année 1902, six au cours de l'année 1903, les unes concernant la Bretagne et les Celtes, les autres consacrées soit à des questions européennes : Grèce moderne, péninsule des Balkans, soit à l'étude de diverses colonies : îles de la Société, Nouvelle-Calédonie, Indo-Chine, Afrique Occidentale, Congo, sur lesquelles nos correspondants et nos adhérents veulent bien, à leur retour en France, nous communiquer leurs observations et leurs impressions. Placée au centre d'une région dont la pêche est la principale ressource, notre Société a pris, dès son origine, l'initiative de créer, pour les pêcheurs, un enseignement professionnel. Elle a contribué à la fondation d'une de nos plus florissantes écoles de pêche, celle de Groix, dont le succès lui a donné la satisfaction, peu après, de faire adopter par le Congrès de Bordeaux et de réaliser par l'Etat son vœu relatif à la création de cours similaires dans les écoles du littoral. Les services que ces cours rendent à nos populations maritimes témoignent suffisamment que nos efforts n'ont pas été stériles. La Société Bretonne de Géographie continue à porter aux questions de cette nature un intérêt d'autant plus vif que les pêcheurs bretons traversent en ce moment une crise inquiétante. Elle a pu verser, en 1903, à leur caisse de secours, une subvention de 3.500 francs.

Ce rapide exposé permettra aux Sociétés françaises de Géographie de constater que, dans la mesure très modeste de ses moyens, la Société Bretonne s'efforce, à leur exemple, de développer autour d'elle le goût et la connaissance des questions géographiques, coloniales ou économiques qui peuvent intéresser l'avenir national.

Société de Géographie de Lyon

Rapport de M. ZIMMERMANN, délégué :

Au sujet de la Société de Géographie de Lyon, je tiens à rappeler qu'elle est une des premières à donner l'exemple de la propagande de l'étude des questions coloniales et économiques. Elle a offert notamment cette année à ses membres plus de dix conférences. Nous avons entendu un certain nombre d'explorateurs les plus connus, tels que MM. Broude, de Segonzac, Paul Labbé et Vancasel.

Le tirage de notre Bulletin augmente chaque année et ses rédacteurs s'attachent plus particulièrement à le rendre intéressant par la publication de voyages et d'études économiques.

La Société de Géographie de Lyon patronne un cours de géographie militaire et accorde des médailles aux meilleurs élèves de géographie des écoles de la région ; elle s'efforcera de continuer cette œuvre que nous croyons extrèmement nécessaire, aussi bien aux hommes d'études qu'à la population laborieuse.

Société de Géographie et d'Etudes Coloniales de Marseille

Rapport de M. Gaston VALRAN, professeur de l'Université, délégué :

Mettant à profit la position exceptionnellement favorable de Marseille, notre Société poursuit activement son œuvre géographique et coloniale de vulgarisation et d'études.

Le nombre total des membres de la Société s'élève à 590, et le concours des corps élus, des grandes Compagnies et de tous les pouvoirs publics nous demeure assuré.

Les conférences publiques par lesquelles se manifeste surtout l'activité extérieure de la Société, données pendant le semestre d'octobre 1903 à mars 1904, ont été celles de : MM. E. Gallois, explorateur, sur la côte occidentale d'Afrique, E. Bonnechaux, explorateur, sur l'Amazonie ; le docteur Jacob de Cordemoy, sur l'île de la Réunion ; Th. Geisendorf, sur la Belgique et la Hollande ; François Deloncle, député, sur l'Arabie et le golfe Persique ; le docteur Barot, sur l'Afrique occidentale française ; Paul Labbé, sur la Sibérie orientale et la Mandchourie.

Ces grandes séances, qui excitent beaucoup d'intérêt dans le public cultivé de notre ville, ont eu lieu dans l'amphithéâtre de la Faculté des Sciences et ont été accompagnées de projections à la lumière électrique. Elles ont été complétées par la conférence annuelle des secrétaires de la Société, sur les événements géographiques et coloniaux de 1903, faite pour la première fois en séance publique, innovation qui a obtenu le plus grand succès. Cette conférence a été donnée sous la présidence d'honneur de M. J. Charles-Roux, président honoraire de la Société et commissaire général de l'Exposition Coloniale de Marseille en 1906 ; on a tour à tour entendu M. Hubert Giraud, pour l'Afrique ; M. Raymond Teisseire, pour l'Asie, et M. Jacques Léotard, pour l'Amérique et le Pôle Sud.

Dans les séances ordinaires de la Société, d'intéressantes communications ont été faites sur : la Réunion et Maurice, par le docteur Reynaud ; l'Islam dans nos colonies d'Afrique, par M. E.-C. Berthier ; la France au Sahara, par M. Jacques Léotard ; le Japon, par M. Meyer.

Deux vœux ont été émis par la Société. L'un, sur la proposition de M. Deloncle, est ainsi conçu :

« La Société émet le vœu que, s'il y avait lieu pour la France d'abandonner ses droits à Mascate, cet abandon ne soit consenti que contre une compensation digne de leur importance, telle que la liberté d'action de la France à Bangkok. »

L'autre vœu, adopté à la suite d'une communication du commandant Riondel, est le suivant :

« La Société émet le vœu que le Gouvernement prenne l'initiative d'une conférence maritime internationale, dans le but d'arriver à l'adoption de règles nouvelles de navigation pour éviter les abordages, et d'une loi réprimant la vitesse immodérée des paquebots en temps de brume. »

Ajoutons que la médaille d'argent de la Société a été décernée à M. Paul Labbé pour ses explorations dans l'Asie russe.

Une brillante solennité a été organisée par notre Société à l'occasion de la présence à Marseille du prince de Monaco, l'illustre océanographe; de concert avec la Société Nautique, nous avons offert au Prince un dîner dont l'éclat a été remarquable, et qui a été suivi le lendemain d'une magnifique réception à bord de la *Princesse-Alice*, le grand yacht du prince de Monaco.

Notre Société continue à subventionner le cours public hebdomadaire de géographie physique de M. Repelin, docteur ès sciences, professé à la Faculté.

Notre Bulletin trimestriel publie toujours des mémoires originaux et une chronique géographique raisonnée avec bibliographie, ainsi que le résumé des actes de la Société.

La bibliothèque, qui ne cesse de s'enrichir de documents nouveaux, est librement ouverte tous les jours au public, et il y fonctionne, à notre Secrétariat, un véritable service de renseignements géographiques et coloniaux.

Notre Société a concouru à la souscription pour la création d'une bibliothèque française d'études au Maroc. Elle a prêté son concours au premier Congrès des Syndicats d'initiative de France, réuni à Marseille, et à la création de la Société Archéologique de Provence.

Parvenue à sa vingt-huitième année d'existence, notre Société peut d'autant plus considérer avec fierté l'œuvre scientifique et patriotique accomplie, qu'une grande manifestation se prépare qui consacrera ses efforts et le rang de Marseille comme métropole coloniale. En effet, l'excellente propagande de notre vice-président, M. le professeur docteur Heckel, en faveur du projet d'Exposition Coloniale à Marseille en 1906, a porté ses fruits. Le Gouvernement vient d'en décider l'organisation et de nommer commissaire général notre président honoraire, M. J. Charles-Roux, ancien député, l'éminent organisateur de l'Exposition Coloniale de 1900 au Trocadéro. Le docteur Heckel a été désigné en qualité de commissaire général adjoint, et au sein de la Commission supérieure de l'Exposition, qui compte soixante membres de notre Société, M. Delibes, notre vénéré président, a été porté à la présidence de la Sous-Commission des publications et notices.

Les corps élus ayant garanti la base financière de l'Exposition et le concours des Colonies étant assuré, notre grande cité maritime va donc préparer activement cette grandiose exhibition d'utilité publique, à laquelle nous serons heureux de pouvoir vous convier.

Société Languedocienne de Géographie de Montpellier

Rapport de M. le Commandant Désiré Bordier :

La Société Languedocienne de Géographie a publié en 1903 son 26ᵉ volume annuel. Il contient, comme géographie locale : *Montpellier, ses sixains et ses rues*, par M. Grasset-Morel ; *L'Enseignement de la Géographie dans les établissements de l'Académie de Montpellier*, par M. Malavialle ; *la Géographie et la Végétation du Languedoc entre l'Hérault et le Vidourle*, par M. Hardy. La géographie générale donne un travail de M. F. Viala : *L'Espagne, considérations économiques*. La géographie coloniale y est représentée par le dernier travail produit par son regretté président, M. Duponchel : *La Colonisation dans le nord de l'Afrique et la Culture de l'olivier dans l'ancienne Byzacène*. Cinq conférences sur des sujets coloniaux ont été faites dans le courant de l'année : sur le bassin occidental de la Méditerranée et le Sahara, par M. Jules Maistre, explorateur, vice-président de la Société ; l'or, sa production, sa géographie, son rôle, par M. Octave Justice ; le Maroc, par M. Recouly ; le Maroc au point de vue français, par M. Sabatier ; le chemin de fer du Congo, par M. Henri Lorin.

Enfin, la Société termine la *Géographie générale du département de l'Hérault*. Le dernier fascicule du 3ᵉ et dernier volume est sous presse ; il a pour titre *L'Hérault archéologique*, par M. Bonnet.

Elle a fait hommage à la Section tunisienne du 1ᵉʳ fascicule de ce 3ᵉ volume, *L'Hérault préhistorique*, par M. Cazalis de Fondouce, et de diverses études récentes et anciennes de M. Duponchel.

Société de Géographie de l'Est (Nancy-Epinal)

Rapport de M. P. COLLESSON, secrétaire général, présenté par M. Auerbach, professeur à l'Université de Nancy, délégué de la Société :

La Société de Géographie de l'Est compte, depuis le dernier Congrès, sensiblement le même nombre d'adhérents, tant à Nancy que dans sa section d'Epinal. Sa vie offre toujours le même aspect de tranquillité laborieuse qu'on est accoutumé à lui voir. En hiver, des conférences publiques ou privées ; en été, des excursions intéressantes ; en tout temps, un Bulletin.

Comme conférences depuis le dernier Congrès, on a pu entendre M. Gallois parler de son voyage à la côte occidentale d'Afrique ; M. Beurdeley, du Dahomey ; M. Mury, de l'Indo-Chine ; M. Duffort, de la question cotonnière ; M. Gervais-Courtellemont, du Yunnam ; M. Leguaric, du Canada ; M. Van Houcke, de la Côte-d'Azur ; enfin, M. Martel, des grottes et des abîmes.

L'été dernier ayant été fort mauvais, une seule excursion eut lieu dans les Vosges, mais on projette pour l'été 1901 des courses dans les Vosges, à Lunembourg, à Trèves, et même une promenade en bateau à vapeur sur la Moselle.

La meilleure manière de parler du Bulletin est de donner un court aperçu des articles qui y paraissent. Il est dirigé par le secrétaire général et, grâce aux auteurs bénévoles il offre toujours matière intéressante.

On a pu y lire : une note sur une habitation préhistorique découverte dans les Vosges par M. Froclich ; des articles de M. Lemir sur l'Océanie française et les douanes en Chine ; un autre article très curieux de M. Perdrizet sur les Yésidis, anciens adorateurs du diable ; le récit d'un voyage en Corse par M. Le Bondidier ; un rapport sur la campagne océanographique de la *Princesse-Alice*, en 1903, par M. J. Thoulet ; des notes sur le Tyrol par M. G. Blondel ; le récit d'une visite aux ruines gréco-romaines d'Asie Mineure par M. E. Gallois ; une étude anthropologique par M. Saint-Remy. Sans compter de nombreuses notes géographiques récoltées tant par un des membres du bureau de la Société, M. Millot, que par le secrétaire général.

Société de Géographie d'Oran

M. LECLERC, délégué de la Société de Géographie d'Oran, en excellents termes, rappelle les débuts de la Société d'Oran, son développement rapide grâce au zèle et au dévouement de ses fondateurs et administrateurs :

Actuellement, dit-il, tous les yeux sont tournés du côté du Maroc, cette si intéressante partie du monde musulman de l'Afrique du Nord.

C'est sur ce point que se sont concentrés, pour ainsi dire, tous les travaux ; toutes les études faites ont été remarquables et leur consultation a porté des fruits certains, au point de vue économique surtout.

En cela, d'accord avec toutes les Sociétés de Géographie françaises, la Société d'Oran travaille pour la gloire de la mère-patrie et pour le développement intense de son commerce et de son industrie.

Société de Géographie de Paris

Après avoir cité les efforts de la Société de Géographie de Paris, M. Frédéric LEMOINE, délégué de cette Société, s'exprime en ces termes :

Puisque nous sommes réunis à Tunis, je citerai parmi les mémoires originaux ceux qui intéressent plus ou moins directement les « Africains ».

Dans ce volume, les États du sultan Snoussi sont scientifiquement décrits par MM. Superville et Auguste Chevalier ; M. de Malthuisieulx expose les résultats géographiques de sa mission en Tripolitaine ; M. J. Deniker établit la distribution géographique et les caractères physiques des pygmées africains (Négrilles). Le jeune et distingué professeur en Sorbonne, H. Schirmer, analyse de nouvelles études de morphologie désertique, et M. Charrol l'état anémométrique du bassin occidental de la Méditerranée. En outre, la Société a commencé la publication d'une œuvre magistrale, la plus importante qu'elle ait jusqu'alors entreprise, celle de la « Mission saharienne Foureau-Lamy ». Le premier fascicule, concernant les « documents météorologiques » recueillis par cette mission, a paru il y a trois mois, et l'importance scientifique générale de ces documents a été clairement mise en lumière par le savant M. Angot. Ce ne sont là que les plus récentes preuves d'attachement de notre Société à l'admirable empire français de l'Afrique du Nord. Il me sera, sans doute, permis de rappeler qu'elle n'a jamais perdu une occasion d'encourager ou de reconnaître les efforts de ceux qui ont conquis à la patrie et à la science ce vaste empire. René Caillié, Duveyrier, Foureau, et nos Sahariens en général, ont reçu une large part des fonds et des récompenses dont elle dispose.

Elle a publié, chez l'éditeur Barrère, une carte des « oasis sahariennes » dont nos officiers du Sud-Oranais apprécient la valeur sûre et pratique. Enfin, présentement même, elle encourage avec une subvention de 1.000 francs les déterminations astronomiques qu'effectue au Sahara M. Villate, afin de donner une base solide aux travaux topographiques de l'Extrême-Sud. Elle aurait voulu faire plus encore. Il n'a pas dépendu d'elle, ni des concours généreux fort importants qui lui étaient acquis, que ne fût entreprise une grande mission dont les travaux auraient permis la solution du problème vital de l'union de nos possessions du Nord et de l'Occident de l'Afrique par le Sahara.

Elle suit, en outre, avec intérêt les raids de nos officiers à travers le monde et plus spécialement dans le sud de l'Algérie-Tunisie. Mais ce dont elle se réjouit surtout, c'est du succès scientifique de trois importantes missions. MM. de Créqui-Montfort et Sénéchal de La Grange, aidés de spécialistes réputés, ont brillamment accompli, au grand profit de la géographie et des sciences physiques et naturelles, leur exploration en Bolivie, dans la région du lac Titicaca. La masse des documents et collections recueillis est telle qu'il a fallu plusieurs mois de labeur pour inventorier et analyser les résultats de cette remarquable mission entreprise aux frais de ses deux chefs. La mission Chari-lac Tchad, composée de MM. Chevalier, Courtet, Decorse et Matret, organisée par l'Académie des Inscriptions et Belles-Lettres et suivie avec un efficace intérêt par la Société, est revenue avec des documents non moins précieux que ceux de MM. Créqui-Montfort et Sénéchal de La Grange. Grâce à cette mission, la valeur scientifique et économique de l'Afrique Centrale comprise dans la zone d'influence française est désormais presque entièrement reconnue et son exploitation rationnelle préparée.

Enfin, le succès de la mission Lenfant (Niger-Benoué-Tchad) est certain et bien connu de tous ceux qui s'intéressent à l'avenir de nos possessions africaines. La route fluviale qui, par le Benoué, le Mayo-Kebbé, le Toubouri et le Logone mène, pendant quelques mois de l'année, au Tchad, et que les hypothèses et recherches scientifiques du modeste et infatigable capitaine avaient soupçonnée, existe donc réellement. Son importance économique n'a pas besoin d'être mise en lumière. Il suffit de constater le résultat entrevu par d'autres Français, nié jadis par les Anglais, contesté, lors du passage du capitaine, par ses collegues allemands, obtenu, envers et contre tous, par l'énergique explorateur français.

Telle est, en résumé, sans que nous ayons jugé utile de nous étendre sur la longue et brillante série de conférences, l'œuvre active de la Société de Géographie de Paris.

Société de Géographie Commerciale de Paris

Rapport de M. G. BLONDEL, vice-président, délégué :

On a si souvent parlé de la Société de Géographie Commerciale de Paris d'une façon complète et on a si bien dit les services éminents que lui rend constamment son secrétaire perpétuel, M. Gauthiot, qu'il me suffira de vous rappeler que cette Société compte plus de 2.500 membres et qu'elle est née du besoin de tirer des applications utiles et pratiques des découvertes que provoque et vulgarise la Société, ainsi que des travaux et des études des savants et des voyageurs.

Les séances générales et publiques où se font et la lecture des correspondances venues de tous les points du globe et les conférences, souvent accompagnées de projections, sur des questions d'actualité sont fréquentées par de nombreux auditeurs. Les Sections, sous l'habile direction de leurs Bureaux respectifs, se sont développées avec succès pour le grand bien de l'intérêt général et économique de la France et de ses colonies.

Société de Géographie de Roubaix

Rapport de M. Boulenger, président, délégué :

C'est comme président de la Société de Géographie de Roubaix que j'ai l'honneur d'assister au Congrès de Tunis.

Les connaissances géographiques et coloniales ont pour notre centre industriel une importance prépondérante en raison du chiffre de sa production, qui dépasse annuellement 300 millions de francs en tissus seulement, sans compter les chiffres énormes faits par :

Les peignages de laine,
Les filatures de laine et de coton,
Les ateliers de construction mécanique.

En présence d'une production semblable, nous considérons comme un devoir de travailler à préparer les jeunes gens qui veulent aller sur le marché international chercher les débouchés nécessaires à l'écoulement de nos produits.

Nous nous efforçons, dans la mesure du possible, de répandre le goût des sciences géographiques par des conférences fréquentes, choisies avec discernement pour les rendre instructives et attrayantes ; nos conférences sont heureusement suivies par un public attentif où toutes les classes sociales sont représentées. Les auditeurs viennent de plus en plus nombreux aux quinze ou vingt conférences que nous donnons chaque hiver, et très souvent notre salle est insuffisante, malgré ses dimensions spacieuses qui permettent de recevoir à l'aise 550 personnes.

Afin de procurer à nos sociétaires le plaisir et l'instruction, nous avons, de concert avec Lille, organisé des excursions à prix réduits, très appréciées.

Le cours de géographie commerciale que nous avons formé il y a quelques années est suivi par des jeunes gens studieux qui se préparent ainsi à la lutte pacifique des peuples sur le terrain économique ; après avoir acquis les connaissances techniques des affaires, ces jeunes gens deviennent des voyageurs pleins de confiance et d'entrain, bien disposés à se défendre et à attaquer même la concurrence sur les marchés étrangers où les droits de douane ne sont pas excessifs.

C'est avec satisfaction, Messieurs, que nous portons ces faits à votre connaissance, sans vouloir nous en orgueillir, car tout le mérite en revient aux modestes volontaires de cette armée pacifique qui ne recule pas devant la lutte pour arriver à faire connaître la qualité de nos produits et augmenter ainsi le chiffre des exportations françaises.

Tel est, Messieurs, le compte rendu des travaux de la Société de Géographie de Roubaix.

Société de Géographie de Rochefort

Rapport de M. le capitaine Trivier, délégué :

Bien que ne comptant qu'un quart de siècle d'existence, l'œuvre de la Société de Géographie de Rochefort est grande parmi les grandes, car, par quelques-uns de ses membres essentiellement militants, elle a rayonné sur tous les points du globe. Les Gallieni, les Pierre Loti, les Delavaud et tant d'autres noms universellement appréciés font partie de cette Société qui s'honore de les compter parmi ses membres les plus actifs.

Ils sont légion ceux des nôtres qui dorment leur dernier sommeil sous la terre chaude de nos colonies, et ils sont aussi légion ceux, également des nôtres, qui aujourd'hui marchent glorieusement sur la trace des disparus.

Et n'est-ce pas encore la Société de Géographie de Rochefort qui, par son président, l'amiral Juin, et son très savant secrétaire général, M. le docteur Bourru, a lancé sur le chemin de l'Afrique le premier Français à qui il a été donné de traverser le continent noir ?

Depuis lors, ce voyage a été de nouveau accompli par certains de nos compatriotes, mais c'est la Société de Géographie de Rochefort qui, la première, a eu l'idée de ce voyage, l'a suggérée à l'un des siens et l'a réalisée grâce au concours financier du journal *La Gironde*.

Autrefois presque essentiellement coloniale, la Société de Géographie de Rochefort s'occupe surtout aujourd'hui de questions économiques, sans pour cela se désintéresser de quoi que ce soit qui touche à la géographie.

Et, dans ses rapports toujours très précis, toujours très exacts, notre savant géographe Reclus et son émule Franck Schrader ont souvent trouvé à glaner.

Bien que réduite à ses seules ressources, la Société de Rochefort a toujours tenu un certain rang parmi les Sociétés savantes.

Quant à son avenir, il nous paraît d'autant plus assuré qu'elle compte parmi ses plus fidèles les hommes éminents que j'ai cités plus haut.

Société de Géographie de Saint-Omer

Rapport de M. César DE GIVENCHY, délégué :

La Société de Géographie de Saint-Omer, fondée en 1880, fit d'abord partie de l'Union Géographique du Nord, organisée à Douai par le recteur Foncin, dont elle s'est détachée en 1900 en compagnie d'autres Sociétés affiliées. Réduite alors à une quarantaine de membres, elle en compte aujourd'hui 115.

Elle n'a ni archives, ni histoire — comme les gens heureux, — ni Bulletin, et vit simplement de l'attrait de ses conférences (avec places de faveur et gratuites pour ses membres) et de voyages qu'elle organise en faveur des sociétaires et de leur famille.

En 1900, Bruges et Ypres ; — 1901, Zélande (Rotterdam, Anvers) ; — 1902, Aix-la-Chapelle, Cologne, Bonn, les Drockenfels, Bruxelles ; — 1903, Moselle-Rhin (Luxembourg, Trèves, Coblentz, Mayence). Le nombre des excursionnistes augmente chaque année. Le but est de faciliter un joli voyage à ceux qui ne disposent que de peu de temps et dont les ressources sont limitées, et de réunir des personnes de conditions souvent différentes, qui apprennent à se connaître et souvent à mieux s'apprécier. Ces voyages nous ont amené un grand nombre de sociétaires et nous valent une prospérité croissante hors de proportion avec la somnolence d'une petite ville sans industrie et sans commerce. La Société de Saint-Omer n'écrit pas. parle peu et circule beaucoup ; peu de géographie en chambre, beaucoup sur le terrain.

Elle demande sa petite place au grand soleil du Congrès de Tunis, où elle m'a délégué.

Société de Géographie Commerciale de Paris

(Section Tunisienne)

Rapport de M. Dollin du Fresnel, secrétaire général, présenté par M. D'Anthouard, président, délégué :

Le goût des Français de Tunisie pour les questions relatives à la géographie devait les conduire forcément à la constitution d'une Société dont les membres s'occuperaient de tout ce qui intéresse la géographie économique.

La création de notre Société remonte à l'année 1896, époque où était réuni à Tunis le Congrès pour l'Avancement des Sciences.

Si les débuts de la Société furent modestes, son importance ne tarda pas à se manifester. En 1896, elle comptait à peine 20 membres; aujourd'hui, elle en compte un peu plus de 200.

La Société est restée fidèle à ses tendances et à son objet : le développement et la vulgarisation de la géographie économique au profit de la France et de la Tunisie ; elle n'a donc fait qu'agrandir son champ d'études et augmenter ses moyens d'action. Son influence, sa réputation ont grandi en même temps ; en France et à l'étranger, elle n'a cessé de faire connaître la Tunisie et d'en signaler la valeur ; l'émigration et la colonisation ont été l'objet de nos préoccupations, nous nous sommes efforcés de faire œuvre utile et nous continuerons à travailler à l'expansion de notre influence nationale.

Notre Société se compose aujourd'hui, nous venons de le dire, d'un peu plus de 200 membres ; la progression de son recrutement est régulière et la stabilité de ses éléments s'affirme de plus en plus.

Nos sociétaires, pour augmenter en nombre, n'ont diminué ni de valeur ni de zèle; leurs travaux, publiés dans le Bulletin,[1] sont une preuve de la vitalité et de l'utilité de la création de notre Société. La variété des sujets traités dans les séances et conférences a été profitable à tout le monde. Dans ce labeur, elle ne s'est pas uniquement occupée de questions locales, elle a également abordé des questions plus générales. Ainsi, elle a successivement entendu dans ses conférences les relations de voyage du colonel Marchand, des explorateurs Monteil, Colrat et, tout récemment encore, la relation de voyage au Maroc de M. Destrées, avocat, et du lieutenant Grillières; racontant les péripéties de son exploration au Yunnam, au Thibet et les résultats de ses recherches tendant à la découverte de communications entre le plateau du Yunnam et le bassin supérieur du Fleuve-Bleu, autrement dit la province de Betchoum. La Commission des prix de notre

[1] Bulletin de la Société de Géographie commerciale de Paris.

Société mère a d'ailleurs décerné à M. le lieutenant Grillières, pour sa belle et intéressante exploration, la médaille Henri d'Orléans.

Telle est, en quelques mots, l'histoire de la Section tunisienne de la Société de Géographie Commerciale de Paris, qui a déjà rendu d'importants services et qui en rendra encore dans l'avenir. Elle doit en grande partie sa prospérité aux hommes dévoués qui ont contribué à la fonder. En énumérer les noms et les titres serait une tâche longue et laborieuse ; mais je crois les résumer tous en citant celui de l'homme de cœur et de mérite qui fut l'ouvrier de la première heure et est demeuré à la fois l'âme de l'entreprise et le lien de tous ceux qui l'animent : M. Charles Gauthiot !

A son appel, et sous son impulsion, l'orientation de notre Société vers des voies pratiques s'est affirmée, et, avec ce tact délicat et ce jugement sûr dont il a donné tant de fois des preuves, il a contribué à lui acquérir, avec l'estime que justifie son passé, des concours sans cesse croissants qu'elle n'emploiera que dans l'intérêt de la grandeur matérielle de la France et de sa prépondérance intellectuelle et morale.

Les délégués des Sociétés de Géographie de Douai, Dunkerque, Nantes, Rouen, Saint-Etienne, Saint-Nazaire, Toulouse et Tours ont prononcé ensuite quelques mots sur leurs Sociétés respectives et ont fait ressortir les services importants qu'elles rendaient à la cause de la géographie économique.

Puis, les délégués des Sociétés assimilées prennent à leur tour la parole.

La France Colonisatrice

Rapport de M. Ed. BUCHÈRE, président, délégué :

La France Colonisatrice est une des plus jeunes Sociétés représentées ici ; elle n'a que quatre ans d'existence. Elle est une des dernières entrées dans le groupe des Sociétés de Géographie, car elle n'a été admise comme Société assimilée que l'année dernière, au Congrès de Rouen. Enfin, elle est composée de tout jeunes gens : pour pouvoir être membre actif de notre Société, il faut avoir moins de vingt-cinq ans au moment de l'admission.

Notre Société compte à Rouen et dans la Normandie plus de 350 adhérents ; 20 de ses membres sont déjà partis aux colonies sous son patronage.

La France Colonisatrice a organisé cet hiver six conférences : de M. Eug. Gallois sur la Côte Occidentale d'Afrique ; de M. Gervais-Courtellemont sur l'Indo-Chine et le Yunnam ; du lieutenant Schwartz sur le Soudan français ; de M. Dybowski sur l'avenir de nos colonies occidentales ; de Mme Massier sur un exemple de colonisation : les Hollandais à Java ; de M. Maurice Allain sur la colonisation et les populations tunisiennes.

Notre Société s'est efforcée et continuera à s'efforcer de développer, suivant ses moyens, le mouvement colonial français ; elle est persuadée qu'elle travaillera ainsi à la grandeur de la République Française.

Union Coloniale Française

Rapport de M. MARCAGGI, délégué :

L'Union Coloniale fut fondée le 7 juin 1893, sous le titre de « Union des Intérêts Coloniaux Français ». Son but initial était de réunir dans une action commune deux groupes d'intérêts coloniaux sinon opposés, du moins jusqu'alors sans aucun lien entre eux : le groupe du Commerce Africain et celui du Commerce d'Extrême-Orient. Tout donc à l'origine, son titre, son objet, paraissait destiner l'Association à ne servir que les intérêts particuliers de ses membres. Mais, comprenant bientôt l'étroite solidarité qui existe entre les intérêts particuliers et les questions d'intérêt général, poussés par l'ambition de faire œuvre utile au pays, les promoteurs de l'Union furent appelés peu à peu à étendre leur programme. C'est ainsi que l'Union fut conduite à aider au peuplement de nos colonies, à entreprendre l'éducation coloniale de l'opinion publique en France, à s'attacher étroitement à l'étude et à la réforme de nos méthodes d'administration coloniale, enfin, à créer ou à assister un certain nombre d'œuvres concourant au même but qu'elle. Dès lors elle prit le titre de « Union Coloniale Française »; ses statuts furent mis en harmonie avec son orientation nouvelle et définirent ainsi le programme d'action auquel elle reste fidèle :

A) *Défense des intérêts coloniaux existants* : Intérêts généraux et, en tant qu'ils sont d'accord avec les intérêts généraux, intérêts particuliers. A cet effet, l'Union provoque des réunions ayant pour objet la discussion et l'examen des questions coloniales, intervient quand il y a lieu auprès des pouvoirs publics et de toutes juridictions, examine et provoque toutes mesures économiques ou législatives reconnues nécessaires, communique à ses membres tous les renseignements utiles, lois, règlements, tarifs douaniers, tarifs et cahiers des charges des diverses administrations et, en général, tous documents et informations qu'elle prend soin de réunir en aussi grand nombre que possible ; en outre, elle s'efforce de procurer aux chefs d'entreprises coloniales le personnel honnête et véritablement capable dont ils ont besoin.

B) *Création d'intérêts nouveaux*. — Dans ce but, l'Union répand largement en France des notions et des idées coloniales justes, au moyen de notices et brochures de propagande, articles de presse, cours professés dans les facultés et écoles d'enseignement secondaire et primaire, conférences à Paris et en province ; elle provoque, en outre, l'émigration de capitaux et de colons vers nos possessions.

Qu'on nous permette maintenant de justifier par quelques exemples l'activité de l'Union dans les différentes branches de ce vaste programme. Dans l'ordre de l'assistance aux intérêts généraux du commerce colonial, nous citons au hasard, parmi les services rendus : interprétation dans un sens moins restrictif pour le mouvement de notre navigation marchande à la Côte Occidentale d'Afrique des règlements de police sanitaire lors des épidémies de fièvre jaune à Grand-Bassam ; appui d'une pétition faite à M. Roume, gouverneur général de l'Afrique Occidentale française, par un groupe de commerçants de Bordeaux réclamant, en vue de la bonne renommée du marché de caoutchouc qui vient de se créer dans ce port concurremment avec ceux d'Anvers et de Liverpool, une surveillance sévère de l'extraction du caoutchouc par les indigènes du Sénégal ; diminution des droits de sortie sur les bœufs à Madagascar ; enquête sur l'établissement de l'étalon d'or en Indo-Chine, etc.

Dans l'ordre de l'assistance aux intérêts particuliers de ses membres, mentionnons la restitution de droits de douane indûment perçus, la nouvelle mise en adjudication d'une fourniture à la suite d'une fausse interprétation du cahier des charges de la première, l'exonération d'une amende infligée à tort pour une contravention douanière imputable à un tiers, enfin les renseignements les plus divers comme exportation des bois du Tonkin, débouchés offerts par l'Indo-Chine à nos vins et spiritueux, chances d'avenir d'un service à vapeur direct entre la métropole et une de nos colonies, renseignements que l'Union puise dans des dossiers d'informations particulières soigneusement constitués et tenus à jour et dans sa bibliothèque, la plus riche des bibliothèques coloniales de France, y compris celle du Ministère des Colonies et de ses annexes, et où se trouvent à l'heure actuelle 15.000 volumes et une centaine de collections de périodiques français et étrangers exclusivement coloniaux. La collection de la *Quinzaine Coloniale*, organe de l'Union, constitue d'ailleurs par elle-même une mine de renseignements et de documentation.

Il serait trop long d'énumérer les divers moyens de propagande coloniale employés par l'Union et qui consistent en notices distribuées gratuitement, en conférences faites à Paris et en province par les hommes les plus éminents, MM. Ulysse Pila, Charles Drevet, Vidal de Lablache, Marcel Dubois, Charles Roux, Chailley-Bert, etc. ; cours publics organisés et subventionnés par l'Union à la Sorbonne et au Museum d'Histoire Naturelle et cours pratiques d'enseignement colonial organisés au siège même de l'Association et qui ont été recueillis en un volume qui vient de paraître à la librairie Challamel, ce volume intitulé : *Préparation aux Carrières coloniales*, et où se trouvent les leçons d'hommes aussi instruits par l'expérience que M. Le Myre de Villers, ambassadeur honoraire, M. le docteur Treille, inspecteur général en retraite du Service de Santé des Colonies, M. Pâris, président de la Chambre d'Agriculture de Cochinchine, M. Louis Simon, délégué de la Nouvelle-Calédonie au Conseil Supérieur des Colonies, M. Malon, ancien président de la Chambre de Commerce de Haïphong, etc., constitue le guide le plus pratique de l'émigrant et du colon. Il nous resterait à parler des dîners mensuels de l'Union Coloniale où sont traitées et discutées les questions les plus importantes. Pour ne rendre qu'un exemple dans l'année qui vient de finir, c'est à un banquet de l'Union Coloniale qu'a été posée pour la première fois par M. Etienne, le porte-drapeau colonial en France, avec toute la précision possible en cette matière, la question du Maroc devant l'opinion publique. Cette manifestation a eu un grand retentissement à l'étranger et a été commentée, à Londres, par tous les organes de la cité.

C'est également à un de ses banquets, qui a lieu généralement à la fin de la saison d'hiver, que l'Union Coloniale décerne sa grande médaille d'or annuelle. Cette médaille a été attribuée cette année au général Gallieni, gouverneur de Madagascar, et se trouvait déjà illustrée par trois titulaires : M. Etienne, M. Ballay et M. Doumer.

Enfin, disons, pour achever de fixer l'importance et la personnalité morale de l'Union, qu'elle compte actuellement plus de 1.200 membres, qu'elle a des Sections en province, qu'elle abrite sous son toit le Comité de Madagascar et le bureau du Délégué officiel du Protectorat tunisien, et qu'il ne se produit pour ainsi dire pas en France de manifestation coloniale qui ne tienne à honneur d'obtenir le patronage de l'Union. Vous jugerez donc, Messieurs, qu'une telle institution fait le plus grand honneur à son secrétaire général, M. Chailley-Bert, qui en a été l'initiateur et qui en est l'âme, à son président d'honneur, M. Mercet, et à son président actuel, M. Charles Roux.

Avant de lever la séance, M. le Résident Général remercie les donateurs qui ont enrichi la bibliothèque de la Section tunisienne, notamment les Ministères de l'Instruction publique, du Commerce et des Colonies, M. le prince Roland Bonaparte, ancien président de la Société de Géographie Commerciale de Paris, M. Canal, ingénieur de l'Arsenal de Sidi-Abdallah, et déclare le Congrès officiellement ouvert.

GÉOGRAPHIE GÉNÉRALE

M. Paul HAZARD (Société de Géographie du Cher) :

I
MOTION SUR LA SUITE DONNÉE AUX VŒUX DU CONGRÈS

M. Paul Hazard développe sa motion sur *la suite donnée aux vœux du Congrès,* ajournée de la XXIVe session à celle-ci. Sa proposition tend à donner une sorte de pérennité, tout au moins un caractère de permanence, aux principales décisions du Congrès national. Elle permettra d'éliminer les vœux qui n'ont qu'un caractère local, de peu d'importance ou d'actualité, pour donner plus de poids à ceux qui sont d'intérêt général et dont on poursuivra dès lors la réalisation jusqu'à ce qu'on l'ait obtenue des pouvoirs publics ou autorités compétentes.

Pour ce faire, il importe que les Sociétés de Géographie, et en particulier leurs délégués officiels au Congrès, soient tenus au courant de la suite donnée aux vœux retenus à la session précédente et des réponses qui ont pu être déjà reçues. Ce desideratum est prévu dans le vœu ci-après.

La discussion étant ouverte, MM. de Claparède et Auerbach prennent successivement la parole et déclarent donner leur pleine adhésion à la motion proposée.

Le commandant Toussaint, délégué du Ministre de la Guerre, ajoute que les représentants des Ministères à chaque Congrès pourraient être utilement chargés de recommander à qui de droit, chacun en ce qui le concerne, les vœux ressortissant à l'Administration dont ils sont les mandataires. Cette proposition est accueillie avec la plus grande faveur.

Mise aux voix, la motion de M. Paul Hazard est adoptée à l'unanimité. (V. 1er vœu retenu par le Congrès, — sans modification.)

II
DES MODIFICATIONS A APPORTER AUX PROGRAMMES & A LA MÉTHODE DE TRAVAIL DU CONGRÈS

M. Paul HAZARD développe ensuite sa motion sur *les modifications à apporter aux programmes et à la méthode de travail du Congrès* :

Tous les délégués qui ont suivi plusieurs sessions sont d'accord sur ce point que le Congrès national ne donne pas tous les résultats qu'on pourrait attendre de la réunion annuelle de tant de compétences et de talents venus de tous les points de la France et même de l'étranger. Nombre de rapports publiés dans les Bulletins de diverses Sociétés, que l'orateur cite, renferment l'écho de ces plaintes. Il convient de mettre en lumière les causes de cet état de choses pour aviser à la façon d'y remédier.

Or, le mal provient tout d'abord de l'encombrement du questionnaire de chaque session. On y inscrit une quarantaine de sujets, parfois plus : c'est tout juste si l'on parvient à les épuiser en marchant à la vapeur. Parfois, pour y parvenir, on dédouble tout ou partie des séances en deux sections : c'est, aux yeux de M. Paul HAZARD, la pire des solutions parce qu'on voit dans la pratique, et ici même, que l'une des sections est toujours désertée au profit de l'autre et que, n'ayant pas le don d'ubiquité, chaque délégué, à la séance de revision des vœux (la plus importante de la session), aura à se prononcer sur des questions dont il n'aura pu, matériellement, suivre la discussion..... Ou bien alors il faut franchement et complètement diviser le Congrès en deux sections, l'une géographique et l'autre coloniale, et répartir entre elles, dès l'ouverture, les délégués de gré... ou de force.

Le président de séance, en présence d'un ordre du jour toujours très chargé, n'a plus que la préoccupation de l'épuiser dans les deux heures, trois au plus, qui lui sont dévolues. Dans ces conditions, la discussion, qui est la raison d'être et le principal intérêt du Congrès, est forcément écourtée, quand elle n'est pas supprimée ou à peu près. Or, il faut bien convenir que toute communication qui n'est pas faite oralement par un orateur imposant l'attention est péniblement suivie et gagne à être lue à tête reposée dans le volume des procès-verbaux de la session. Si donc on a entendu, en quatre ou cinq jours, quarante communications, dont plusieurs ont été plus ou moins bien lues, et par conséquent plus ou moins mal comprises, quel profit peut-il en résulter pour l'instruction des congressistes... et de combien a-t-on seulement gardé le souvenir une fois le Congrès clos?

De l'échange, du choc des idées, au contraire, peut jaillir la lumière et résulte, dans tous les cas, un sérieux enseignement. Il faut donc discuter, creuser un petit nombre de questions, au lieu d'en effleurer sans profit un nombre considérable. Actuellement, suivant l'heureuse expression de M. NICOLLE, le président de Lille, que l'orateur sait être en parfaite communauté d'idées avec lui, nous combattons « en ordre dispersé » sur tous les sujets qu'il plait aux congressistes de nous soumettre et qui sont, le plus souvent pour les convenances de ceux-ci, réparties entre les séances sans méthode et même sans groupement de connexité. L'institution même du Congrès se trouve faussée par cette façon de procéder. Impossible, d'ailleurs, d'étudier une question à l'avance, de la préparer pour la discussion, puisque c'est tout au plus si l'on connait la veille au soir l'ordre du jour du lendemain.

En dehors de l'allégement des questionnaires, d'autres améliorations pourraient être réalisées : M. GUENOT, secrétaire général, en a indiqué quelques-unes dans le Bulletin de Toulouse. Mais tout cela demande à être étudié et discuté et, comme il faudrait sans doute modifier quelque peu les statuts du Congrès national, il convient, après avoir préparé par le débat de ce jour les grandes lignes d'une réforme, de renvoyer la solution de la question au Comité de la XXVIe session, qui avisera pour le mieux.

Une première réforme a déjà été votée au Congrès d'Oran (1902) : c'était l'adoption définitive d'une motion déposée par M. AUERBACH à Nancy, en 1901, et qui précise l'article III des statuts. Le malheur est qu'après deux ans écoulés on ne l'applique pas encore ! Son texte se trouve dans le compte rendu des travaux de la XXIIIe session du Congrès, pages 249-250. Aussi bien, notre collègue M. AUERBACH, en développant tout à l'heure sa motion, presque identique et, en tout cas, connexe à celle en discussion, va certainement citer ou invoquer la résolution dont il a été l'artisan.

M. AUERBACH, délégué de Nancy, prend alors la parole et propose, en effet, que la discussion de son projet de *réglementation des ques-*

tions d'ordre général mises aux programmes du Congrès soit jointe à celle de la motion du préopinant. Il déclare qu'il va plus loin encore que celui-ci et que, professeur de géographie, il juge absolument vaine, au point de vue de l'avancement de cette science, l'œuvre du Congrès avec sa méthode actuelle de travail. Au lieu de disséminer des efforts, d'ailleurs superficiels, sur maintes questions dont la plupart n'ont qu'une importance très relative, il importe d'en étudier une, deux ou trois, d'ordre général, choisies et préparées comme l'a décidé le Congrès d'Oran, mais de les approfondir. Le temps qui restera ensuite disponible à chaque session devra être exclusivement consacré aux questions intéressant la région où se tient le Congrès ; on arrivera ainsi à connaître un peu mieux, successivement, la plupart des pays de France et, le cas échéant, comme en 1899, 1902 et cette année, l'Afrique Mineure.

Plusieurs congressistes, notamment M. DE CLAPARÈDE, prennent part à la discussion qui est ouverte et se rallient à la manière de voir des deux orateurs précédents.

MM. Paul HAZARD et AUERBACH se mettent d'accord pour la rédaction de la motion ci-après qui traduit les idées ainsi échangées :

« Le Congrès, après en avoir délibéré, décide qu'au cours de la XXVIe session le Comité examinera et, s'il y a lieu, décidera les modifications aux statuts qui permettraient d'obtenir une meilleure et plus fructueuse méthode de travail au cours des sessions futures. »

Mise aux voix, cette motion est adoptée à l'unanimité.

JAPONAIS ET CORÉENS [1]

ESQUISSES HISTORIQUE ET ÉCONOMIQUE

Par M. Arthur DE CLAPARÈDE,
docteur en droit, président de la Société de Géographie de Genève

C'était le 30 novembre au matin. L'*Alaska*, de la *Pacific Mail Steamship C°*, ayant quitté San-Francisco le 1er du mois, la traversée touchait à son terme. Le « noroi » soufflait grand frais depuis la veille. Il avait fait rage pendant toute la nuit. Je n'avais guère dormi et je venais de m'assoupir lorsque je fus brusquement réveillé par une voix criant que la terre était en vue. Je m'habillai à moitié et je courus sur le pont jusqu'au gaillard d'avant où s'étaient déjà réunis quelques-uns des officiers et deux passagers en pantoufles.

A bâbord apparaissait, à une assez grande distance en mer, une île pittoresquement découpée et boisée dans toute son étendue ; dans le lointain, en face du navire, une pyramide énorme émergeait de l'eau, la distance ne permettant pas encore d'apercevoir la côte. C'était le Fouzi-yama, la montagne sacrée des Japonais, volcan éteint dont le cratère recouvert de neige s'élève à plus de trois mille sept cents mètres dans les airs. Tout à coup, le soleil sortant de l'océan vint inonder de lumière le Fouzi-yama, que déjà ses premiers rayons éclairaient discrètement, et fit bientôt resplendir à nos yeux ce point mystérieux, le seul qui fût encore visible, de l'empire du Soleil-Levant. Un cri d'admiration s'échappa de la poitrine des passagers qui peu à peu s'étaient rassemblés sur le pont : c'était beau comme un rêve.

Et cette vision qui était une merveilleuse réalité s'est gravée si profondément dans ma mémoire qu'aujourd'hui encore, à bien des années de date, j'ai devant les yeux ce spectacle comme si c'était hier que je l'eusse contemplé. Ce sera mon excuse pour l'avoir évoqué au début de cette esquisse rapide à laquelle les événements qui se déroulent dans l'Extrême-Orient donnent un caractère de tragique actualité.

*
* *

A part les Aïnos, confinés, au nombre de quinze à seize mille, dans l'île d'Yézo et dans l'archipel des Kouriles, les quarante-cinq millions de Japonais — sans compter les habitants de l'île de Formose, dont l'annexion à l'empire, après la guerre de Chine, date seulement de 1895 — ont des traits communs frappants, parlent la même langue, ont les mêmes mœurs et se sentent frères dans toute

---

[1] Cette communication figurait à l'ordre du jour du Congrès sous le titre : *Japonais, Coréens et Mandchous*, mais M. de Claparède n'a pas parlé de ces derniers et a engagé ses nombreux auditeurs à aller entendre sur ce sujet l'intéressante conférence de M. Paul Labbé : *A travers la Sibérie orientale et la Mandchourie*, qui a eu lieu au théâtre, dans la soirée du 7 avril.

l'acception du terme par la race, le sang et les idées. Ils ont une homogénéité parfaite et, sauf les différences héréditaires qu'on peut constater entre le type du noble et celui du paysan, différences accentuées par la séparation séculaire des castes, rien ne ressemble autant à un Japonais qu'un autre Japonais.

Le type est trop connu pour qu'il soit nécessaire de le décrire. Petits de taille (1^{m}55 en moyenne pour les hommes; 1^{m}47 pour les femmes), les Japonais sont des gens aimables, doux, gais, rieurs, polis, d'une intelligence vive et superficielle, doués d'une faculté d'assimilation remarquable, courageux et intrépides jusqu'à la témérité, méprisant le danger et la mort, mentant volontiers pour le plaisir de mentir comme la plupart des Asiatiques de l'Extrême-Orient, par amour de l'art si l'on peut dire. Leur inaltérable politesse, toute d'étiquette d'ailleurs, est le trait qui frappe le plus l'étranger débarquant pour la première fois au Japon. Car on n'y entend ni gros mots, ni éclats, ni emportements. Très menues, très fines d'attaches, les femmes sont d'une gentillesse exquise et toujours souriante.

Quant aux Aïnos, dont le nombre va d'ailleurs diminuant d'année en année, ils forment une peuplade à part. On ignore leur origine. Ils prétendent descendre du « grand chien blanc » (l'ours blanc), auquel ils rendent un culte. Ils font « allaiter au printemps, en été, des oursons par leurs femmes, puis les immolent en automne, en leur demandant pardon de la liberté grande. [1] » Leur civilisation en est encore à l'âge de la pierre. Ce sont de vrais sauvages habitant des huttes de roseaux et vivant du produit de la pêche. Détail curieux : ils ont le système pileux développé au point que les poils de leur corps forment un duvet qui atteint jusqu'à trois et même quatre centimètres de longueur.

S'il faut en croire la tradition japonaise, la dynastie régnante remonte directement à Jim-mou, le premier mikado qui établit son autorité sur tout le pays vers l'an 660 avant l'ère chrétienne. L'empereur actuel, Moutsou-hito, serait son cent vingt-deuxième successeur, et sa famille occuperait ainsi le trône depuis vingt-six siècles, c'est-à-dire depuis une époque contemporaine de Nabuchodonosor et de Tullus Hostilius. Tout en faisant la part de la légende, un fait certain est qu'aucune maison souveraine n'a une généalogie qui approche, même de loin, de celle du cent vingt-troisième mikado.

Nous ne saurions résumer ici, fût-ce à très grands traits, l'histoire du Japon depuis ces temps reculés. Nous nous permettons de renvoyer ceux que le sujet intéresse à l'ouvrage que nous avons publié, il y a quelques années, et dans lequel nous avons jeté un coup d'œil historique sur les annales de ce pays étrange. [2]

Rappelons seulement que la Corée a été conquise pour la première fois par les Japonais en l'an 200 de l'ère chrétienne. C'est à cette expédition victorieuse que remonte l'invasion du bouddhisme et des idées chinoises au Japon, où elles

---

(1) Onésime RECLUS : *La Terre à vol d'oiseau*.
(2) Arthur DE CLAPARÈDE : *Au Japon. Notes et Souvenirs*. — Genève, Georg, et Lausanne, Payot, 1889. Un vol. in-12.

devinrent dans la suite toutes-puissantes. La Corée, alors tributaire de la Chine, avait, sous l'influence de ce pays, atteint un développement remarquable dans les lettres, la science et les arts, et comme autrefois la Grèce avait imposé sa culture à Rome, le vaincu civilisé fit la conquête de son vainqueur barbare : *Græcia capta ferum victorem cepit.*

Alors aussi prirent naissance les castes, redoutable élément d'immobilisation qui a figé en quelque sorte les sociétés de l'Orient. Les rivalités de grandes familles qui se disputaient le pouvoir, que de trop faibles mikados ne savaient pas tenir, ensanglantèrent longtemps le Japon. Enfin, en 1192, Yoritomo, dernier représentant de la famille des Minamoto, fonda la ville de Kamakoura, dont il fit sa capitale, rivale de Kioto, la capitale des mikados. Impuissant à le soumettre, l'empereur reconnut son pouvoir, en fit son lieutenant-général, et ce fut l'origine du *shogunat,* dont les titulaires ne tardèrent pas à réduire les mikados à un rôle inerte et décoratif qui n'était pas sans analogie avec celui des rois fainéants aux temps des Mérovingiens en France. A partir de Hidéyoshi ou Taïko-Sama, et surtout de Yéyas, *shogun* en 1603, l'institution, rendue héréditaire dans la famille de ce dernier (les Togungava), devint toute-puissante. Il en alla ainsi jusqu'au milieu du xixe siècle. Le Japon avait été fermé aux étrangers en l'année 1638. Le christianisme, prêché dès 1549 par des missionnaires jésuites, avait fait au début de rapides progrès parmi les indigènes. Puis, il y eut une réaction sanglante. La profession du culte chrétien fut punie de mort et les fidèles massacrés. Seuls les Hollandais, moyennant d'humiliantes vexations qu'ils acceptèrent par amour du lucre, avaient obtenu de pouvoir trafiquer dans l'îlot de Décima, situé dans la rade de Nangasaki, où ils exercèrent, pendant plus de deux siècles, le monopole du commerce entre l'Europe et le Japon.

**

L'apparition, en 1853, de l'escadre américaine du commodore Perry dans les eaux d'Yédo vint troubler cette quiétude. Une convention préliminaire suivie, dès 1857, d'un traité formel entre le gouvernement des Etats-Unis et celui du shogun, qui ouvrait quelques ports japonais au commerce américain, amena la conclusion de traités analogues entre le shogun et la plupart des Etats européens, à commencer par l'Angleterre. Mais le shogun, qui dans les instruments diplomatiques avait pris le titre chinois de *Taïcoun* (grand seigneur) du Japon, n'était qu'un simple lieutenant de l'empereur, sans qualité pour traiter avec l'étranger, moins encore pour lui ouvrir le pays. L'irritation fut grande. Une agitation extraordinaire se manifesta bientôt d'une extrémité de l'empire à l'autre, tant et si bien qu'une révolution éclata. Trois hommes d'une grande valeur : Sanjo, Saïgo et Ivakoura dirigeaient le mouvement. Le pouvoir impérial fut rendu dans sa plénitude au mikado, et le jeune Moutsou-hito abandonnant Kioto, résidence depuis mille ans des empereurs ses ancêtres, qui, durant deux siècles et demi, y avaient régné confinés dans l'ombre mystérieuse du Gosho, le jeune souverain vint se fixer à Yédo même, la capitale des shoguns, qui reçut alors le nom de

Tokio (la capitale de l'Est), sous lequel elle est connue aujourd'hui. Le shogunat avait pris fin, et avec lui la vieille légende des deux souverains du Japon : l'empereur spirituel (le mikado) et l'empereur temporel (le shogun),

Pierre et César en eux accouplant les deux Romes

légende qui avait fait tomber les puissances dans l'erreur la plus colossale que les annales diplomatiques aient jamais enregistrée. Car s'il n'est pas banal de prendre l'intendant pour le maître, il l'est moins encore de confondre le lieutenant-général avec le souverain.

La transformation de l'empire ensuite de la révolution tient du prodige. La féodalité fut abolie d'un trait de plume, les clans supprimés, et le territoire, autrefois gouverné par des daïmios héréditaires, divisé en départements ou préfectures (ken) — aujourd'hui au nombre de quarante-cinq, sans Formose — auxquels il faut ajouter les trois villes impériales (fou) Tokio, Kioto et Osaka. Et tout cela s'opéra sans qu'il y eût une goutte de sang répandu. Le prestige de la bannière impériale avait suffi pour assurer le succès des partisans de la révolution.

Sur un point, toutefois, le mikado fut impuissant contre la force des choses. Les traités conclus avec l'étranger durent être maintenus. La révolution qui s'était faite aux cris de « mort aux diables étrangers ! » aboutit, par une étrange ironie du sort, à ouvrir graduellement le pays à ces mêmes étrangers et à européaniser le Japon. Comme ils avaient copié de tous points la Chine pendant des siècles, les Japonais, nés imitateurs, ont, depuis leur révolution, pris l'Europe pour modèle à tous égards, au moins extérieurement. Féodal et asiatique il y a quarante ans, le Japon est aujourd'hui un peuple moderne ayant tous les dehors de notre civilisation. Il lui a emprunté toutes ses institutions actuelles jusqu'au régime parlementaire et à la responsabilité ministérielle. La constitution du Japon a été promulguée le 11 février 1889. Le fait est sans précédent dans l'histoire.

Quelques données statistiques sont ici nécessaires pour bien comprendre les conditions économiques du pays. Rien ne vaut l'éloquence des chiffres, car ils peuvent se passer de commentaires. Nous les emprunterons principalement aux récents *Blue Books* du gouvernement britannique, ainsi qu'à l'excellent *Statesman's Year Book*[1] que M. J. Scott Keltie, le distingué secrétaire de la Société royale de Géographie de Londres, vient de faire paraître, pour la quarante et unième fois cette année, et qui est bien le meilleur annuaire statistique que nous connaissions.

*
* *

L'empire comptait, au 31 décembre 1900, 47.608.875 habitants, sur un territoire dont la superficie est de 417.418 kilomètres carrés, ce qui fait 114 habitants par kilomètre.

---

[1] J. Scott Keltie, LLD. (With the assistance of I. P. A. Renwick, M. A., LLB.), *The Statesman's Year Book, Statistical and historical Annual of the States of the World for the year 1904*. — Londres et New-York, Macmillan, 1904, in-8°.

Cette densité kilométrique déjà considérable — elle est analogue à celle de l'Italie et supérieure à celle de la France (72 habitants par kilomètre) ou de la Suisse (80 habitants) — l'est encore davantage si l'on fait abstraction de l'île de Formose, qui, avec une population de 2.802.919 habitants, répartis sur 34.974 kilomètres carrés, a une densité kilométrique de 80, exactement la même que celle de la Suisse. L'ancien territoire, peuplé de 44.805.956 habitants, a une superficie de 382.416 kilomètres carrés, ce qui fait 117 habitants par kilomètre. Ce chiffre s'élève à 146 pour la grande île de Hondo, celle que nous appelons couramment en Europe, mais à tort, Nippon (ce nom étant celui de l'empire), à 156 pour Kiou-Siou et à 166 pour Sikok. Dans l'île d'Yézo, en partie inhabitable et recouverte de forêts encore vierges, la densité de la population s'abaisse, au contraire, à 6 habitants par kilomètre.

A l'inverse de nos pays d'Europe, le nombre des hommes (22.608.150) est supérieur à celui des femmes (22.197.806). Il s'agit de l'ancien territoire, sans l'île de Formose.

Au 31 décembre 1902, on comptait 14.257 étrangers dans l'empire, ce qui est fort peu sur une population totale de plus de quarante-sept millions et demi. Parmi ces étrangers, les plus nombreux sont les Chinois (8.027); viennent ensuite les Anglais (2.215), les Américains (1.624), les Allemands (617), les Français (505), et les Russes (185). Les Suisses y figurent au nombre de 107 et les Hollandais de 75. Cette statistique est intéressante en ce qu'elle est très démonstrative de la prépondérance du commerce britannique et américain — avec celui de la Chine — au Japon, et cela explique bien des choses.

Le nombre des Japonais résidant à l'étranger est très considérable : il ne s'élevait pas à moins de 139.553 au 31 décembre 1902, dont près de 100.000 aux Etats-Unis.

On sait que la capitale du Japon, Tokio, est aujourd'hui l'une des grandes villes du monde. Sa population (1.440.131 habitants) lui assigne le neuvième rang à cet égard, entre Saint-Pétersbourg et Philadelphie.

*
* *

« Gouvernez bien, disait le baron Louis à ses collègues du ministère, en 1830, et vous ne dépenserez jamais autant d'argent que je pourrai vous en donner. »

Ce mot célèbre est toujours vrai. Pour avoir de bonnes finances il faut faire de bonne politique. A cet égard, la situation budgétaire du Japon est un critère qu'il convient de ne pas négliger.

Le budget de l'Empire pour l'année financière allant du 1er avril 1902 au 31 mars 1903 se solde par 282.432.961 yen aux recettes et 281.753.194 yen aux dépenses, prévoyant ainsi un excédent de 679.770 yen.[1] La guerre qui a éclaté le 6 février dernier a naturellement bouleversé ces prévisions, mais le boni n'en

---

[1] Sans l'île de Formose qui a un budget spécial de 22 millions de yen environ, dans lequel les subsides du Gouvernement impérial figurent pour près de 9 millions.

était pas moins intéressant à constater. Depuis la guerre de Chine (1894-95), les comptes de l'Etat se sont d'ailleurs toujours soldés par des excédents de recettes.

Au 31 mars 1903, le capital de la dette publique devait s'élever à 559.621.011 yen, ce qui au cours moyen de Fr. 2,50 le yen, représente Fr. 1.399.052.527 50, c'est-à-dire Fr. 29,38 par tête d'habitant.

Ce n'est pas énorme, et bien des Etats d'Europe et d'Amérique souhaiteraient sans doute de n'être pas grevés d'une dette plus lourde. Mais il va de soi que la guerre l'augmentera dans une proportion très considérable.

La construction des chemins de fer, qui a débuté au Japon par la ligne de 29 kilomètres de longueur, inaugurée le 9 octobre 1872, qui met Tokio en communication avec Yokohama, a marché dès lors à pas de géant. En trente ans, le réseau ferré a atteint un développement de 8.487 kilomètres, dont 2.444 sont à l'Etat.

Le télégraphe n'est pas resté en arrière : le Japon a 29.466 kilomètres de lignes télégraphiques desservies par 1.853 bureaux.

Enfin, le téléphone, dans lequel d'aucuns voient le dernier cri de la civilisation moderne et qui certainement, comme l'a remarqué le savant professeur Hilty, de l'Université de Berne, doit être compté au nombre des facteurs de la neurasthénie dont souffre de plus en plus la société contemporaine, le téléphone a 25.807 stations et postes d'abonnés, qui ont échangé 89.346.000 conversations en 1902. Il a 66 circuits interurbains d'une longueur totale de 1.279 kilomètres, qui ont servi à 892.321 conversations.

Le commerce a pris un développement considérable.

Les principaux articles d'importation ont été, en 1902, le coton (79.781.711 yen), le fer et l'acier bruts et ouvragés (18.768.763 yen), le riz (17.750.811 yen), les tissus de coton (17.164.817 yen) et le pétrole (14.937.169 yen), qui forment à eux seuls la moitié d'une importation totale de 290.809.379 yen.

Quant aux exportations, dont la valeur a passé de 168.213.070 yen, en 1898, à 267.855.021 en 1902, et balancera bientôt, si la guerre actuelle n'y met obstacle, le montant des importations, c'est la soie brute (82.573.273 yen), les soieries, (31.380.836 yen) et les filés de coton (19.901.523 yen) qui figurent au premier rang, faisant à eux seuls la moitié de l'exportation totale. L'exportation de la houille atteint 17.270.417 yen et celle du thé (qui va presque exclusivement aux Etats-Unis) 10.484.017 yen.

Plus du tiers des importations (pour une valeur de plus de 100 millions de yen) proviennent de la Grande-Bretagne et de ses colonies. La Chine en fournit pour 40 millions de yen ; la France pour 4 millions et demi ; la Suisse pour 2 millions.

Pour les exportations, le marché britannique (métropolitain et colonial) ne vient qu'au second rang (58 millions de yen) : ce sont les Etats-Unis qui occupent le premier, pour une valeur de plus de 80 millions de yen, et la Chine le troisième (plus de 46 millions de yen).

Le mouvement de la navigation (entrées et sorties réunies) s'est élevé, en

1902, pour l'ensemble des ports du Japon, à 15.616 bâtiments jaugeant 23.179.519 tonneaux.

Pas n'est besoin, croyons-nous, de pousser plus loin cette statistique économique pour fournir la preuve que le Japon est aujourd'hui un Etat très florissant et bien « moderne » dans toute l'acception du terme.

*
* *

Dans un domaine différent, la fréquentation de l'Université de Tokio *(Tokio Teikokou Daigakou)* en est aussi la démonstration.[1] Fondée en 1868, elle compte présentement plus de 300 professeurs, enseignant à divers titres, dont les cours ont été suivis pendant le semestre d'hiver 1902-1903 par 3.539 étudiants et auditeurs, parmi lesquels 1.114 inscrits à la Faculté de droit, 642 à celle de médecine, 476 à l'Ecole d'ingénieurs, etc., et ce n'est pas sans stupeur que l'on voit figurer au programme des cours la philosophie de Herbert Spencer et de Schopenhauer enseignée par des professeurs jaunes à de petits étudiants nippons.

La bibliothèque universitaire, qui remonte à 1872, comprend déjà 330.985 volumes, dont 133.698 en langues étrangères au Japon et à la Chine. Ajoutons que Tokio possède depuis 1877 une Société de Géographie *(Chikayou Kiokaï)* qui publie en japonais une revue mensuelle appréciée.

Mais c'est l'armée et surtout la marine de guerre qui ont été et sont l'objet de la sollicitude particulière des organisateurs du nouveau Japon. Rien n'a été négligé pour en faire des instruments de combat de premier ordre. Les Japonais ont montré dans la guerre de Chine, en 1894 et 1895, le parti qu'ils en savaient tirer, et dès lors ils les ont encore perfectionnés. La guerre actuelle contre la Russie dira ce qu'ils valent en présence des instruments similaires d'une grande puissance européenne. Jusqu'ici, la démonstration est toute en leur faveur. Et comme des chassepots à Mentana, l'on pourrait dire qu' « ils ont fait merveille ».

L'armée japonaise comprend sur le pied de paix un effectif permanent de..................................	167.629	hommes
auxquels il faut ajouter une réserve forte de..........	204.109	—
l'armée territoriale ou landwehr.....................	98.722	—
les dépôts de recrutement.........................	161.547	—
En tout......................	632.007	hommes
et...............	31.057	chevaux

effectifs susceptibles d'être considérablement augmentés, si besoin est, en temps de guerre.

La marine militaire est proportionnellement beaucoup plus forte que l'armée de terre, ce qui se conçoit, le Japon étant une puissance insulaire, par conséquent avant tout maritime. Elle est forte de 128 bâtiments, parmi lesquels huit cuirassés d'escadre, dont quatre de 1re classe. Deux d'entre eux, *l'Asahi* et le

---

[1] Voir pour l'Université de Tokio et pour celle de Kioto, qui a été ouverte en 1897, Dr K. Trübner, *Minerva, Jahrbuch der Gelehrten Welt*. XIIIe année, Strasbourg, 1904.

Mikasa, de 15.207 chevaux chacun, déplacent, le premier 15.443 tonnes de jauge, et le second 15.362. C'étaient jusqu'à ces derniers mois les plus puissants cuirassés du monde ; mais ces léviathans sont déjà dépassés par ceux que la marine britannique fait actuellement construire, dont le tonnage atteint 16.350 tonnes et la force 18.000 chevaux. Les torpilleurs figurent au nombre de 52 dans l'effectif de la flotte japonaise qui s'augmentera prochainement de 35 bâtiments (dont 25 torpilleurs) en construction. Le personnel de la marine comprend 35.355 officiers et marins. Le Japon occupe aujourd'hui le sixième rang parmi les puissances maritimes, entre les Etats-Unis d'Amérique et l'Italie. Sous ce rapport, son européanisation a été parfaite.

*
* *

Mais pourquoi le Japon s'est-il européanisé ?

Notre vanité d'hommes blancs nous pousse à admettre que c'est par amour pour une civilisation dont nos frères jaunes ont reconnu l'excellence. Hélas ! il faut en rabattre. La vérité est que le Japon s'est européanisé contre l'Europe pour mieux rester Japonais. Il a conservé et voulu conserver du vieux Japon beaucoup plus que ce qu'il nous a emprunté et voulu nous emprunter.[1] Il a surtout imité l'Europe dans ce qui rend les nations modernes fortes et redoutables dans l'ordre matériel : ainsi l'organisation de l'armée et de la flotte. Mais les mœurs et les idées ont-elles changé ? Le Japonais continue aujourd'hui comme avant la révolution à habiter une maison faite de bois et de papier et, sauf à la cour et chez les fonctionnaires, le costume national est seul porté. Rentré chez lui, l'employé de l'Etat n'a rien de plus pressé que de remplacer par l'ample et élégant *kimono* le veston étriqué et l'incommode pantalon qui ne permet guère de s'accroupir sur les talons selon l'usage d'antan. Quant aux femmes, à l'exception des dames de la cour, elles demeurent heureusement fidèles au costume national qui leur est si seyant. Or, la maison et le vêtement sont, par excellence, symptomatiques de la mentalité d'un peuple. La *djinriksha*, à traction *humaine*, demeure le mode de locomotion universellement employé au Japon, partout où l'état des routes, qui sont en général excellentes, le permet, et cela aussi est très caractéristique. S'il suffit en effet de « gratter le Russe pour trouver le Tartare », il est certain que la même opération faite sur un Japonais mettrait bien vite à nu, sous le complet de la *Belle Jardinière* dont il s'affuble, l'« homme d'autrefois », qui a beaucoup moins changé qu'on n'est enclin à l'admettre en Europe.

On a pu édicter un code civil et un code pénal traduits en partie de la législation française ; mais la vieille loi qui autorise le mari à répudier sa femme lorsque celle-ci « n'est pas assez polie envers ses beaux-parents », lorsqu'elle se montre « trop jalouse » ou « trop bavarde » n'en subsiste pas moins encore dans tout l'intérieur du pays. C'est qu'il est plus aisé de faire une révolution que de

---

(1) Félicien Challaye, dans la *Revue de Paris*, du 1ᵉʳ février 1904.

changer les us et coutumes d'un peuple. Les lois ne font pas les mœurs: bien au contraire, elles en dérivent.

Le cadre de cette esquisse ne comporte pas l'examen du mouvement intellectuel, scientifique et artistique du Japon. Il y faudrait consacrer une étude spéciale. Bornons-nous à rappeler qu'en empruntant à la Chine son système d'écriture idéographique, les Japonais ont du coup stérilisé leur production dans le domaine de la science et des lettres, l'emploi des idéogrammes qu'ils ont substitués à leurs syllabaires nationaux étant une entrave sans pareille mise à l'essor de la pensée.

La poésie japonaise est pauvre et le roman l'est encore davantage. Je ne parle pas de la quantité — il s'en publie au contraire un nombre très considérable — mais du fond, qui est nul. La traduction ou plutôt l'adaptation des romans européens, surtout des romans français, est maintenant très fréquente.

L'architecture est peu de chose dans un pays où l'on n'emploie guère que le bois dans la construction. Ne sachant s'élever jusqu'au grand, les sculpteurs japonais ont fait colossal : de là ces Daï-Boutsous (littéralement « grands Bouddhas ») qui confondent l'imagination et dont quelques-uns sont d'une rare beauté. Dans la peinture, la composition est, la plupart du temps, nulle ou enfantine, alors que le *faire* est admirable. Créateurs impuissants, ne sachant guère qu'imiter, les Japonais sont des artisans hors de pair qui ont atteint, dans les arts mineurs, en particulier la céramique et le bronze, une véritable perfection.

Aujourd'hui le rêve de la plupart des Japonais cultivés est d'éduquer la Chine et de délivrer le monde asiatique de l'influence européenne. Hâtons-nous de dire que cette éventualité n'est guère à redouter, le fameux « péril jaune » n'étant qu'un simple épouvantail. En effet, la civilisation occidentale a heureusement d'autres fondements que les cuirassés d'escadre, les pièces de canon à tir rapide et les fusils de petit calibre : elle repose sur trois bases essentielles qui sont le christianisme, la philosophie grecque et le droit romain. La religion chrétienne, la Grèce et Rome en constituent les trois piliers fondamentaux. Ce sont eux qui soutiennent nos conceptions religieuses, morales, philosophiques et juridiques. Si le Japon nouveau a essayé de s'appuyer sur les deux derniers, il est resté jusqu'ici singulièrement rebelle à l'influence chrétienne qui demeure le facteur principal de notre civilisation.

Il est toujours difficile de se rendre un compte, même approximatif, de l'état moral et religieux d'un pays. Dans ce domaine, les statistiques les plus probantes ne prouvent pas grand'chose. Cependant, il suffit de séjourner quelque temps au Japon pour constater que l'irréligion y est très générale et que si les temples bouddhistes et shintoïstes y sont nombreux — le culte de Bouddha comptait, en 1901, 117.315 bonzes, et celui de Shinto 71.988 — les sanctuaires sont déserts. C'est qu'à côté des deux grandes religions du Japon, il y en a une troisième, celle des gens qui n'en ont point et professent un vague confucianisme : c'est peut-être la plus répandue.

Les efforts des missions chrétiennes, demeurés longtemps tout à fait stériles, commencent à porter des fruits. On compte aujourd'hui dans l'empire plus de mille églises ou chapelles desservies par les agents de nombreuses missions catholiques, grecques et protestantes. Ce sont ces dernières qui font le plus de prosélytes, mais la masse des Japonais paraît encore réfractaire au christianisme.

Or, peut-on s'assimiler de façon durable ce dont on ne prend guère que les dehors, en négligeant ce qui en fait le fond? Nous conservons des doutes à cet égard.

Sous ce rapport, la guerre actuelle offre un intérêt palpitant. C'est le critère qui permettra d'apprécier définitivement la valeur du vernis européen qui recouvre aujourd'hui les gens et les choses au Japon. S'il résiste à l'enivrement de la victoire ou à l'amertume de la défaite, c'est qu'il est solide, et la révolution japonaise de 1867-1868 qui, pour l'historien et le penseur, est un sujet d'émerveillement continuel, le sera bien davantage encore.

*
* *

Franchissons le détroit de Corée.

Six heures de mer seulement séparent Fousan de Shimonoseki, mais ce court trajet nous fait reculer de plusieurs siècles.

Le pays du « matin calme » diffère du Japon à peu près sous tous les rapports. L'isolement absolu dans lequel il a vécu durant des siècles et jusqu'à ces dernières années en fait d'ailleurs encore aujourd'hui, à maints égards, une terre vraiment mystérieuse. Le Coréen, fortement brachycéphale, est aussi grand que le Japonais est petit ($1^m 79$ en moyenne, d'après Koïke, pour la taille de l'homme, chiffre si élevé qu'on s'est demandé s'il n'y avait pas une faute d'impression). Il est aussi attaché à ses vieux usages d'origine chinoise que celui-ci s'en montre détaché. Il mange volontiers de la viande, même du bœuf et du porc, alors que l'alimentation carnée du Japonais est limitée, à part le poisson dont il fait une grande consommation, au poulet et à quelques autres volailles. Les Coréens connaissent à peine le thé, boisson nationale à la Chine et au Japon, et boivent l'eau de cuisson du riz, base de leur alimentation. Pour inférieure que soit encore la condition de la femme japonaise, celle-ci jouit d'une situation enviable comparée à celle de la femme coréenne, laquelle n'a pas d'existence sociale propre. Simple instrument de travail — c'est elle qui fait les plus durs labeurs — ou de plaisir, elle ne possède pas même de nom : ce n'est que la « fille d'un tel » ou la « sœur d'un tel », jusqu'au jour où elle devient la « mère de tels ou tels ».

L'éducation, la culture intellectuelle et généralement les us et coutumes sont ceux de la Chine. Mœurs, religion et institutions en dérivent également. Toutefois, si les Coréennes ont le pied petit, elles ne le déforment pas comme font les Chinoises. L'idéal de la beauté féminine consiste avant tout, aux yeux des Coréens, dans l'abondance de la chevelure et la force des sourcils. Le reste est secondaire. Le costume est celui des Chinois avant la conquête mandchoue du XVIIe siècle. Il en diffère par un chapeau blanc fantastique, qui est un vrai poème. Nous ne saurions le comparer qu'à un pot à fleurs renversé auquel on aurait ajouté un très large bord plat. Ce couvre-chef a son histoire ou sa légende. Les Coréens, aujourd'hui doux, pacifiques et hospitaliers, étaient autrefois très batailleurs. Pour mettre un terme aux luttes incessantes, trop souvent sanglantes, auxquelles ils se livraient, un de leurs rois — son nom ne nous a pas été conservé — prescrivit le port obligatoire du chapeau — en porcelaine! — que nous avons décrit, avec interdiction absolue de jamais le quitter pendant le jour. Il devenait dès lors impossible de se battre sans s'exposer à le faire tomber et à le voir se briser, ce qui entraînait la peine capitale. Après un certain nombre d'exécutions, les rixes cessèrent et le peuple coréen devint le plus doux et le plus malléable de la terre.

C'est à Shimonoseki, à l'issue de la mer intérieure du Japon, que j'ai vu pour la première fois des Coréens. Le *Nagoya-Maru*, vapeur japonais à bord duquel je me rendais de Kobé à Shanghaï, y recueillit une douzaine de naufragés dont la jonque avait sombré. Je crois voir encore leurs costumes blancs, leurs chapeaux phénoménaux, et la stupéfaction profonde empreinte sur les traits de leur visage — cela se conçoit de reste — en présence de tout ce qui était nouveau pour eux à bord où tout leur était inconnu. La machine, en particulier, les avait plongés dans une sorte d'ahurissement. Mais les Japonais ont dû leur en faire voir, dès lors, bien d'autres.

Le « chapitre des chapeaux » — à supposer qu'il ait quelque part d'authenticité — a exercé la plus grande influence sur les destinées du peuple coréen. La mansuétude de cette nation en a fait une proie facile pour ses voisins, Chinois et Japonais, qui s'en sont emparés tour à tour. C'est en l'année 107 avant l'ère chrétienne que la Chine a fait la conquête de la Corée. Nous avons vu que le Japon s'en rendait maître à son tour trois siècles plus tard, en l'an 200 de notre ère, et dès lors ce pays n'a cessé d'être ballotté entre ses deux puissants voisins. A l'origine, la presqu'île coréenne comprenait trois Etats distincts qui subsistèrent jusqu'au xe siècle. C'est seulement en 934 que le roi du Koraï — la partie nord de la péninsule qui lui a donné son nom — Ouang-Kien s'empara, avec l'aide des Chinois, des deux autres royaumes, et constitua ainsi l'unité de la Corée. A la fin du xvie siècle, Hidéyoshi, le tout-puissant shogun dont nous avons déjà cité le nom, envahit la Corée, qui reconnut la suzeraineté du Japon, auquel elle dut envoyer des présents à chaque changement de règne. Mais les Mandchous ayant conquis la Chine au xviiie siècle, le roi de Corée, partisan des Mings, vit ses Etats ravagés par les Tsings vainqueurs, qui lui imposèrent aussi leur souveraineté. Dès lors, et jusqu'au milieu du xixe siècle, la Corée gravite dans l'orbite de la Chine où les Tsings règnent encore aujourd'hui. Cependant, l'établissement des Russes dans la région de l'Oussouri vint porter à trois le nombre des voisins dangereux pour la Corée, dont la situation n'est pas sans ressembler à celle de la Pologne à la fin du xviiie siècle, entre l'Autriche, la Prusse et la Russie.

Ce fut le Japon, fermé si longtemps lui-même aux étrangers, qui contraignit par les armes la Corée à ouvrir trois de ses ports. Le traité du 26 juillet 1876 mit fin à la clôture du pays qui avait duré deux cent quarante années, et successivement la plupart des Etats civilisés — à commencer par les Etats-Unis en 1882 et la France en 1886 — passant par la brèche faite par le Japon, conclurent des traités analogues avec la Corée.

En 1882, une émeute éclata à Séoul : la légation du Japon fut attaquée et de nombreux Japonais massacrés dans la ville. Une armée envoyée par le mikado vint occuper la capitale. Le gouvernement chinois s'émut et, craignant pour sa suzeraineté, fit débarquer des troupes en Corée. Les Japonais se retirèrent. Pendant deux ans, l'influence de la Chine redevint toute-puissante à Séoul. Mais en 1884, une révolution du palais ayant changé le gouvernement coréen — sept ministres furent assassinés en même temps — et la légation du Japon ayant été incendiée, le gouvernement du mikado installa à Séoul une garde permanente de 200 hommes pour protéger son ministre. La Chine en fit autant et les deux Etats durent fixer par un traité, en 1885, l'effectif des troupes que chacun d'eux se réservait le droit d'entretenir en Corée. Mais, de part et d'autre, on chercha clandestinement à l'augmenter, et c'est la tentative de la Chine, à cet égard, en 1893, beaucoup plus que la prétendue offense faite au ministre du Japon à Séoul, qui déchaîna la guerre sino-japonaise dont la Corée fut l'enjeu.

Par le traité de paix, signé à Shimonoseki entre la Chine et le Japon, en avril 1895, l'indépendance de la Corée fut reconnue par les deux parties contractantes, et le roi Yi-Hyeung, trente-quatrième souverain de la dynastie qui règne à Séoul depuis l'an 1392, prit solennellement le titre de « Hoang-tyeï », c'est-à-dire empereur, le 12 octobre 1897. Mais ce fantôme impérial n'avait fait qu'échanger la suzeraineté, la plupart du temps nominale, de la Chine pour celle beaucoup plus effective du Japon, qui entreprit aussitôt toute une série de réformes, parmi lesquelles nous citerons, comme l'une des plus originales et non la moins utile, l'introduction du calendrier grégorien en Corée.

Les Japonais sont nombreux dans la péninsule coréenne : 30.000 environ sur 36.000 étrangers résidant sur un territoire de 218.650 kilomètres carrés, dont la population évaluée, selon les auteurs, de 5 à 16 millions d'âmes, doit être approximativement de 13 millions. En adoptant ce dernier chiffre, la densité de la population ressort à 63 habitants par kilomètre carré. On comptait, en 1902, en Corée 5.000 Chinois, 300 Américains, 111 Anglais, 100 Français, 100 Russes et 50 Allemands.

Mais si l'immigration japonaise est proportionnellement considérable, c'est surtout par les capitaux qu'il y a mis que le Japon a acquis une situation prépondérante dans le pays. Ce sont les Japonais qui ont créé en effet les premières fabriques de la Corée : on doit à leur initiative de grandes usines à vapeur pour la décortication du riz et pour la fabrication du papier, l'établissement de lignes de navigation maritimes et fluviales, etc. La Corée leur doit aussi ses premiers télégraphes. Le réseau compte aujourd'hui 3.742 kilomètres de lignes, desservies par vingt-sept bureaux.

Le chemin de fer qui relie Séoul, la capitale, au port de Chemulpo (42 kilomètres) est l'œuvre d'un sydicat américain.

L'industrie est encore peu considérable et le commerce insignifiant. L'exportation n'atteint pas 8 millions et demi de yen. Quant aux importations, qui se sont élevées en 1902 à plus de 13 millions et demi de yen, les tissus de coton y figurent pour 5.346.000 yen.

Le commerce maritime dans les ports ouverts accuse un tonnage de jauge de 1.241.434 tonnes, dont 938.316 sous pavillon japonais.

Le budget se solde par 10 millions de yen environ aux recettes et autant aux dépenses.

L'empereur exerce un pouvoir absolu ; c'est un despote dont l'autocratie n'est tempérée que par l'usage qui y apporte certaines restrictions, et par l'influence modératrice des Japonais.

Si le Japon s'est efforcé, avec succès, de développer les ressources économiques de la Corée, il n'a rien fait — et c'est compréhensible — pour augmenter ses moyens de défense. L'armée coréenne est forte nominalement d'environ 17.000 hommes ; mais les seules troupes tant soit peu organisées sont celles de la garnison de Séoul, environ 3.500 hommes, armés de fusils Remington et instruits par des officiers américains. La marine existe encore moins que l'armée, le Gouvernement coréen ne disposant que d'un seul bateau-transport de 400 tonneaux.

La Corée est géographiquement le débouché naturel où le Japon peut déverser le trop-plein d'une population dont la densité, déjà considérable, s'accroit d'année en année avec rapidité. L'indépendance théorique de cette péninsule — c'est-à-dire, en fait, le protectorat du Japon sur la Corée — est devenue une nécessité vitale pour l'empire du Soleil-Levant : aussi conçoit-on fort bien les appréhensions que l'occupation permanente de la Mandchourie par les Russes a causées à Tokio. Il s'y joignait d'ailleurs une légitime irritation.

Il ne faut pas oublier en effet que c'est l'action diplomatique de l'Allemagne, de la France et de la Russie, intervenant au nom du principe de l'intégrité territoriale de la Chine continentale, qui obligea, en 1895, le Japon vainqueur du Céleste-Empire à abandonner la presqu'île de Liao-Toung — y compris Port-Arthur dont il s'était emparé, non sans peine — et à se contenter, en échange, de l'île de Formose, beaucoup plus éloignée du Japon, qu'il lui fallut conquérir sur les aborigènes, les Chinois n'y ayant jamais exercé qu'une autorité nominale. Or, on sait que trois ans plus tard, par un traité du 27 mars 1898, la Russie forçait la Chine à lui céder à bail pour vingt-cinq ans — formule ingénieuse destinée à déguiser l'annexion — Port-Arthur, Talien-Wan et le territoire adjacent de Liao-Toung. La colère des Japonais ne connut plus de bornes.

On entend souvent dire que l'histoire ne se répète pas. C'est une erreur, et ceux-là seuls qui ne l'ont pas étudiée peuvent le prétendre. Les mêmes causes dans des circonstances semblables produisent, en général, des effets analogues. La prépondérance de l'influence chinoise en Corée avait obligé, à plusieurs re prises, le Japon à intervenir militairement dans la presqu'île pour y défendre ses intérêts économiques. Lorsque l'influence de la Russie, remplaçant celle de la Chine, y devint prédominante, le Japon dut se préparer à la guerre : aussi la persistance de l'occupation russe de la Mandchourie, au mépris des engagements formels pris par le Gouvernement du czar — aux termes du traité conclu entre la Russie et la Chine, l'évacuation de la province aurait dû être entièrement achevée le 8 octobre 1903 — devait-elle forcément aboutir à un conflit armé. La guerre était dès lors inévitable.

Mais, sans nous en être aperçu, nous avons quitté le champ de l'histoire et de la géographie économique et sociale pour celui de la politique. C'est un terrain glissant. Nous sortirions du cadre de cette esquisse en nous y aventurant. Au surplus, la parole est présentement au canon, et il serait oiseux de vouloir pronostiquer l'issue d'une guerre qui, selon toute probabilité, sera de très longue durée, aucun des deux adversaires ne paraissant de force à venir à bout de l'autre. Puisse du moins cette lutte sanglante demeurer localisée dans l'Extrême-Orient entre les belligérants actuels.

Il nous sera toutefois permis de signaler en terminant les graves dangers que l'échec final des Japonais pourrait faire courir aux Européens et aux Américains, missionnaires et commerçants, disséminés dans l'Extrême-Orient, par le réveil, toujours possible, du fanatisme qui demeure à l'état latent dans l'âme de tous les Jaunes. Les Japonais marchent aujourd'hui au combat avec les armes de la civilisation occidentale. N'est-il pas à craindre que, s'ils étaient vaincus, ils ne s'en prissent à cette civilisation même, qu'ils rendraient responsable de leur défaite, et qu'ils ne cherchassent à s'en venger sur ses représentants dans leur pays ? Si cette éventualité venait à se produire, les Vêpres Siciliennes du moyen âge n'auraient été qu'un jeu d'enfant auprès de ce qui se passerait alors dans le « pays où le soleil se lève ».

ÉTUDE SUR LA GÉOGRAPHIE CHEZ LES ARABES

Par BÉCHIR SFAR

Président du Conseil d'administration des Biens habous
et Directeur de la Société « la Khaldounia »
à Tunis

MESDAMES,
MESSIEURS,

Grâce à l'érudition et aux intéressants travaux des savants orientalistes, l'Europe commence à revenir sur ses anciens préjugés et à reconnaître que les Arabes rendirent d'éclatants services à la science et à la civilisation. Aucun esprit éclairé ne peut nier aujourd'hui la place honorable que les écoles de Bagdad, du Caire et de Cordoue occupèrent pendant le moyen âge.

Continuant et développant les travaux des Grecs, complètement abandonnés dans le monde chrétien depuis la chute de l'Empire romain, les Arabes montrèrent, dans le domaine scientifique, une activité merveilleuse, embrassant toutes les branches de l'intelligence humaine. On peut ajouter — car c'est là maintenant une vérité historique — que, par leurs travaux, les Musulmans préparèrent la Renaissance. D'importantes découvertes, dont quelques-unes ont été attribuées à tort à des Européens, de nombreuses inventions, des monuments d'une exécution grandiose qui excitent encore l'admiration, et, enfin, une industrie qui, pendant des siècles, fut sans égale, sont là pour attester aux yeux du monde la valeur d'un peuple trop longtemps méconnu.

Nous sommes bien loin des jugements intéressés des anciens chroniqueurs de l'Europe sur ces terribles Sarrasins, ces farouches et fanatiques conquérants, et je n'étonnerai donc personne, Mesdames et Messieurs, en vous entretenant un instant des progrès accomplis dans la géographie par les Musulmans du moyen âge.

La géographie arabe avant Mahomet

Avant Mahomet, le bagage scientifique des Arabes était à peu près nul. C'est la période que nos historiens appellent « l'époque de l'ignorance ».

Naturellement, les connaissances géographiques étaient alors fort restreintes et se limitaient aux pays qui étaient en relations directes avec l'Arabie : l'Inde, la Perse, la Mésopotamie, l'Asie Mineure, la Syrie, l'Eypte et l'Abyssinie.

Les Arabes, qui furent de tout temps de grands caravaniers, entretenaient avec ces diverses contrées un commerce très actif, leur presqu'île, par sa position géographique, servant le transit entre la Méditerranée et la mer des Indes.

Ils savaient bien qu'il existait de par le monde une grande contrée qu'on appelait Sine (la Chine), dont les Hindous leur apportaient les produits, et entendaient vaguement parler d'une Ifrikia ou l'Afrique romaine, et plus vaguement encore du pays des Francs (Europe occidentale). Il y avait trois grands fleuves : le Nil, le Tigre (Djéleh) et l'Euphrate, et une grande chaîne de montagnes appelée Kaf, probablement le Caucase, qui formait la limite de la terre habitée.

Cette ignorance des anciens Arabes dans le domaine géographique s'explique aisément : ils étaient fort casaniers, et s'ils aimaient bien traverser les déserts arabiques avec leurs caravanes, ils avaient, par contre, un goût peu prononcé pour les voyages lointains.

D'ailleurs, à l'inverse des Grecs et des Phéniciens, ils ignoraient presque complètement la navigation, sinon un faible cabotage avec des barques primitives. Mais cela ne les empêchait pas, comme je viens de le dire, de faire un commerce très actif qui enrichit une bonne partie de l'Arabie, telle que le Yemen et le Hadramout, où le trafic, joint à d'intelligents travaux agricoles, répandit l'aisance et contribua à la puissance des Tobbas de la dynastie Hymiarite, si célèbre dans l'histoire ancienne des Arabes.

L'Islam et ses conquêtes

Cette époque de l'ignorance dura jusqu'au commencement du VIIe siècle de l'ère chrétienne. Déjà, depuis le siècle précédent, l'Arabie, déchirée par les luttes intestines, plongée dans l'idolâtrie, envahie d'abord par les Abyssins et menacée ensuite par la Perse, était à deux doigts de sa perte. Elle avait pourtant réussi à former son unité littéraire, à fixer et à harmoniser cette langue arabe si riche, si poétique et aujourd'hui si répandue en Asie et en Afrique. Il ne manquait, pour sauver les Arabes, que l'unité religieuse. C'est alors que Mahomet parut heureusement sur la scène ! A sa voix éloquente, les idoles tombent, les cœurs battent à l'unisson, et une religion nouvelle, l'Islam, établissant l'unité de Dieu, prescrivant la justice, abolissant les inégalités sociales et l'intolérance religieuse, non seulement facilita l'union politique des Arabes, mais leur inspira un tel enthousiasme que, comme plus tard les Français de 89 luttant contre les vieilles monarchies au nom de la liberté et des droits de l'homme, les Musulmans, débordant de leur presqu'île, s'élancèrent à la conquête du monde ancien où régnait alors tant de despotisme et de persécutions.

Je ne m'étendrai pas, Mesdames et Messieurs, sur la partie historique concernant la rapidité vertigineuse des conquêtes musulmanes. Il suffit de rappeler qu'à la mort de Mahomet, en 632, les Arabes n'avaient pas encore quitté leurs frontières, et que, quatre-vingts ans plus tard, ils dominaient sur un empire s'étendant des Pyrénées aux confins de la Chine. Cet immense empire comprenait l'Arabie, la Perse, l'Afghanistan, le Turkestan, l'Arménie, la Mésopotamie, la Tunisie, l'Algérie, le Maroc, l'Espagne avec le Portugal et une partie du sud-ouest de la France. Il ne tarda pas à s'augmenter des îles méditerranéennes telles que les Baléares, la Sicile, Malte, Crète, Chypre, etc. Ces conquêtes, mettant les Arabes en contact avec des peuples dont ils ignoraient totalement l'existence, exercèrent, ai-je besoin de le dire, la plus heureuse influence sur le développement de leurs connaissances géographiques. Adieu l'époque de l'ignorance ! Adieu les déserts de l'Arabie et le cabotage des petites barques primitives !

Les Arabes, de casaniers qu'ils étaient, deviennent non seulement des conquérants, mais aussi de grands voyageurs et d'habiles navigateurs qui reconnaissaient tous les pays situés sur les bords de la Méditerranée, de la mer Rouge, de l'océan Indien, de la mer Caspienne, de la mer Noire et une bonne partie des côtes de l'Atlantique en Europe et en Afrique. Des annalistes des conquêtes, des voyageurs et des commerçants musulmans ne tardèrent pas à faire la description géographique de toutes ces contrées, avec tous les renseignements utiles sur leurs habitants, leurs ressources, leur flore et leur faune.

Ce fut déjà un immense progrès.

La géographie musulmane

Cependant, jusqu'à la fin du IIe siècle de l'hégire (VIIIe siècle de Jésus-Christ), la géographie proprement dite, la géographie classique pour ainsi dire, n'était pas encore créée. Cette première période de notre histoire fut, en effet, consacrée par les khalifes à l'organisation des conquêtes, à la protection des lettres et surtout à l'important travail de codification qui forme aujourd'hui la base de la jurisprudence des quatre rites musulmans. Les premiers khalifes abassides, il est vrai, avaient déjà ordonné la traduction de quelques ouvrages grecs sur la philosophie. Mais c'est incontestablement à EL MAMOUN, fils du célèbre Haroun er Rachid, que revient l'honneur d'avoir fait briller l'École de Bagdad de son plus vif éclat. El Mâmoun, surnommé l'Auguste des Arabes, mérite une mention particulière. Il était à la fois littérateur, philosophe et mathématicien. Son amour pour les sciences était tel qu'il faillit déclarer la guerre à un empereur byzantin qui lui avait refusé l'envoi d'un savant grec, de grande érudition, dont il voulait utiliser les connaissances dans l'Université de la capitale. C'est sous le règne de ce prince que la vraie science géographique fut introduite chez les Arabes. Ptolémée, déjà traduit, servait de guide. Mais les savants musulmans ne se contentaient pas de copier les auteurs anciens, ils en passaient les travaux au crible de l'examen et de la discussion.

C'est ce qui arriva pour le traité de Ptolémée.

Revision des travaux anciens

Ce fut d'abord la géographie mathématique ou astronomique qui fut livrée à une sérieuse revision. Déjà, vers l'an 820 de J.-C., par ordre d'El Mâmoun, l'*Almageste* de Ptolémée fut corrigé par les *Tables vérifiées* de l'astronome YAHIA BEN ABI MANÇOUR. Ensuite, vers 831, toujours par ordre de ce khalife éclairé, d'autres savants, et notamment les frères BEN MOUSSA : Mohamed, Ahmed et Hassan, procédèrent à la mesure d'un degré du méridien terrestre auquel Ptolémée assignait une longueur de 66 milles. Après s'être rendus dans la plaine de

Sindjar, en Mésopotamie, les Ben Moussa choisirent un point déterminé ; ensuite ils marchèrent vers le nord, puis vers le sud, jusqu'à ce que la hauteur du pôle eût varié de 60 minutes, et trouvèrent pour la valeur du degré 56 milles 2/3, c'est-à-dire une différence d'environ 10 milles sur l'évaluation de Ptolémée.

Pour être plus sûr, El Mâmoun fit recommencer la même opération dans la plaine de Koufa, et elle donna exactement le même résultat. Cela se passait, ai-je besoin de le rappeler, *dix siècles avant l'opération analogue, mais faite sur une plus grande échelle, entre Dunkerque et Barcelone ?*

Dès lors, la géographie devint pour les Musulmans une science de prédilection. Se servant toujours de Ptolémée comme guide, ils dressèrent des cartes appuyées de textes sous le nom de *Rasm-el-Ard* (tracé de la terre), de *Takhtit-el-Bildane* (dessin des pays) ou de *Geographia* tout simplement. Mais, tout en adoptant comme modèle la carte de Ptolémée, les géographes arabes la soumettent à un examen approfondi et en signalent les inexactitudes, surtout en ce qui concerne les longitudes. Rien que sur la longueur de la Méditerranée, les astronomes et géographes arabes relevèrent dans le traité de Ptolémée une erreur de 19°, soit environ 400 lieues.

C'est à un Arabe marocain, l'astronome Aboul Hassen Ali, que revient l'honneur d'avoir opéré cette importante réforme en parcourant le nord de l'Afrique de Tanger à Alexandrie, et en relevant astronomiquement quarante-quatre points différents dans le but de rectifier la carte de Ptolémée. Aboul Hassen a été le premier géographe qui fixa à une valeur presque exacte le grand axe de la Méditerranée, soit environ 42°, alors que Ptolémée l'avait évalué à 62°. Cet astronome marocain vivait au commencement du xiiie siècle, et il ne s'était occupé que de la partie occidentale de l'Empire musulman.

Avant lui, et dès le siècle d'El Mâmoun, le *Rasm-el-Ard* avait déjà rectifié les pays formant le centre de l'Empire, depuis le golfe Persique jusqu'à la Méditerranée et à la mer Rouge. Plus tard, au commencement du xie siècle, le célèbre astronome Albirouni, qui accompagnait le fameux sultan Mahmoud le Ghaznaouide dans ses expéditions à travers l'Inde et l'Asie Centrale, réforma les erreurs qui affectaient encore les longitudes du Sind, du Maoura-Annahr (Transoxiane), ainsi que le pays de Roum (Asie Mineure).

Forme de la terre et sa position

Puisque nous parlons de géographie mathématique, permettez-moi de dire un mot concernant l'opinion des savants arabes sur la forme de la terre. Les Arabes anciens (de l'époque de l'ignorance), s'inspirant sans doute d'une légende d'origine biblique ou plutôt pharaonique, croyaient que la terre était plate et reposait sur la corne d'un taureau qui s'appuyait sur un poisson, lequel naturellement était dans une mer, et cette mer, à son tour, reposait sur les ténèbres. La légende — et c'est dommage — ne dit pas sur quoi s'appuyaient ces ténèbres. Les géographes arabes ne s'arrêtèrent pas à ces absurdités. Avec des preuves à l'appui, ils adoptèrent la forme classique et déclarèrent que la terre est ronde comme une boule. Ces preuves sont exactement les mêmes que celles qu'on enseigne de nos jours. Quant à la position du globe terrestre, l'opinion généralement admise était celle d'*Hipparque,* adoptée par Ptolémée, qui faisait de la terre le centre de l'univers autour duquel tournaient les corps célestes. Mais cette opinion n'était pas indiscutée, et si Copernic et après lui Galilée peuvent revendiquer l'honneur d'avoir résolu scientifiquement le problème de la révolution de la terre autour de son axe, il serait injuste cependant de leur attribuer exclusivement la paternité de cette grande idée. Déjà quelques savants de l'antiquité, et notamment Pythagore, avaient discuté cette importante question. Mais Ptolémée, tout en reconnaissant la forme sphérique de la terre, en faisait le centre immobile de l'univers, et son opinion fut suivie par les premiers astronomes et géographes arabes. Plus tard, quelques savants musulmans discutèrent hardiment la question. Voici, à titre d'exemple, le sens d'un passage d'un ouvrage philosophique, *El Maouakef,* dont l'auteur, ADHOUD ED DINE ABD ERRAHMANE BEN AHMED, florissait au milieu du XIIIe siècle, c'est-à-dire 200 ans avant Copernic. Après avoir parlé de l'opinion de Ptolémée, généralement admise à cette époque, Abd Errahmane ajoute :

....

« ......On dit que, contrairement à ce que croit le public, la terre tourne sur elle-même de l'ouest à l'est et que le mouvement diurne des corps célestes n'est qu'apparent. Il provient du mouvement même de la terre, qui nous fait apparaître successivement du côté de l'Orient des astres qui étaient masqués par la courbure de la terre et en même temps cache à notre vue, par suite de cette même courbure, les astres que nous voyions à l'horizon du côté de l'Occident. C'est ce qui donne l'illusion que la terre est immobile et que les corps célestes tournent autour d'elle, alors qu'il n'en est pas ainsi. C'est la même illusion qu'éprouve le voyageur sur mer lequel croit voir le mouvement de la côte et l'immobilité du navire. De même lorsqu'on voit la lune se diriger vers des nuages, alors qu'en réalité ce sont ces mêmes nuages qui se dirigent vers la lune, ainsi que d'autres exemples que nous avons mentionnés en parlant de l'illusion des sens. »

L'auteur cite ensuite les arguments spécieux des partisans de l'immobilité de la terre, en réfute quelques-uns, mais il ne semble pas se prononcer d'une façon catégorique. Il est vraiment dommage que les révolutions politiques survenues dans les Etats musulmans dans le courant du XVe siècle, telles que l'invasion de Tamerlan et la chute du royaume de Grenade, aient replongé les peuples de l'Islam, comme autrefois les Romains après l'invasion des Barbares, dans les ténèbres de l'ignorance, en ce qui concerne les sciences positives. Car, sans cette décadence intellectuelle, il était à présumer que les savants musulmans, reprenant cette importante question et procédant, comme leurs aînés des premiers siècles de l'hégire, du connu à l'inconnu, l'eussent probablement résolue, par une démonstration scientifique, longtemps avant Copernic et Galilée.

Cartographie arabe

Pour la cartographie, les géographes arabes semblent avoir également pris pour modèle la carte de Ptolémée. Inutile de dire cependant que les cartes arabes sont bien plus exactes et contiennent des régions qui étaient totalement inconnues de l'ancien géographe d'Alexandrie.

Voici quelle est généralement la disposition d'une carte arabe. Tout d'abord, deux cercles concentriques dont la couronne est occupée par l'océan : *Bahr-el-Mouhit,* ou mer environnante. La partie nord-ouest de cet océan porte le nom de *Bahr-ed-Douloumat,* ou mer ténébreuse : c'est l'Atlantique. A l'est, on remarque la mer de Chine. La Mecque occupe exactement le centre de la circonférence. Cette particularité, cette *centromanie* pour ainsi dire, n'était pas spéciale aux Arabes. Les Grecs plaçaient invariablement Athènes au centre de la terre. Il en était de même des Indiens, qui croyaient que leur méridien partageait la terre en deux parties égales. Les anciens géographes chrétiens, de leur côté, tenaient absolument à faire de Jérusalem le centre du monde, « comme le nombril de la terre », disait Isidore de Séville. Les géographes arabes pensèrent sans doute que La Mecque, n'étant pas bien loin de Jérusalem, ayant presque la même longitude, étant en outre plus près de l'équateur, et, après tout, étant la ville sainte de l'Islam, on pouvait bien lui décerner l'honneur de la position centrale.

Sur le plus petit des deux cercles concentriques, figure la terre ferme et les mers tributaires de l'océan, dont les plus grandes sont : la Méditerranée, appelée *Bahr-er-Roum,* ou mer des Romains, et la mer des Indes. La terre ferme, cela va de soi, ne se compose que de l'ancien continent. L'Europe figure tout entière, moins la Suède et le Danemark, dont on trouve néanmoins la désignation dans la géographie descriptive. A l'extrême nord-est on remarque le mont Koukaya, qui cette fois occupe l'emplacement, non du Caucase, mais plutôt des monts Ourals. On voit presque dans leurs positions exactes *Roussia, Bologna* et *França.* Cette dernière s'étend un peu trop du côté de l'Allemagne ; peut-être que les Arabes, peu au courant des bouleversements politiques survenus en Europe, croyaient encore à l'existence de l'Empire de Charlemagne. L'*Inklaterra* (l'Angleterre) est bien dans la mer ténébreuse, mais elle se trouve tout de même un peu plus loin que sa position réelle. Le pays des *Roums* (Empire byzantin, l'*Italie,* appelée aussi « la grande terre », et l'*Andalousse,* ou presqu'île ibérique (Espagne et Portugal), occupent des positions absolument exactes. Il en est de même des îles de la Méditerranée : Majorque, Minorque, Sardaigne, Sicile, Crète, Chypre, et aussi la mer Adriatique, appelée *Khalij-el-Banadika,* ou golfe des Vénitiens, et la mer Noire, dite *Bahr-Pontich,* ou la mer du Pont. La mer Caspienne, dite *Bahr-el-Khozar,* occupe sa position réelle et ne communique avec aucune autre mer. Au nord de la Caspienne et sur le Volga, appelé *Athel,* se trouve le pays des *Boulgars,* où habitaient les anciens Bulgares avant leur émigration vers les Balkans. Entre la Caspienne et la mer Noire, on remarque le pays des *Allanes* (les Alains).

En Asie, on voit, tout à fait au nord, dans la Sibérie actuelle, le pays des Yajouj et Majouj (Gog et Magog), ce fameux peuple à la petite taille et aux grandes oreilles qui un jour devra dévaster la terre et contre lequel *Doul-Karnaïn*, ou l'homme aux deux cornes (Alexandre le Conquérant?), avait fait construire la grande muraille de Chine.

Ces Gog et Magog de la Bible et même du Coran, quels sont-ils? La question est fort controversée. Ne pourrait-on pas cependant les identifier avec les Tartares et les Mogols, qui sont généralement trapus et qui étaient vraiment de grands dévastateurs? Sans la particularité des oreilles démesurément longues, on serait tenté de croire que c'est bien là la vraie solution du problème.

A l'est, on remarque la Chine, mais non le Japon.

Au sud, l'Inde et le Sinde.

Au centre, on voit *Fars* (la Perse), et à l'ouest l'Arabie, le *Cham* ou Syrie, et l'Asie Mineure dont l'Anatolie faisait partie du pays du Roums. Dans la mer de l'Inde se trouvent plusieurs îles : *Malay* (ou Sumatra), *Java* et *Sérendib*, qui semble correspondre à l'île de Ceylan. Le golfe Persique *(Khalij-Fars)* et la mer Rouge, ou *Bahr-el-Koulzoum,* sont à leur situation exacte.

L'Afrique, ayant la forme d'une demi-lune échancrée, s'étend considérablement, dans sa partie méridionale, vers l'est.

Le nord est occupé par l'Egypte et les pays barbaresques compris sous le nom générique de *Maghreb* ou Occident. On les divise cependant en *Maghreb-el-Aksa* ou Extrême-Occident (Maroc), *Maghreb-el-Aousat* ou Occident moyen (Algérie), *Maghreb-el-Adna* ou Occident le plus rapproché, comprenant l'*Ifrikia* (Tunisie) et la Tripolitaine. Au centre, on voit *Bilad-Essoudane,* ou « pays des noirs ».

Au-dessous de l'équateur se trouvent les grands lacs, où le Nil prend sa source, et une vaste étendue marquée sous le nom de « terre inhabitée à cause de la chaleur ».

Au sud-est, on lit successivement : *Berbera* (Somalie), *Zinj* (Zanzibar), *Sofala* et le pays des *Ouak-Ouak,* que les uns placent au Zoulouland, alors que d'autres en font une île qui correspondrait probablement à Madagascar.

Cette description, que j'ai relevée sur une carte d'El Idrissi, dont il sera parlé tout à l'heure, montre clairement, malgré ses imperfections, les progrès sérieux accomplis par les Arabes dans la cartographie de l'ancien monde.

Division de la terre

Je dois ajouter que la division de l'ancien continent : Europe, Asie et Afrique, était inconnue des géographes arabes. Se conformant sans doute à la méthode de Ptolémée, ils divisaient la terre ferme en deux parties : la terre habitable et le désert. Il y a deux déserts inhabités, l'un à cause de la chaleur excessive, et qui se trouve au delà de l'équateur, l'autre par suite du froid intense, c'est la zone polaire. La partie habitable est formée par une large bande de 77° 1/2, dont 11° au-dessous de l'équateur et 66° 1/2 dans l'hémisphère septentrional.

Les géographes arabes, comme ceux de l'antiquité, divisent la terre habitable en sept zones appelées *akalimes* ou climats, indiquées par des lignes imaginaires allant de l'ouest à l'est. Elles ont pour point de départ le méridien des îles Fortunées, ou *El-Khalidate* (les Canaries), considérées comme Extrême-Occident et servant de base pour la mesure des longitudes. Chacun de ces climats est divisé dans sa longueur en dix sections qui se suivent de l'Occident à l'Orient. Les géographes énumèrent tout ce que renferme chacune de ces sections : les pays, les villes, les montagnes, les fleuves et les distances qui les séparent. Telle était la géographie classique, politique et physique à la fois.

Permettez-moi, Mesdames et Messieurs, quelques citations.

Voici, par exemple, ce que le géographe IDRISSI et, après lui, IBN KHALDOUN disent au sujet des sources du Nil, dont on attribue, à tort, la découverte à des explorateurs modernes :

« Le Nil prend naissance dans une grande montagne, située à 16° de l'équateur et sous le méridien qui traverse la quatrième section du premier climat. De cette montagne, appelée *El-Komr* (d'autres l'appellent *El-Camar* ou la Lune), sortent de nombreuses sources dont quelques-unes vont décharger leurs eaux dans un lac situé de ce côté-là, pendant que le reste se jette dans un autre. De ces deux bassins s'échappent plusieurs rivières qui se jettent toutes dans un seul lac, situé auprès de l'équateur, à dix journées de marche de la montagne. De ce lac sortent deux fleuves dont l'un coule directement vers le nord et, traversant la Nubie et l'Égypte, se divise, au delà du Caire, en plusieurs branches et se jette dans la mer Romaine, du côté d'Alexandrie..... L'autre fleuve se dirige vers l'ouest et se jette dans la mer environnante (Atlantique) : c'est le Nil du Soudan, et c'est sur ses deux rives que demeurent tous les peuples nègres. »

Cette citation montre que si les géographes arabes se trompent sur l'évaluation de la distance séparant les sources du Nil de l'équateur et si, probablement, ils confondent la source du Niger avec celle d'un des affluents du Congo — et non avec le Sénégal, comme le prétend M. de Slane, — ils n'en ont pas moins le mérite d'avoir, les premiers, indiqué le vrai point de départ du grand fleuve égyptien en faisant mention des deux lacs auxquels, fort longtemps après, les modernes ont donné les noms de *Victoria* et d'*Albert-Nianza*.

Géographie descriptive

Voici encore une citation de la géographie descriptive. Je ne vous parlerai point des pays occupés par les Musulmans et dont les géographes arabes donnèrent une description fastidieuse à force d'être détaillée ; je citerai simplement quelques passages concernant une partie de l'Europe. Après avoir décrit, dans tous ses détails, le pays des *Andalousses* (ou Maures d'Espagne), Ibn Khaldoun ajoute :

« Une grande chaîne de montagnes traverse cette région (le nord-ouest de l'Espagne) parallèlement à la mer, dont elle s'éloigne très peu, et en suivant le côté nord-est du triangle. A l'extrémité orientale, dans le voisinage de *Banblouna* (Pampelune), cette montagne se relie à une autre qui, par son extrémité méridionale, touche à la mer Romaine. Cette dernière montagne (les Pyrénées) sert de limite à l'Espagne. Ses défilés forment autant de portes par lesquelles on peut entrer dans la *Gaschcounya* (Gascogne), pays appartenant à la nation des Francs. De cette partie de l'Espagne, la portion contenue dans le quatrième climat renferme *Barchlouna* (Barcelone) et *Arbouna* (Narbonne), situées sur le rivage de la mer Romaine; puis *Gironda* (Girone) et *Karkachouna* (Carcassonne), placées plus loin vers le nord. La partie qui tombe dans le cinquième climat renferme *Touloucha* (Toulouse).

« La portion orientale de la première section comprend un segment de terrain que les eaux ont laissé à découvert et qui a la forme d'un triangle allongé dont l'angle aigu est situé derrière les Pyrénées. A l'extrémité de ce segment, et sur le bord de la mer environnante (Atlantique), se trouve la ville de *Baïouna* (Bayonne) ; à l'autre extrémité est le pays de *Bithou* (Poitou), appartenant aux Francs. »

Ensuite, l'auteur continue sa description méthodique. On voit alors passer les noms de *Bourgous* (Bourges), *Bourgounia* (Bourgogne), puis les noms de certaines régions italiennes telles que *Genoua* (Gênes), *Bicha* (Pise), *Roumat-el-Oudma* (Rome-la-Grande), « siège de l'Empire des Francs et résidence du Pape. patriarche suprême de ces peuples ». « Cette ville, dit Ibn Khaldoun, contient plusieurs monuments, entre autres une église consacrée aux deux apôtres Pierre et Paul, qui y ont leur sépulture. » On voit ensuite les noms de *Omberdya* (Lombardie), *Nabel* (Naples), *Killaourya* (Calabre). Plus loin, dans la description du sixième climat, on trouve la Bretagne *(Britagna)*, la Normandie *(Ormandia)*, la Flandre *(Eflandès)*.

Ensuite vient l'*Anklaterra* (l'Angleterre) ; « une île, dit Ibn Khaldoun, très grande et très large qui renferme plusieurs villes et qui forme un puissant empire ». En Allemagne (Germania ou pays de Allamanins), on trouve *Anelkaya* (Aquilée), *Lohrenka* (la Lorraine), *Chassounia* (Saxonia, la Saxe) et *Ifrisa* (la Frise). On lit ensuite les noms de *Bouamya* (Bohème), *Boulougna* (Pologne), *Erroussia* (la Russie), *Onkerya* (Hongrie), etc.

Au septième et dernier climat viennent l'Irlande, l'Ecosse, l'Islande, le Danemark et la Norvège, désignés successivement sous les noms de Guirlanda ou Irlanda, Rislanda, Darmecha et Bercagha.

Voilà, Mesdames et Messieurs, la description des pays les moins connus des géographes arabes. Quoique incomplète, on voit qu'elle ne s'écarte pas trop de la réalité.

Dictionnaires géographiques

A côté des ouvrages classiques, il en existe d'autres qu'on pourrait appeler des dictionnaires géographiques. On y trouve, disposés par climat et par ordre alphabétique, des renseignements suffisamment détaillés sur les contrées, les villes, la flore, la faune, les habitants et même la biographie des célébrités scientifiques et littéraires.

Je dois avouer que beaucoup de ces renseignements sont fort exagérés ; quelques-uns même sont de la pure légende.

A titre de curiosité, citons quelques exemples :

El Kazouini, dans son *Dictionnaire géographique*, au mot « Ifrandja », ou pays des Francs, dit en substance : « C'est une vaste contrée à l'extrême ouest du sixième climat. El Maçoudi prétend qu'elle compte cent cinquante villages, dont *Bariza* (Paris) est la capitale. Sa température est très froide. Elle produit une grande quantité de fruits, renferme plusieurs prairies, compte un nombreux bétail et beaucoup de gibier. On y rencontre quelques mines d'argent. Les Francs fabriquent des glaives bien tranchants, supérieurs aux célèbres glaives de l'Inde. Le peuple franc est chrétien ; son roi est très puissant ; il possède deux ou trois villes sur la mer, près du pays de l'Islam (en Syrie, à la fin des croisades), et chaque fois que les Musulmans envoient une armée pour conquérir ces villes, le roi des Francs expédie une troupe pour les défendre. Ses soldats sont très courageux et ils préfèrent la mort à la fuite devant l'ennemi. »

Jusque-là, Mesdames et Messieurs, la description est bonne et d'ailleurs justifiée. Mais voici que l'appréciation change tout à coup, et El Kazouini continue dans ces termes : « On voit rarement des gens plus sales que les Francs. En outre, ils sont de mauvaise foi et de basses mœurs. Ils ne se lavent le corps qu'une fois ou deux par an, avec de l'eau froide. Quant à leurs vêtements, ils ne les lavent jamais, et ils les portent jusqu'à ce qu'ils s'usent. »

Voilà le jugement d'El Kazouini, qui vivait au milieu du xiiie siècle. Certes, l'histoire nous apprend que certains chrétiens poussaient le scrupule religieux jusqu'à croire que les ablutions étaient incompatibles avec la chasteté et que l'usage des bains n'a été connu en Europe qu'après les croisades. Nous savons aussi qu'Isabelle la Catholique, après la conquête de Grenade sur les Musulmans, fit démolir tous les bains maures, qu'on lui avait signalés comme lieux indécents et, par ordre de l'archevêque, on les remplaça par des chapelles. On dit également que cette même souveraine avait fait vœu de ne point changer de chemise jusqu'à la prise de Grenade et que c'est de cette fameuse chemise que viendrait « la couleur isabelle ». Peut-être aussi les Maures d'Espagne, qui étaient les voisins des Francs, avaient-ils des relations avec quelques pauvres paysans des Pyrénées dont la propreté, la morale et la façon de vivre laissaient probablement un peu à désirer. Mais tout cela est loin de justifier cette généralisation d'El Kazouini et de ses contemporains orientaux à l'égard d'un peuple qu'ils n'avaient jamais connu que par les vagues récits de quelques commerçants ou de quelques guerriers ayant pris contact avec les Francs pendant les croisades.

A la vérité, ce qui semble expliquer ces exagérations — sans les excuser d'ailleurs — c'est que les Musulmans ont toujours eu la conviction d'appartenir à une nation privilégiée.

De là à traiter cavalièrement les autres peuples et à mettre en pratique la fameuse théorie des « races supérieures », il n'y avait qu'un pas. Il est vrai que les Arabes n'ont pas été les seuls à avoir cette prétention longtemps adoptée par les Grecs, les Romains et les Hébreux. De nos jours encore, certains Européens usent et abusent de cette innocente prétention à l'égard des Orientaux, bien qu'ils n'en aient connu et fréquenté que de pauvres hères habitant des « gourbis » ou qu'ils n'aient jamais entrevu l'Orient qu'à travers des dessins fantaisistes sur quelques boîtes d'allumettes.

Je me suis étendu sur ce point, Mesdames et Messieurs, pour stigmatiser comme il le mérite le procédé d'El Kazouini et de tous ceux qui le précédèrent ou le suivirent dans cette voie, fausse et dangereuse, à quelque race qu'ils appartiennent. L'humanité, ai-je besoin de le dire, est la même partout, et chaque peuple a ses bons et ses mauvais sujets, ses belles qualités et aussi ses petits défauts.

Ce qui me confirme dans la pensée qu'El Kazouini, qui est du reste d'origine persane, se croyait issu d'une race supérieure, c'est qu'il juge de la même façon plusieurs autres peuples. Voici, par exemple, le résumé de ce qu'il dit des Russes. « Ils habitent près de l'*Athel* (le Volga) ; ils sont très blonds et de taille grande, comme les palmiers ; mais ils sont d'une saleté répugnante et de mœurs bien bizarres. » Puis il fait allusion à l'histoire suivante : Ibnou Fadlane, l'ambassadeur que le khalife de Bagdad, El Moktadir, envoya auprès du roi des Russes, rapporta des détails très curieux sur leurs habitudes. Il parla notamment de la crémation, qui était, paraît-il, pratiquée chez ce peuple, et il raconta le récit vraiment émouvant des funérailles d'un chef trépassé qui, suivant l'usage, fut incinéré avec une de ses dévouées concubines. Et Ibnou Fadlane dit, en témoin oculaire, comment cette jeune femme, qui accepta volontairement le supplice, fut mise à mort et ensuite réduite en cendres, avec son seigneur et maître, après une scène d'orgie dont elle fut l'héroïne et la victime. Il est vrai que cela se passait au milieu du xe siècle, avant le règne de Vladimir, et qu'à cette époque les Russes étaient un peu barbares et n'avaient même pas encore embrassé le christianisme. Les *Saklabes* ou Slaves étaient, d'après certains auteurs, très redoutables, et, sans les divisions de leurs chefs, ils eussent été, paraît-il, invincibles.

Ils étaient très chastes, ce qui ne les empêchait pas de vendre leurs filles et même de se baigner tout nus, hommes et femmes, dans la même rivière.

El Kazouini traite également les anciens Turcs avec une certaine désinvolture. D'après lui, quelques tribus turcomanes vivaient dans une débauche bestiale, tandis que d'autres, ne connaissant que les ravages et les rapines, étaient presque de mœurs carnassières. Les anciens Tunisiens eux-mêmes, malgré leur islamisme, n'avaient pas été épargnés par ce brave auteur. Si Tunis était une ville d'un climat superbe et produisait abondamment toutes sortes de fruits, par contre, ses habitants, toujours d'après El Kazouini, étaient de mœurs critiquables, très avares et souvent enclins à la révolte, ce qui est loin d'être conforme à l'histoire de ce pays.

Après l'exagération, voici quelques légendes. L'île de Ouak-Ouak, qui s'identifierait peut-être avec Madagascar, était ainsi appelée parce qu'elle produit certains arbres dont les fruits ont la forme de jeunes vierges qui, arrivées à maturité, se mettent à crier *ouak-ouak*.

Dans le Hadramout, au sud de l'Arabie, il existe, d'après El Kazouini, un gibier bizarre appelé *nasnasse*. Il a la forme de la moitié d'un être humain : un seul œil, une seule main, etc. Un jour, poursuivi par un chien de chasse, il s'arrête et nargue cette bête en récitant bravement une petite poésie de circonstance, ce qui ne l'empêcha pas d'ailleurs d'être pris, tué et mis à la broche.

Voici maintenant le clou; il s'agit de *Djazirat-Enniça*, ou l'île des Femmes, qui se trouvait, paraît-il, quelque part dans l'Océan, près de la Chine. Elle n'était habitée que par des femmes. L'homme en était totalement banni, et si le destin jetait sur cette île un pauvre malheureux, il était immédiatement expulsé avec les honneurs dus à son sexe. Tel fut le sort d'un négociant arabe qui, après avoir été condamné à mort par la reine de cette île inhospitalière, fut assez heureux pour apitoyer le cœur d'une femme qui le ligotta sur une planche et le jeta à la mer, ce qui lui permit d'aborder à la côte chinoise. Et la reproduction, dira-t-on? Oh! c'est bien simple : ces dames, paraît-il, à l'instar de certains arbres, concevaient uniquement par le souffle des vents, et si de leurs amours aériens il naissait des garçons, ils étaient impitoyablement mis à mort; les filles seules étaient conservées. Il est vraiment dommage que cette île des miracles, où le féminisme était tout de même un peu exagéré, ne figure sur aucune carte moderne. Il faut croire qu'elle sombra lamentablement dans un cataclysme ou que ses aimables pensionnaires finirent par se persuader que, tout considéré, la société des hommes était quand même préférable à celle des vents. On voit bien que, sous le rapport de l'imagination, El Kazouini n'avait rien à envier à Hérodote et aux autres historiens de l'antiquité. Il ne faut pas croire pourtant que tout le livre d'El Kazouini soit rempli de pareilles légendes. A côté de ces histoires romanesques, destinées sans doute à émerveiller le lecteur bénévole, on trouve beaucoup de vérités et des renseignements très précieux sur la géographie proprement dite.

Géographie commerciale

Mesdames et Messieurs, notre honorable groupement porte le nom de Société de Géographie commerciale. Je ne saurais donc terminer sans dire quelques mots sur le commerce des Arabes. Mais avant d'aborder ce sujet et afin de dissiper toute équivoque, je dois déclarer que les progrès réalisés au moyen âge, soit dans les sciences, soit dans le commerce ou l'industrie, et qu'on attribue généralement aux Arabes, ne sont pas dus uniquement aux descendants de cette race. Les Arabes fondèrent un immense empire, réussirent à y répandre leur langue et leur religion et, par cela même, s'assimilèrent admirablement tous les peuples conquis. Plus tard, ils s'assimilèrent même leurs vainqueurs, comme les Turcs et les Tartares. Leur histoire, sous ce rapport, ressemble un peu à celle du peuple romain. Dans ces conditions, ainsi que l'a fait justement remarquer Renan, les progrès en question ne sauraient être attribués exclusivement à la race arabe, mais à tous les peuples *islamisés* et *arabisés* : Turcs, Persans, Berbères, Goths d'Espagne et même des Grecs et des Romains, tombés sous la domination arabe et devenus, pour ainsi dire, naturalisés musulmans. C'est donc à dessein que j'ai souvent substitué le mot *musulman* au qualificatif *arabe*. C'est bien aux Musulmans en général et non pas aux seuls Arabes que l'humanité doit la brillante civilisation du moyen âge. Cela n'enlève rien, bien entendu, au mérite de la race arabe, pas plus que la civilisation des Germains, due aux Grecs et aux Romains, ne diminue le mérite de ces deux peuples de l'antiquité.

L'expansion coloniale des Musulmans et l'activité particulière qu'ils déployèrent dans les sciences, les arts et l'industrie, les poussèrent naturellement vers le commerce et les spéculations. Pour donner une idée exacte de ce commerce, je ne saurais mieux faire que de citer des passages de quelques auteurs européens qui, après de longues et patientes études, arrivèrent à reconstituer sur des bases indiscutables l'histoire politique, scientifique et économique de l'Empire musulman :

« L'étendue de l'Empire des khalifes, dit le savant Sédillot dans son *Histoire des Arabes,* les richesses de son sol, la variété des climats, la population, l'état policé des provinces, devaient exciter nécessairement des spéculations commerciales. Les productions de l'Espagne, de la Barbarie, de l'Egypte, de l'Abyssinie, de l'Arabie, de la Perse et de la Russie, celles des contrées que baigne la mer Caspienne, les marchandises de l'Inde et de la Chine affluaient à La Mecque, à Médine, à Koufa, à Bassorah, à Damas, à Bagdad, à Mossoul, à Madaïn. L'établissement des colonies avait créé de nouveaux centres d'affaires et ouvert des routes importantes. Les Arabes étaient, d'ailleurs, portés vers l'industrie par la loi même du Prophète qui fait un devoir du travail et recommande le commerce et l'agriculture comme méritoires et agréables à Dieu ; aussi respectaient-ils l'état de négociant et la personne qui l'exerçait.

« Le libre passage des marchandises au milieu des armées et la sûreté des grands chemins étaient maintenus sur tous les points ; des puits et des citernes étaient creusés dans le désert, des caravansérails élevés de distance en distance et les voyageurs y trouvaient les secours qui leur étaient nécessaires, sans frais considérables.

« Des relations s'étaient établies de l'Espagne aux limites de l'Asie Orientale ; une flotte arabe avait franchi le détroit de Gibraltar et une tempête, en la rejetant sur la côte, lui avait enlevé l'honneur de découvrir les Açores et peut-être l'Amérique ; mais, réduits à l'ancien continent, les Musulmans avaient imprimé sur tous les points une active impulsion à l'industrie humaine.

« L'Espagne (musulmane) s'enrichissait des produits de son agriculture et de ses fabriques ; la canne à sucre, le riz, le coton, le safran, le gingembre, la myrrhe, l'ambre gris, le pistachier, le bananier, les mûriers, le *henné* pour la teinture, le *mohallab* qui favorise l'embonpoint, fournissaient aux échanges de la Péninsule. Les tapisseries de Cordoue, les lames de Tolède, les draps de Murcie, les soieries de Grenade, d'Alméria et de Séville, le papier de coton de Sabiboh étaient recherchés dans toutes les parties du monde. Le soufre, le mercure, le cuivre et le fer étaient exploités avec succès ; la trempe de l'acier d'Espagne faisait acheter avec empressement les casques et les cuirasses qui sortaient de ses manufactures. Des ports de Malaga, de Carthagène, de Barcelone et de Cadix on faisait des exportations considérables, et les nations chrétiennes empruntaient aux Arabes les règles du droit maritime. »

Commerce des Arabes en Asie

A son tour, le docteur Gustave Le Bon, dans son remarquable ouvrage *La Civilisation des Arabes*, dit ce qui suit :

« A une époque où l'Extrême-Orient était à peine soupçonné de l'Europe, où l'Afrique, en dehors de quelques côtes, était inconnue, les Arabes étaient en relations commerciales avec l'Inde, la Chine, l'intérieur de l'Afrique et les parties les moins explorées de l'Europe, telles que la Russie, la Suède et le Danemark.

« Les premières relations des Arabes avec l'Inde remontent aux temps les plus anciens de l'histoire ; mais tout semble prouver qu'avant Mahomet c'étaient les Indiens qui apportaient leurs produits sur les côtes de l'Arabie et non les Arabes qui allaient les chercher.

« Aussitôt que la puissance des Arabes fut bien assise, ils donnèrent à leurs relations commerciales une extension considérable. Nous les voyons bientôt atteindre le Coromandel, le Malabar, Sumatra, les grandes îles de l'Archipel, traverser le golfe de Siam et arriver dans le sud de la Chine. Trois voies principales, une terrestre, deux maritimes, mettaient les Arabes en relations avec l'Inde. Celle de terre reliait par caravanes les grands centres de l'Orient : Samarcande, Damas, Bagdad, etc., avec l'Inde, à travers la Perse et le Cachemire. Les commerçants qui préféraient la voie maritime se rendaient de l'Inde aux ports du golfe Persique, tels que Siraf, ou contournaient l'Arabie et arrivaient aux ports de la mer Rouge, Aden notamment. Les marchandises arrivées dans le golfe Persique étaient expédiées à Bagdad et de là, par caravanes, à toutes les villes voisines. Celles débarquées à Aden étaient transportées à Suez et de là à Alexandrie et à toutes les villes maritimes de la Syrie. A Alexandrie, les marchands européens : génois, florentins, pisans, catalans, etc., venaient les chercher pour les transporter en Europe. L'Egypte était ainsi le trait d'union entre l'Orient et l'Occident. Les marchandises transportées par ces diverses voies étaient nombreuses. A Aden, par exemple, on échangeait les produits de la Chine et de l'Inde avec ceux de l'Ethiopie et de l'Egypte, c'est-à-dire des esclaves de Nubie, de l'ivoire et de la poudre d'or contre les soieries et les porcelaines de

Chine, les étoffes de Cachemire et, surtout, les épices, aromates et bois précieux. »

Voici, d'autre part, ce que le même auteur dit des relations des Arabes avec la Chine :

« De même que pour l'Inde, il existait des routes maritimes et des routes terrestres pour aller en Chine. Les routes maritimes partaient des côtes de l'Arabie ou des ports du golfe Persique et se rendaient directement dans le sud de la Chine.

« Il existe plusieurs relations des voyages des Arabes en Chine. On sait, du reste, non seulement par les objets chinois trouvés dans l'inventaire des trésors des khalifes, mais aussi par les ambassades échangées entre les premiers khalifes et les souverains de la Chine, que les relations entre les deux peuples étaient fréquentes.....

« Les produits de la Chine, amenés par caravanes à Samarcande, étaient conduits directement à Alep, en Asie Mineure, d'où ils se répandaient ensuite dans toutes les villes importantes de l'Orient.

« Dans une relation intitulée le *Kisay Nameh*, publiée en persan à la fin du xve siècle, un marchand musulman a fait connaître les routes de terre alors suivies pour aller en Chine. Elles sont au nombre de trois : celles de Cachemire, de Khoten et de la Mongolie.

« On trouve dans la même relation des détails intéressants sur les marchandises qu'on pouvait alors négocier en Chine. Parmi elles on voit figurer avec étonnement les lions. On recevait, en échange d'un de ces animaux, trente mille pièces d'étoffe.

« Les négociants apportaient également en Chine des pierres précieuses, du corail, des chevaux, des étoffes de laine, du drap écarlate de Venise, etc. Ils recevaient en échange des pièces de satin et de brocart, des porcelaines, du thé et divers produits pharmaceutiques. »

Et Gustave Le Bon ajoute que la meilleure preuve de l'étendue des relations commerciales des Musulmans avec les Chinois est constituée par ce fait frappant, qu'il existe aujourd'hui dans le Céleste Empire vingt millions de Musulmans disséminés dans les diverses provinces. La ville de Pékin à elle seule compte cent mille Musulmans et onze mosquées.

Quelques-uns de nos historiens musulmans affirment, d'autre part, que l'introduction de l'islamisme en Chine n'est pas due uniquement aux relations commerciales. D'après cette version, une révolte ayant éclaté en Chine contre un de ses rois, celui-ci invoqua l'assistance d'un khalife de Bagdad dont les possessions, on le sait, s'étendaient jusqu'à la Chine. Le khalife s'empressa de lui expédier quatre mille cavaliers musulmans ; grâce à leur concours, la révolte fut étouffée et, comme récompense, le roi les autorisa à prendre des femmes chinoises. Un certain nombre de ces guerriers préférèrent rester dans le pays, et leurs descendants répandirent progressivement et pacifiquement la religion musulmane dans l'Empire Céleste.

Tolérance de l'Islam

Permettez-moi, Mesdames et Messieurs, d'attirer sérieusement votre attention sur ce point capital de l'histoire musulmane. Les adversaires de l'Islam, frappés de son étonnante propagation chez la plupart des peuples conquis et ignorant ou feignant d'ignorer la vérité, prétendent que la religion musulmane fut imposée par le sabre et par les persécutions. C'est là, Mesdames et Messieurs, un vrai blasphème à l'histoire. La première caractéristique de l'islamisme est *la tolérance religieuse* : « Point de contrainte dans la religion », dit textuellement le Coran. Voilà le principe. Dans la pratique, Mahomet entretient des relations amicales avec le négus *orthodoxe*. Abou Bekr, le premier khalife, recommande au corps expéditionnaire de Syrie de ménager les femmes, les vieillards et *les prêtres de Jésus* et de laisser ces derniers *adorer Dieu à leur façon*. Omar, deuxième khalife — que les chroniqueurs chrétiens surnommèrent *le Farouche*, uniquement parce qu'il fit la conquête de plusieurs provinces chrétiennes — se rend lui-même à Jérusalem pour en prendre possession sans effusion de sang, suivant le désir du patriarche Sophronius, et refuse de faire sa prière musulmane dans le Saint-Sépulcre, « afin, dit-il au patriarche qui le conviait à cette prière, de ne pas créer un précédent et exposer ce temple chrétien à être transformé en mosquée, contrairement à la convention ». Ce khalife, en effet, accorda aux sujets *non musulmans* la fameuse *charte* qui régit encore la condition des *rayas* dans les États musulmans et qui laisse à ces sujets une grande partie de leurs temples et le libre exercice de leurs religions. Pourvu que les sujets *non musulmans* se soumettent à nos lois « *lahoum ma lana oua aleyhim ma aleyna* : ils ont les mêmes droits et les mêmes devoirs que nous ». C'est là un second principe de la loi musulmane qu'on ne voyait pas souvent mis en pratique dans les États *non musulmans* pendant le moyen âge. Enfin, voici une preuve vivante : dix millions de chrétiens vivent depuis cinq siècles sous la domination des sultans et deux millions d'Israélites sont disséminés dans les diverses contrées musulmanes. Par contre, l'Islam domina huit siècles en Espagne et trois siècles en Sicile. Eh bien ! trouverait-on aujourd'hui *un seul* musulman dans l'un de ces deux pays redevenus chrétiens? Non, Mesdames et Messieurs, l'islamisme s'imposa uniquement par sa simplicité et parce qu'il s'adaptait admirablement au tempérament et aux mœurs des peuples qui l'ont adopté. Voilà pourquoi de simples marchands réussirent et réussiront encore à le répandre pacifiquement en Chine, dans l'Inde et surtout dans l'Afrique Centrale.

Relations des Arabes avec l'Afrique

L'Afrique fut, en effet, pour les Musulmans un vaste champ de conquêtes, de commerce et de *conversions volontaires*.

« Toutes ces régions de l'Afrique, dit encore Gustave Le Bon, que les voyageurs parcourent avec tant de peine et dont chaque exploration constitue un véritable événement en Europe, étaient parfaitement connues des Arabes, et le fait que leur religion fut adoptée par la plupart des peuplades qu'ils visitaient en simples marchands prouve à quel point ils savaient se faire accepter. Je suis convaincu que les explorateurs modernes qui voudront étudier l'Afrique en détail, sans charger aucun budget et même en s'enrichissant, n'auront qu'à suivre l'exemple des Arabes, c'est-à-dire organiser des caravanes commerciales. On réussit généralement beaucoup mieux à être bien reçu d'un peuple en lui offrant des marchandises en échange des siennes, qu'en traversant son territoire sans but apparent et en entamant avec lui des luttes à coup de fusil aussitôt qu'il manifeste la moindre défiance.

« Les Musulmans de l'Afrique du Nord et notamment les Marocains se trouvaient surtout en relations avec le Soudan occidental; ceux d'Égypte, avec les régions orientales. Après avoir traversé le Sahara, ils allaient chercher en Nigritie de l'or, de l'ivoire et des esclaves. »

Mais les explorations des Musulmans ne se bornaient pas seulement au nord et au centre de l'Afrique. « Ils parviennent, en suivant les rivages de l'Afrique, dit le savant Sédillot, d'abord jusqu'au détroit de Bab-el-Mandeb et successivement jusqu'au Zanzibar et au pays des Cafres; ils fondent Brava, Monbaza, Quiloa, Mozambique, Sofala, Méluida et Magadaxo. Ils occupaient les iles voisines des côtes et plusieurs points de Madagascar..... *L'influence du Coran ne se fit pas sentir avec moins de force dans l'Afrique Centrale;* les établissements que les Arabes avaient formés sur la côte orientale leur facilitaient de ce côté l'accès de l'intérieur de la contrée. Le pays des Somalis, peuple doux et hospitalier qui forme avec Sacotora un entrepôt de commerce fort important, l'Abyssinie, le Sennar et le Kordofan, en rapport continuel avec l'Égypte et véritables clés du Darfour et de l'Ouaday, étaient visités par les Musulmans..... La race arabe devait marquer son passage au milieu des populations africaines en caractères ineffaçables, et les voyageurs modernes s'accordent tous à signaler les améliorations qui en ont résulté sous le rapport physique, moral et intellectuel. »

Relations commerciales avec l'Europe

Quant aux relations commerciales des Musulmans avec l'Europe, elles se faisaient par trois voies différentes : celle des Pyrénées, celle de la Méditerranée et celle qui conduisait dans le nord de l'Europe à travers la Russie.

Les Musulmans ayant occupé l'Espagne pendant plusieurs siècles, devaient forcément avoir des relations avec la France et l'Europe à travers les Pyrénées. Mais le commerce se faisait surtout par les côtes de la Méditerranée. « Elles mettaient les Arabes, dit Gustave Le Bon, en rapport avec des peuples beaucoup plus commerçants et surtout plus policés que ceux qui habitaient la France à l'époque de la puissance des Arabes en Espagne. Maîtres de la Méditerranée, les

Arabes envoyaient à tous les ports européens et africains qui l'entourent les produits de leur industrie et de leur agriculture : coton, safran, papier, soie de Grenade, cuirs de Cordoue, lames de Tolède, etc. Les ports espagnols, Cadix, Malaga, Carthagène, etc., étaient le siège d'une activité qui contraste tristement avec leur état actuel. »

D'autre part, d'une intéressante étude de M. Rasmussen, savant danois, professeur de langues orientales à Copenhague, étude traduite en anglais, en suédois et dont la traduction française a été publiée dans le *Journal Asiatique* en 1824, il résulte clairement que les Musulmans, Arabes et Persans, eurent des relations commerciales assez actives avec le nord de l'Europe. Ces relations sont prouvées par des documents indiscutables et notamment par les monnaies arabes laissées sur toutes les routes parcourues par les commerçants et que des fouilles modernes retrouvent chaque jour.

Gustave Le Bon, qui a certainement pris connaissance du travail de M. Rasmussen, dit encore à ce sujet :

« Grâce à ces monnaies, nous savons que le point de départ de ce commerce était les rives de la mer Caspienne. Les marchands des grands centres commerciaux : Damas, Bagdad, Samarcande, Téhéran, Tiflis s'y réunissaient pour remonter le Volga, depuis Astrakan jusqu'à Boulgar (la ville de Simbirsk actuelle), située chez les anciens Bulgares de la Russie et qui servait d'entrepôt commercial entre l'Asie et le nord de l'Europe. Il ne paraît pas que les Arabes aient dépassé cette ville. Les marchandises étaient reprises par les marchands de nationalités différentes qui continuaient à remonter le Volga et ne le quittaient que pour descendre dans le bassin de la mer Baltique et arriver au golfe de Finlande. Les principaux entrepôts du nord de l'Europe étaient Novgorod, Selswig et surtout les îles de la Baltique : Gutland, Oland et Bornholm. Les monnaies arabes trouvées dans ces dernières se comptent par centaines. Du golfe de Finlande, les marchands se dirigeaient sur tous les points importants des rives de la mer Baltique, c'est-à-dire sur les côtes de la Suède, de la Finlande, du Danemark et de la Prusse. Ils remontaient les cours d'eau qu'ils rencontraient sur les côtes, comme le prouvent les monnaies arabes trouvées en Silésie et en Pologne, notamment aux environs de Varsovie.

« Le principal objet du commerce arabe dans le nord de l'Europe était l'ambre, matière fort recherchée en Orient, les fourrures, l'étain et, d'après certains textes arabes, des femmes esclaves. Les Danois recevaient en échange de ces marchandises des étoffes et des tapis d'Orient, des vases ciselés et des bijoux. »

Tel était, en résumé, l'état du commerce des Musulmans dans l'ancien continent.

Principaux explorateurs et géographes arabes

Avant de terminer, permettez-moi, Mesdames et Messieurs, de vous présenter les principaux explorateurs et géographes musulmans. Par leurs travaux et leurs découvertes, ils rendirent de grands services à la science géographique et ils méritent, par conséquent, d'être cités dans cette honorable réunion.

Les premiers explorateurs musulmans dont les relations de voyage aidèrent beaucoup aux progrès de la géographie furent de simples marchands. Tel fut le cas de ce Suleyman qui, parti du golfe Persique au milieu du ixe siècle, dépassa la mer des Indes et arriva sur les côtes de la Chine. Sa relation, écrite en 851, a été traduite en français au commencement du xviiie siècle. « Ce fut, dit Gustave Le Bon, le premier voyage publié en Occident sur la Chine. » Au xe siècle florissait l'explorateur Maçoudi, célèbre surtout comme historien. Né à Bagdad, où il fit ses études, il consacra vingt-cinq ans de sa vie à parcourir l'immense Empire musulman et les pays environnants, y compris l'Inde. Il composa plusieurs ouvrages dont le plus célèbre est son *Histoire Universelle*, connue sous le nom de *Mourouj Eddehab*, ou les Prairies d'Or, traduite en français et dans plusieurs autres langues européennes.

Ibnou Haoukal, né également à Bagdad, commença ses voyages lorsque Maçoudi venait de finir les siens. Il publia un ouvrage et, dans sa préface, on lit la description suivante :

« J'ai décrit la terre en long et en large et j'ai fait connaître les provinces musulmanes. Chaque région particulière est accompagnée d'une carte qui en indique la situation. Je désigne les limites de chaque région, les villes et les cantons qui s'y trouvent, les rivières qui l'arrosent, les dépôts d'eau qui en modifient la surface, les ressources qu'elle présente, les impôts de diverse nature qu'elle paie, les routes qui la traversent, les distances qui la séparent des contrées voisines et le genre de commerce qui y réussit le mieux. En un mot, j'ai rassemblé tous les renseignements qui ont fait de la géographie une science qui intéresse les princes et les personnes de toutes les classes. »

J'ai déjà parlé d'Albirouni qui, vers l'an 1000, accompagna dans l'Inde le sultan Mahmoud le Ghaznévide, ainsi que du Marocain Aboul Hassen Ali qui traversa tout le nord de l'Afrique. Ces deux savants apportèrent d'importantes rectifications aux anciennes cartes géographiques.

Le dernier des grands voyageurs musulmans fut Ibnou Battouta, originaire du Maroc. Parti de Tanger en 1325, il visita l'Afrique Septentrionale, l'Egypte, la Palestine, le nord de l'Arabie, l'Asie Mineure, la Russie Méridionale, Constantinople, etc. Puis il se rendit dans l'Inde à travers la Boukharie, le Khorassan et le Kandahar. A Delhi, alors capitale d'un royaume musulman, le sultan lui confia une mission pour l'empereur de Chine. Il s'y dirigea par mer et, après avoir visité Ceylan, Sumatra, Java, il arriva à la capitale chinoise, puis revint par mer dans sa patrie. Il visita l'Espagne et pénétra ensuite dans l'intérieur de l'Afrique jusqu'à Tombouctou. « De nos jours même, dit Gustave Le Bon, de telles explorations suffiraient à illustrer un voyageur. »

Parmi les géographes musulmans, je vous citerai d'abord le plus célèbre de tous : Ech Chérif el Idrissi. Il appartenait à une famille de chérifs qui, à la chute du khalifat Ommiade d'Espagne, régna pendant quelque temps à Malaga. Né à Ceuta en 1099, il avait fait ses études à Cordoue, alors capitale de l'Andalousie musulmane. Des aventures diverses le conduisirent en Sicile, que les Normands venaient de conquérir sur les Musulmans. Comblé de faveurs par le roi Roger, il fabriqua pour ce prince *une table ronde en argent* sur laquelle il fit graver en arabe tout ce qu'il avait pu savoir des diverses contrées de la terre alors connues. En 1154, il composa son fameux Traité de Géographie, *Nouzhat-el-Mouchetak*, traduit d'abord en latin et ensuite dans plusieurs langues européennes. « Pendant trois siècles et demi, dit M. Sédillot, les cartographes de l'Europe n'ont fait que copier cet ouvrage avec des variations peu importantes. »

Ibnou Khaldoun est un historien d'une réputation universelle. C'est dans les prolégomènes de son histoire que se trouve la description géographique dont j'ai cité quelques passages. On l'a surnommé « le Montesquieu des Arabes », sans doute parce que ses prolégomènes, traduits dans toutes les langues, ressemblent aux *Considérations* de Montesquieu, quoique traitant des sujets différents. Il vivait au xive siècle et fut successivement secrétaire d'Etat à Tunis, où il était né, ministre au Maroc, conseiller à Grenade et grand-cadi au Caire. Sa réputation fut telle que Tamerlan, le célèbre dévastateur tartare de l'Asie Mineure, l'invita à lui faire visite à Damas. Ibnou Khaldoun, en vrai philosophe, déclina poliment l'invitation.

Citons encore Aboul Féda, prince de Hamah (1271-1331), connu comme historien et comme géographe. Ibnoul Ourdy, d'Alep (1292-1349), enfin Yacout (1225) et le fameux Kazouini, qui ont composé des dictionnaires géographiques. El Kazouini, dont j'ai cité certains passages, est né à Kazouine, en Perse, près de la mer Caspienne. Les Européens qui ont traduit son ouvrage l'ont surnommé « le Pline des Arabes ». Il est mort en 1283.

Tel est, en résumé, le tableau des progrès géographiques réalisés par les savants musulmans. Certes, ils sont moins considérables que ceux qu'ils réalisèrent dans la médecine, la philosophie et les sciences mathématiques; mais tels qu'ils sont, ils méritent, je le pense, une mention honorable.

Etat actuel de la géographie chez les Arabes

J'ajouterai qu'à partir du xve siècle, par suite de révolutions politiques, les Musulmans furent replongés dans les ténèbres de l'ignorance, et la géographie, comme toutes les autres sciences positives, tomba dans un regrettable abandon.

A cette époque, et par une de ces curieuses évolutions dont on voit plusieurs exemples dans l'histoire de l'humanité, l'Europe, qui pendant des siècles était la tributaire intellectuelle des Avicenne, des Averroès, des Ibn Zoher et de tant d'autres savants musulmans, remontait à la source scientifique de l'antiquité et, par un admirable effort, créait la Renaissance, base de la civilisation moderne.

L'islamisme s'arrêta et l'Europe, allant de l'avant, le dépassa de trois cents ans. Ce ne fut que depuis le commencement du siècle dernier que les Musulmans, sous la réaction de l'Europe, comprirent fort heureusement la nécessité de reprendre le mouvement. En Égypte, en Perse et en Turquie, il se produisit lentement mais sûrement une véritable renaissance scientifique et littéraire. Politiquement, les Musulmans, qui pendant des siècles régentèrent l'Asie, l'Afrique et une bonne partie de l'Europe, semblent pour la plupart laisser à d'autres le soin de la direction mondiale, et, se contentant d'un bagage historique suffisamment glorieux, n'aspirent qu'à un repos bien mérité. Il n'en est pas de même sous le rapport intellectuel ; le Musulman a soif de s'instruire et, en dépit de tous les obstacles, il prendra part au mouvement général de progrès et de civilisation. Naturellement, la géographie occupera une large place dans cette nouvelle Renaissance. Déjà plusieurs ouvrages et de nombreuses cartes perfectionnées ont été publiées en arabe et en turc, et les principaux géographes modernes ont été traduits.

En Tunisie, depuis une cinquantaine d'années, la géographie fut introduite avec les sciences exactes dans les écoles militaires créées par Ahmed-Bey. Malheureusement, ces écoles ne durèrent pas longtemps. Le général Khéreddine, en fondant le collège Sadiki en 1875, poussa de nouveau les Tunisiens vers les études scientifiques. La Direction actuelle de l'Enseignement, en créant à son tour de nouvelles écoles, développe de plus en plus dans notre jeunesse musulmane le goût de l'instruction. Mais dans toutes ces écoles l'enseignement de la géographie et des autres sciences positives ne se fait qu'en français. Cette langue n'étant comprise que d'une infime minorité, la masse des Tunisiens, et notamment les étudiants de l'Université littéraire et religieuse de la Grande Mosquée, restaient en dehors du mouvement. Or, notre Université est renommée dans le monde musulman ; ses élèves sont très doués sous le rapport de l'aptitude et de l'intelligence ; ils étaient privés pourtant des bienfaits de l'enseignement géographique et scientifique, et cela constituait une regrettable lacune.

Heureusement, depuis 1897 il s'est formé, avec l'appui du Gouvernement du Protectorat et grâce à l'initiative de M. Millet, ancien Résident Général, une société musulmane ayant pour but de combler cette lacune en créant, près de la Grande Mosquée, une école libre où la géographie, l'histoire et les mathématiques sont enseignées en langue arabe aux élèves de l'Université. Cette société porte le nom de la *Khaldounia*, du nom d'Ibnou Khaldoun, le célèbre historien dont je viens de parler.

Faisant partie de cette Société et dirigeant ces cours, j'ai pu constater, en connaissance de cause, les services réels qu'elle rend aux Tunisiens qui ne fréquentent pas les écoles gouvernementales et qui, par conséquent, ignorent la langue française. L'étude de cette langue fait, du reste, partie du programme de la Khaldounia. L'enseignement géographique y occupe une large place. Un traité complet de géographie, rédigé en arabe, a été publié à l'usage de nos élèves.

Je n'ai pas besoin, Mesdames et Messieurs, d'insister sur l'utilité de cette école. Elle contribue, dans la limite de ses moyens, à répandre parmi les Musulmans le goût des sciences, à développer leur intelligence et, par la géographie, à leur faire connaître le rang de chaque nation, à détruire bien des préjugés et à leur ouvrir dans le domaine politique et commercial des horizons qui leur étaient totalement inconnus. C'est là, croyons-nous, une œuvre digne d'encouragement.

Elle a pour but le relèvement moral et intellectuel des Musulmans, et nous avons le ferme espoir d'atteindre progressivement ce but. Nous faisons aussi connaître et par conséquent aimer et respecter la France qui, aujourd'hui grande puissance musulmane, réserve à ses sujets et protégés mahométans non la servitude, mais la liberté, le progrès et la civilisation.

NOTE SUR LES TRAVAUX DE L'EXPLORATEUR JOSEPH MARTIN EN SIBÉRIE ORIENTALE (1877-1887)
REMARQUES SUR SES VOYAGES INÉDITS EN CHINE & AU THIBET (1888-1892)

Par M. ALLEMAND-MARTIN

Il nous a paru intéressant, au moment où se produit en Extrême-Orient l'un des plus formidables conflits qui soient cités dans l'histoire du monde, la lutte de deux races, d'étudier les travaux géographiques accomplis par nos compatriotes dans les régions où se déroule le théâtre de la guerre, et en particulier de rappeler ici les explorations d'un de nos regrettés compatriotes, l'ingénieur civil Joseph Martin, qui ont permis à l'état-major russe, dès 1885, de publier une carte topographique précise de ces régions. [1]

A plusieurs titres, cette étude peut attirer notre attention, comme touchant tout d'abord à un sujet d'actualité, et puis par l'origine de l'explorateur Martin lui-même. C'est un Dauphinois, et les Dauphinois qui habitent la Tunisie, peut-être dans la plus grande proportion des Français qui s'y sont fixés, seront certainement heureux d'entendre citer les contributions apportées par l'un des leurs à l'étude de ces pays lointains qui débutent si mal dans les progrès de la civilisation européenne.

Je rappellerai en deux mots l'origine et la vie de l'explorateur. Né à Vienne (Isère) en 1848, il servit vaillamment la France en 1870, puis se rendit en Russie, prit part au conflit turco-russe. Remarqué au combat de Plewna, il est vite pris en estime par le général Hall, propriétaire de mines aurifères en Sibérie. Le général l'envoie en inspection dans le voisinage du lac Baïkal. Après quelques années d'études, Joseph Martin entreprend des explorations en Sibérie Orientale, explore le Baïkal, les Stanovoï et rentre en Russie, où ses remarquables recherches lui valent les médailles d'or des Sociétés de Géographie de Moscou, de Saint-Pétersbourg et les croix de chevalier des ordres de Sainte-Anne et de Saint-Stanislas. Il offre ensuite généreusement ses collections de la Sibérie Orientale aux musées de Paris et de Lyon; une part de celles-ci sont exposées au Trocadéro, à la Sorbonne, à l'Ecole des Mines. La Société de Géographie de Paris lui décerne sa grande médaille d'or en 1889.

Joseph Martin, après de brillantes conférences, repart en Chine et entreprend de traverser l'Asie dans sa plus grande largeur, de Pékin à Kachgar. Il n'eut

---

[1] Cartes du Bureau topographique de l'état-major à Irkoutsk, général Shulkine; de la Section topographique de Pétersbourg, 1886, général Stubendorf, et de la Section topographique, général Stobnitzki. (*Bull. Soc. de Géogr. de Lyon*, 1188.)

pas le bonheur de recueillir le fruit de cinq années d'explorations très pénibles. Il vint mourir à Margélan, en 1892, isolé, démoralisé par les souffrances qu'il dut endurer de la part des Boxers déjà hostiles dès 1891, comme en fait foi le récit inédit de Martin, sans avoir pu publier les notes recueillies jour par jour pendant cinq ans et dont il appréciait tant l'importance. C'est par les soins du général Médiuski et de Mlle Collins que ses nombreuses collections parvinrent à Pétersbourg et ses notes à sa famille.

Sa seule satisfaction de France fut d'avoir mené son œuvre jusqu'au bout et de voir couronner sa carrière d'explorateur par les palmes académiques, l'année même de sa mort. La Russie lui avait déjà décerné les plus hautes récompenses honorifiques.

Premiers voyages : 1877-1881

Les régions d'abord explorées par Joseph Martin, c'est-à-dire pendant les années comprises entre 1877 et 1881, consistent presque exclusivement dans les alentours du lac Baïkal ; il étudie longuement en premier lieu la rivière Angara, qui passe dans la grande ville d'Irkoutsk ; elle suit une direction sud-est, nord, nord-est, c'est-à-dire perpendiculaire aux rives du lac Baïkal, dont elle sort pour aller se jeter dans un bassin de l'océan Glacial. Martin nous en donne la description dans une lettre du 18 mai 1879 sur l'incendie d'Irkoutsk, auquel il assista. (1) « La ville d'Irkoutsk, dit-il, est située sur la rivière Angara, dont les eaux sortent du lac Baïkal, lac éloigné de 60 verstes de la ville ; les eaux de l'Angara sont très transparentes ; elles sont navigables dans presque toute leur étendue, etc. » Il étudie la navigabilité de cette rivière. Il établit par de nombreuses coupes géologiques et par l'examen de fossiles et minéraux précieux que le beau lac Baïkal, de près de 31.975 kilomètres d'étendue, qui occupe la partie déprimée d'un vaste plateau à surface reployée dont les plissements s'allongent du sud-ouest au nord-est (entre le fleuve Léna et la rivière Argoun), remplit en réalité un espace limité au nord-ouest par un vaste pli anticlinal très aigu. Il étudie les premiers contreforts ouest qui bornent l'extrémité du lac et qui offrent un passage relativement facile vers les Stanovoï ; il produit les levés topographiques de cette région qui pourront sans doute contribuer à l'achèvement du Transsibérien actuellement en construction dans le contour ouest-sud du lac Baïkal ; il décrit de même le cours de la rivière Sélenga qui se jette dans le Baïkal plus au nord-est de cette région ; il en remonte le cours et étudie la région montagneuse qui la borde sur ses rives ; enfin, il étend ses recherches en Transbaïkalie, dont il précise la géologie en montrant ses rapports avec celle du lac Baïkal. (2)

C'est de 1882 à 1887 que Joseph Martin entreprend ses belles études sur les

---

(1) Publication posthume du *Journal de Vienne* (Isère), 16 septembre 1899 ; *Le Monde illustré*, 1879 ; etc.

(2) M. Ch. Vélain, maître de conférences à la Sorbonne, en publia une analyse spéciale dans le *Bulletin de la Société géologique de France* (3ᵉ série, t. XIV, 1885, p. 132).

monts Stanovoï, alors inexplorés. Cette exploration offrait un très grand intérêt, parce que c'est au pied de ce massif que devait passer et que passe aujourd'hui le Transsibérien. La chaîne des Stanovoï présente, comme beaucoup d'accidents montagneux de la Sibérie Orientale, la direction sud-ouest nord-est. Elle forme la ligne de partage des eaux entre le bassin de la Sélenga et celui du fleuve Amour, séparant ainsi le versant de l'océan Glacial de l'océan Pacifique. Les Stanovoï présentent dans leur centre une sorte de dépression, de discontinuité formant col, et c'est par ce col que passe la voie ferrée. Non loin de là, sur le versant est, se développe la ville de Tchita, premier centre et station de ravitaillement après Irkoutsk et capitale de la Transbaïkalie. Dans cette région montagneuse, mais moins élevée, prend sa source un des affluents les plus importants du fleuve Amour : la Chilka, grossie par une foule de petits affluents descendant des Stanovoï vers l'est. C'est cette vaste et belle région que l'explorateur Martin étudie avec le plus grand soin. Il met en évidence, au nord de la ville de Nertchinsk, des terrains houillers exploitables et qui peut-être rendent, dans le conflit actuel, les plus signalés services.

Martin prolonge son itinéraire le long de la chaîne, inexplorée alors, des monts Stanovoï, puis redescend vers la Chilka, qu'il avait quittée un peu avant Nertchinsk ; il descend le cours de cet important affluent du fleuve Amour, étudie sa navigation, explore les sources de plusieurs de ses affluents et notamment l'Argoun que franchit le Transsibérien. Au lieu de pousser son exploration plus avant dans la Mandchourie, Martin préfère revenir sur les frontières russo-chinoises, d'autant plus qu'il est chargé de leur délimitation.

La frontière russo-chinoise est maintenant confondue avec l'Amour ; il redescend donc le cours de ce grand fleuve en explorant, suivant sa coutume, une grande étendue de territoire de part et d'autre des deux rives ; il fait la géologie des terrains primitifs et primaires, qui présentent dans cette province un magnifique développement ; il s'applique à rechercher en particulier les terrains houillers, d'après les instructions reçues. On voit que de longue date la Russie prévoyait la nécessité de mettre à jour les ressources de cette région frontière : Martin s'y appliquait de son mieux.

Mais l'étude de cette seule région ne suffisait pas. L'explorateur quitte de nouveau le fleuve Amour et remonte au nord, franchit de nouveau les Stanovoï et arrive, après des péripéties tragiques dont il aimait à parler pour vanter les qualités de sa caravane, sur le bord du fleuve Lèna ; son objectif se porte dès lors sur la grande région comprise entre la Lèna et l'Amour.

De nouveau, retour vers le fleuve Amour après avoir inspecté les mines d'or du bassin du Vitim, affluent de la Lèna. En 1883, il arrive à Albasine après avoir mis tous ses soins à la topographie des pays voisins des sources de l'Aldan, autre affluent de la Lèna.

Obligé de retourner à Irkoutsk, il prépare une nouvelle exploration qui le ramène, en 1886, à Albasine, ville située sur l'Amour et qu'il avait vue en 1883.

Vivement encouragé par le général Anoutchine, gouverneur de la Sibérie Orientale, il revient sur les frontières de la Mongolie, après exploration d'une partie de la Mandchourie. Il descend l'Onon, redescend et complète l'exploration de l'Argoun, et, après avoir suivi un itinéraire de près de 1.000 kilomètres sur les affluents de la Zéya, arrive à Blagovech-Tchnisk, frontière même de la Mandchourie sur l'Amour. De là son itinéraire suit la direction est sud-est en longeant le fleuve Amour jusqu'au confluent du Soungari, qu'il va remonter, importante rivière qui prend ses sources sur les premiers contreforts montagneux de la chaîne coréenne, petite chaîne de partage du Yalou et du Soungari pour ainsi dire.

La connaissance des sources du Soungari va particulièrement être utile aux Russes dans les prochaines batailles. On sait qu'en effet l'objectif des Japonais est de traverser le Yalou et d'atteindre les affluents du fleuve Amour (entre autres la rivière Soungari), mais après escalade de la chaîne coréenne, frontière de la Mandchourie, ce qui les amènerait facilement, en suivant les vallées, sur le fleuve Amour même, c'est-à-dire au cœur de la Sibérie Orientale.

Martin, reprenant sa méthode d'exploration, redescend cette même rivière Soungari pour revenir rapidement au confluent avec l'Amour; il redescend à nouveau le fleuve jusqu'à l'embouchure de l'Oussouri, pousse jusqu'à Nikolaïesk, sur la mer d'Okhotsk, et revient à la rivière Oussouri.

L'Oussouri, on le sait, sert de frontière entre la Mandchourie et la province maritime russe tant enviée des Japonais; il remonte cette grande rivière jusqu'au lac Khanka, d'où elle sort; on conçoit que le gouvernement russe ait désiré obtenir de Martin l'exploration de cette région, frontière triple de la Mandchourie, de la Corée et de la Russie.

Martin en devinait l'importance; aussi s'attarde-t-il longuement pendant l'année 1887 à visiter les frontières dont il fournit la carte topographique et géographique; il complète ce travail en étudiant la géologie des alentours de l'immense lac Khanka, à l'ouest duquel il signale des mines d'or. Il explore la région limite de la Corée et de la Mandchourie, pénètre en Mandchourie de nouveau jusqu'à la petite ville de Khoun-Tchoun, et entre en Corée jusqu'à la ville de Pou-Rieng et la ville littorale de Kieng-Sieng. Enfin, son itinéraire le ramène à Keng-Heung, petit port frontière coréen, et en dernier lieu à la baie de Pierre-le-Grand et à Vladivostok, dont on se rappelle le récent bombardement.

La région de Vladivostok est riche en mines d'or, et peut-être est-ce une des causes de dispute entre les Japonais et les Russes.....

Je termine rapidement cet exposé et ne peux moins faire que de citer l'appréciation de M. William Huber, de la Société de Géographie de Paris, sur les travaux de Martin en Sibérie Orientale : « M. Joseph Martin est un des rares voyageurs français qui nous aient rapporté de nouveaux documents topographiques et géographiques de Sibérie, surtout de la région si difficile à parcourir et, partant, si peu connue située à l'est du lac Baïkal entre les fleuves Léna et

Amour. Parlant la langue russe et quelques idiomes sibériens, il a mis à profit les sept années passées en Russie d'Asie pour sillonner le pays d'intéressants itinéraires dont la valeur a été appréciée par le Service topographique et l'Etat-Major général de Pétersbourg. »

Je n'ai pas eu l'intention de décrire en détail toute l'œuvre de Joseph Martin, et j'ai résumé le plus succinctement possible ses itinéraires ; peut-être n'ai-je pas montré toute la valeur de l'explorateur dans ses longues études de Sibérie, mais je tenais à réserver une page au moins à son dernier et funeste voyage.

Le nom de Martin est étroitement lié à celui de la Sibérie Orientale, où les Russes ont consacré sa mémoire en donnant son nom à un des lacs qu'il a découverts.[1] Il doit l'être également à l'étude de l'Asie Septentrionale et de l'Asie Centrale, qui en somme a gardé sa dépouille. Joseph Martin a en effet laissé de nombreuses notes, un journal de voyage en vingt-cinq carnets, notes inédites en possession de la famille, qui représentent jour par jour cinq années de labeur.

Des démarches furent faites pour en obtenir la publication par l'Etat, et une note fut présentée en 1899, au Congrès des Sociétés savantes de Toulouse, par MM. A. Allemand-Martin et G. Saint-Yves, reproduite ensuite dans le *Journal Officiel* du 8 avril 1899, page 2396. Je crois utile de la reproduire :

« M. G. Saint-Yves et M. Allemand-Martin communiquent les premières pages du récit du voyage de Joseph Martin à travers l'Asie, de Pékin à Marghilan, rédigé d'après les notes laissées par l'explorateur, qui sont entre les mains de la famille. M. Saint-Yves a également rapporté quatre carnets d'itinéraires levés à la boussole ; ces carnets lui ont été remis au Ferganah. Les documents comprennent des notes de voyage, des observations astronomiques, des observations météorologiques et géologiques, par conséquent les éléments scientifiques complets du voyage. L'itinéraire général est le suivant : Pékin, la partie orientale du Petchili, le fleuve Jaune près du nord de la bouche, Lan-Tchéou-Fou (l'itinéraire passe entre les deux routes par Kalgan ou par Sin-Gan-Fou), Sinin, le Koukou-Nor, la région des sources du Hang-Ho, le Thibet Septentrional, retour sur les Nan-Chan, Sa-Tcheou, Tchertchen, Khotan, Kachgar, Margilan. M. Saint-Yves insiste sur l'utilité scientifique de la publication intégrale des notes fort importantes de Joseph Martin, qui a succombé aux fatigues de son exploration de trois années. »

Depuis cette époque, nous n'avons eu aucune nouvelle de notre demande : les premières pages de l'exploration de Martin en Asie furent adressées à M. Saint-Yves par la famille pour être jointes aux carnets retrouvés par lui au Ferghana, si l'Etat prenait à sa charge leur impression.

Etant donnée l'importance des explorations dans cette contrée de l'Asie, surtout à cette époque de guerre entre le Japon et la Russie et peut-être bientôt

---

[1] *Bull. Soc. de Géogr. de Lyon*, 1888.

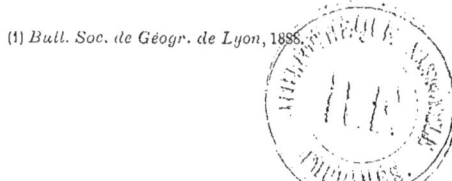

entre la Chine et les puissances, je crois utile de formuler de nouveau le vœu que l'Etat, ou une Société savante, veuille bien prendre à sa charge l'impression du Journal de Voyage de Joseph Martin de 1888 à 1892.

J'ai dit plus haut que la mémoire de Joseph Martin avait été honorée et perpétuée par les géographes russes dans la région même où auront très probablement lieu de grandes batailles entre Russes et Japonais; j'ai dit, en effet, qu'un lac découvert par Martin avait reçu son nom : lac Martin. J'ajouterai qu'un de nos éminents collègues de la Société de Géographie Commerciale de Paris, M. G. Saint-Yves, en 1899, au cours d'une belle exploration en Asie Centrale sur la frontière des Indes Anglaises et dans le Turkestan Russe (Ferganah),[1] a bien voulu perpétuer lui aussi la mémoire de Joseph Martin en baptisant de son nom l'un des plus hauts sommets de la chaîne de l'Altaï, suprême et grandiose témoin des dernières étapes de souffrances endurées par notre regretté compatriote ; enfin, le gouvernement russe, aidé du concours des notabilités de la ville de Marghilan et surtout d'une de nos plus remarquables compatriotes, Mlle Emily Collins, faisant actuellement fonctions de consul français à Samarkande, a consacré définitivement la belle carrière de Martin en lui élevant un monument de granit dans la ville même où il est mort. Les Russes ont une fois encore témoigné leur amitié et leur reconnaissance envers la France en inscrivant sur la carte d'Asie, d'une façon ineffaçable, le point de départ du premier itinéraire et le dernier arrêt de la dernière étape de notre compatriote Martin.

Ne semble-t-il pas que l'Etat et les Sociétés savantes s'honoreraient grandement en recueillant et imprimant les derniers travaux de Martin, et si ce n'est uniquement pour sa mémoire, du moins pour la valeur même de ses explorations — qui seraient utiles à la Russie d'abord et à d'autres explorateurs de ces régions ensuite, en complétant la géographie de ces pays encore si peu connus?

A la suite de cette très intéressante communication relative aux travaux de l'explorateur Joseph Martin, le vœu sollicité est adopté.

---

(1) Voir *Bulletin Soc. Géographie de Paris*, de 1899, et la revue *la Géographie*, du 15 février 1900.

ADOPTION D'UNE DÉNOMINATION INTERNATIONALE POUR LES NOMS GÉOGRAPHIQUES

Par M. le Lieutenant GRILLIÈRES
Vice-Président de la Société de Géographie Commerciale de Tunis

....

Au cours du voyage que je viens de faire en Asie Centrale, j'ai été frappé de la difficulté que j'ai éprouvée pour désigner les accidents géographiques que j'ai rencontrés. Ainsi, par exemple, le Fleuve-Bleu, traduit en chinois, ne dit rien aux Célestes qui ignorent complètement cette appellation : il s'appelle, suivant les régions : Dietschou, Mouroussou, Dotchou, Toung-Tien-Ho, Ta-Kiang, King-Cha-Kiang, Pe-Schoui-Kiang, Yang-Tsé-Kiang, etc.

Le Mékong porte les noms de Dsa-Tchou, Nam-Tchou, Lan-Tsan-Kiang, Mékong.

Ces exemples varient à l'infini et ne s'appliquent pas seulement aux grands fleuves : ils s'appliquent aussi aux rivières, dont certaines, telles que le Niéou-Lan-Kiang, ont jusqu'à vingt noms. Chaque nom correspond en général à une partie du cours d'eau comprise entre deux étranglements empêchant toute circulation. Dans la partie comprise entre ces gorges s'étend le plus souvent une sorte de bassin lacustre assez riche, où vit une tribu séparée des voisines par les difficultés du sol ; cette tribu a désigné le cours d'eau sur la petite partie qu'elle connaît sans s'inquiéter des tribus voisines avec lesquelles elle n'avait d'ailleurs presque aucune relation.

Des dénominations différentes sont également adoptées dans plusieurs cas pour les montagnes, les villes, les cols.

En présence de ces anomalies et des difficultés que j'ai rencontrées pour adopter une dénomination dans mes levés topographiques, je me suis proposé de soumettre à votre haute compétence un vœu tendant à adopter, après discussion au sein d'une commission internationale à nommer, des noms officiels pour tous les accidents géographiques. Une fois adoptés, il y aurait lieu de s'occuper de la transcription de ces noms, et il serait peut-être utile de poser le problème au groupe qui étudie avec tant de zèle la question de la langue internationale auxiliaire. Peut-être aussi il y aurait-il lieu d'essayer d'étendre cette entente à tous les noms géographiques appartenant aux cinq parties du monde.

Si ce vœu était adopté, il deviendrait nécessaire de créer une sorte de petit dictionnaire contenant : 1° le nom officiel international adopté définitivement ; 2° les noms anciennement portés, afin de faciliter les recherches ; puis il faudrait inviter tous les cartographes à employer uniquement le nom officiel.

....

M. Gauthiot, de sa parole autorisée, présente quelques objections au vœu émis par M. Grillières.

Il ne croit pas que la proposition faite puisse aboutir, si elle était admise.

Selon lui, le meilleur moyen à adopter est la création d'un vocabulaire auquel se soumettront tous les géographes.

M. Grillières se rallie très volontiers au vœu de l'éminent M. Gauthiot, qui, reprenant la parole, dit qu'il faudrait que le vocabulaire dont il vient de parler donne les différentes prononciations, et propose de nommer une commission d'hommes de bonne volonté qui en tenteraient la composition.

La communication de M. Grillières amène également une intéressante discussion de la part de M. Blondel.

Finalement, M. Thomas-Deman, président de la séance, au nom du Congrès,

Emet le vœu :

« Que les géographes soient invités à établir un petit vocabulaire indiquant, pour les noms de géographie, un nom unique et rappelant tous ceux existants. »

Ce vœu est adopté à l'unanimité.

L'ESPERANTO & LA GÉOGRAPHIE

Par M. POULAIN

M. Poulain, membre de l'Institut de Carthage, a fait une très intéressante communication sur l'utilisation de l'Esperanto, langue internationale auxiliaire, dans les rapports géographiques. « L'Esperanto, dit-il, ne se présente pas au monde avec le rôle d'organe universel, appelé à détrôner nos idiomes maternels ni même à être la langue étrangère de toute l'humanité. Il vise uniquement les gens qui ont des relations internationales ou désirent en avoir. Son but est de permettre à tout intéressé possédant une teinture de grammaire d'arriver à communiquer sans peine, par l'écriture ou la parole, avec les étrangers dont il ignore la langue et qui ne savent pas la sienne. »

La communication de M. Poulain a été très goûtée ; l'orateur en a montré les avantages géographiques. La question mérite, et c'est l'avis du Congrès, qu'on s'y intéresse.

SITUATION DE LA PÊCHE COTIÈRE EN BRETAGNE

Par M. A. LEGRAND

Délégué de la Société de Géographie de Lorient

Depuis une dizaine d'années, le revenu général de l'industrie de la pêche en France a diminué dans d'assez sérieuses proportions. L'étude des statistiques du *Bulletin des Pêches maritimes* donne sous ce rapport des résultats significatifs. Publié par les soins du Ministère de la Marine, d'abord à la suite de la *Revue Maritime*, et, depuis 1899, dans la section de cette même Revue consacrée à la marine marchande, le *Bulletin des Pêches maritimes* présente toujours les imperfections signalées au Congrès national des Sociétés françaises de Géographie de 1896. Peut-être était-il difficile d'y remédier et de tenir compte des vœux émis alors par ce Congrès. Du moins, on aurait dû conserver tout ce que la publication offrait encore d'utile et d'intéressant. Mais, précisément, deux avantages ont disparu. On a renoncé aux statistiques générales annuelles à dater de 1896 et à l'évaluation du produit de la pêche en poids à dater de 1899. La consultation des statistiques du *Bulletin des Pêches maritimes* ne peut donc nous donner qu'une idée imparfaite du revenu de cette industrie, et il est impossible de l'évaluer autrement qu'en francs. Or, plus le poisson est rare, plus il se vend cher : d'une année à l'autre, tel revenu en argent ne correspond plus au revenu en poids ; il peut être supérieur à la normale, en sorte qu'avec les tableaux d'à présent il est impossible de se renseigner sur la rareté ou l'abondance du poisson. Il faut donc s'en tenir à des données très générales.

De tous les revenus de la pêche, le plus intéressant est celui de la pêche côtière : hareng, maquereau, sardine, anchois, thon, qu'on peut saler, sécher ou transformer en conserves ; congres, raies, soles, plies et autres poissons qui d'ordinaire sont consommés frais. Cette pêche présente une importance particulière, attendu qu'elle est de toutes les saisons et constitue la meilleure part des ressources de nos populations maritimes.

* *

Pour le rendement de la pêche côtière, les statistiques d'il y a dix ans donnaient un chiffre sensiblement supérieur à celui qu'on relève pour quelques-unes de ces dernières années. Ainsi l'exercice de 1891, 92 et 93 portait une moyenne de 102 millions. Elle est descendue, en chiffres ronds, à 91 millions pour 1900, à 94 millions pour 1901 ; elle remonte jusqu'à 109 millions en 1902.

La part de la Bretagne dans le produit général de la pêche était, à la période précitée, très considérable. Il serait intéressant de savoir s'il n'a pas diminué. Autant qu'il a été possible de l'établir par le *Bulletin*, voici ce que les ports bretons, de Cancale à Noirmoutier, ont d'abord donné en gros.

De 1891 à 1893, le revenu de la pêche côtière s'était élevé, en cette section du littoral français, au chiffre moyen de 31 millions et demi de francs. En 1900, on ne trouve plus que 21 millions ; en 1901, 23 millions ; en 1902, 16 millions seulement. En Bretagne, il y a donc eu, pour la pêche côtière, une diminution persistante et notablement supérieure à celle du reste de la France.

Quelles sont maintenant les espèces qui semblent avoir été moins abondantes le long des côtes bretonnes ? En cette région, on ne pêche guère que le maquereau, la sardine, le thon, un peu aussi l'anchois, espèces pour lesquelles le *Bulletin des Pêches maritimes* donne des tableaux distincts. On prend aussi beaucoup de raies, soles, etc., qu'il englobe dans ses statistiques sous le terme général de poisson frais.

C'est surtout la disparition de la sardine qui a provoqué cette réduction formidable de revenu. En 1891-93, on en avait pris annuellement pour 8 millions de francs. Or, le *Bulletin* enregistre, il est vrai, 10 millions de francs en 1900, 11 millions et demi en 1901, mais 4 millions et demi seulement en 1902. Concarneau, qui recevait pour 2.700.000 francs de sardines en 1901, n'en a plus que pour 1 million en 1902 ; Douarnenez tombe de 2.900.000 fr. à 800.000.

La pêche des autres poissons n'a guère varié que du tiers au quart d'une année à l'autre. On a pris pour 1 million et demi de maquereaux en 1900, pour 1.100.000 francs en 1901, pour 1.600.000 en 1902. La pêche du thon présente des écarts un peu plus considérables : le meilleur exercice, celui de 1900, accuse un rendement 1.200.000 fr. environ ; le plus faible, celui de 1901, un rendement de 800.000 fr. La pêche de l'anchois et des sprats, dont le *Bulletin* ne distingue pas le produit, s'est élevée à 426.000 fr. pour 1902, chiffre le plus haut, et à 66.000 francs seulement en 1900, chiffre le plus bas.

Les ports bretons ont retiré de la vente du poisson frais 8 millions et demi en 1900, 9 millions et demi en 1901, 9 millions en 1902. La moyenne était, il est vrai, de 11 millions il y a dix ans, mais faut-il en conclure que la situation est irrémédiablement compromise et qu'en Bretagne cette décadence va continuer ? Nullement, à condition que les pêcheurs bretons, habitués à compter sur la sardine et à en tirer le plus clair de leurs ressources, s'occupent davantage des autres pêches. Les statistiques de 1903 n'ont pas encore été complètement publiées. Actuellement on ne connaît que le revenu du premier semestre. Pour la Bretagne, il est encore inférieur à la période correspondante de 1902. En effet, dans les six premiers mois de 1902, les ports bretons ont reçu pour 5 millions 900.000 francs de poisson frais, tandis qu'en 1903 le rendement n'a été que de 5 millions.

En présence de cette situation on s'est demandé s'il ne serait pas à propos d'encourager les pêcheurs bretons à se fixer sur la côte d'Algérie et de Tunisie, moins exploitée que la leur. Car pour un littoral de 2.400 kilomètres elle ne donne qu'un effectif de 7.400 pêcheurs, alors que la côte bretonne, longue de 880 kilomètres seulement, entretient pour la pêche côtière un peu plus de 26.000 inscrits maritimes, sans compter les autres. Le littoral algérien est d'ailleurs riche en poisson et le *Bulletin des Pêches maritimes* lui attribue une part assez sérieuse dans le revenu général de la pêche. Mais il ne tient compte que du poisson débarqué dans les criées du littoral. Il ne fait pas mention de celui que prennent les bateaux italiens, qu'ils salent et expédient en Italie. Le revenu de la pêche sur les côtes d'Algérie doit être notablement supérieur, d'un cinquième peut-être, au chiffre fixé par les statistiques officielles.

* *

Ce revenu s'était élevé en 1891-93 à la moyenne de 2 millions et demi de francs. La pêche porte sur les mêmes espèces qu'en Bretagne. Elle semble en voie de progression. L'exercice de 1900 attribuait aux ports algériens pour environ 2.400.000 fr. de prises ; celui de 1901 porte 2.800.000 fr.; celui de 1902, 3 millions à peu de chose près, et les six premiers mois de 1903 font présager un rendement encore plus considérable, les statistiques parues jusqu'à ce jour accusant un revenu de plus de 1.700.000 fr.

Les espèces à conserver n'entrent pas dans ces chiffres pour une part très considérable. C'est le poisson frais, consommé sur place, qui constitue la majeure partie des produits de la pêche en Algérie, ainsi qu'en témoigne le tableau suivant :

Produit de la pêche en mer en Algérie

	Poissons salés	Poissons frais et autres produits
1900...................Fr.	433.857	1.782.747
1901.....................	546.507	2.059.076
1902.....................	630.041	2.077.909
1903 (janvier-juin)..........	454.198	1.048.276

De ces chiffres on est porté à tirer une conclusion : c'est que l'industrie de la pêche, en progrès sur la côte algérienne, est sans doute susceptible de se développer davantage. En Tunisie se produit un phénomène semblable, mais il m'a été impossible de relever des statistiques postérieures à 1897, le *Bulletin des Pêches maritimes* n'ayant pas depuis lors donné de renseignements sur ce point. Quoi qu'il en soit, le revenu de la pêche sur la côte tunisienne a progressé régulièrement de 1892 à 1897. L'exercice de cette dernière année est beaucoup plus faible et marque peut-être le début d'une crise. Pendant la période précitée, voici les chiffres enregistrés :

Produit général de la pêche côtière en Tunisie de 1892 à 1897

1892.................................Fr.	1.566.350
1893.......................................	2.826.800
1894.......................................	3.264.300
1895..........	3.536.400
1896.......................................	3.703.905
1897.......................................	1.983.931

Les produits de la pêche ne sont plus tout à fait les mêmes que sur la côte bretonne et la côte algérienne. On prend toujours de la sardine et de l'anchois; les autres variétés sont tout à fait locales : éponges, poulpes, allaches, et, d'après le tableau ci-dessous, ce sont ces variétés qui fournissent la part la plus considérable dans les statistiques générales de la pêche tunisienne.

Variétés péchées sur la côte tunisienne de 1892 à 1897

	1892	1893	1894	1895	1896	1897
Sardines.....Fr.	46.500	101.700	183.900	62.400	184.125	146.623
Anchois.........	269.450	334.900	671.500	17.000	32.280	96.779
Éponges........	955.500	1.092.000	1.218.000	1.890.000	1.049.000	1.012.000
Poulpes.........	207.000	218.000	84.000	108.000	286.000	115.000
Allaches........	315.900	239.200	423.800	793.000	39.500	38.529
Autre poisson...	752.000	841.000	682.800	666.000	2.113.000	375.000

Il semble bien, d'après ces statistiques, qu'il y a place en Algérie et Tunisie pour de nombreux pêcheurs étrangers. Y a-t-il lieu de faire appel aux populations bretonnes, réduites sur beaucoup de points à la misère par une succession ininterrompue de mauvaises années? Peut-être bien; mais avec diverses réserves que doivent suggérer les résultats très médiocres des tentatives passées. Car, en l'état actuel des choses, on n'en est plus à ignorer les causes sérieuses qui ont mis obstacle à la multiplication et au développement des colonies bretonnes sur la côte algérienne.

Il y a d'abord d'importantes sections du littoral qui sont peu favorables à leur industrie, ou parce qu'elles sont trop hautes, trop inhospitalières, sans criques ni baies, ou bien parce que des courants trop forts éloignent le poisson. Telle est par exemple la partie comprise entre Mostaganem et Cherchell d'une part, entre Djidjelli et Collo d'autre part.

Là même où ces inconvénients n'existent pas, la pêche se développe lentement, surtout si les grands centres de consommation sont loin, ou bien si les relations avec l'intérieur sont peu faciles et peu rapides. Pour utiliser le poisson, il existe bien, il est vrai, quelques fabriques de conserves, surtout à l'est, autour de Bougie, Stora, Philippeville; quelques ateliers de salaisons vers le centre, lesquels fonctionnent temporairement, de Cherchell à Dellys, par exemple. Mais toutes ces industries sont encore peu développées. Relativement aux conserves, cela s'explique très bien. Les huiles doivent être importées de Provence ou d'Italie, celle d'Algérie ne donnant pas de bons résultats; elle a un goût trop fort qui tient à la fabrication. Ainsi, marchés trop éloignés ou très restreints, industrie des conserves et des salaisons peu développée, telle est la situation actuelle. Or, il est bien difficile de fonder des colonies de pêcheurs quand on ne peut pas leur assurer de débouchés sûrs et permanents.

Autre cause de découragement pour les immigrants: la concurrence des pêcheurs italiens et maltais, qui vivent de rien, sont mieux outillés que les nôtres et, malgré la loi de 1888, fréquentent les eaux territoriales, où le poisson se réfugie de préférence, à cause de la disposition et de la nature des fonds. Dans le *Bulletin des Pêches maritimes* 1896-97, M. Layrle, commissaire de l'Inscription maritime, a présenté, avec chiffres à l'appui, des observations très légitimes et très sérieuses sur l'invasion et les procédés des pêcheurs italiens. Pour échapper aux conséquences de la loi de 1888, beaucoup se sont fait naturaliser, mais ces éléments étrangers n'ont changé que de qualité, pas d'habitudes. Ils favorisent la fraude de leurs anciens compatriotes et trouvent plus avantageux de leur servir de pourvoyeurs que de leur faire concurrence. Ces éléments ne valent jamais, cela se comprend, les Français d'origine.

Soutenus par le Gouvernement général, les usiniers du marché de Philippeville avaient réussi à attirer, en 1891-92, une centaine de pêcheurs bretons. Cette tentative, qui s'annonçait bien, eut des résultats tout à fait éphémères. La disparition de la sardine en 1897 découragea les pêcheurs; ceux qui étaient arrivés se tournèrent vers la culture du sol, ceux qui se disposaient à partir restèrent chez eux. Ont échoué aussi bien d'autres tentatives signalées dans une étude intéressante de M. Bouchon-Brandely, que la *Revue Maritime* a publiée en 1896. Les seules colonies de pêcheurs qui se soient maintenues et développées sont celles du cap Matifou, dans le voisinage d'Alger. Cela tient évidemment à la proximité de ce centre important de consommation. Les statistiques de 1900 à 1903 permettent en effet d'établir qu'Alger a reçu en moyenne 24 % du poisson pêché sur le littoral algérien.

Produit de la vente du poisson sur le marché d'Alger de 1900 à 1903

	Total pour l'Algérie	Alger	Pourcentage
1900 ....Fr.	2.407.695	710.180	29 %
1901.............	2.803.683	734.660	26
1902.............	2.955.811	612.852	20
1903 (1er sem.)....	1.710.721	380.445	23

Ce tableau présenterait pour Alger des chiffres sans doute plus élevés si les droits d'octroi étaient moins forts. La vente et la consommation s'en ressentent. Le Conseil d'Etat avait déclaré illégales les taxes de 1896; je n'ai pu savoir si elles ont été retirées; les anciennes étaient déjà bien supérieures, à ce qu'il paraît, aux taxes de la moyenne des ports de mer français.

Les dernières tentatives entreprises pour amener sur les côtes algériennes des pêcheurs français n'ont guère réussi que sur la Méditerranée et le golfe de Gascogne. Malgré les avantages du transport gratuit et les avances en argent faites par le Gouvernement général, les pêcheurs bretons ne vinrent pas. Au cap Matifou, sur trente-cinq familles, deux seulement, originaires du quartier de Lorient, se sont établies. Les autres sont pour la plupart de Port-Vendres et de

Cannes, quelques-unes d'Arcachon. On pourrait renouveler ces tentatives en Bretagne de la manière suivante :

Dresser un tableau clair et précis du revenu de la pêche dans les eaux algériennes et, si l'on veut, tunisiennes, pendant la dernière période quinquennale, par exemple ; donner, sous forme d'instruction, un exposé des meilleurs procédés de pêche usités là-bas ; renouveler les promesses de subvention accordées à diverses reprises par le Gouvernement général ; propager tous ces renseignements et ces invitations par la presse, par les affiches officielles dans les communes des quartiers de pêche bretons, par l'intermédiaire du personnel administratif de l'Inscription maritime et même, comme le suggérait l'archevêque d'Alger, par le clergé breton.

Il n'est pas nécessaire d'insister sur les avantages qu'offrirait pour la défense navale la présence d'un bon contingent de pêcheurs bretons sur le littoral algérien. Leur endurance et intrépide sang-froid ne sont ignorés de personne. Ce sont les meilleurs éléments de notre marine, et, en dehors de toute autre, cette considération justifierait amplement toute tentative pour les attirer à nouveau sur des points où les intérêts de notre défense navale sont si importants.

A la suite de cette intéressante communication, le Congrès émet le vœu suivant :

1º Qu'il soit dressé par le Gouvernement général de l'Algérie et par le Gouvernement Tunisien un tableau précis des résultats de la pêche dans les eaux algériennes et tunisiennes, pendant les cinq dernières années, et un état des usines et autres moyens d'utilisation des produits de cette industrie en Algérie et Tunisie ;

2º Qu'il soit publié un exposé des meilleurs procédés de pêche en usage sur la côte algérienne et tunisienne ;

3º Que ces renseignements soient portés à la connaissance des pêcheurs bretons et des Sociétés comme la nôtre qui s'intéressent aux pêches maritimes, par affiches officielles dans les communes du littoral et par l'intermédiaire du personnel de l'Inscription maritime ;

4º Que les pêcheurs soient aussi avertis, s'il y a lieu, des subventions, des secours ou des ressources diverses que pourraient leur offrir le Gouvernement général de l'Algérie et le Gouvernement Tunisien.

LES MONOGRAPHIES DANS L'AFRIQUE DU NORD

Par M. Charles-René LECLERC

Délégué de la Société de Géographie Commerciale d'Oran

L'Algérie était à peine conquise, elle était à peine livrée aux premiers ouvriers de la colonisation que déjà, dans les grandes villes, des personnes instruites, de bonne volonté, se réunissaient et se solidarisaient pour se livrer à des recherches scientifiques. Sur cette nouvelle terre française les sujets d'étude foisonnaient qui s'offraient à leur curiosité.

Cependant, la Métropole avait pris les devants en confiant à ses plus grands savants, tant géographes qu'historiens et linguistes, le soin de recueillir dans cette Algérie à peine pacifiée les premiers matériaux indispensables à l'étude d'ensemble d'un pays fort mal connu jusqu'alors. (1)

Après ces missions temporaires dont le résultat avait été on ne peut plus satisfaisant, les groupements locaux s'imposaient qui devaient étudier dans ses détails ce que les premiers pionniers de la science avaient examiné dans ses grandes lignes. Des sociétés savantes ne tardèrent pas à s'organiser et des hommes éminents y firent leurs premiers pas. Citons la *Société Archéologique de Constantine*, fondée en 1853, qui publiait tous les ans un *Annuaire* de ses travaux; la *Société Historique Algérienne*, fondée en 1856, qui dès son origine publia la *Revue Africaine*; l'*Académie d'Hippone*, dont le Bulletin, depuis 1865, reproduisait les études savantes.

L'histoire, l'archéologie, la linguistique constituèrent d'abord seules — ou du moins à peu près — le domaine scientifique où les chercheurs se plurent à pousser leurs études. La géographie était encore mal définie, mal comprise, point considérée comme une véritable science, trop rattachée au domaine de l'histoire et de l'économie politique. Les sociétés de géographie prirent naissance beaucoup plus tard. La première en date fut celle d'Oran (1877) qui prit le nom de *Société de Géographie et d'Archéologie de la province d'Oran*. Dix-neuf ans plus tard seulement, en 1896, Alger suivait l'exemple en inaugurant sa *Société de Géographie d'Alger et de l'Afrique du Nord*.

En Tunisie s'organisait, en 1894, un *Institut de Carthage*, Association tunisienne des lettres, sciences et arts, qui se donnait pour mission de faire dans le pays des recherches intéressantes sur tous les sujets. L'Institut de Carthage, à l'image des sociétés algériennes, réunit les bonnes volontés de tout ordre et

---

(1) Il s'agit de l'*Exploration scientifique de l'Algérie*, collection publiée en 1844 par les soins du Gouvernement français. Elle comprenait un certain nombre de volumes publiés par des savants d'une haute compétence et dont l'œuvre est encore de nos jours une source de documentation.

son Bulletin, intitulé *Revue Tunisienne*, publia des études très diverses. Enfin, il y a quelque temps, on a eu l'heureuse initiative de fonder à Tunis une *Section Tunisienne de la Société de Géographie Commerciale de Paris* qui s'est mise aussitôt à l'œuvre, qui a recueilli un grand nombre d'adhérents et qui favorise les recherches privées sur la géographie tunisienne, notamment au point de vue économique.

Je serais mal venu, en passant, d'adresser à la Société de Géographie d'Oran, que j'ai l'honneur de représenter au *Congrès National de Tunis*, ou à la Société de Géographie d'Alger, dont je fais partie, une critique même légère; mais je ne puis m'empêcher de faire remarquer que l'une et l'autre de ces Sociétés, tout en s'occupant de géographie, s'occupent de bien d'autres questions étrangères à la géographie. Je m'empresse d'ajouter que la cause de ces études si variées est logique et rationnelle : elle repose dans ce fait que l'Algérie étant encore un pays neuf où la population intellectuelle française est en somme fort restreinte, des groupements spéciaux et distincts pour l'histoire, l'archéologie, l'économie politique, la géologie, la linguistique et la géographie n'ont pu se former. Si les sociétés savantes d'Algérie et de Tunisie accueillent le résultat de recherches de tous genres, il faut au contraire leur en savoir gré. Elles répondent, en attendant mieux, à tous les besoins et suppléent aux dédoublements qui se produiront dans l'avenir quand l'accroissement de la population le permettra. [1]

A côté de ces Sociétés, analogues comme composition et organisation à celles qui existent dans la Métropole, il faut encore mentionner l'*Ecole Supérieure des Lettres* et l'*Ecole Supérieure des Sciences d'Alger*. Là existe un petit noyau d'érudits qui, depuis plus de vingt ans, se livrent à des études scientifiques et littéraires guidées par cette discipline sévère qui caractérise notre enseignement supérieur. A l'Ecole des Lettres, le *Bulletin de Correspondance Africaine* publie chaque année d'excellents travaux sur des questions géographiques, historiques et linguistiques.

Tels sont donc les groupements qui ont jusqu'ici favorisé les études géographiques et celles qui touchent de près la géographie dans l'Afrique du Nord. Je mets tout de suite hors de page les Ecoles Supérieures d'Alger, dont il n'a pu être question ici qu'en passant : je n'ai point qualité pour leur adresser des critiques et elles n'ont que faire de mes conseils. Là, en effet, les travailleurs font preuve d'une rigoureuse méthode de travail sur laquelle les géographes amateurs devraient bien prendre exemple.

Je n'ai pas besoin d'insister sur cette vérité banale qu'on ne naît point géographe, pas plus qu'on ne naît historien ou archéologue. Dans chacune de ces branches scientifiques un apprentissage spécial est nécessaire et des études pré-

---

[1] C'est ainsi que la *Société de Géographie d'Alger* recueille, par exemple, des communications d'ordre historique, archéologique qui sont publiées dans son Bulletin, tandis que d'autre part la *Société Archéologique de Constantine* réserve une large place aux géographes de rencontre.

paratoires, parfois longues et pénibles, s'imposent. Il faut certes féliciter tous ceux qui, fonctionnaires de tous ordres, colons, industriels, médecins, avocats, ont contribué à la formation des Sociétés savantes d'Algérie et de Tunisie. Il faut savoir gré de la bonne volonté et du zèle que plusieurs d'entre eux ont apporté pour animer leur œuvre de vitalité et de prospérité. Il faut enfin reconnaître la haute valeur de certains *amateurs,* si on peut appeler ainsi ceux qui ne font pas de l'histoire ou de la géographie leur unique occupation.

Cependant, malgré cette marque d'estime qu'il est légitime d'accorder aux travailleurs intellectuels de l'Afrique du Nord, on ne peut s'empêcher de regretter, dans les différents Bulletins, la publication de certains travaux trop bienveillamment appréciés par ceux qui sont chargés de donner le « permis d'imprimer ». Je me garderai bien, en l'occurrence, de viser une personnalité quelconque ou de faire une allusion déterminée. Cette réflexion est une pure indication d'ordre général. Je n'ai malheureusement pas été le seul à remarquer que, par exemple, dans la sphère qui nous intéresse, certains travaux ou mémoires qui se piquaient d'être géographiques prouvaient combien peu l'auteur se faisait une réelle idée de ce qu'est la géographie. Il y a là une tendance qu'il est nécessaire de faire disparaître, de façon à ne pas donner aux érudits de la Métropole et de l'Europe une fâcheuse idée de la manière dont on comprend la géographie dans nos pays. J'en aurais autant à dire de l'histoire si j'avais à m'exprimer à ce sujet.

Cette notion peu nette de la méthode de recherche scientifique qu'on remarque chez les travailleurs occasionnels peu ou mal préparés à un tel genre d'études, apparaît surtout dans le travail désigné sous le nom de « monographie ».

Et d'abord, qu'est-ce qu'une monographie, ou du moins que doit être une monographie dans l'Afrique du Nord? Il y a de chauds partisans de cette localisation des recherches, comme il y a de résolus adversaires. En premier lieu, on discute sur la valeur du mot lui-même.

En France, où la division du travail est nettement caractérisée, les monographies qui embrassent à la fois la géographie et l'histoire d'une localité ou d'une région sont rares, ou du moins ne sont-elles traitées que dans des ouvrages destinés à la vulgarisation. (1)

Au point de vue scientifique, le plus souvent un géologue s'occupe de la géologie du lieu; un géographe en note la géographie exacte et cite les particularités orographiques et hydrographiques; un archéologue y relève les antiquités; un historien, ou plusieurs historiens suivant l'importance de la localité, en retrace l'histoire ou une période de l'histoire; un statisticien en détermine le mouvement économique. Il est ensuite aisé de fondre en un seul tous ces éléments pour élaborer une monographie d'ensemble généralement destinée au public, ou de réunir chacun de ces éléments à d'autres éléments du même ordre pour en dégager soit une géologie d'ensemble, soit une géographie d'ensemble du département ou de

---

(1) Tels que guides, itinéraires, manuels, ouvrages de salon édités avec luxe, brochures-réclames pour stations thermales, etc.

la province. C'est à ce but que doit tendre toute monographie, si spéciale qu'elle soit. Elle doit servir, dans les études générales, à corriger les fautes de détail et à combler certaines lacunes. Je n'ai pas besoin d'insister davantage sur cette évidence. Ainsi considérée, la monographie offre un réel intérêt scientifique et devient une pierre de plus à l'édifice géographique et historique de l'univers, édifice qui se lève lentement mais sûrement. A vrai dire, ce genre de monographie est le seul scientifique, parce que, à quelque ordre qu'il appartienne, il a été élaboré par un spécialiste, et ce dernier, s'il s'est bien documenté, a des chances d'avoir épuisé entièrement la question qu'il a traitée.

Toute autre monographie doit être considérée comme provisoire, et c'est à cet ordre qu'appartiennent celles qui sont rédigées dans l'Afrique du Nord et qui ont la prétention d'être complètes. Il va sans dire qu'elles devront faire place plus tard à des mémoires spéciaux qui résulteront de recherches spéciales dans les différents genres : géologie, géographie, archéologie, histoire, agriculture, économie politique. Mais au moins, dans ce provisoire, ceux qui prennent à cœur d'élaborer une monographie doivent-ils, dans la plus grande mesure, préparer les voies aux chercheurs de l'avenir qui, plus tard, travailleront sur le même terrain qu'eux. C'est ce qu'on ne semble pas avoir compris en général.

Cette élaboration provisoire de monographies d'ensemble a son utilité indéniable et, par exemple, les Sociétés de Géographie d'Alger et d'Oran l'ont bien compris en instituant des « *concours de monographies* ».

Seulement, et il est regrettable de le constater, trop souvent celui qui se charge d'étudier une région limitée pour en faire la monographie géographique et historique n'a aucune idée de la tâche qu'on attend de lui. On s'aperçoit avec surprise que son travail, au lieu d'être une œuvre originale, résultat de ses recherches personnelles dans le pays qu'il avait à décrire, est une pure compilation à travers les ouvrages généraux qui traitent à la fois de cette région et de bien d'autres. Trop de travailleurs débutants croient, par exemple, que pour rédiger la monographie d'une ville il suffit de consulter le guide Piesse et autres ouvrages analogues. C'est là de l'ignorance, et c'est précisément ce qu'il faut combattre. Il n'y a certainement pas de mauvaise intention de la part de ceux qui procèdent ainsi. Ils sont seulement mal renseignés, et il est nécessaire de leur indiquer comment leur travail doit être le résultat de recherches personnelles, sur les lieux mêmes lorsqu'il s'agit de géologie, de géographie et d'archéologie, aux sources et aux documents lorsqu'il s'agit d'histoire. Certes, il y a des compilations sévères qui ne sont inspirées que d'ouvrages réputés sérieux et faisant autorité ; mais malgré cela elles n'ont pas de valeur scientifique et elles ont ce grand tort de ne pas préparer pour l'avenir les études des futurs spécialistes. Or, c'est là leur seul intérêt. On pourra m'objecter qu'il est peu aisé pour une même personne d'être à la fois géologue, géographe, archéologue et historien. A quoi je répondrai qu'il vaut mieux alors ne point faire une monographie, plutôt que de produire œuvre inutile.

L'objection a certes sa valeur, et il est en effet difficile de réunir en soi les différentes connaissances qui donnent l'autorité nécessaire à l'élaboration d'une véritable monographie d'ensemble. Cependant, puisqu'il ne s'agit que d'une esquisse, d'un travail préalable, indispensable à une première étude générale de l'Afrique du Nord dans ses grandes lignes, il n'est pas nécessaire d'être savant consommé pour entamer une étude de ce genre. Il suffit de posséder quelques principes solides et généraux des différentes sciences qui entrent en jeu dans l'étude d'ensemble d'une contrée, de manière à ne pas commettre d'erreur grossière.

D'ailleurs, il n'est pas interdit d'avoir recours aux ouvrages généraux ou spéciaux antérieurement parus, mais encore faut-il être à même de pouvoir contrôler sur place ce qu'ont avancé leurs auteurs.

Ces principes élémentaires de méthode bien établis, reste à savoir ce qu'on doit entendre par monographie dans l'Afrique du Nord et quelles sont les limites géographiques qui doivent être assignées à un travail de ce genre.

En France, ces limites varient suivant le point de vue auquel on se place. Un géologue, un géographe décrira un bassin fluvial ; un archéologue se tiendra dans les limites de la vieille circonscription romaine ; un historien de l'ancien régime s'étendra à toute une province ; un historien contemporain choisira le département comme champ d'action. D'autres, enfin, traitent un arrondissement, un canton, une commune, une ville, tel quartier d'une ville. Je n'ai pas à critiquer ces différents choix, dont certains me semblent très arbitraires, mais je dois reconnaître que la plupart de ces divisions sont inapplicables dans l'Afrique du Nord.

En fait de régions naturelles, il y a des massifs (Ouarsenis, Aurès, Djurdjura), ou des plaines (plaine du Chélif, vallée de la Medjerda, plaine de Merrakech). Mais ce sont là des sujets assez vastes sur lesquels il faudra d'abord rassembler plusieurs monographies de détail. Il en est de même si on se place au point de vue archéologique : Afrique proprement dite, Byzacène, Numidie, Maurétanies sitifienne, césarienne, tingitane, ou au point de vue historique moderne : Tunisie, Algérie, Maroc, avec les subdivisions en provinces d'Alger, Oran et Constantine. Toutes ces délimitations anciennes ou contemporaines sont trop vastes pour faire l'objet de monographies sérieusement étudiées. Viennent enfin les divisions administratives plus restreintes : les villes, les arrondissements, les communes de plein exercice, les communes mixtes et les communes indigènes en Algérie ; les contrôles en Tunisie ; les caïdats au Maroc.

En ce qui concerne les villes, elles ont eu presque toutes leurs monographies dès les premiers jours où l'on s'occupa de travaux d'érudition en Algérie.[1] Les mémoires et opuscules sont en général fort imparfaits, sans aucune indication de source, et dérivent du procédé que j'ai indiqué plus haut : la plate compilation. Là, presque tout est à refaire. Quant aux divisions administratives françaises, je

(1) Alger, Oran, Bougie, Constantine, Tlemcen, etc.

n'ai pas besoin de dire combien on a vivement critiqué le cadre artificiel qu'elles représentent. Malgré cela, les Sociétés de Géographie (1) ont conservé ce cadre, et à vrai dire il est difficile de trouver mieux. En Algérie, la commune(2) a été choisie comme base de recherches limitées, et avant de combattre ce choix, il faut se demander si on en avait un autre. L'arrondissement? Il est trop étendu et atteint souvent la grandeur d'un département français. Le douar indigène? Il présente encore plus d'arbitraire que la commune, puisque ses limites sont sans cesse maniées et remaniées par l'administration.

On a bien parlé du cadre naturel qu'offrent certains bassins de rivières : par exemple la basse-Medjerda, le bas-Chélif, le haut-Chélif, la basse-Moulouïa. Je ne sais pas jusqu'à quel point ces torrents irréguliers forment des régions naturelles. En tout cas, le nombre de ces régions est limité, et il faudrait choisir autre chose pour le reste du pays. Rien ne s'oppose, il me semble, à ce qu'on continue à limiter les études de monographie dans le cadre des divisions administratives restreintes. Dans ces conditions, on aurait les divisions suivantes, qui mériteraient chacune leur monographie d'ensemble en attendant mieux : En Tunisie : la ville, le caïdat ou contrôle, l'oasis. En Algérie : la ville, la commune de plein exercice, la commune mixte, la commune indigène, l'oasis. Au Maroc : (3) la ville, le caïdat, l'oasis.

Ces limitations une fois bien établies, il s'agit de savoir se renfermer dans son sujet, sans cependant s'entourer trop rigoureusement du pointillé administratif indiqué sur les cartes. Il est bien évident que si, par exemple, une commune mixte est à cheval sur deux bassins fluviaux, on ne pourra éviter de donner des indications générales sur ces deux bassins, tout en ramenant le plus possible la question aux particularités locales. Il en sera de même pour la description complète d'un plissement ou d'un affleurement géologique qui dépasserait la limite administrative. En tout ceci, il appartient à l'auteur de faire preuve de tact scientifique et d'intelligence d'observation.

La monographie d'ensemble devra se décomposer ainsi :

Géologie.

Géographie physique :

    Orographie;
    Hydrographie;
    Climat.

---

(1) La Société de Géographie d'Oran donne chaque année, en concours, des communes de plein exercice, des communes mixtes et des territoires de communes indigènes *déterminés* à traiter. La Société de Géographie d'Alger, depuis deux ans, met en concours une commune mixte quelconque, sans déterminer laquelle.

(2) Commune de plein exercice, — Commune mixte, — Commune indigène.

(3) Pour le Maroc, je donne seulement là une simple indication. De longtemps sans doute, un Européen ne pourra visiter à son aise un caïdat marocain en vue d'en décrire la géographie et l'histoire. Pour l'instant, il faut se contenter des renseignements fournis par les raids trop rapides de quelques voyageurs et explorateurs.

Histoire :
- Archéologie ;
- Période romaine (s'il y a lieu), vandale, byzantine ;
- Période arabo-berbère ;
- Période espagnole (s'il y a lieu) ;
- Période turque ;
- Période française, depuis la conquête.

Géographie politique, administrative et économique :
- Etat économique ;
- Agriculture, industrie, commerce ;
- Voies de communication ;
- Finances ;
- Colonisation ;
- Ethnographie, races ;
- Particularités linguistiques ;
- Etat intellectuel et moral ;
- Statistique de la criminalité ;
- Instruction.

Géographie religieuse. Hagiologie.

Carte.

J'ai eu moi-même l'occasion de composer, il y a quatre ans, une monographie de commune mixte. (1) Elle n'est certes pas un modèle du genre et j'ai eu, depuis, le temps de m'apercevoir de ses imperfections. C'est donc après une critique impartiale et minutieuse de mon travail personnel que je crois devoir exposer ici le résumé de la méthode qui me paraît la plus rationnelle.

J'ai dit plus haut cette banalité qu'il ne fallait point compiler et que tout travail de ce genre resterait lettre morte. Mais, en dehors de cela, il ne faut pas négliger de consulter les ouvrages généraux ou spéciaux où il est fait allusion à la région que l'on étudie. L'essentiel est de contrôler ces renseignements en se rendant sur les lieux. L'étude *de visu* et approfondie de la commune à décrire est la condition indispensable d'une monographie honnête et qui mérite l'attention. Nombreux déjà sont les livres et les brochures écrits sur l'Afrique du Nord. Il ne saurait être question de rédiger ici une bibliographie, même sommaire et raisonnée. Je me contenterai d'indiquer les sources d'archives et de documents et les recueils bibliographiques déjà parus où sont mentionnées de longues listes de travaux sur les questions nord-africaines.

Pour la géologie, il sera nécessaire de rechercher si une carte géologique de la région, même provisoire, a été éditée. Au cas affirmatif, on se procurera la

---

(1) Monographie géographique et historique de la commune mixte de la Mina. Oran, Fouque ; 1902 ; in-12.

dernière édition et l'on fera appel à toutes ses connaissances en la matière pour contrôler et, si besoin est, corriger les indications de cette carte. Au cas contraire, on essaiera d'esquisser un aperçu géologique du lieu, qui sera plus ou moins complet selon la compétence de l'auteur. Il faudra également déterminer la nature des terrains au point de vue agronomique. Les bibliographies indiqueront si des études spéciales ont été déjà faites par des géologues. On pourra en outre consulter les tables du *Bulletin de la Société de Géographie d'Oran*, du *Bulletin de la Société de Géographie d'Alger*, du *Bulletin de la Société Géologique de France*, l'*Annuaire de la Société pour l'avancement des sciences*.

En ce qui concerne la géographie, les meilleures études se feront sur place, en touriste, aidé de la carte d'état-major (si elle existe) pour reconnaître les lieux et au besoin rectifier. Pour le débit et l'étiage des rivières et, en somme, pour tous les renseignements techniques de ce genre, s'adresser à l'Administration compétente, tout en se réservant le soin de vérifier l'exactitude des chiffres indiqués. Il sera bon de s'enquérir soigneusement des ressources en eaux potables et des moyens d'irrigation existants. On pourra consulter, s'il y a lieu, le *Bulletin de la Société de Géographie d'Alger*, le *Bulletin de la Société de Géographie d'Oran*, le *Bulletin de la Société archéologique de Constantine*, le *Bulletin de l'Institut de Carthage*, le *Bulletin agricole de l'Algérie et de la Tunisie*, le *Bulletin de la Ligue de reboisement de l'Algérie*, les différents périodiques agricoles locaux, *la Géographie* (Bulletin de la Société de Géographie de Paris), la *Revue de Géographie* (Paris), le *Bulletin de la Société de Géographie commerciale de Paris*, et en général les Bulletins de Géographie français, anglais, allemands, belges, espagnols, italiens, autrichiens. Les bibliographies générales indiqueront des ouvrages géographiques que l'on pourra feuilleter rapidement pour se rendre compte de la façon dont aura déjà été traitée la géographie du pays étudié. [1]

Ces mêmes sources donneront des renseignements sur la géographie administrative et la géographie économique. Pour les questions agricoles, commerciales et industrielles, il faudra s'adresser aux indigènes et aux colons susceptibles de bonne foi. On indiquera les cultures à favoriser plus spécialement dans le pays, les races d'animaux domestiques qui y prospèrent. On contrôlera auprès des agriculteurs les statistiques officielles de rendement et de production qu'on se sera procuré dans les bureaux de la mairie, de la commune mixte ou du contrôle. Le receveur particulier de l'endroit ou le fonctionnaire qui en tient lieu fournira facilement un tableau du rendement des impôts l'année précédente. Quant à la climatologie, on s'adressera à ce sujet à l'instituteur qui généralement, dans les petits centres, détermine d'une façon assez précise la météorologie du lieu. Rien n'empêchera d'ailleurs de se livrer soi-même à des expériences personnelles.

Relativement à l'ethnographie, il sera aisé, à l'aide de l'histoire du pays, de

---

[1] Voir plus loin les ouvrages bibliographiques généraux.

déterminer approximativement la race ou les mélanges de races auxquels on aura affaire. On pourra vérifier le degré d'instruction des indigènes, constater les progrès de l'enseignement du français. Si on est familiarisé avec la langue arabe et berbère, on pourra noter les particularités du dialecte local. Enfin, les renseignements fournis par l'Administration indiqueront le degré de moralité du pays et la statistique de la criminalité.

Pour l'époque préhistorique et l'archéologie, consulter la *Revue Anthropologique*, l'*Annuaire des Sociétés pour l'avancement des sciences*, les *Bulletins des Sociétés de Géographie d'Oran et d'Alger*, de la *Société d'Archéologie de Constantine*, de l'*Académie d'Hippone*, de la *Société Archéologique* France), de l'*Institut de Carthage* (Tunis). Visiter soi-même les grottes du pays s'il s'en trouve, pratiquer quelques fouilles sommaires dans les *tumuli* et les sépultures qui paraissent d'origine ancienne. Pour la période romaine, le *Corpus*[1] (t. VIII), affecté à l'Afrique du Nord, indiquera les inscriptions déjà recueillies. Il sera bon de les contrôler. Il faudra aussi se renseigner auprès des indigènes pour savoir s'il n'existe pas d'autres ruines et « pierres écrites » dans le pays. Les *Bulletins de la Société de Géographie d'Oran*, des *Sociétés Archéologiques de Constantine et d'Hippone* procureront d'utiles indications. Consulter surtout la collection de la *Revue Africaine* (Bulletin de la Société historique algérienne).[2]

Pour la période turque, voir dans les bibliographies les ouvrages parus, consulter les Revues algériennes et tunisiennes d'histoire et de géographie (*Société de Géographie d'Oran, Société de Géographie d'Alger*, et surtout la *Revue Africaine* d'Alger). Les très vieux indigènes pourront peut-être fournir quelques renseignements oraux. Voir aussi la *Correspondance des beys de Tunis*, par Plantet, et la *Correspondance des deys d'Alger*, par le même.

Pour la période française[3] enfin, depuis la conquête de l'Algérie et de la Tunisie, consulter les bibliographies, les journaux (feuilles officielles de France et collections des périodiques locaux). Interroger les vieux colons qui ont assisté à des époques encore troublées. Pour l'Algérie, voir surtout le *Tableau des établissements français dans l'Algérie* de 1838 à 1866, publié par le Ministère de la Guerre. C'est une collection qui a une grande importance documentaire.

Enfin, en matière hagiologique, malgré les rapports et les ouvrages publiés par les Gouvernements tunisien et algérien, le mieux sera de se fier à ses recherches personnelles et de gagner la confiance des indigènes pour obtenir des renseignements sur les zaouïa, les confréries religieuses et les saints de l'Islam qui ont illustré la région.

J'aurais deux mots à ajouter en matière de cartographie. Trop souvent d'habiles dessinateurs chargés de rédiger une monographie exécutent de superbes

---

[1] *Corpus inscriptionum*, de Mommsen, t. VIII, in-f°, Berlin, 1881, suivi des suppléments de l'*Ephemeris grammatica*.
[2] Voir aussi : L. Renier : *Inscriptions romaines*, Paris, 1855, in-f°.
[3] Le Maroc est ici hors de cause, naturellement.

cartes, décalquées d'ailleurs sur des modèles du Ministère de la Guerre, et donnent à leur travail une valeur factice, suppléant par la netteté des cartes à la médiocrité du texte. Des jurys chargés d'examiner des manuscrits de concours s'y laissent facilement prendre. Il est évident qu'il vaut mieux présenter des cartes finement exécutées que de grossiers dessins, mais il n'y faut pourtant pas voir l'indice de la valeur du géographe amateur. Tout dépend de l'habileté en dessin de l'auteur.

Ces quelques critiques générales que j'ai cru devoir adresser à l'exécution de certaines monographies dans le nord de l'Afrique ne me sont d'ailleurs pas personnelles. On pourrait les retrouver maintes fois répétées dans la *Bibliographie géographique* annuelle que publient les *Annales de Géographie à Paris*, ou dans la *Bibliographie nord-africaine* de M. Aug. Bernard, qui paraît tous les ans dans le *Bulletin de la Société de Géographie d'Alger*. L'auteur ne ménage pas, à certains publicistes, des blâmes sévères et justifiés.

En ce qui concerne l'établissement des cartes, on peut s'aider de la carte d'état-major la plus récente de la région à étudier, au 50.000^e, si elle existe. Mais il faut la contrôler point par point sur le terrain et ne pas établir une nouvelle carte dans le silence du cabinet, en se servant uniquement des documents antérieurement parus.

Tels sont, dans leurs grandes lignes, les procédés à employer pour réaliser le travail d'ensemble que doit être, pour l'instant, une monographie dans l'Afrique du Nord.

J'avais promis quelques renseignements bibliographiques et des indications sur les archives et documents à consulter : les voici. Ils pourront également servir pour les monographies biographiques.

AFRIQUE DU NORD EN GÉNÉRAL

I. — BIBLIOGRAPHIE

a) Ouvrages bibliographiques généraux

H. Ternaux-Campans. Bibliothèque asiatique et africaine, ou Catalogue des ouvrages relatifs à l'Asie et à l'Afrique qui ont paru depuis la découverte de l'Imprimerie jusqu'en 1700. — 1re partie. (Paris, Arthur Bertrand, 1848, in-8°, vi-279 pages.)

Il y a une IIe partie : Supplément et Table générale des matières, 347 pages.

Ph. Paulitschke. Die Geographische Erforschüng des Afrikanischen Continents von dew ältesten Zeiten bis oüf ünsere Tage. Ein Beitrag zür Geschichte der Erdkünde Zweite vermehrte ünd berbesserte Aüflage. (Vienne, Brockhaüs et Braüer, 1880, in-8°.)

Cet ouvrage renferme de très nombreuses indications bibliographiques sur chaque partie de l'Afrique et sur les îles voisines.

Ph. Paulitschke. Die Afrika. Literatür in der Zeit von 1500 bis 1750. Ein Beitrag zür geographischen Quellenkünde. Gelegentlich des H. deütschen Geographentages zü Halle a. s. veröffentlich. (Vienne, Brockhaüs et Braüer, 1882, in-8°.)

G. Kayser. Bibliographie d'ouvrages ayant trait à l'Afrique dans ses rapports avec la civilisation de ces contrées. (Bruxelles, 1887, in-8°.)

I. Gay. Bibliographie des ouvrages relatifs à l'Afrique et à l'Arabie. Catalogue méthodique de tous les ouvrages français et des principaux en langues étrangères traitant de la géographie, de l'histoire, du commerce, des lettres et des arts de l'Afrique et de l'Arabie. (San Remo, 1875, in-8°.)

Ouvrage très incomplet.

École supérieure des Lettres d'Alger. *Bulletin de Correspondance africaine.* (Alger, Imp. P. Fontana, de 1883 à 1885, in-8°.)

Chacune des livraisons trimestrielles se terminait par une « Bibliographie africaine » où étaient indiqués et analysés de nombreux ouvrages relatifs à l'Afrique du Nord, et des articles de périodiques français et étrangers sur le même sujet. Cette publication, transformée, ne donne plus de bulletins bibliographiques.

Aug. Bernard. Revue bibliographique des travaux sur la géographie de l'Afrique du Nord, publiée tous les ans dans le *Bulletin de la Société de Géographie d'Alger.*

b) Bibliographies spéciales

A. Péron. Essai d'une description géologique de l'Algérie pour servir de guide aux géologues dans l'Afrique française. (Paris, G. Masson, 1883, in-8°.)

Cet ouvrage contient, p. 193 à 199, un « Répertoire de bibliographie géologique concernant l'Algérie et les contrées voisines ».

R.-P. Cust. A sketch of the modern languages of Africa. Accompagned by a language map. (London, Trübner, 1888, in-8°, t. II.)

Contient, p. 467-527, une « Bibliographical table of languages, dialects, localities, and authorities ».

Cet ouvrage fait partie du « Trübner's oriental series ».

Revue générale des Sciences pures et appliquées, numéro d'août.

E. Haug. *Revue annuelle de Géologie* (paragraphes relatifs à l'Afrique du Nord).

II. — DOCUMENTS ET ARCHIVES

Mommsen. Corpus inscriptionum, t. VIII. (Berlin, 1881.)

L. Rénier. Inscriptions romaines. (Paris, 1855, in-f°.)

Général Faidherbe. Collection complète des inscriptions numidiques (libyques). (Lille, 1870, in-4°.)

Steph-Ant. Marcelli. Africa christiania, in tres portes tributa. (Brixiæ, 1816, 3 vol. in-1° : 394 pages, 376 pages et 437 pages ; 3 cartes.)

Patrologie latine, t. III, p. 1417 à 1478.

H. Fournel. Les Berbères. Etude sur la conquête de l'Afrique par les Arabes d'après les textes imprimés. (Paris, 1875-1888, 2 vol. gr. in-8°.)

El Bekri. Description de l'Afrique septentrionale. (Edité par de Slane, Alger, 1857 ; traduit par le même, Paris, 1859.)

El Edrisi. Description de l'Afrique et de l'Espagne. (Texte, traduction, notes et glossaire par R. Dozy et J. de Goeje, Leyde, 1866.)

Léon l'Africain (mort en 1552). L'Afrique (en arabe). Traduction latine de Florius, Anvers, 1556. Traduction française de Temporal, Lyon, 1556. Nouvelle édition en 4 vol. in-8°, Paris, 1830.)

Marmal Caravajal (Espagnol prisonnier en Afrique de 1536 à 1544). Description générale de l'Afrique. (Edition originale espagnole, Grenade, 1573-1599, 3 vol. in-f°. Traduction française de Perrot d'Ablancourt, 3 vol. in-4°, Paris, 1667.)

L'auteur a beaucoup emprunté à Léon l'Africain.

Shaw. Travels and Observations relating to several parts of Barbary and the Levant. (Oxford, in-f°, 1738. Traduction française, La Haye, 2 vol. in-4°, 1763.)

Ibn Khaldoun. Histoire des Berbères et des dynasties musulmanes. (Traduit de l'arabe par de Slane. Paris, Duprat, 1859, in-8°.)

C. Solver. Description du pays du Mor'reb, par Aboul Féda, accompagnée d'une traduction française et de notes. (Alger, 1839, in-8°.)

Collection de l'*Univers Pittoresque*. Afrique : Tunisie, Algérie, Maroc, iles de l'Afrique (1850).

Publication très bien documentée. Malheureusement, les sources ne sont pas indiquées.

De Mas Latrie. Traités de paix et de commerce et documents divers concernant les relations des chrétiens avec les Arabes de l'Afrique septentrionale au moyen âge. (Paris.)

Collection des *Archives des Missions scientifiques*. (Paris, Imp. Nationale, in-8°, périodique.)

Bibliothèque de l'Ecole des Chartes : revue d'érudition consacrée spécialement à l'étude du moyen âge. (Paris, année 1839 et suivantes ; in-8°.)

Cf. t. V [x], années 1848-1849 : L. de Mas Latrie. Documents sur l'histoire de l'Algérie et de l'Afrique septentrionale pendant le moyen âge (1157 à 1379).

Cf. t. III [xxviii], année 1867 : DE MAS LATRIE. De l'authenticité et de la fidélité des rédactions chrétiennes des traités conclus entre les Arabes et les Chrétiens au moyen âge.

CHAMBRE DE COMMERCE DE MARSEILLE. Rapports commerciaux avec Malte, Tunis, le Maroc, etc. (Capucins et Jésuites) :
 a) Inventaire manuscrit de 1729, en 2 vol. in-f°.
 b) O. TEISSIER. Inventaire imprimé. (Marseille, 1878, in-4°.)

INTENDANCE SANITAIRE DE MARSEILLE. Commerce des Anglais et des Turcs en Méditerranée (xviii° siècle) ; correspondance avec Alger (depuis 1696), avec le Levant (depuis 1638).

DOCUMENTS HISTORIQUES INÉDITS. Cf., par exemple, t. I (1841), p. 26-28. (xvi° siècle)

E. CHARRIÈRE. Négociations de la France dans le Levant. Correspondances, mémoires et actes diplomatiques des ambassadeurs de France à Constantinople et des ambassadeurs envoyés ou résidents à divers titres à..... Malte, Jérusalem....., en Syrie, Egypte....., et dans les Etats de Tunis, d'Alger et de Maroc. (Paris, Impr. Nationale, 1848-1860, 4 vol. in-4°.)

Les tables de ce recueil sont reproduites dans : FRANKLIN, *Sources de l'Histoire de France*.

Colonel R.-L. PLAYFAIR. Relations de la Grande-Bretagne avec les Etats Barbaresques. — Dans la *Revue Africaine*, t. XXI à XXV.

Mélanges historiques (collection de documents inédits), t. IV, p. 755 à 784.

Revue des Etudes juives. Cf. t. XII (1886), p. 267-282 ; t. XIII (1886), p. 277-291 ; t. XVII (1888), p. 100-110.

Revue des Sociétés savantes. Cf., par exemple, 7° série, t. III (1880), p. 131-136.

Revue Africaine. Journal des travaux de la Société historique algérienne, paraissant tous les deux mois depuis 1856.

Bulletin de la Société de Géographie d'Alger, paraissant chaque trimestre depuis 1896.

Bulletin de la Société de Géographie et d'Archéologie d'Oran, paraissant tous les trois mois depuis 1877.

Les Antiquités Africaines. Revue archéologique dirigée par J. POINSOT. (Oran et Paris, in-4°.)
A paru pendant un certain temps chaque trimestre. A cessé de paraître.

Annuaire de la Société Archéologique de la province de Constantine, in-8°, Constantine.
A paru tous les ans depuis 1853. Paraît maintenant sous le titre « Recueil de Notices et Mémoires de la Société Archéologique du département de Constantine ».

Bulletin de l'Académie d'Hippone. (Bône, depuis 1865, in-8°.)

Cf. même publication : Table des documents épigraphiques. (Bône, 1895, in-8°, 28 pages.)

Bulletin de l'Institut de Carthage : Revue Tunisienne. (Tunis, depuis 1893, in-8°.)

ALGÉRIE

I. — BIBLIOGRAPHIE

a) Bibliographies générales

R.-L. PLAYFAIR. A bibliography of Algeria, 1541-1887. (London, 1888, in-8°.) Supplément aux Papels of the Royal Geographical Society, t. II, 2.

Ce travail important est classé par ordre chronologique, avec tables des matières et des auteurs; mais il est insuffisant.

Collection des Guides Joanne, Algérie et Tunisie, par Louis PIESSE. (Paris, Hachette.)

Bibliographie succincte.

MINISTÈRE DE LA GUERRE. Tableau de la situation des Etablissements français dans l'Algérie en 1840. (Paris, Imp. Royale, déc. 1841, in-4°, par C. BROSSELARD.)

Les pages 125-126 renferment un travail bibliographique ou nomenclature de 700 livres, brochures, articles de revue et journaux sur l'histoire, la géographie, les voyages, les opérations militaires, le gouvernement, l'administration et la colonisation de l'Algérie.

BIBLIOTHÈQUE IMPÉRIALE (NATIONALE). Département des Imprimés. Catalogue de l'Histoire de France, publié par ordre de l'Empereur. (Paris, Didot, année 1855 et suivantes.)

Cf. t. VIII, section 2 : France coloniale.

Cf. t. VIII, chap. I : Algérie.

Cf. t. VII, chap. VII, 2º partie, section 12, xxx : Justice civile en Algérie; section 19 : Ministère de l'Algérie et des Colonies; — Chap. X, section 10, vi : Mœurs de l'Algérie; — chap. XI, section 1, x : Archéologie de l'Algérie; section 3, v : Epigraphie; section 4, xi : Numismatique de l'Algérie et des Colonies.

Cf. t. IX, chap. XV, section 4, viii : Biographies de l'Algérie.

P. GAFFAREL. L'Algérie. (Paris, Firmin Didot, 1883, in-4°.)

Contient un index bibliographique, p. 687 à 700.

G.-V. DECKER. Algerien und die dortige Kriegführung. Nach offiziellen und andern authentischen quellen, und den aüf dem Kriegsschaüplatze selbst gesammelten Nachrichten bearbeitet. (Berlin, Herbig, 1844, 2 vol. in-8°.)

Il y a au t. I, p. xvii-xxiv, et t. II, p. viii-xii, des Bibl. von Algerie.

Revue bibliographique du midi de la France, de l'Algérie et des Colonies, publiée par une société de bibliophiles, sous la direction de MM. Marius CHAUMELIN et Casimir BOUSQUET. (Marseille, 1855, in-8°.)

A cessé de paraître.

Bulletin bibliographique algérien et oriental, publié par CHALLAMEL AÎNÉ. (Paris, Challamel aîné, 1858-1859, quatre numéros grand in-8°.)

b) Bibliographies spéciales

E. MASQUERAY. Formation des cités chez les populations sédentaires de l'Algérie. (Paris, 1886, in-8°.)

Bibliographie raisonnée (p. i-xlviii) relative à la Kabylie, aux Aouras, aux Berbères et à l'oued Mzab.

Bulletin de Correspondance africaine, t. IV :

a) *Bibliographie du Mzab*, Ire partie, par A. DE CALASSANTI MOTYLINSKI.
b) *Les livres de la secte Abbadite*..... passim (1885).

II. — ARCHIVES ET DOCUMENTS

Les archives municipales et départementales de l'Algérie sont exclusivement modernes : il y règne un grand désordre. Les archives militaires, qui doivent contenir les papiers des bureaux arabes, sont certainement plus intéressantes. Malheureusement, leur accès est interdit. Les archives indigènes, que l'on conserve à l'Administration des Domaines, à Alger, présentent un certain intérêt. Elles ont servi à DEVOULX pour son travail intitulé : « *Tachrifat*, recueil de notes historiques sur l'administration de l'ancienne Régence d'Alger ». (Alger, 1852, in-8°. Extrait du *Moniteur Algérien*.) Depuis 1856, cet auteur avait d'ailleurs publié de nombreux mémoires du même genre dans la *Revue Historique*.

A la Bibliothèque du Gouvernement général de l'Algérie, il y a un important dépôt d'archives. Il se divise en trois fonds :

1° Archives modernes. Elles sont mal classées. Il n'y a pas longtemps, elles se sont accrues d'un lot de papiers ayant appartenu au général Berthezène ;

2° Archives de l'ancien Consulat de France à Alger, avant la conquête. Elles remontent seulement à l'année 1683. Un pillage, en 1827, a fait disparaître les documents de 1768 à 1798.

Cf. A. DEVOULX : Les archives du Consulat général de France à Alger. (Alger, 1865, in-8°.)

Un certain nombre de ces documents ont été publiés :

a) H. DE GRAMMONT. Relations entre la France et la Régence d'Alger au XVIIe siècle. (Alger, 1882, in-8°.)

b) H. DE GRAMMONT. Histoire d'Alger sous la domination turque, 1515-1830. (Alger, 1887, in-8°.)

c) H. DE GRAMMONT. Correspondance des consuls d'Alger, 1690-1712. (Alger, 1890, in-8°.)

d) H. DE GRAMMONT. Les consuls et les envoyés de la Cour de France à Alger. *Revue d'histoire diplomatique*, 1888, p. 100-108.)

3° Archives espagnoles. En 1861 (Cf. *Archives des Missions*, XXVI, p. 103 . M. TIRON fut chargé de rechercher en Espagne des documents relatifs à l'histoire de France. M. Tiron rapporta en même temps un grand nombre de pièces relatives à l'Afrique du Nord. Elles furent envoyées à Alger. Certains de ces papiers ont été utilisés par F. ELIE DE LA PRIMAUDAIE : *Documents inédits sur l'histoire de l'occupation espagnole en Afrique*, 1506-1574. (Alger, 1876, in-8°. Extrait de la *Revue Africaine*.)

Cf. aussi : Les archives espagnoles du Gouvernement général de l'Algérie. Histoire du fonds et inventaire, par G. JACQUETON. (Alger, Jourdan, 1894.)

Au Consulat de Suède, à Alger, les archives ne commencent qu'en 1779. Au Consulat d'Espagne, la « correspondance avec la Couronne d'Espagne » ne commence qu'en 1803. Il y a aussi à ce Consulat un « Mémorial » qui va de 1780 à 1807 ; un registre des baptêmes et mariages tenu par le chapelain du Consulat.

Cf. aussi : *Revue des Etudes juives*, XIII, 1886, p. 85-104.

En ce qui concerne les archives du Consulat d'Angleterre et du Consulat des Etats-Unis, voir R.-L. PLAYFAIR : The scourge of Christendam. (Londres, 1884, 1 vol. in-8°.)

LETTRES ARABES relatives à l'occupation espagnole. (*Revue Africaine*, n° 100.)

LE CARDINAL XIMÉNÈS : *Rapports sur les expéditions d'Afrique*, publiés par le général DE SANDOVAL

Cf. *Revue Africaine*, 1869.

EUG. PLANTET. Correspondance des deys d'Alger avec les rois de France (1539-1700), publiée d'après les originaux. (Paris, 1889, 2 vol. in-8°.)

DEVOULX. La Marine et la Régence d'Alger.

Cf. *Revue Africaine*, nos 85 et suiv.

DEVOULX. Le registre des prises (même recueil).

M. Devoulx a publié un grand nombre d'autres documents, de moindre importance, dans la *Revue Africaine*.

ULYSSE ROBERT. Inventaire sommaire des manuscrits de France, 1879. (Voir p. 28-62.)

DE SLANE. Rapport..... suivi du Catalogue des manuscrits arabes les plus importants de la bibliothèque d'Alger (1846).

COLLECTION DES CATALOGUES de manuscrits des bibliothèques de France.

E. FAGNAN. Catalogue des manuscrits de la Bibliothèque nationale d'Alger.

Consulter sur place les catalogues de bibliothèques, notamment : Bibliothèque des Ecoles supérieures d'Alger ; Bibliothèque nationale d'Alger, rue de l'Etat-Major ; Bibliothèque du Gouvernement général de l'Algérie.

Revue rétrospective ou *Bibliothèque historique*, contenant des mémoires et documents authentiques et originaux pour servir à l'histoire proprement dite, à la biographie, à l'histoire de la littérature et des arts. (Publiée par M. J. TASCHEREAU, Paris, 1833-1838, 20 vol. in-8°.)

Cf., par exemple, t. VI : Rapports de la République Française avec la Régence d'Alger (24 prairial, an IV.)

Aperçu historique, statistique et topographique de l'Etat d'Alger, à l'usage de l'armée expéditionnaire (rédigé au Dépôt de la Guerre et distribué aux officiers de l'expédition de 1830).

Exploration scientifique de l'Algérie. (Publication de documentation scientifique et historique, publiée après la conquête, en 1844.)

Statistique générale de l'Algérie. (Collection officielle du Gouvernement général.)

Exposé de la situation générale de l'Algérie. (Publication officielle et annuelle du Gouvernement général.)

Notices coloniales sur l'Algérie, pour l'Exposition de Paris, 1889.

Notices coloniales sur l'Algérie, pour l'Exposition de Paris, 1900.

Annuaire de l'Algérie et de la Tunisie. Société fermière des Annuaires : Paris, 53, rue Lafayette. Mis à jour chaque année.

TUNISIE

I. — BIBLIOGRAPHIE

a) Bibliographies générales

A.-S. Ashbel. A bibliografy of Tunisia. (London, 1889, in-8°.)
Ce travail est fort utile, malgré de nombreuses lacunes. Il rend à peu près inutiles les publications bibliographiques antérieures.
Cf. Centralblatt für Bibliothekswesen, 1890, p. 432-439.

A. de Marsy. Essai de bibliographie tunisienne. (1869, in-8°.)

b) Bibliographies spéciales

E. de Sainte-Marie. Bibliographie carthaginoise. (1875, in-8°. — Extrait des *Notices et mémoires de la Société Archéologique*, t. XVII.)

Bulletin de Correspondance africaine, t. III, p. 5, 97, 181 : Mission scientifique en Tunisie. II° partie : Bibliographie, par O. Houdas et René Basset.
Nomenclature d'ouvrages et manuscrits arabes.

II. — DOCUMENTS ET ARCHIVES

Il y a dans les archives de l'Etat Tunisien un traité conclu avec la France le 16 décembre 1710 : c'est là le plus ancien document diplomatique conservé aux Archives tunisiennes. La correspondance diplomatique avec la France ne remonte pas plus haut que 1772. On conserve les décrets des beys de Tunis depuis 1789. Il y a des registres des anciennes administrations depuis 1703, et des séries d'actes notariés depuis 1685. Avant la conquête française, les archives étaient entassées sans aucun classement dans les greniers et les privés des palais beylicaux. Il n'y avait pas d'archiviste. La France en a désigné un. L'archiviste indigène Si Mohammed Kharoui a mis de l'ordre dans tous ces papiers. Il a rédigé un inventaire sur registre, en arabe.

Archives générales du royaume de Belgique, à Bruxelles. Cartulaires et manuscrits, n° 805. Documents divers sur Tunis.

Ch. Tissot. Géographie comparée de la province romaine d'Afrique. (Paris, 1884-1888, 2 vol. in-4°.)

L. Cimber et L.-F. Danjon. Archives curieuses de l'Histoire de France, depuis Louis XI jusqu'à Louis XVIII. (Paris, 1834-1840, 27 vol. in-8°.)
Cf., par exemple, t. IV (années 1623-1639) : Discours de tout ce qui s'est passé au voyage du sr Sanson Nappalon, tant à Constantinople qu'à *Thunis* et Argers (Alger), pour le traité de la paix de Barbarie, avec le compte et l'estat de la recepte et despense sur ce faites, et rachapt des esclaves (1623-1630).
Cf. t. X (années 1665-1686) : Relation des voyages faits à *Thunis* par le sieur de Bricard, par les ordres de Sa Majesté.

Eug. Plantet. Correspondance des beys de Tunis avec les rois de France.
Cf. les Livres jaunes français, depuis 1881.

MAROC

I. — BIBLIOGRAPHIE

a) Bibliographies générales

Colonel sir LAMBERT PLAYFAIR et Dr ROBERT BROWN. Bibliography of Marocco, from the earliest times to the end of 1891. (London, 1893, in-8°.)

[Supplementary papers of the royal geographical society of London, III, 3e partie.]

C'est le recueil bibliographique le plus considérable qui ait paru sur le Maroc. Il y a 2.213 indications d'ouvrages.

H. DE LA MARTINIÈRE. Essai de bibliographie marocaine. (*Revue de Géographie*, t. XIV, 1886, Paris, in-8°, p. 96-107 et 182-194.)

Revue générale des Sciences, numéros de janvier à mai 1903 : Bibliographies sommaires sur chaque partie de cette monographie d'ensemble écrite sur le Maroc.

BUDGETT MEAKIN. The Moorish Empire (p. 449 à 560).

Bibliographie raisonnée des principaux ouvrages parus sur le Maroc : plus de 200 ouvrages sont analysés et critiqués.

b) Bibliographies spéciales

H. DE LA MARTINIÈRE. Cartographie du Maroc. (*Revue de Géographie*, t. XX, Paris, 1887, in-8°, p. 20 à 27 et 108-114.)

Cf. aussi : Boletin de la Sociedad Geográfica de Madrid (1877-1878).

Le travail de M. de la Martinière a reparu dans son ouvrage *Marocco*. (London, 1888, in-4°.)

PAUL SCHNELL. L'Atlas marocain, d'après les documents originaux. (Traduit, avec l'autorisation de l'auteur, par AUGUSTIN BERNARD ; Paris, E. Leroux, 1898.)

Extrait des publications de l'Ecole des Lettres d'Alger : *Bulletin de Correspondance africaine*.

PAUL SCHNELL. Nord-Marokko (Rif, etc.) ; Petermann's Ergünzüngen. (Gotha, Justus Perthes, 1899.)

Ces deux ouvrages, très condensés, renferment en notes de nombreuses et minutieuses indications bibliographiques qui constituent une véritable « Bibliographie orographique » du Maroc.

CAMILLE FIDEL. Les intérêts économiques de la France au Maroc, 1902-1903. (Extrait du *Bulletin de la Société de Géographie et d'Archéologie d'Oran*.)

A la fin se trouve rédigée une excellente bibliographie *économique* relative au Maroc.

II. — ARCHIVES ET DOCUMENTS

N. LACROIX et P. DE LA MARTINIÈRE. Documents pour servir à l'étude du nord-ouest africain : 5 volumes.

P. DE LA MARTINIÈRE. Cf. Archives des Missions, Paris, année 1893 et suiv.

E. RENARD DE CARD. Les Traités entre la France et le Maroc. (Paris, Pedone, 1898.)

L. Cimber et L.-F. Danjon. Archives curieuses de l'Histoire de France, depuis Louis XI jusqu'à Louis XVIII. (Paris, 1834-1840, 27 vol. in-8°.)

Cf., par exemple, le t. III (années 1617 à 1632) : Articles de la paix accordée entre le roy très chrestien et le roy de Marroque (1631).

Vicomte Ch. de Foucault. Reconnaissance au Maroc (1883-1884). 1 vol. in-4°, accompagné d'un atlas contenant 21 cartes. (Paris, Challamel, 1888.)

Cet ouvrage est le résultat des explorations hardies de l'auteur à travers l'Atlas marocain. Il rend à la géographie des services d'une grande importance.

Marquis de Segonzac. Voyages au Maroc, 1900-1901. (Paris, Armand Colin, 1903.)

L'auteur est le continuateur de l'œuvre du vicomte de Foucault. Il a rapporté du Rif des renseignements non moins importants pour la géographie du pays.

Foreign Office. Diplomatic and consular Reports. Annual series.

Les rapports consulaires anglais contiennent de nombreuses indications sur le mouvement commercial au Maroc.

Rapports commerciaux des agents diplomatiques et consulaires de France, annexés au *Moniteur officiel du Commerce*.

Rapports consulaires allemands, publiés par le « Deutsches-Handels-Archiv » (Zeitschrift für Handel und Gewerbe, heraüogegeben im Reichsamt des Innern).

Bulletin du Comité de l'Afrique française.

Publication d'une importance capitale pour la connaissance des choses du Maroc.

Ce court travail n'a point la prétention d'être complet ni définitif. C'est une esquisse destinée à faciliter aux nouveaux venus dans l'Afrique du Nord des recherches sur les sujets qui pourront les intéresser. Peut-être pourra-t-il aussi servir d'indication à ceux qui, dans nos pays, n'ont pas encore bien compris l'importance scientifique des études géographiques et historiques. Ces études doivent être relevées au niveau qui leur convient, et on ne saurait trop insister sur ce point.

GÉOGRAPHIE ÉCONOMIQUE

RELATIONS COMMERCIALES DE BORDEAUX AVEC LA TUNISIE

(Résumé de la communication de M. Henri BUSSON, de la Société
de Géographie de Bordeaux.)

Bordeaux, port atlantique, n'a profité que très peu et d'une façon intermittente du développement des relations économiques entre la Tunisie et la France ; voici d'abord, depuis 1891 (les relations maritimes entre Bordeaux et la Tunisie sont nulles auparavant), les chiffres du tonnage *des navires chargés* ayant contribué au commerce entre Bordeaux et la Tunisie :

	NAVIRES ENTRÉS A BORDEAUX	NAVIRES SORTIS DE BORDEAUX
	Tonnes	Tonnes
1891	55.924	12.944
1892	461	787
1893	2.310	615
1894	»	»
1895	463	88
1896	»	»
1897	809	»
1898	»	»
1899	»	»
1900	»	»
1901	2.134	»
1902	8.730	267

Pour cette même année 1902, voici, relevées sur les feuilles manuscrites des Douanes de Bordeaux, la quantité de denrées expédiées par la Tunisie à Bordeaux :

| Vins | 37.383 litres. |
| Vins de liqueurs | 3.555 — |

Phosphates naturels......................	15.950 kilos.
Huiles d'olives........................	51.440 —
Fruits de table secs.....................	2.899 —
Fruits confits.........................	72 —
Légumes conservés......................	26 —
Pâtés de foie gras......................	12 —
Végétaux filamenteux (alfa)..............	250 —
Epices médicinales.....................	1.082 —
Joncs, roseaux........................	50 —
Laines...............................	3.850 —
Cire brute animale.....................	1.105 —
Eponges.............................	170 —
Vannerie............................	2.570 —
Machines agricoles.....................	5.040 —

En laissant de côté, dans cette énumération, les articles dont l'importation a été due à des causes tout accidentelles, il semble que les vins, les phosphates, les huiles d'olives, etc., pourraient donner lieu à un commerce beaucoup plus considérable entre la Tunisie et le Sud-Ouest de la France ; mais ce développement commercial ne semble guère pouvoir se produire que le jour où des services réguliers de vapeurs, ayant Bordeaux pour port d'attache, desserviraient toutes les escales de la côte septentrionale d'Afrique, depuis Tanger jusqu'à Gabès. Ce jour est-il proche ?

C'est aux intéressés à répondre.

L'Institut Colonial de Bordeaux pourrait bien donner tous renseignements désirables.

Henri BUSSON.

ÉTUDE DE LA MODIFICATION
DE LA
LOI DOUANIÈRE ACTUELLEMENT EN VIGUEUR EN TUNISIE

Par M. RANDET
de la Société d'Horticulture de Tunisie

Messieurs,

La communication que la Société d'Horticulture de Tunisie a bien voulu me charger de vous faire comporte un sujet moins vaste que celui qui se trouve annoncé dans le programme des travaux du Congrès. Je n'ai point, en effet, à vous présenter une étude des modifications générales à apporter à la loi douanière qui régit la Tunisie, mais simplement une pétition adressée par la Société d'Horticulture à MM. les membres de la Chambre des députés et tendant à obtenir une modification partielle de cette loi douanière en faveur des petits colons qui s'adonnent ou voudraient s'adonner à la culture maraîchère, à la culture des primeurs.

Cette pétition a été couverte déjà de nombreuses signatures, elle a été approuvée, on peut le dire, par l'unanimité de la Colonie, et je suis persuadé que vous n'hésiterez pas à lui donner encore plus d'autorité en l'appuyant d'un vœu dans le même sens.

Vous savez sans doute, Messieurs, que la loi douanière du 18 juillet 1890, sous l'empire de laquelle nous vivons en Tunisie, accorde à ce pays un régime spécial pour l'importation en France de certains produits : céréales en grains, huiles d'olives et de grignons, animaux de diverses espèces, etc. Elle admet leur entrée en franchise pour les quantités qui sont fixées chaque année par un décret du Président de la République française, rendu sur la proposition des ministères des Affaires étrangères, des Finances, du Commerce et de l'Agriculture et d'après des statistiques officielles fournies par le Résident Général, à la suite d'une enquête faite par la Direction de l'Agriculture. En compensation, les mêmes avantages sont accordés par la Tunisie à certaines importations françaises, de manière à équilibrer autant que possible les pertes subies respectivement par la France et par la Tunisie.

Mais la loi de 1890 n'a créé ce traitement de faveur que pour les principaux produits tunisiens : froment, orge, avoine, seigle, maïs, fèves, vins de raisins frais, huiles d'olives et de grignons, espèce chevaline, espèces asine et mulassière, espèces bovine, ovine, caprine, porcine, volailles, sangliers, etc.

Le législateur de 1890 ne pouvait peut-être pas songer aux produits maraîchers, à une époque où la colonie, jeune encore, avait à peine dix années d'existence et où la petite culture n'avait pas pris le développement qu'elle a atteint aujourd'hui.

La situation n'est plus la même qu'en 1890 ; la production horticole a augmenté dans de notables proportions ; elle suffit aux besoins de consommation du pays, mais elle ne deviendra réellement pour celui-ci un élément de prospérité que lorsqu'elle aura des débouchés dans la métropole. Or, avec la situation qui lui est faite par la loi douanière en vigueur, elle n'a d'autres ressources que celles que lui offre le commerce local.

La Tunisie, à ce point de vue, n'est pas plus favorisée qu'une nation étrangère ; elle l'est moins que la colonie voisine, l'Algérie. On peut même dire que, bien que soumise aux mêmes droits, elle se trouve dans un état d'infériorité marqué vis-à-vis de l'Espagne et de l'Italie. Ses produits sont, en effet, exposés à un long voyage et à un stationnement obligatoire à Marseille, où leur nature et leur quantité doivent être vérifiées en vue de l'établissement du chiffre des droits à payer. L'Italie et l'Espagne, plus rapprochées de la France, jouissent de moyens de transport plus rapides et plus réguliers, et leurs produits ont la possibilité d'arriver ainsi dans un meilleur état de conservation et de fraîcheur que les nôtres.

Pour vous donner une idée des charges qui accablent les produits tunisiens et vous permettre de vous rendre compte que malgré tous les efforts faits pour assurer leur bonne renommée ils ne peuvent pas rivaliser avec ceux de l'Algérie sur les marchés de la métropole, il suffira de vous signaler que :

Les oranges........................paient   50 fr. les 1.000 kilos
Les mandarines...................   —   100   —
Les légumes verts................   —   60   —
Les raisins frais..................   —   60   —

Des renseignements parvenus récemment à la Société d'Horticulture feront ressortir d'une manière plus saisissante encore la situation défavorable faite à la production horticole de la Tunisie par le régime douanier et mettront en évidence que celui-ci est un obstacle constant à son développement.

L'Algérie peut livrer les citrons sur le quai d'embarquement, en vrac, à 6 fr. et 6 fr. 50 les 100 kilos. Pour que la Tunisie, qui paie le droit d'entrée de 50 fr. les 1.000 kilos que vous savez, livre cette marchandise dans des conditions suffisamment avantageuses, il faudrait que les producteurs puissent vendre 3 fr. 50 les 100 kilos, c'est-à-dire 2 fr. les 1.000 fruits, ce qui constituerait un prix évidemment peu rémunérateur.

Les mandarines peuvent être achetées tout l'hiver en Algérie 12 fr. et 15 fr. les 100 kilos, c'est-à-dire les 1.300 fruits. Ici, elles coûtent 26 et 30 fr. les 1.100 fruits, et pour les importer en France il faudrait encore ajouter à ce prix les droits de douane.

Les oranges valent en Algérie de 8 à 10 fr. les 100 kilos, et à Paris, lorsqu'elles y parviennent, *via* Dunkerque ou Rouen, elles reviennent à 17 fr. 50 et 18 fr. les 100 kilos, tandis que l'Espagne, par wagons en vrac, droits de douane payés, peut les livrer à 15 fr. 50 et 16 fr. En Tunisie, le prix de la saison d'hiver est de 25 fr. les 1.000 fruits. On ne pourrait donc les laisser à Paris à moins de 35 fr. après le paiement des droits de douane.

Ces chiffres vous montrent que pour l'instant les horticulteurs de Tunisie n'ont aucun intérêt à se livrer à l'exportation des légumes et des fruits, et qu'ils ont tout avantage à écouler leurs produits sur place; mais ceux-ci étant suffisants pour les besoins du pays, vous voyez quelles sont les conséquences de cette situation.

Les producteurs actuels ne sont nullement encouragés à agrandir les exploitations déjà existantes ou à en créer de nouvelles. Les Français disposant de capitaux trop peu importants pour être engagés dans une grande exploitation agricole, mais prêts cependant à s'expatrier, ne peuvent songer à venir en Tunisie pour les faire fructifier en se livrant à la petite culture. Et nous nous trouvons ainsi privés d'un des moyens les plus puissants propres à favoriser le peuplement français.

Tels sont les motifs qui ont décidé la Société d'Horticulture à prendre l'initiative d'une pétition tendant à faire combler la lacune qui existe dans la loi de 1890.

Nous venons vous demander d'émettre un vœu favorable aux légitimes revendications qui s'y trouvent formulées, persuadés que vous nous aiderez ainsi puissamment à les faire triompher.

Nos prétentions sont modestes. Nous sollicitons l'admission en franchise, chaque année, des produits dont l'énumération suit, et dont nous avons pris soin dans notre pétition de fixer, à titre d'indication, la nature et les quantités :

Légumes frais............................	500.000 kilos
Pommes de terre........................	1.000.000 —
Melons et pastèques.....................	10.000 —
Raisins frais............................	200.000 —
Oranges	500.000 —
Citrons................................	300.000 —
Mandarines............................	500.000 —
Autres fruits...........................	200.000 —

représentant une valeur d'environ 550.000 francs.

Nous demandons que le Parlement français veuille bien désormais voter chaque année les crédits nécessaires pour que l'admission en franchise de ces produits puisse avoir lieu sans charge nouvelle pour la colonie, c'est-à-dire sans aucune compensation douanière, le décret beylical du 2 mai 1898 ayant déjà accordé aux produits français à leur entrée en Tunisie une franchise beaucoup plus étendue que celle octroyée aux produits tunisiens à leur entrée en France par la loi de 1890.

Vous nous aiderez, Messieurs, à obtenir satisfaction en votant un vœu dans le sens de notre pétition, et vous aurez ainsi fait œuvre de patriotisme, car vous aurez contribué, si nous réussissons, à la prospérité de la Tunisie et au développement du peuplement français dans cette belle colonie.

Et dans quelques années, lorsque le régime nouveau aura fait son œuvre et donné les résultats qu'on doit en attendre, vous pourrez voir ces environs de Tunis, où les jardins sont encore si rares après plus de vingt années d'occupation française, où le sol apparaît en été, après l'enlèvement des céréales, comme absolument dénudé et dépourvu de toute espèce de végétation, se couvrir, grâce à l'initiative française, encouragée cette fois, d'arbres nombreux et de luxuriantes cultures qui donneront à la côte tunisienne l'aspect riant et fleuri des environs d'Alger.

A la suite de cette communication, les membres présents à la séance, présidée par M. Boulenger, ont voté, à l'unanimité, le vœu suivant :

« Les membres du Congrès de Géographie,

« Considérant que les produits de la culture maraîchère, et spécialement les primeurs, n'ont actuellement en Tunisie d'autres débouchés que ceux que leur offre le commerce local, insuffisant d'ailleurs pour les écouler ;

« Que les droits qui les grèvent et le stationnement qui leur est imposé à la douane de Marseille sont un obstacle à leur importation dans la métropole ;

« Que la Tunisie est, en effet, pour ce double motif, dans un état d'infériorité marqué vis-à-vis de l'Algérie et même de l'Espagne et de l'Italie ;

« Qu'il est de toute nécessité, pour assurer le développement de la culture des primeurs qui doit être un sérieux élément de prospérité pour la Tunisie et contribuer dans une large mesure au peuplement français en attirant les colons qui disposent de faibles capitaux et ne peuvent s'adonner à la grande culture, d'émettre un vœu favorable à la pétition de la Société d'Horticulture de Tunisie qui tend à obtenir du Parlement français une addition à la loi du 18 juillet 1890 permettant l'introduction en franchise en France, sans compensation douanière, d'une certaine quantité de fruits et de légumes,

« Votent, à l'unanimité, le vœu ainsi formulé. »

CE QUE L'ÉTUDE DE LA GÉOGRAPHIE ÉCONOMIQUE A FAIT DE PROGRÈS DEPUIS TRENTE ANS ET CE QU'ON DOIT ENCORE ATTENDRE D'ELLE[1]

Par M. GAUTHIOT
de la Société de Géographie Commerciale de Paris

Les hommes qui ont passé par nos écoles publiques se rappellent ce qui leur a été enseigné en géographie entre 1848 et 1860, et même jusqu'en 1870. Ils savent, sans doute — le conférencier cite des faits — combien était léger le bagage avec lequel ils sont entrés dans la vie active. En réalité, ils ne savaient rien, et cela s'explique, puisqu'il n'y avait alors pour la jeunesse ni méthode, ni livres d'enseignement, ni conscience de l'utilité des connaissances géographiques. Un petit nombre de gens instruits s'adonnaient à la lecture des récits de voyage, quelques négociants en produits coloniaux faisaient de la géographie sans le savoir.

C'est à partir de 1870, de cette époque d'où datent les mots « le Français ne sait pas la géographie » et « c'est l'instituteur allemand qui a gagné les victoires de Sadowa et de Sedan », que la géographie a été traitée de science et honorée, enseignée et pratiquée comme telle.

Le conférencier énumère quelques-uns des progrès réalisés; il cite les hommes qui, MM. Levasseur et Duruy à leur tête, ont démontré qu'il était de toute nécessité pour les hommes, pour les Français, de connaître la terre habitée, ses productions, son climat, les races qui la peuplent, leurs arts, leurs industries, bref, *la Terre et les Hommes*, comme a dit plus tard Reclus. M. Gauthiot se laisse alors aller à célébrer en quelques phrases les voyageurs qui, dans les temps récents, ont parcouru le globe à notre profit et à celui de l'humanité. S'appuyant sur quelques exemples bien choisis, il montre, pour terminer, la géographie économique ou commerciale devenue une science à laquelle les établissements d'instruction donnent tous leurs soins, qui illustre ceux qui la cultivent, qui développe singulièrement l'activité intellectuelle et physique et l'ambition naturelle de la jeunesse, qui développe la richesse partout et qui, par tous ces motifs, est devenue des plus utiles à l'humanité. Ainsi s'explique le nombre croissant de ses prosélytes, le développement des sociétés qui se sont créées pour la cultiver (l'une d'elles, la Société de Géographie commerciale, a des sections à

---

[1] M. Gauthiot n'avait pas écrit sa conférence, et, à notre regret, elle n'a pas été sténographiée. Nous n'en avons qu'un trop court résumé.

Tunis, Saint-Etienne, Brive, Angers, Hanoï et Constantinople), et le succès de ces Congrès, dont le 25e a réuni, à Tunis même, grâce aux efforts du Bureau de la Section, tant d'hommes distingués, sont de modestes, mais dévoués collaborateurs, parmi lesquels les femmes, ces si utiles propagandistes des bonnes idées, ont su prendre leur place.

Le passé est, en cette matière, on peut le dire, le garant de l'avenir. A l'œuvre donc, jeunes et vieux ! On peut leur assurer que leurs efforts atteindront le but et qu'ils se sentiront heureux d'avoir contribué, en bons citoyens, à la prospérité de la France, de ses colonies, de ses protectorats, du monde entier et de ses habitants.

DE LA NÉCESSITÉ DE LA CRÉATION
D'UN SERVICE MARITIME POSTAL RÉGULIER ENTRE TUNIS & LA MÉTROPOLE
AVEC ESCALES EN CORSE

Par M. GRÉBAUVAL

de la Section tunisienne de la Société de Géographie commerciale de Paris

L'orateur expose les diverses raisons qui militent en faveur de ce projet, raisons commerciales surtout, mais d'un puissant intérêt.

Il présente un vœu tendant à la création rapide de ce service si utile.

Ce vœu est adopté.

IMPORTANCE POUR NOS COLONIES
DU MOUVEMENT PROTECTIONNISTE ANGLAIS

Par M. BLONDEL

Professeur à l'Ecole des Hautes Etudes commerciales de Paris, Délégué de la Société
de Géographie commerciale de Paris

Parmi les questions économiques qui préoccupent aujourd'hui les peuples de l'Europe, il en est peu qui méritent de les inquiéter autant que l'éventualité d'un changement dans la politique commerciale de l'Angleterre. Les questions de politique commerciale tiennent aujourd'hui une place considérable dans la vie générale de l'humanité..... Comme le disait naguère notre ambassadeur, en répondant au lord-maire de Londres, à propos du rapprochement franco-anglais, « les intérêts industriels et commerciaux dominent la politique : ils sont plus logiques, plus prudents et plus raisonnables. Quand un pays se laisse guider par eux, il fait une politique sage ».

Richard Cobden a rendu assurément à son pays un grand service en lui faisant, il y a plus d'un demi-siècle, adopter le libre-échange qui assura à l'ouvrier anglais la vie à meilleur compte que dans la plupart des pays continentaux, diminua les prix de revient et permit aux industriels anglais de l'emporter sur leurs rivaux.

Mais les raisons qui déterminèrent l'Angleterre à supprimer presque complètement toutes les taxes douanières ont un peu perdu aujourd'hui de leur force. De grands changements se sont, en effet, produits dans le monde. L'Allemagne est devenue, depuis un quart de siècle surtout, une rivale de l'Angleterre ; et ce sont précisément les quatre plus grandes industries anglaises, industrie houillère, industrie métallurgique, industrie textile, commerce maritime, qui s'y sont développées d'une façon inquiétante. Le progrès des Etats-Unis n'est pas moins menaçant que celui de l'Empire allemand. Le Yankee rêve d'énormes conquêtes et Roosevelt s'est annoncé comme l'apôtre du monde aux Américains. Les citoyens de l'Union font preuve d'une remarquable intelligence des affaires et déploient une prodigieuse activité ; les ressources du pays sont immenses, et les Etats-Unis, avec la confiance que leur donnent ces avantages, orientent de plus en plus vers le dehors l'excédent de leur production grandissante.

Les Anglais remarquent, en outre, que l'abaissement de leur prépondérance commerciale a peu à peu son contre-coup sur la situation qu'ils occupent dans le monde, tandis qu'à l'intérieur la situation de leur population agricole est fort peu satisfaisante. Les capitaux se sont, en effet, détournés de la terre pour se porter du côté des usines, et la culture des céréales a diminué à tel point qu'on se demande s'il sera possible de la relever. Et on ne peut nier qu'il ne soit fâcheux pour un pays, inquiétant pour son avenir, d'être tributaire dans une aussi large mesure que l'est l'Angleterre de l'étranger, pour des produits qui devraient être d'autant plus rémunérateurs qu'ils sont en partie un don de la nature.

Estimant donc que leur pays est arrivé à un tournant de son histoire, beaucoup d'Anglais sont convaincus que l'heure est venue d'adopter un régime économique nouveau. Convaincus que le libre-échange n'est pas un dogme, ils reconnaissent qu'entre la liberté et la protection c'est une question d'art politique que de trouver la juste mesure. C'est au génie des hommes d'Etat qu'il appartient, disent-ils, de comprendre la situation à un moment donné et de marquer le point où il convient pour chaque catégorie de produits de s'arrêter dans la voie des mesures de protection ou de la liberté.

Pour établir la nécessité de certains changements, les Anglais, à la voix de Chamberlain, font appel à deux sortes d'arguments. Les uns sont empruntés aux statistiques, les autres sont d'ordre politique et s'adressent aux sentiments d'orgueil patriotique dont la race anglo-saxonne est imbue. Or, les statistiques prouvent d'une façon péremptoire que depuis quelques années les exportations, et notamment les exportations de produits fabriqués anglais, n'augmentent presque plus, tandis que l'Angleterre reçoit chaque année des diverses contrées du monde pour plus de 2 milliards 500 millions de produits manufacturés qui enlèvent à son industrie et à ses ouvriers des salaires et des bénéfices considérables. Les statistiques permettent surtout des conclusions alarmantes, lorsqu'on considère le changement qui s'est produit dans la nature des produits importés. Elles justifient cette réflexion d'un économiste anglais que « si la fortune du pays ne diminue pas, cela tient uniquement aux placements énormes que les Anglais ont fait à l'étranger et à l'essaimage dans le monde de beaucoup d'Anglais, qui rapportent à l'Angleterre une partie de leurs gains ». Mais la richesse en formation dans les pays est atteinte, et les rapprochements qu'on a faits entre l'Angleterre, l'Allemagne et les Etats-Unis sont significatifs. [1]

Les considérations d'ordre politique ont encore sur l'esprit des Anglais plus d'influence peut-être que l'argumentation empruntée aux statistiques et aux chiffres. L'âge présent, comme on l'a dit avec raison, est l'âge des impérialismes. A chaque pays les limites traditionnelles et le domaine national semblent trop étroits, et à la politique des nationalités, qui a dominé le XIXe siècle, se substitue ou mieux se surajoute la politique mondiale, plus inquiétante, parce qu'elle est de sa nature insatiable. Or, depuis une vingtaine d'années surtout, l'Angleterre est hantée par le rêve de l'unité impériale. Un certain nombre d'hommes d'Etat, de publicistes, d'orateurs ont répété sur tous les tons qu'il fallait organiser une union douanière dans laquelle les seuls produits anglo-

---

[1] Voir mon livre sur *La Politique protectionniste en Angleterre*. Paris, Lecoffre, 1904 page 42.

saxons pourraient circuler librement, d'où les produits étrangers seraient écartés par des droits différentiels. « Il s'agit, disait naguère Chamberlain, de créer un état de choses nouveau dans lequel les colonies anglaises ne seront plus considérées comme des possessions extérieures, mais comme les parties intégrantes d'un immense Empire. Les éléments de la *greater Britain* doivent se solidariser, se lier les uns aux autres plus fortement qu'ils ne l'ont fait jusqu'ici. Il faut que cet Empire de plus de 400 millions d'habitants se suffise à lui-même. » Il s'agit de trouver le ciment impérial qui donnera à ces différentes parties la cohésion qui leur fait encore défaut.

Certains faits récents prouvent au surplus que l'Angleterre pourrait tirer de ses colonies un meilleur parti qu'elle ne l'a fait jusqu'ici. C'est ainsi que le Canada a adopté, en 1897, un tarif qui diminue de 33 % les droits sur les marchandises anglaises. A la suite de cette réforme, les exportations anglaises dans cette colonie qui depuis 1875, où elles atteignaient 9.682.000 l. st., étaient tombées à à 6.595.000, sont remontées à 10 millions. Sans doute, les exportations de la Grande-Bretagne pour ses colonies ne représentent encore en valeurs que 38,5 % du total des exportations anglaises, mais les statistiques prouvent que le progrès des exportations aux colonies (spécialement en ce qui concerne les produits manufacturés ou demi-ouvrés) suivent une marche plus satisfaisante que les progrès des exportations dans les pays étrangers. C'est ce mouvement qu'il faut encourager. Il indique que les colonies sont prêtes à devenir pour la mère patrie, quand on voudra s'occuper plus sérieusement d'elles, un marché important. C'est la tâche des hommes d'Etat de s'engager dans cette voie, quand même, en le faisant, on diminuerait quelque peu le mouvement d'affaires avec les autres pays. (1)

L'Angleterre, en dépit de cette forte argumentation, n'est pas encore convertie aux idées protectionnistes, que les hommes d'Etat les plus éminents de l'Angleterre désapprouvent nettement. Chamberlain a rencontré une vive opposition à la fois dans le monde des commerçants et dans celui des ouvriers. Les hommes de science, de leur côté, ont cherché à interpréter les statistiques d'une autre manière que lui et ont prouvé aisément que l'Angleterre s'était prodigieusement enrichie à la faveur du libre-échange depuis un demi-siècle. Ils ont montré que leur pays continuait à jouer, comme puissance commerciale dans le monde, un rôle de premier ordre, et que le protectionnisme, s'il venait à triompher, causerait à la marine marchande de l'Angleterre, qui est la plus importante de ses industries, un tort irréparable. Quant à la constitution d'un immense Empire britannique, il ne semble pas réalisable. Les liens qui rattachent l'Angleterre à ses colonies sont maintenant très lâches ; il y a même si peu d'entente entre ces différentes colonies qu'elles ne paraissent nullement disposées à accepter ce qu'on leur offre.

En dépit des fortes objections qu'on oppose à la thèse protectionniste, il est

(1) *Op. cit.*, pages 53-61.

permis de croire que l'assaut livré à l'idée de la supériorité du libre-échange ne restera pas sans effet. Nous devons nous attendre à voir les idées du peuple anglais se transformer non pas brusquement et par un coup de théâtre, mais peu à peu, par une série de concessions successives. Ce changement sera analogue à celui auquel nous avons assisté dans le dernier quart du XIXe siècle, qui a vu se produire une si forte réaction contre le régime de la liberté du travail. L'Angleterre ne restera pas seule à maintenir, à l'encontre de tous les peuples, le principe de la liberté des échanges. Les Anglais en viendront sans doute assez vite à penser que la meilleure politique en matière commerciale est celle qui se fonde sur le principe *do ut des*, celle qu'ils appellent la politique du *fair trade*, politique un peu vague, dont on modifie les formules suivant les auditeurs auxquels on s'adresse, mais qui conduit finalement à une série de concessions habilement graduées pour chaque pays, suivant l'importance des concessions auxquelles ces pays consentent eux-mêmes.

« L'homme d'État sage, écrivait naguère un libre-échangiste convaincu, M. John Morley, dans sa *Vie de Cobden*, est celui qui, prévoyant l'avenir que nous préparent certains événements, s'efforce de créer des institutions et de former l'âme des hommes en harmonie avec le « devenir » qui silencieusement les entoure. » Or, il n'est pas douteux que l'influence mondiale ne se déplace et que le développement de la consommation dans les pays neufs ne soit la condition nécessaire pour assurer le développement de la richesse des vieux pays. Dans la poussée universelle, en présence de la vie de plus en plus compliquée des masses, on sent instinctivement que le système du laisser faire peut créer des situations dangereuses.

Les Anglais semblent déjà s'être mis d'accord sur quelques grandes lignes directrices : 1° attirer et retenir dans le pays la plus grande somme possible d'activité industrielle et agricole ; 2° assurer l'abaissement des prix de revient par l'amélioration de l'outillage national et la poursuite de la vie à bon marché ; 3° rechercher le développement des colonies par un échange de plus en plus actif avec la métropole et y créer des champs d'exportation pour les produits ouvrés métropolitains qui risqueraient de trouver porte fermée ailleurs.

Les changements auxquels nous devons nous attendre dans la politique commerciale de l'Angleterre auront forcément leur contre-coup sur notre Empire colonial français. Nos colonies sont pour la plupart, il faut le dire, dans un état embryonnaire au point de vue économique. L'adoption à leur égard d'une politique bien définie aurait de grands avantages. L'Angleterre sent aujourd'hui qu'elle a eu tort de ne pas établir avec ses colonies des liens plus étroits au point de vue des échanges, qu'elle a eu tort de laisser se créer un particularisme trop accentué des intérêts coloniaux ; elle est prête à corriger les effets de cette erreur en adoptant le système des tarifs préférentiels.

On a prétendu souvent que l'Angleterre nous achetait beaucoup plus que nous ne lui prenions, les importations anglaises en France ne s'étant élevées, en effet, en 1902, qu'à 674.538.000 fr., tandis que les exportations françaises en Angleterre atteignaient le chiffre de 1 milliard 277.055.000 fr., ce qui représente 30 % de nos ventes à l'étranger. Mais il faut ajouter à ces 674 millions les produits que nous achetons aux colonies anglaises, lesquelles font bien partie de l'Angleterre, et ces acquisitions se chiffrent par un total de près 500 millions de francs. Il faut tenir compte aussi des bénéfices énormes que l'Angleterre retire de sa marine marchande chez nous. Nous payons bon an mal an aux armateurs anglais au moins 300 millions. En additionnant tous ces chiffres, on constate que nous achetons en réalité à l'Angleterre beaucoup plus qu'elle-même ne nous achète.

Si nous entrons dans le détail et si nous nous demandons quels sont les objets que nous vendons aux Anglais, nous verrons qu'on peut les diviser en trois groupes : 1° les produits dus aux conditions climatériques ou géologiques de la France, vins, eaux-de-vie, fruits, primeurs, ardoises, produits de carrières, etc. ; 2° les produits dus particulièrement aux aptitudes des cultivateurs français : produits de basse-cour, produits d'élevage, produits de cultures soignées ; 3° les produits dus à l'ingéniosité et au goût des fabricants français : articles de Paris, bijouterie, objets d'art, bronzes, gravures, tableaux, modes et nouveautés.

Les importations anglaises en France peuvent aussi être groupées en trois catégories : 1° les produits dus à la constitution géologique de l'Angleterre, tels que la houille et certains produits métallurgiques ; 2° divers articles de consommation courante que l'Angleterre fabrique aussi bien que nous : des tissus, des cotonnades, des filés, un certain nombre de produits chimiques, etc. ; 3° les produits si nombreux de l'entrepôt britannique, l'Angleterre étant toujours restée le plus grand entrepôt du monde : on peut citer les laines, les peaux, les caoutchoucs.

Ce double classement suffit à montrer que les ventes et achats respectifs de la France métropolitaine et de l'Angleterre sont surtout complémentaires, ce qui explique qu'ils revêtent un caractère de stabilité assez grand, et si les Anglais nous achètent encore beaucoup de produits, ce n'est pas pour nous être agréables, c'est surtout parce qu'ils ne trouvent pas l'équivalent ailleurs, au moins dans les mêmes conditions, soit au point de vue de la qualité, soit au point de vue du prix. Aussi l'Angleterre, à moins d'aller jusqu'à la prohibition, ne semble-t-elle pas pouvoir se protéger complètement contre la France. Mais ces considérations n'existent certainement pas au même degré pour nos colonies. On peut craindre qu'elles ne soient plus atteintes que la France continentale par l'adoption du projet de Chamberlain. Je crois, pour mon compte, qu'elles souffriront de ce double fait que d'une part elles ne sont pas, au point de vue douanier, un prolongement de la métropole, que d'autre part elles ne sont pas reliées à la France par une marine marchande suffisante. Les industriels d'autres pays peuvent aussi, bien plus facilement que les nôtres, établir le coût de transport des produits qu'ils cherchent à vendre sur les divers marchés du globe... Les transactions sont moins compliquées pour eux que pour nous.

On peut craindre, dans ces conditions, que nos colonies ne deviennent des champs d'exportation plus favorables pour les produits étrangers que pour nos propres produits manufacturés. Cet état de choses, dont on se plaint déjà, s'aggravera encore le jour où nos colonies verront se fermer devant elles les marchés où elles espéraient vendre leurs produits.

Le régime douanier préconisé par Chamberlain est une adaptation à l'Angleterre du programme de Jules Ferry, programme sur lequel je n'ai pas besoin de m'étendre longuement ici.

L'étude des changements qui se préparent est en tout cas d'autant plus utile qu'elle ne peut, quelles que soient nos opinions individuelles, que nous inciter à rechercher les moyens de développer notre mouvement d'affaires avec nos colonies. Nous achetons, d'après les documents officiels, chaque année, à l'étranger, pour 840 millions de produits que nos colonies pourraient nous fournir. Ce seul chiffre suffit à indiquer quel effort nous avons à faire! Il prouve aussi que nous devons nous préoccuper dès maintenant des transformations qui se préparent dans le monde, et prendre les mesures nécessaires pour ne pas en être victimes.

Après une discussion à laquelle prennent part MM. Gaston Valran, Thomas Deman, Auerbach et Arthur de Claparède, le vœu ci-après, proposé par M. Valran, est adopté :

« Que la législation tunisienne encourage la création des syndicats d'exportation. »

DE LA NÉCESSITÉ D'UNE ÉTUDE COTIÈRE DE L'ALGÉRIE & DE LA TUNISIE EN VUE DU DÉVELOPPEMENT DE LA PÊCHE MARITIME

Par M. MARCAGGI

délégué de l'Union Coloniale Française

J'ai à m'excuser d'avoir laissé inscrire sous un titre assez inexact, à l'ordre du jour des questions soumises au Congrès, celle que je dois traiter brièvement ici. Je n'apporte pas, en effet, comme ce titre pourrait le faire croire, une étude des points de la côte d'Algérie et de Tunisie où des pêcheries nouvelles pourraient s'établir. J'ai seulement l'intention de montrer l'intérêt qu'il y aurait à étendre et à entreprendre, dans un esprit plus scientifique, l'étude des pêches maritimes de notre Afrique du Nord, étude bornée jusqu'ici aux parages connus et exploités de longue date. Je voudrais montrer en même temps l'intérêt qui s'attache aux statistiques annuelles dressées par les Services administratifs des Pêches maritimes en Algérie et en Tunisie, au point de vue de l'établissement d'usines de conserves françaises dans ces deux pays.

C'est un lieu commun de dire que le poisson abonde sur les côtes de la Tunisie. L'huile et la main-d'œuvre étant d'ailleurs de bonne qualité et bon marché, on est naturellement amené à se demander pourquoi nos usiniers français, qui ont de nombreuses fabriques de conserves de sardines en Bretagne et en Vendée, où la sardine ne vient pas toujours, n'ont pas encore songé à venir s'établir en Tunisie et paraissent même peu disposés à tenter l'expérience. Sans parler des objections qu'ils élèvent au sujet des droits d'entrée du poisson conservé en France, de la main-d'œuvre qui serait, d'après eux, aussi chère et moins facile à trouver en Tunisie qu'en France, du reproche qu'ils font à l'huile d'olive tunisienne de n'être pas suffisamment démargarinée, voyons ce qu'il faut penser de l'abondance des espèces migratrices et en particulier de la sardine sur les côtes de la Régence. Consultons à cet effet les statistiques officielles dressées par le Service des Pêches maritimes, service qui ressortit, comme on sait, en Tunisie, à la Direction des Travaux publics. Nous devons dire dès à présent que ces statistiques sont tantôt globales, tantôt relatives à deux ou plusieurs localités et par conséquent donnent des résultats qui ne sont pas très aisément comparables entre eux. Toutefois, en ce qui concerne Tabarca, le centre le plus important, le « Douarnenez de la Méditerranée », comme on l'a appelé, les statistiques sont très suivies depuis l'année 1888, et en voici le tableau :

1888........	900.000 kilos	1893........	308.000 kilos
1889........	1.200.000 —	1894........	450.000 —
1890........	1.000.000 —	1895........	140.000 —
1891........	125.000 —	1896........	592.000 —
1892........	148.000 —	1897........	490.000 —

Le simple examen de ce tableau montre que la pêche de la sardine à Tabarca est d'une extrême irrégularité, puisqu'elle varie en poids d'une année à l'autre du triple au quintuple et parfois au décuple.

Dans le Rapport sur le Protectorat tunisien adressé par le Ministre des Affaires étrangères au Président de la République pour l'année 1901, nous lisons ceci : « La pêche de l'anchois et de la sardine a été presque nulle. Est-ce à la température des eaux ou à d'autres causes qu'il faut attribuer le manque de ces espèces depuis deux ans? On ne sait. Tabarca, qui voyait depuis 1888 ses plages garnies de barques de pêche, n'en a reçu cette année que quarante-cinq. »

De même en Algérie, depuis quelques années, les documents officiels constatent une diminution de toutes les espèces migratrices, de la sardine en particulier, laquelle aurait complètement disparu de certains parages.

Or, si l'on considère qu'en France chaque usine de conserves met en œuvre en moyenne 100.000 kilos de sardines par saison, qu'une usine installée à Tabarca ou sur un autre point de la côte de l'Afrique du Nord ne serait même pas assurée de pouvoir acheter toute la pêche des marins italiens qui sont généralement engagés par des maisons de Naples ou de Palerme et salent leur pêche à bord pour l'expédier à ces maisons, on comprendra que la première difficulté susceptible de s'opposer à l'établissement de fabricants de conserves français sur nos côtes nord-africaines soit le manque possible de la matière première nécessaire à leur industrie. Et c'est en effet la réponse que MM. Amieux, Bouvais-Flon et d'autres notables industriels de l'ouest de la France ont faite à M. Viollard, venu dernièrement en Bretagne pour étudier sur place la possibilité d'amorcer un courant d'émigration des pêcheurs bretons vers l'Algérie et la Tunisie. Ces industriels ont dit à M. Viollard : « Vous voulez nous faire venir en Algérie et en Tunisie parce que chez nous la pêche à la sardine est irrégulière ; mais elle l'est tout autant sur la côte d'Afrique. »

Il est en outre singulier de remarquer que les premiers essais d'installation de pêcheurs bretons à Philippeville et à Tabarca, en 1891-1892, échouèrent en partie parce que la pêche fut pauvre ces années-là. Voici en effet ce que M. Layrle, commissaire de l'Inscription maritime à Philippeville, disait à ce sujet dans une communication faite au Congrès international des Pêches maritimes tenu à Dieppe en 1898 : « A partir de 1886, date de la rupture des relations commerciales avec l'Italie, beaucoup de pêcheurs italiens partirent et il y eut brusquement un grand manque de marins ; à ce moment, l'époque parut favorable pour faire venir les pêcheurs bretons, plongés dans la misère par suite de la disparition de la sardine. Après des tâtonnements en 1891, cinq pêcheurs de Lannion, dont deux mariés, vinrent à Philippeville. La gratuité du passage et un secours de 100 à 200 francs ayant été accordés par le Gouvernement Général, l'arrivée des Bretons augmenta rapidement. En 1892, quatre-vingt-cinq personnes en tout vinrent de Douarnenez et de Concarneau. Les pêcheurs apportaient une partie de leur matériel et même trois bateaux qu'il fallut vendre plus tard. Les engagements étaient conçus d'une façon méthodique et les arrivants trouvaient à s'occuper, tandis que de Nantes, de Lorient, de Douarnenez, de nouveaux marins demandaient à partir. Tout semblait donc faire réussir l'émigration des Bretons. Mais des difficultés nombreuses survinrent presque aussitôt. *L'Algérie subissait une période de mauvaise pêche à la sardine*, en sorte que la plupart des Bretons, découragés, abandonnèrent la mer. On essaya de les employer un peu partout; mais, malgré de nombreux secours accordés par le Gouvernement Général, il fallut bientôt songer au rapatriement, et de toute la colonie bretonne il ne resta en Algérie qu'un pêcheur, devenu par la suite garde champêtre. » Quant à la Société des Pêcheurs de Tabarca, qui avait compté pour alimenter les usines de conserves qu'elle avait montées sur la pêche des Bretons qu'on y avait amenés, elle fut liquidée, non sans avoir tiré quelques ressources de l'élevage des porcs dans les forêts de la Kroumirie ! C'est l'excellent ouvrage de MM. de Fages et Ponzevera sur *les Pêches maritimes de la Régence* qui nous l'apprend.

On conçoit ainsi l'intérêt qui s'attache aux statistiques des pêches de l'Algérie et de la Tunisie. Et c'est pour cela que, tout à l'heure, je prierai le Congrès d'émettre le vœu que les statistiques des pêches en Algérie et en Tunisie soient très soigneusement établies, particulièrement en ce qui concerne les espèces migratrices : anchois, sardines, thons, et indiquent chaque année, pour chaque localité, les résultats des cinq années précédentes.

Mais, quelle que soit l'attention qu'on apporte à l'établissement de ces statistiques, il est clair qu'elles traduiront toujours — et peut-être d'autant mieux qu'elles seront plus attentivement vérifiées — les écarts qui existent normalement aussi bien dans notre Afrique du Nord que sur nos côtes de Bretagne et de Vendée, entre les diverses années de pêche à la sardine.

Si donc on veut établir des usines de conserves en Tunisie (l'Algérie en possède déjà qui ne sont guère prospères), il faut envisager pour ces usines une autre matière première que le poisson migrateur, et cette autre matière première ne peut être que le poisson sédentaire : daurade, sole, merlan, etc., lequel est toujours pêché en abondance sur les côtes tunisiennes et qu'on pourrait fort bien conserver à l'huile, au vin blanc, à la tomate, ou encore saler dans des ateliers de salaison. Mais il est exact de dire que le marché français, jusqu'ici du moins, consomme relativement peu de poisson salé ou conservé et que cette industrie ne pourrait guère trouver de débouché en France.

En réalité, la véritable exploitation des richesses ichtiologiques de l'Algérie et de la Tunisie ne peut résider que dans une organisation perfectionnée de la pêche du poisson frais et de sa vente. Etant donné que les deux grands centres de consommation de la Régence (Tunis et Bizerte) sont alimentés par les Sociétés amodiataires des lacs de ces deux villes, toute grande entreprise nouvelle devra avoir surtout en vue l'exportation du poisson frais en France. Elle devrait avoir des remorqueurs qui exploiteraient les régions très poissonneuses, avec des embarcations à voiles, régions comme celle comprise entre le cap Serrat et le cap Guardia et où les embarcations de pêche à voiles ne sauraient s'aventurer seules. Ce devrait être une entreprise conçue à la façon des entreprises de pêche anglaises, allemandes et norvégiennes, lesquelles font d'immenses « traînages » dans les mers du Nord.

Mais, préalablement à une telle entreprise, il faudrait, et ceci rentre plus particulièrement dans la cadre géographique des questions soumises au Congrès, que des hydrographes, des techniciens, avec le concours des autorités locales, du Laboratoire maritime d'Alger, des Chambres de Commerce de l'Afrique du Nord, des Sociétés de Géographie d'Alger et de Tunis, auxquelles s'adresse plus particulièrement mon vœu, procédassent à l'étude des fonds de pêche de l'Afrique du Nord... On admirait à l'Exposition universelle de 1900 (pavillon des pêcheries) de belles cartes lithologiques dressées par M. le professeur Toulet, de la Faculté des Sciences de Nancy. Ces cartes, établies pour toute la France, montrent, d'un simple coup d'œil, le relief du sol sous-marin. Des lignes continues y unissent ensemble tous les points de même profondeur ; deux lignes successives correspondent à un accroissement de profondeur de dix mètres. Sur la carte ont été reportés tous les renseignements que les sondages ont fournis sur la nature du fond. Un marin peut donc savoir, en les examinant, s'il est sur un fond de roche, de sable ou de vase, s'il se trouve sur des herbiers, des coquillages ou des madrépores.

Et comme il existe une relation étroite entre l'habitat du poisson et les conditions physiques du milieu ambiant, on conçoit que de telles cartes bien contrôlées, complétées par des indications orientées vers un but pratique, puissent être d'une grande utilité pour les pêcheurs.

Ainsi, d'une communication faite par M. Amédée Odin, directeur du laboratoire maritime des Sables-d'Olonne au Congrès international de Pêche de Dieppe en 1898, il résulterait qu'au moyen d'observations journalières, les pêcheurs du thon dans le golfe de Gascogne auraient réussi à dégager sinon des lois, tout au moins des probabilités permettant de fixer avec précision le régime des lieux de pêche du thon dans ce golfe. On a déterminé aussi suivant quel degré de longitude ce poisson se meut, les stations qu'il fait, les époques auxquelles il les fait. Pratiquement, les pêcheurs de thons ont déjà retiré de ces observations les plus grands avantages. Et M. Odin demandait, en concluant, qu'on étudiât le régime des courants généraux du golfe de Gascogne, courants qui doivent certainement influencer les déplacements du thon.

Je n'ai pas besoin de dire que l'Angleterre, l'Allemagne, la Norvège, les Etats-Unis possèdent depuis longtemps de ces cartes et s'en servent pratiquement.

Je prierai donc le Congrès d'émettre le vœu que « les Sociétés de Géographie d'Alger et de Tunis prennent l'initiative de la construction d'une carte ichtyologique des fonds littoraux de l'Afrique du Nord ».

M. Toulet s'est servi, pour la construction de ses cartes, des cartes dressées par le Service d'hydrographie du ministère de la Marine. Il existe déjà, pour la Tunisie, une carte complète des côtes de la Régence comprenant les feuilles levées, depuis 1882, par le même Service hydrographique du département de la Marine. Cette carte serait évidemment d'un grand secours pour la construction d'une carte ichtyologique de la Régence.

Enfin, Messieurs, il faut bien que je dise un mot du projet d'établissement de pêcheurs bretons en Tunisie, qui est, comme vous le savez, dans les préoccupations actuelles du Gouvernement du Protectorat. Je ne veux pas examiner les arguments qu'on a tirés des échecs des tentatives antérieures, les objections de caractère ethnique qu'on a faites ; j'admets qu'on puisse attirer sur quelques points déterminés des pêcheurs bretons en nombre suffisant. Toute la question sera de fournir à ceux-ci une organisation commerciale qui leur permette d'écouler leur pêche. Il importe, en effet, de bien tenir pour certain que le Breton, capable d'être dressé à la pêche méditerranéenne, malgré les difficultés du début, serait incapable de s'organiser commercialement pour la vente de cette pêche. Pêchera-t-il la sardine ? De toute nécessité alors une usine de conserves devra être préalablement montée au lieu de pêche, et j'ai déjà montré quelles me paraissaient être les difficultés que rencontrerait l'établissement d'une telle usine. Pêchera-t-il le poisson sédentaire ? Il faut en ce cas qu'il puisse l'écouler frais ; il faut par conséquent qu'il soit près de grands centres de consommation, Bizerte ou Tunis. Mais il trouvera sur ces deux places le marché encombré par les produits des pêcheries des lacs amodiés. Dans notre esprit donc, le succès des pêcheurs bretons en Tunisie est subordonné à la création d'une grande entreprise française de pêche à la vapeur qui exploiterait les côtes de la Régence d'après les procédés les plus perfectionnés et ne craindrait pas d'aller au large et sur la mer libre.

On pourrait par la suite, en lui concédant quelques faveurs, imposer à cette entreprise un personnel de pêche français. On pourrait même songer alors à la colonisation maritime proprement dite de la Régence, puisqu'on pourrait établir dans les centres semi-agricoles semi-maritimes, à toute distance de Tunis ou de Bizerte, des marins français dont la pêche serait enlevée par un vapeur convenablement aménagé de ladite entreprise. Cette pêche, faite à l'hameçon, aux palangres et aux diverses lignes de fond, tandis que celle des vapeurs se ferait, naturellement, aux grands arts, donnerait des produits très frais et par conséquent très recherchés, car, comme chacun sait, le poisson pris à l'hameçon se conserve plus facilement et plus longtemps que le poisson pris aux filets traînants. Et l'entreprise en question pourrait facilement trouver l'écoulement de ses produits de choix, soit en Tunisie, soit en France.

Après la lecture de ce remarquable travail, M. Marcaggi demande au Congrès de voter le vœu suivant :

« Que les conserves de poissons faites en Tunisie puissent être importées en franchise en France et ne soient plus soumises au droit d'entrée de 25 francs, qui rend cette importation impossible ;

« Que, particulièrement en ce qui concerne les espèces migratrices, telles que : anchois, sardines, thons, etc., des statistiques de pêches en Algérie et en Tunisie soient dressées chaque année, indiquant pour chaque localité les résultats des cinq années précédentes ;

« Que les pouvoirs publics prennent l'initiative de l'établissement d'une carte ichtyologique des côtes de l'Algérie et de la Tunisie. »

Ce vœu, répondant si bien aux nécessités de la situation, est adopté à l'unanimité.

UN VOYAGE A ROUEN... ET AILLEURS

Par M. le Capitaine TRIVIER

Délégué de la Société de Géographie de Rochefort

Mesdames,
Messieurs,

La Société de Géographie de Rochefort m'ayant laissé libre sur le sujet à traiter au xxve Congrès géographique réuni à Tunis, j'ai pris pour texte un voyage que j'ai dû faire à Rouen.

Bien que, de prime abord, ce sujet puisse paraître inopportun, bien que ce voyage à Rouen n'ait jamais été fait, du moins dans les conditions projetées, ne vous hâtez pas, Mesdames et Messieurs, de juger mon récit et veuillez, je vous prie, réserver vos appréciations pour la fin de mes conclusions.

En l'espèce, il s'agit de raconter ici un de mes nombreux voyages à travers le monde.

Certain de la bonne volonté de tous, je rentre de plain-pied dans mon récit.

Il y a déjà quelques années, je fus désigné pour faire un voyage à Rouen, afin d'y étudier des questions fort intéressantes, et cette étude, je devais la continuer dans les principaux ports de France.

Et j'étais heureux à la pensée qu'on paraissait vouloir me réserver de charmants voyages où, sans beaucoup de fatigues, il m'était permis de voir et par conséquent d'apprendre.

Cette joie fut de courte durée, car à mon arrivée à Paris, où j'étais allé prendre mes instructions, il me fut dit à brûle-pourpoint et sans aucun préambule :

« Ce n'est pas à Rouen que vous allez, mais bien à Buenos-Ayres, pour une question qui touche tout particulièrement les intérêts français. Faites donc votre possible pour partir sous peu. »

En somme, ce voyage à Buenos-Ayres n'était pas pour me déplaire. Je connaissais la grande capitale argentine pour l'avoir habitée pendant trois années et j'y comptais beaucoup d'amis.

Je revins donc à Bordeaux, et j'étais sur le point de m'embarquer lorsque de nouveaux ordres vinrent changer mes dispositions.

« Vous partez bien toujours pour Buenos-Ayres, m'écrivait-on, mais nous avons pensé que le Brésil étant sur votre chemin, vous feriez bien de visiter tous les ports où nous avons des agents et tous ceux où nous n'en possédons pas. »

En conséquence, un beau matin je quittais Bordeaux à toute vitesse par l'express de Madrid. Ces mots « toute vitesse », « express » sont ici, Mesdames et Messieurs, pour faire image, car en réalité l'express s'arrête à Hendaye.

Je profitai des quelques heures que j'avais de libres pour faire une visite à l'île des Faisans, cette île de la Bidassoa, moitié française, moitié espagnole, et où en 1659 fut signé le traité des Pyrénées.

Le traité des Pyrénées !... le traité des Pyrénées !...

Et dire que malgré les trois siècles qui se sont presque écoulés depuis sa signature, nous en sommes encore comme au premier jour !

*
* *

Mon intention, Mesdames et Messieurs, n'est point de nous arrêter à chacune des escales de ma route. Elles sont si nombreuses, ces escales, une centaine peut être, et le temps du Congrès est plus que limité. Je me contenterai donc de vous signaler rapidement mon passage dans les principales villes. Mais si vite que nous allions, nous ne nous arrêterons pas moins quelques heures à Madrid pour y visiter l'admirable musée de peinture qui contient deux mille toiles de toutes les écoles. Je visitai également l'Armeria, ou Musée des Armes, où je vis la célèbre Colada, l'épée du chevalier Diaz de Bivar, plus connu sous le nom du Cid Campéador. C'est cette épée qui reconquit l'Espagne sur les Sarrazins qui l'occupaient depuis près de cinq cents ans.

De Madrid, je fus à Lisbonne, où je m'embarquais bientôt pour Madère.

Madère, c'est cette charmante île de l'Atlantique si poétiquement chantée par le Camoëns, un des grands génies lusitaniens.

C'est aujourd'hui le sanatorium des poitrines faibles, de la Grande-Bretagne plus particulièrement, qui ne peuvent pas supporter impunément les rigueurs de nos hivers européens.

Dix jours après notre départ de Madère, nous apercevions, à l'horizon du sud, une petite ligne noirâtre que nous reconnûmes bientôt pour être la terre. C'était la pointe Atalaya du Brésil, où nous prîmes le pilote qui, douze heures plus tard, nous faisait jeter l'ancre devant le Para.

Du Para, et toujours sur le navire de haute mer qui m'y avait amené, nous partîmes bientôt pour l'Amazone en passant au sud de l'île Marajo.

Il faut des pilotes bien expérimentés pour ne pas faire fausse route parmi tous ces nombreux cours d'eau qu'aucune particularité ne distingue.

Et pourtant nous ne nous arrêtâmes ni jour ni nuit et arrivâmes le quatrième jour de cette navigation fluviale à Manaos, sur le rio Negro, le principal affluent de l'Amazone sur la rive gauche.

A Manaos, je fis une stupéfiante découverte : celle de quelques cocotiers portant des fruits !

Jusqu'alors — et mon voyage à travers l'Afrique m'avait confirmé dans cette idée — j'avais toujours pensé que ce palmier ne pouvait croître qu'au bord de la mer ou à petite distance des côtes.

A Manaos je dus noter une exception à cette règle que je pensais absolue.

Il est supposable que le sol de Manaos doit contenir les sels nécessaires à la bonne croissance de l'arbre.

Nous partons bientôt de Manaos, toujours sur le même navire qui m'avait pris à Lisbonne, passant rapidement devant le rio Purus, le Jurua et atteignons bientôt la frontière à Tabatinga, où la douane péruvienne vint nous rendre visite; puis nous continuons la montée du grand fleuve jusqu'à Yquitos, point terminus de cette partie de mon voyage.

La descente de l'Amazone se fit rapidement et quelques jours plus tard j'étais de nouveau au Para, où sévissait avec force la fièvre jaune.

Du Para, nous touchons à Saô-Luiz-de-Maranhaô, à Amaracaô, à Ceara, puis doublant le cap Mocoripe malgré la violence du courant qui porte au nord-ouest, nous sommes bientôt au cap Saô-Roco, à l'extrémité nord-est du Brésil.

C'est ce même courant qui, venant du golfe de Guinée, lèche les côtes du Brésil, passe entre le Yucatan et Cuba, contourne le golfe du Mexique et, par la Floride, sort dans l'océan Atlantique sous le nom de *Gulf Stream*.

Après le cap Saô-Roco, nous visitons Natal, Parahyba-do-Norte et enfin Pernambuco, la Venise de l'Amérique du Sud, bâtie sur trois îlots.

De Pernambuco, nous faisons route pour Maceio, où se confectionnent des broderies particulières, puis nous touchons à Bahia, dans la baie du Reconcavo, pays renommé pour ses tabacs qui s'expédient en si grande quantité sur l'Europe.

Après avoir visité Vittoria, cachée au milieu de ses montagnes, nous arrivons enfin à Rio-de-Janeiro, la capitale du Brésil.

Sur un vapeur tout spécial et qui ne calait que fort peu d'eau nous passons à Santos, ce foyer de pestilence d'où s'exportent la plus grande partie des cafés brésiliens, puis à Paranagua où je vis une compagnie française posant ses rails d'acier sur des traverses en palissandre, le bois du pays.

Successivement, nous passons à Desterro, à Rio-Grande-do-Sul, à Palotas ainsi qu'à Porto-Allegre, et arrivons enfin à Montevideo, la capitale de l'Uruguay.

De Montevideo à Buenos-Ayres, il n'y a qu'un pas qui fut franchi en une nuit, et je prenais enfin terre dans la grande capitale de l'Argentine, point terminus de ma mission.

Du moins, je le croyais.

Il y avait près d'un mois que j'étais à Buenos-Ayres et j'étais sur le point de me réembarquer pour la France, lorsqu'on me remit un télégramme de Paris sur lequel je lus cette seule phrase: «Vous prions continuer mission côte ouest Amérique Sud.»

En conséquence, un beau soir je montais dans mon train à la gare du Retiro, et trente-trois heures plus tard j'étais à Mendoza, par 800 mètres d'altitude, au pied du contrefort oriental des Andes.

Après un arrêt d'une heure, nous primes le train transandin qui, suivant le cours sinueux du rio Mendoza, nous déposa le soir, à trois heures, par 3.000 mètres d'altitude, à Punta-de-Vacas, point terminus de la ligne.

De là à Salto-del-Soldado, où commence la voie ferrée transandine chilienne, il y a 70 kilomètres. Mais les difficultés de la route sont telles, les montagnes si dures à percer qu'il faudra certainement de longues années avant que ce petit tronçon ne soit terminé.

A Punta-de-Vacas nous montâmes en voiture et, le soir à sept heures, nous prenions gîte, par 5.000 mètres d'altitude, dans une auberge « Au Paseo de la Cumbre ».

Dans le nord, et paraissant nous toucher, le géant des Andes, le volcan Aconcagua, nous dominait de 3.000 mètres.

Malgré un peu de suffocation due certainement à l'altitude, nous passâmes une très bonne nuit, et le lendemain matin, à la pointe du jour, vers quatre heures, car nous étions en janvier, l'été argentin, après être remontés environ 500 mètres et avoir traversé quelques épaisseurs de neige, nous étions à ce point idéal qui constitue la frontière entre l'Argentine et le Chili.

C'est également la ligne de partage des eaux de l'Atlantique et du Pacifique.

En effet, jusque-là nous avions vu le rio Mendoza se diriger vers l'est. A partir du Paseo de la Cumbre, tous les torrents coulaient vers l'ouest.

La descente commença, rapide, échevelée, à toute la vitesse de nos cinq chevaux, et malgré le peu de largeur de la route, malgré la paroi rocheuse de la droite et les gouffres sans fond du côté gauche, nous arrivâmes vers dix heures dans la vallée de Juncal, par 2.222 mètres d'altitude, où nous trouvâmes un hôtel tenu par un Français.

Nous y prîmes un fort bon déjeuner, puis nous nous remîmes en route suivant le rio Aconcagua et arrivâmes au Salto-del-Soldado, où la douane chilienne passa la visite de nos bagages.

A quatre heures, le train transandin nous faisait descendre les derniers contreforts des Andes, à cinq heures nous étions à Santo-Rosa-de-los-Andes, et le soir, à dix heures, j'entendais sur la plage de Valparaiso battre les flots verts du Pacifique.

La traversée de l'Amérique du Sud m'avait pris soixante-douze heures.

Celle de l'Afrique, pourtant plus courte, m'avait demandé trois cent soixante jours.

Ma mission comportant tous les ports du Pacifique, je visitai successivement Coquimbo, Chanaral, Caldeira, Taltal, Antofagasta et Iquique.

A Iquique, dans l'unique nid de verdure qui soit sur cette côte dénudée, je vis la statue du lieutenant Prat, le Léonidas chilien.

Après Iquique, nous passons à Caleta-Buena, à Pisagua, à Arica, à Mollendo, à Pisco, à Cerro-Azul et, contournant l'île San-Lorenzo, nous laissons tomber l'ancre dans la rade du Callao.

Grâce aux chemins de fer qui partent chaque quart d'heure, je fus bientôt à Lima, la capitale du Pérou, où m'attendaient de nouvelles instructions.

En conséquence de ces instructions j'étais peu après de nouveau à la mer, visitant les Guanapé, Salaverry, Pacasmayu, Eten, et prenais terre à Payta pour y affréter un petit bateau pêcheur qui me fit toucher à Talara et à Port-Gran où se trouvent les plus riches terrains pétrolifères de la côte nord du Pérou.

C'est le «residuum» du pétrole raffiné qui sert de combustible et aux locomotives du Callao et aux vapeurs côtiers.

Ce combustible donne, dit-on, quatre fois plus de calorique que la houille ordinaire.

De Port-Gran, je pris un cheval qui me conduisit à Tumbez, où je louai un canot non ponté qui, en trois jours, me fit atterrir à Guayaquil, le grand port de la République de l'Equateur, où je repris le vapeur de la côte qui le lendemain de notre départ toucha à Manta.

C'est à Manta que se confectionnent ces beaux chapeaux de paille dits de Panama dont quelques-uns coûtent jusqu'à mille francs l'un.

De Manta nous faisons route sur Buenaventura, le seul port de guerre que possède actuellement la Colombie sur le Pacifique et, après une navigation des plus faciles, nous arrivions le lendemain à Panama.

Et j'étais heureux à la pensée que de l'autre côté de l'isthme, à Colon, se trouvait peut-être un navire français prêt à me recevoir.

Mais si l'homme propose, les événements disposent, et ils disposaient pour la continuation de cet interminable voyage, car peu après j'étais à Punta-Arena, dans le golfe de Nicoya ou Costa-Rica.

Tour à tour je visitai Corinto, Managua ou Nicaragua.

En touchant à Amapala, j'eus un instant l'idée de pousser jusqu'à Tegucigalpa, la capitale du Honduras espagnol, mais mon temps était limité et je dus m'acheminer vers la Libertad et Acajutla ou San-Salvador.

Ma dernière escale en ces parages fut à San-José, où je pris le train qui, après m'avoir fait traverser le lac d'eaux chaudes Amatitlan, me conduisit à la capitale du Guatemala, où j'arrivais le lendemain du jour où le président Barrios venait d'y être assassiné.

J'aurais bien voulu traverser ce pays si neuf, visiter Izabal et son lac pour ensuite m'embarquer sur le golfe d'Amatique, mais par suite de la mort du Président ce voyage n'était pas sûr et personne ne consentit à m'accompagner.

Je dus donc, au retour, refaire les mêmes escales qu'à l'aller, et c'est sans aucun incident à noter que je débarquai à Panama, traversai l'isthme et m'embarquai à Colon sur le steamer français *Saint-Laurent*, de la Compagnie Transatlantique.

Je touchai successivement à Puerto-Columbia, à Puerto-Cabello, à La Guayra, à Corupano.

En passant je visitai la Trinidad, la Martinique, la Guadeloupe, et ce n'est qu'en quittant la Pointe-à-Pitre que je respirai longuement, certain alors qu'aucun télégramme ne pouvait de nouveau retarder ma rentrée.

Enfin ! après une excellente traversée de l'Atlantique et une absence de près d'une année, j'arrivais à Paris sans avoir visité cette admirable capitale des anciens ducs de Normandie pour laquelle j'avais été primitivement désigné.

Ces pays sont jeunes, puisqu'ils comptent à peine trois siècles d'existence ; ils sont riches, c'est indéniable, puisqu'ils exportent plus qu'ils ne reçoivent ; ils sont certainement appelés au plus grand avenir, il n'y a pas à en douter, surtout si, comme je le crois, les Etats-Unis pèsent sur eux et moralement et autrement !

Mais la Tunisie leur est supérieure, de beaucoup supérieure !

La Tunisie leur est supérieure, et je le prouve :

Le Brésil, grâce à ses nombreuses latitudes, a pour ainsi dire tous les climats et par suite tous les produits. Au nord, c'est le caoutchouc, le premier du monde, commercialement parlant ; plus à l'est, c'est le coton, c'est le sucre, ce sont les tabacs. La province de Minas-Gerace a la spécialité des diamants ; celle de Saô-Paulo exporte assez de cafés pour fournir la moitié de ce qui se consomme dans le monde entier, et celle de Rio-Grande-do-Sul a les céréales et les bestiaux.

Mais l'intérieur de cet immense pays n'est pas connu et il n'est habité que par des Indiens sinon sauvages du moins réfractaires aux idées civilisatrices. Quant aux côtes, habitées et exploitées par des Européens ou des descendants d'Européens, elles sont, hélas ! ravagées par le terrible fléau de ces contrées, la fièvre jaune.

L'Uruguay serait certainement l'idéal, mais chacun y vise à la dictature, y entraîne ses partisans. De là une continuelle guerre civile qui désole les villes et ravage les campagnes.

La République Argentine, par ses quatorze provinces, ses trois territoires, ses immenses voies ferrées qui la sillonnent en tous sens, ses récoltes en céréales qui chaque année s'exportent par milliers de chargements en Europe, ses laines, ses bestiaux, etc., etc., est certainement appelée à devenir les Etats-Unis de l'Amérique du Sud, mais elle a un terrible voisin, le Chili, et tant que la question de la délimitation des frontières ne sera pas définitivement résolue, la sécurité n'y sera jamais complète.

En passant, je me permets de dire deux mots de la Bolivie et du Paraguay qui, enclavés entre de puissants voisins, seront certainement absorbés par eux.

Quant au Pérou, il râle encore sous le talon de son vainqueur.

C'est au Pérou que les Américains viennent d'élever (élever, c'est le mot) la voie ferrée dite de l'Oroya. Grâce à cette ligne qui monte jusqu'à 5.200 mètres, on peut en moins de dix jours se rendre du Pacifique au Para, car sur le versant oriental de l'Oroya coule la petite rivière Ucayali qui vient se jeter dans l'Amazone à Nauta, et de ce point à Yquitos il faut à peine huit heures.

Or, l'Ucayali est navigable sur tout son parcours, et j'y ai même salué, sur un des steamers de service, le pavillon français.

La République de l'Equateur est, comme ses sœurs américaines, privilégiée au possible, car elle a à profusion l'eau, l'humus et la chaleur, ces trois conditions essentielles de toute bonne végétation, mais sa population est primitive à l'excès, elle n'a pas de besoins et par suite les routes manquent complètement.

Pendant la saison des pluies il est presque impossible de gagner Quito, la capitale.

Le plus beau fleuron économique de la Colombie était certainement Panama. Cette ville et son territoire viennent brusquement de se séparer de la mère patrie.

Quant aux cinq Républiques de l'Amérique centrale, en deux lignes voici leur histoire : Quand elles ne sont pas en guerre les unes contre les autres, elles le sont civilement chez elles.

En outre de tous ces inconvénients que je viens de signaler, il y a la langue ou portugaise ou espagnole que l'on parle dans ces pays et que ne connait généralement pas l'émigrant français; il y a la longueur des traversées, le coût du voyage, le manque de communication avec la côte.

Et ce que je dis ici pour tous ces pays de l'Amérique du Sud, je le dis également pour l'Afrique du Sud, pour l'Inde, la Chine, le Japon.....

Tandis que la Tunisie est à nos portes. La Tunisie, grâce à son climat exceptionnel, grâce à la fécondité de sa terre, grâce à ses mines de fer, de plomb, de calamine... on a même parlé de mines d'or, la Tunisie, grâce à ses phosphates, ne le cède à aucun pays du monde.

Bien que sachant sa vie menacée, Danton ne voulut pas s'expatrier, alléguant avec raison qu'on n'emporte pas la patrie à la semelle de ses souliers.

Emigrerait-il donc à l'étranger celui des nôtres qui viendrait en Tunisie? Est-ce que la Tunisie n'est pas à moins de trente heures de France? La poste et le télégraphe n'y fonctionnent-ils pas régulièrement?

Est-ce que les conditions ordinaires de la vie ne sont pas les mêmes dans les deux pays?

L'émigrant en Tunisie ne reverrait-il pas, dans son nouveau pays, ses soldats et son drapeau?

La Tunisie n'est point le plus beau pays du monde, puisqu'il y a la France, mais c'est *le seul pays* où le travailleur sobre et actif peut encore espérer vivre heureux.

LA LITTÉRATURE POPULAIRE DES ISRAÉLITES TUNISIENS

Par M. Eusèbe VASSEL

de l'Institut de Carthage

Les orientalistes ignorent encore qu'il existe chez les Israélites de Tunis une littérature populaire — journaux, écrits historiques, romans, poésies, chansons et complaintes — en *arabe juif,* c'est-à-dire écrite dans un patois arabe et imprimée en caractères hébraïques.

Ces productions ne sont sans intérêt ni pour le philologue, ni pour l'ethnographe. « Les idiomes écrits, dit Renan, sont seuls des témoins sûrs en philologie. » D'autre part, un peuple se peint d'autant plus fidèlement dans ses œuvres familières, qu'il le fait à son insu.

Or, est-il besoin de faire ressortir combien il importe, pour s'assimiler une race, d'en connaître à fond l'histoire, la langue, les mœurs, l'état d'esprit, les besoins?

Les Israélites tunisiens n'étaient point sans antécédents intellectuels. Les deux talmuds invoquent l'autorité de rabbins de Carthage du troisième siècle. Du huitième au dixième, les médecins de Kairouan sont réputés; les rabbins de la même ville deviennent célèbres au onzième. Puis les persécutions et les massacres éteignent la vie intellectuelle pendant quatre siècles.

Au seizième on voit poindre une renaissance. Elle se dessine ; de 1759 à 1886, il est imprimé en hébreu une centaine d'ouvrages de rabbins tunisiens. Un de ces écrits se publie en 1768 à Tunis même.

Le premier livre en arabe juif est le *Code du royaume tunisien,* imprimé à Tunis en 1862 par trois amateurs.

Un peu plus tard, un certain Sarfati, qui fréquentait les cafés maures, écrit les récits qu'il y entendait, prend des copistes, et crée une librairie de manuscrits qui répand le goût des lettres profanes.

En 1867-1868, Elie Guedj fait imprimer à Livourne le premier livre de la littérature populaire.

Un journal est créé vers 1878, et bientôt suivi d'un second, mais tous deux sont éphémères. Le troisième, *El-Moubacher,* fondé en 1884, dure près d'un an ; il était rédigé par le rabbin Eliézer Farhi.

En 1897, au rétablissement du cautionnement, qui tua les journaux juifs, il y en avait eu vingt et un, dont un, *El-Boustan,* vivait depuis une huitaine d'années.

Le cautionnement aboli, les journaux ont reparu ; on en compte déjà quatre.

Le véritable fondateur de la littérature populaire est Farhi. Tout en écrivant son journal, il se mettait à publier un volume d'historiettes, deux romans arabes dont un n'a pas moins de 1.642 pages in-8°, puis le premier roman purement tunisien, *Zin et-Temam*. Il fut suivi de près par Simah Lévy, Jacob Cohen, le rabbin Flah.

On compte aujourd'hui une quinzaine d'écrivains, dont un érudit, M. Victor Uzan. Les volumes et les brochures forment une petite bibliothèque.

Les œuvres n'ont plus, en général, le caractère un peu enfantin des premiers débuts ; on y trouve parfois du naturel, de jolis tableaux de genre et de bonne satire.

Le mouvement littéraire a fait naître les imprimeries hébraïques. Tunis en a trois ou quatre, dont une bien outillée. Parmi les publications de celle-ci, je citerai les traductions en arabe vulgaire des *Mille et une Nuits*, des *Mystères de Paris* d'Eugène Sue, du *Comte de Monte-Cristo* d'Alexandre Dumas, dont le dernier volume n'a pu paraître par suite de la promulgation en Tunisie de la loi sur la propriété littéraire.

Il y a à Tunis cinq ou six librairies juives, doublées de cabinets de lecture. Ce sont de petites boutiques sombres, situées dans les ruelles du quartier israélite ; on y vend parfois des marchandises n'ayant aucune relation avec les lettres.

Les Juifs algériens ont aussi une littérature populaire, mais elle paraît pauvre. Je ne connais jusqu'ici que trois auteurs et huit ouvrages, dont une brochure très insignifiante.

Le mémoire sur la littérature populaire des Israélites tunisiens paraîtra dans la *Revue Tunisienne*, organe de l'Institut de Carthage. En l'écrivant, j'ai eu trois objets en vue : montrer que la littérature populaire juive mérite quelque attention ; en faciliter l'accès aux arabisants ; faire voir enfin que l'Israélite tunisien ne manque ni d'intelligence, ni d'initiative.

Le Congrès remercie vivement M. Vassel de sa communication.

DE LA NÉCESSITÉ D'UNE LIGUE MARITIME FRANÇAISE

Par M. CLOAREC
de la Ligue Maritime Française

MESSIEURS,

Après tant d'orateurs distingués qui vous ont demandé de consacrer par votre approbation les conclusions de leurs études ou les désirs que leur avait suggérés leur souci du bien général, je vous demande la permission, moi, modeste ouvrier d'une œuvre encore peu connue, d'appeler votre attention sur le but que poursuit cette œuvre et dont vous apprécierez, j'en suis sûr, toute la grandeur.

Le titre de cette communication vous a déjà appris qu'il s'agit de la Ligue Maritime Française, qui a entrepris la tâche d'attirer l'attention des Français sur les choses de la mer. Je ne pense pas trouver de grandes difficultés à convaincre un auditoire de géographes et surtout de membres des Sociétés de Géographie économique, puisque tous savent quel rôle joue la mer dans le système des échanges. Je suis, d'ailleurs, encouragé dans l'appel que je vous adresse par la certitude que les marins rendront au centuple à la géographie ce que celle-ci fera pour eux.

L'intérêt géographique ou économique n'est pas le seul qui justifie cet appel, l'intérêt national n'est pas moindre.

Sans une puissante flotte militaire, sans une marine commerciale prospère, la mer devient pour notre pays un fossé qui l'emprisonne au lieu de rester ce qu'elle doit être : la grande route de la liberté qui nous rapproche du monde entier. Sans une puissante flotte militaire, il n'est pas de politique extérieure en dehors des frontières immédiates, il n'est pas non plus de politique coloniale, car l'histoire nous a suffisamment démontré que c'est sur la maîtrise de la mer que reposent la possession et la mise en valeur des colonies ; elle nous l'a démontré à nos dépens au XVIIIe siècle, elle l'a confirmé tout récemment encore dans la guerre hispano-américaine. Tous les efforts que fait la France au dehors et dont nous avons admiré ici-même, en Tunisie, les puissants résultats ne reposent sur aucune base solide s'ils ne reposent pas sur la mer ; sans la mer, cet édifice merveilleux n'est qu'un château bâti sur le sable.

Même dans nos compétitions avec nos voisins immédiats, la marine nous rend des services inappréciables. Sans la maîtrise de la mer, en 1870, la longue résistance eût été impossible, l'armée de la Loire n'aurait même pas pu se former puisqu'elle n'aurait reçu ni vivres, ni armes, ni munitions ; tandis que tout cela a continué à affluer dans nos ports comme en pleine paix. Grâce à cette maîtrise de la mer, nous avons conservé avec l'étranger nos relations commerciales qui nous ont permis ce relèvement économique qui a étonné le monde, et sans lesquelles nous aurions vu la ruine s'ajouter au démembrement.

Or, quelle est aujourd'hui la situation de notre flotte? Il y a vingt ans à peine, notre puissance maritime était au moins égale aux trois cinquièmes de la puissance maritime anglaise, et aucune autre nation ne pouvait se comparer à nous sur mer. Aujourd'hui, nous atteignons à peine les deux cinquièmes de la puissance anglaise et de tous côtés se sont dressées des nations jeunes qui nous suivent de près et menacent de nous ravir très prochainement le second rang.

L'intérêt que doit nous inspirer la marine commerciale n'est pas moins grand, car l'histoire nous prouve que, de tous temps, les nations maritimes ont fini par attirer la richesse sur leurs côtes; notre propre histoire nous le démontre d'une manière éclatante : toutes les périodes de grande prospérité ont été des périodes de grande activité maritime.

Il y a longtemps qu'on l'a dit : « La marchandise suit le pavillon »; et cela n'est-il pas évident !

Confier sa marchandise à des navires étrangers, c'est agir comme un industriel qui, sous prétexte d'économie, chargerait l'un de ses concurrents de faire ses propres livraisons au moyen de voitures portant le nom de ce concurrent. Le navire est la voiture de livraison de l'industrie nationale; le pavillon est une enseigne derrière laquelle viennent des commerçants, des représentants, des agents, et qu'accompagnent des méthodes commerciales, les poids et mesures, les monnaies, la langue, la mode, tout ce qui constitue l'influence économique.

Et ceci montre combien se trompent ceux qui croient que la marine ne peut intéresser que les populations qui en vivent directement. C'est comme s'ils croyaient que les chemins de fer n'intéressent que les employés des Compagnies. Tous les habitants d'un pays sont intéressés à la mer parce que tous bénéficient de ses bienfaits.

Il y aurait encore bien à dire pour montrer comment la mer est non seulement une source de richesse, mais encore une source d'énergie pour les âmes comme elle l'est pour les corps; de sorte que le souci de la santé morale de notre pays doit nous pousser vers la mer.

Nous avons vu que nous avions des raisons de nous inquiéter pour notre marine militaire; combien devons-nous plus encore nous émouvoir de la situation de notre marine commerciale!

Il y a un demi-siècle, la marine française transportait le quart des marchandises du monde entier, la moitié du fret entrant sur le territoire national ou en sortant.

Aujourd'hui, elle ne transporte pas la dixième partie de ce que transporte la flotte anglaise, pas le tiers de ce que transporte la flotte allemande presque insignifiante naguère, pas le quart du fret de ses propres ports.

Du second rang elle est tombée au cinquième; elle est presque stationnaire au milieu de l'accroissement général. La seule flotte à vapeur du port de Hambourg est plus importante que la flotte à vapeur de tous les ports français réunis !...

C'est pour remédier à cet état de choses plus qu'inquiétant que s'est fondée la Ligue Maritime Française, dont le siège social est à Paris, 39, boulevard des Capucines. Dirigée par un Comité qui renferme tout ce que le pays compte d'hommes éminents dans le monde maritime, la Ligue se propose un double but : instruire et agir.

Par des conférences, des réunions, des publications, une Revue mensuelle illustrée, elle s'efforce de familiariser les Français avec les choses de la mer ; par des démarches près des pouvoirs publics, près des centres de culture intellectuelle, elle cherche à faire pénétrer les connaissances maritimes dans l'instruction courante.

Par des enquêtes, des réunions d'hommes compétents, elle étudie les questions de marine militaire ou de marine marchande et, quand l'une de ces questions est mûre, elle s'efforce de la faire aboutir. C'est ainsi, pour ne citer qu'un exemple, qu'après avoir étudié la situation qui résulte pour la marine marchande de la loi de 1902, la Ligue a été assez heureuse pour obtenir, à la suite de ses démarches, la nomination d'une commission extraparlementaire qui achève en ce moment ses travaux et proposera prochainement un nouveau projet de loi au Parlement.

Vous voyez que notre action est déjà efficace, mais combien elle le sera davantage le jour où la Ligue aura groupé un nombre considérable d'adhérents ! C'est grâce à des ligues comme la nôtre que les pays voisins, en particulier l'Allemagne, ont réussi à développer leur puissance maritime. Il est vrai que l'empereur a pris lui-même la tête du mouvement. La Ligue Maritime Allemande compte 633.000 membres !

En Angleterre, la Ligue Navale ne s'occupe que de la marine de guerre ; elle compte 20.000 membres.

En Italie, où les intérêts maritimes ne sont certes pas plus développés qu'en France, la Ligue Maritime a groupé 10.000 adhérents.

Les Etats-Unis, le Japon, l'Espagne, le Portugal, la Belgique ont tous des ligues maritimes prospères.

En France, le mouvement commence à se dessiner ; les adhérents viennent chaque jour plus nombreux, mais nous sommes encore loin derrière nos concurrents.

Je lance donc un appel à tous, mais en particulier à MM. les présidents des Sociétés de Géographie, qui peuvent nous aider si puissamment, et, au nom de notre Comité, je leur demande de vouloir bien mettre de temps en temps des questions maritimes à l'ordre du jour de leurs Sociétés, de consacrer quelques-unes des conférences qu'ils font chaque année à des études sur la mer. La Ligue Maritime Française sera toujours prête à leur adresser des conférenciers s'ils en manquent sur place, ou les éléments nécessaires pour préparer des conférences avec ou sans projections, dans le cas où ils trouveraient des hommes de bonne volonté.

En agissant ainsi, ils apporteront un élément d'intérêt nouveau à leurs réunions et ils auront la satisfaction de contribuer à donner à notre pays la place qui lui revient sur mer.

Ainsi que je vous l'ai dit, il ne s'agit pas là d'une question de vaine gloriole, mais d'une question de vie ou de mort.

Le vœu suivant est aussitôt mis aux voix par M. le commandant Bordier, président de la séance :

« Le Congrès émet le vœu que les diverses Sociétés de Géographie mettent à l'ordre du jour de leurs études les questions maritimes. »

Le vœu est adopté à l'unanimité.

LE PORT DE DUNKERQUE
ET SES RELATIONS AVEC L'AFRIQUE DU NORD

Par M. Thomas DEMAN

Délégué de la Société de Géographie de Dunkerque

Mes chers Collègues,

Lorsque l'an dernier je me rendis au Congrès National des Sociétés de Géographie à Rouen, où l'accueil qui nous fut fait fut si gracieux, j'assistais à un Congrès pour la première fois, et je pensais et j'ai dit qu'en pareille occurrence il fallait savoir se taire, même si l'on était avocat.

Mais l'obstination est un défaut, même et surtout dans le silence, et ce qui me semblait tout à fait naturel alors me pourrait être imputé à crime aujourd'hui.

Notre port de Dunkerque, le port le plus septentrional de la France, fait avec votre Tunisie d'importantes affaires.

C'est que Dunkerque est la porte par laquelle entrent les produits destinés à la grande et industrielle région du nord, porte par laquelle aussi sortent les résultats de l'admirable activité flamande.

Sans doute, le port belge d'Anvers est un centre magnifique d'activité commerciale, et la Tunisie opère avec lui d'importantes transactions. Mais entre la France et la Tunisie a été conclu un véritable contrat d'affection mutuelle. Or, je vous le demande, en dehors des petits cadeaux qui, dit-on, entretiennent l'amitié, quelle chose entretient mieux l'affection mutuelle des peuples que les bonnes et profitables relations commerciales?

Dunkerque est en France, Anvers est en Belgique, et si j'appelle aujourd'hui l'attention de la Tunisie et celle du Congrès de Géographie sur Dunkerque, ce n'est point que je veuille faire un plaidoyer *pro domo*, c'est que je vais tâcher de vous faire préférer un port de notre France à un port étranger.

De par la statistique, science que vous savez, mes chers Collègues, mathématiquement exacte, Dunkerque est, comme importance, le troisième port français, venant après Marseille et Le Havre, avec un tonnage de marchandises importées et exportées de plus de trois millions de tonnes.

Si je m'exprime ainsi, ce n'est pas, croyez-le bien, pour établir un classement qui, flattant l'amour-propre de mes compatriotes, blesserait celui d'autres Français, tout aussi bons Français que nous et qu'à ce titre nous aimons; non, je veux seulement constater un fait et montrer les avantages que l'on peut en tirer.

Dunkerque est, pour les opérations de chargement et déchargement des navires, merveilleusement outillé.

Une grue flottante, montée sur ponton, peut soulever des poids de 40 tonnes, et récemment a transbordé du quai sur le steamer américain *le Minneapolis* des wagons complets formant le matériel de l'établissement « Barnum ».

Tout le long des quais, dont la longueur utile est actuellement de plus de 8.500 mètres et sera bientôt de 11.000 mètres, des grues à vapeur et à bras sont prêtes à décharger les navires avec la plus grande rapidité. Et il n'est pas rare de voir un de ces cargo-boats qui viennent de La Plata, de Bombay ou de l'Extrême-Orient quitter le port trois ou quatre jours après leur arrivée, ayant jeté sur nos quais les 5 ou 6.000 tonnes de marchandises dont ils étaient porteurs et qui sont allées s'engouffrer dans nos vastes entrepôts et magasins.

Que si les navires sont avariés, nous avons des cales de radoub dont la plus grande a 190 mètres de longueur utile et peut recevoir les plus grands spécimens de la construction moderne.

Des chantiers de construction ont été récemment créés sous l'active impulsion d'un homme dont l'activité égale l'intelligence, M. Léon HERBART, et je le cite d'autant plus volontiers qu'il doit vous être plus sympathique, sa fille habitant Tunis.

Dunkerque est reliée avec l'intérieur par de multiples voies ferrées et un triple réseau de canaux.

La gare des marchandises est la plus importante du réseau du Nord, après celle de Paris-La Chapelle, et chaque jour des centaines et des centaines de wagons s'en vont fournir le pain quotidien des matières premières aux usines de cette industrieuse région du nord de la France, Lille, Armentières, Roubaix, Tourcoing, région dont l'importance commerciale est telle qu'elle paie, à elle seule, près du quart des impôts de la France entière, alors que comme surface du territoire elle n'en est pas la centième partie.

A cette activité industrielle et commerciale, la Tunisie commence à prendre sa part.

Ce n'est encore qu'un commencement, car les affaires, sur cette terre presque neuve, vont grandir et prospérer comme une nouvelle et vigoureuse récolte.

En 1902 (ce sont les derniers résultats que la statistique ait fixés d'une manière certaine), la Tunisie importait en France 1.790.569 quintaux de marchandises, et sur ce nombre il y en avait 63.790, soit 3 1/2 %, qui allait là-bas, tout au nord de la France, c'est-à-dire le point le plus éloigné, celui pour lequel évidemment le fret est le plus cher.

C'est peu 3 1/2 % sur les importations générales, mais voyons les choses de plus près:

Sur 49.000 quintaux de minerai de zinc expédiés de Tunisie, Dunkerque a reçu 49.000 quintaux, soit 100 %.

Sur 3.966 quintaux de graine de lin, Dunkerque en a reçu 43 %, soit 1.708.

Sur 13.973 quitaux de fèves en grains, il en est venu à Dunkerque 3.319, soit 23,75 %.

A l'importation en Tunisie, Dunkerque a fourni 24 % des machines et mécaniques, 26 % des sucres bruts et raffinés, 15 % des articles de carrosserie, 39 % des fils de toute sorte, 18,99 % des poissons secs fumés ou conservés, 15 % des bois, ce pourcentage étant celui des importations de toute la France en Tunisie.

Entre Dunkerque et la Tunisie, les rapports sont surtout assurés par la Compagnie des Bateaux à vapeur du Nord, dont les représentants à Tunis sont MM. Savon frères.

Dès que le Protectorat Français fut établi en Tunisie, et alors que le port de Tunis n'existait pas encore, l'on vit souvent les navires de la flotte de cette Compagnie dans le port de La Goulette, et bientôt un service d'escales fut créé à La Goulette d'abord, puis à Tunis même.

Les négociants et industriels du nord de la France, informés de ces escales, nommèrent des correspondants dans la Régence, et bientôt la Compagnie organisa deux départs mensuels de Dunkerque pour Tunis et vice versa.

C'est grâce à ce service que l'an dernier le commerce de la région du nord put se procurer en Tunisie les grains qui faisaient défaut en Algérie.

La sécheresse avait causé de grands ravages dans la province d'Oran et celle de Constantine, à tel point que l'exportation y fut presque nulle.

La Tunisie y suppléa, et comme d'un courant d'affaires, même accidentel, il reste toujours un avantage, la Compagnie des Bateaux à vapeur du Nord a étudié à ce moment le moyen d'apporter des modifications dans ses services en rapprochant les dates de départ.

D'un autre côté, l'on se préoccupe, à Dunkerque, de la question d'un engrais utile que l'Afrique du Nord commence à fournir. Cet engrais trouvera et trouve déjà son emploi dans la région du nord de la France, car il ne faut pas que vous ignoriez que la culture, là-bas, ne le cède en rien à l'industrie. Cet engrais, c'est le phosphate.

En 1901, l'Algérie en fournissait à la France 86.106 tonnes et l'Amérique 98.469 tonnes.

Mais, en 1902, le chiffre de l'importation par l'Algérie a beaucoup diminué, tandis que celui de l'Amérique augmentait.

La raison en fut que les frets avaient sensiblement baissé, tandis que les chemins de fer algériens maintenaient leurs tarifs.

Je dois signaler aussi que la Tunisie qui en 1897 expédiait en France 800 tonnes de phosphate, en expédiait en 1901 40.000 tonnes.

Désireuse d'encourager les colons de l'Afrique du Nord, la Chambre de Commerce de Dunkerque a pris, le 9 octobre 1903, une délibération appuyant auprès de M. le Gouverneur Général de l'Algérie une pétition tendant à obtenir des Compagnies de chemins de fer algériens une réduction de tarifs pour le transport des phosphates du lieu d'extraction au lieu d'embarquement, et si semblable demande lui était faite par les Tunisiens je suis convaincu que la Chambre de Commerce de Dunkerque se ferait un devoir de l'appuyer également.

Ainsi s'élève peu à peu l'édifice de nos relations commerciales, et le devoir de chacun de nous est d'y apporter toujours de nouveaux matériaux.

C'est ce devoir que je veux essayer de remplir en formulant un vœu. Peut-être mes idées ne sont-elles point nouvelles ; mais, *quid novi sub sole?* et d'ailleurs, si l'on en croit la Bruyère, tout n'a-t-il pas été dit et depuis longtemps !

Bref, ce vœu est que, dans les cahiers des charges des travaux à faire pour des administrations, il soit spécifié que les matériaux à employer devront être d'origine française et embarqués dans un port français.

Ce faisant, je me rappelle que si la France a les deux mamelles dont il fut tant parlé : l'agriculture et l'industrie, elle a aussi une marine dont la prospérité est nécessaire à sa vie économique.

Une voix plus autorisée que la mienne, celle de la Ligue Maritime Française, en la personne de M. Cloarec, s'élèvera au cours du Congrès en faveur de cet élément de notre grandeur nationale. Mais je ne me serais pas estimé quitte envers moi-même et mes collègues en ne montrant pas, d'un mot rapide, qu'un progrès peut être réalisé et que des Français, coloniaux et métropolitains, peuvent en tirer profit.

Laissez-moi terminer par une brève réminiscence.

Quand je quittai Dunkerque pour venir ici, j'allai voir le Président de notre Chambre de Commerce. « Tenez, me dit-il, voyez ce que je reçois de Sousse ! »

C'était une bouteille d'huile d'olive incomparablement transparente. Et à cette bouteille était jointe une lettre en vantant les qualités, en indiquant le prix et demandant au Président s'il pensait qu'une si belle marchandise, et à si bon compte, serait facilement vendue dans notre région.

« Evidemment je n'ai pu, me dit le Président, répondre qu'une chose, c'est que je mettrai cet échantillon à notre Musée commercial. Mais puisque vous allez en Tunisie, dites bien aux commerçants tunisiens que le mieux pour vendre leurs produits chez nous est d'y venir eux-mêmes et d'y nommer des représentants. »

Je me dirai heureux si, grâce à la publicité de ce Congrès, le conseil est entendu est suivi.

A la suite de cette communication, le Congrès a émis le vœu que « pour les travaux publics aux colonies et notamment en Tunisie, il soit inséré aux cahiers des charges un article prescrivant que les matériaux provenant du dehors devront autant que possible être d'origine française et embarqués dans un port français ».

GÉOGRAPHIE RÉGIONALE

LES MINES ET LIGNES DE COMMUNICATION EN TUNISIE

Par M. BELBÉZÉ
de la Section tunisienne de la Société de Géographie commerciale de Paris

M. Belbézé, trésorier de la Société de Géographie de Tunis et du Congrès, fait dans les termes suivants un exposé du plus haut intérêt, ayant pour objet l'*influence de l'exploitation minière sur le développement des voies de communication et le peuplement européen en Tunisie* :

Je regrette vivement qu'une voix plus autorisée que la mienne ne soit pas venue donner l'importante communication que j'ai l'honneur de vous présenter.

Jusqu'à la dernière heure, un de nos plus éminents collègues devait la traiter avec toute l'autorité d'un grand savoir et d'une connaissance profonde des besoins du pays ; il en a été empêché au dernier moment.

J'ai été pendant ces derniers jours très absorbé par la trésorerie du Congrès, et n'ai pu disposer que de quelques instants. Vous m'excuserez donc de ne vous présenter qu'un travail très incomplet, une ébauche, suffisante néanmoins, je l'espère, pour vous montrer l'avantage énorme qu'il y aurait pour ce pays à activer le développement rapide de l'exploitation minière et des constructions de voies de transport, car ma communication devrait avoir pour titre, au lieu de *Mines et voies de transport en Tunisie* : « Influence de l'exploitation minière sur le développement des voies de communication et le peuplement européen en Tunisie ».

M. Sogno va, tout à l'heure, traiter la partie technique en appuyant sa communication par une statistique remarquablement documentée.

En 1881, au moment de l'occupation de ce pays par la France, il n'y avait ni routes, ni ports, ni chemins de fer, sauf la ligne de la Medjerdah reliant Tunis à l'Algérie, construite depuis 1878, et la petite ligne italienne Rubattino de la banlieue de Tunis, Le Bardo, La Marsa, La Goulette.

Deux mines seulement étaient en exploitation ou concédées à ce moment :

c'étaient le Djebel-Reças (mine de plomb concédée en 1868) et la mine de Djebba (zinc et plomb), près de Souk-el-Khemis; ni l'une ni l'autre d'ailleurs n'étaient susceptibles de rémunérer une voie ferrée d'une certaine longueur.

A partir de 1886, une quantité très considérable de permis de recherches ont été accordés, plus de 5.000, et ont donné lieu à un certain nombre de concessions; leur énumération avec leur date et leur situation serait un peu longue et d'un médiocre intérêt. Ces mines (zinc ou métaux connexes), fort riches pour quelques-unes à cause de leur teneur, ne sont pas susceptibles de rémunérer une longue voie de transport : elles ne seront jamais qu'un appoint.

Des minerais de fer, en quantité considérable, ont été découverts dans les Nefza, à environ 80 kilomètres à l'ouest de Bizerte; une concession même a été accordée en mars 1886, avec condition de construire une ligne de chemin de fer du gîte à Tabarca.

Jusqu'à présent, la Compagnie de Mokta-el-Hadid, concessionnaire, n'a pas usé des droits qui lui ont été accordés.

Un gisement considérable se trouve également au sud-ouest du Kef, près de la future ligne de Tunis à Kalaâ-el-Esnam.

Quelques filons de cuivre fort riches ont été découverts ces derniers temps, mais s'ils sont une source de fortune pour leurs inventeurs, je doute qu'ils puissent donner un tonnage suffisant pour activer la construction de voies de communication.

Restent les phosphates de chaux. L'agriculture intensive emploie de plus en plus les phosphates de chaux, soit purs, soit transformés en superphosphates, et tout indique que d'ici trois ou quatre ans la consommation aura presque doublé. Il faudrait à ce moment, pour suffire aux demandes de l'agriculture européenne, près de deux millions de tonnes de phosphates.

En Floride, grand marché de ces minerais, le gisement sera épuisé dans quelques années; dans la Somme et dans les Ardennes, ils sont ou très pauvres ou très peu assimilables; seuls, les phosphates de chaux du massif montagneux qui sépare l'Algérie de la Tunisie, au sud de la Medjerdah, sont assez riches et en assez grande quantité pour suffire à l'agriculture du monde entier pendant un grand nombre d'années.

La découverte en fut faite en 1886, par M. Thomas, près de Gafsa.

La disposition géographique des gisements ne permet leur exploitation pratique que par la Tunisie, sauf sur un point : Tébessa.

Le tonnage énorme de ces minerais demande pour les transporter de nombreuses lignes de voies ferrées.

Trois points seulement de ces puissants gisements sont ou vont être mis en exploitation :

D'abord, en 1893, Tébessa (Algérie), dont la ligne Tébessa-Souk-Ahras qui sert à l'exploiter est arrivée à son maximum de débit.

Ensuite, en 1900, Gafsa, qui livrera en 1904 plus de 400.000 tonnes de minerai.

La ligne reliant Metlaoui, centre de la mine, à Sfax (250 kilomètres) a été construite sans subvention du Gouvernement Tunisien, par la compagnie concessionnaire. Elle traverse presque en entier le centre sud tunisien, de l'ouest à l'est, et permettra, par un prolongement sur Tozeur et Nefta, l'exploitation des riches palmeraies de ces magnifiques oasis et, sur presque tout son parcours, le développement en grand de la culture arbustive.

La concession, en 1901, de la mine de Kalaâ-el-Esnam a amené la construction de la ligne Thala-Tunis, avec embranchement sur le Kef (300 kilomètres), traversant un des riches pays agricoles de la Tunisie (plaines du Fahs, du Sers, des Zouarine).

Enfin, d'importants gisements ont été découverts à Aïn-Moularès, près Tamerza, frontière algérienne.

Plusieurs compagnies financières ont offert de construire une voie ferrée du gisement à Kairouan, moyennant la concession de la mine ; cette ligne serait l'une des plus importantes de la Tunisie, traversant du sud-est au nord-ouest le centre de la Régence, la fertile Byzacène des Romains, mettant à la disposition des colons français de merveilleuses terres d'exploitation propres à la culture des céréales, à l'élevage, à l'horticulture.

D'autres gisements importants se trouvent entre Thala et Shiba ; leur concession permettrait, à très peu de frais, la construction d'une ligne Thala-Kairouan ayant, par la création d'un tronçon de ligne Thala-Tébessa, une grande importance stratégique, surtout si l'Algérie finissait sa ligne Constantine-Aïn-Beïda-Tébessa. Toutes les voies algériennes et tunisiennes étant soudées au centre des montagnes qui les séparent, cela permettrait le transport rapide des troupes sur n'importe quel point menacé, le nœud du réseau étant à l'abri d'un puissant coup de main de l'ennemi.

Cette concession laisserait même libre une partie de l'emprunt de 40 millions contracté par le Gouvernement Tunisien pour l'achèvement d'un second réseau et permettrait ainsi la construction immédiate de la ligne Sfax-Kairouan, Kairouan devenant de la sorte un point très important du réseau, d'autant plus qu'un tronçon de ligne à construire, de 70 kilomètres, relierait cette ville à Tunis par Zaghouan, mettant ainsi la capitale de la Régence en rapport direct avec tous les points importants de la Tunisie.

Tunis va donc se trouver, dans un temps relativement court, tête de ligne de la plus grande partie des chemins de fer de la Régence qui lui apporteront les trois quarts de sa production agricole et une bonne partie de l'exploitation minière. Mais son port de commerce n'est pas outillé pour recevoir et embarquer la grande quantité de voyageurs et de marchandises appelés à y transiter.

Les navires seuls ayant un tirant d'eau de moins de 6 mètres 50 peuvent venir à quai. Les grands paquebots fréquentant les grands centres commerciaux ont besoin de ports en eau profonde.

Tant que le port de Tunis restera en l'état, il ne pourra pas prendre le développement que sa situation lui permettrait d'avoir, et les grands navires reconnaîtront le cap Bon sans s'arrêter.

Le port d'Alger, qui a déjà coûté 60 millions de francs, va être encore perfectionné, et une somme de 8 millions va y être immédiatement affectée. Oran va être doté de travaux neufs dont la valeur s'élèvera à plus de 20 millions de francs.

L'approfondissement du canal de La Goulette à Tunis et le creusement d'un bassin en eau profonde ne coûteraient pas plus de 10 millions de francs, d'après même la Compagnie des Ports de Tunis-Sousse-Sfax et les Travaux publics, et doterait la Tunisie d'un grand port de commerce magnifiquement situé au fond d'un golfe facilement défendable, et tête de ligne de nombreuses voies de pénétration. L'économie de rails est pour un port d'une immense importance, et c'est au fond des golfes ou des limites de la navigation fluviale en eau profonde que se trouvent les grands ports de commerce : Hambourg, Anvers, Londres, Gênes, etc.

L'urgence en est tellement évidente que je vais vous citer le texte d'une lettre reçue par la Compagnie des Ports : « Si votre Compagnie porte à 8^{m}50 la profondeur de la darse et du chenal, nous extrairons de la mine 250 à 350 mille tonnes annuellement ; dans le cas où le port resterait en l'état, nous n'exploiterions qu'à raison de 100.000 tonnes, comme nous y sommes tenus par notre contrat de concession. »

Voilà donc un seul client du port de Tunis qui assure à l'Etat Tunisien, d'après les conditions de son contrat de concession et en prenant le chiffre minima de sa promesse, un bénéfice annuel de 400.000 francs, gageant à lui seul un emprunt de 10 millions de francs.

Donc, une des conditions essentielles de la prospérité future de la Tunisie, de son peuplement par les Français, est de développer avec la plus grande rapidité possible son exploitation minière et l'achèvement de ses voies d'accès et de pénétration.

C'est ainsi que nous gagnerons un demi-siècle pour faire de la Tunisie ce qu'était la Zeugitane et la Byzacène du temps de Rome au point de vue de la prospérité matérielle, et un coin de France au point de vue nationalité et civilisation, ayant une force morale expansive très grande sur les deux bassins de la Méditerranée.

Je conclus en émettant le vœu suivant, que je prie M. le Président de cette assemblée de mettre aux voix :

« Le vingt-cinquième Congrès des Sociétés françaises de Géographie émet le vœu que le Gouvernement facilite, par tous les moyens possibles, l'exploitation minière en Tunisie, et surtout en construisant rapidement des lignes de chemins de fer et en créant à Tunis un port susceptible de recevoir des navires de fort tonnage. »

Après une discussion fort courtoise entre M. Féret et le rapporteur, le vœu ci-dessus est adopté à l'unanimité.

L'AVENIR DES MINES EN TUNISIE

Par M. SOGNO

de la Section tunisienne de la Société de Géographie commerciale de Paris

« La Tunisie est un pays essentiellement agricole ; c'est l'ancien grenier de Rome ; dans un siècle sa prospérité, due à l'agriculture, sera plus grande que celle que les Romains ont mis plus de trois siècles à obtenir ; l'avenir de la Tunisie réside dans la plantation de la vigne ; le centre tunisien est un pays merveilleux pour l'élevage du mouton ; dans le Sud, la culture de l'olivier est un placement à gros revenus, etc. » Ces formules, et d'autres semblables, servent de thèmes presque uniquement aux articles, brochures et ouvrages relatifs à la Tunisie. Sans examiner ce qu'elles ont d'exact, je ferai remarquer que la conception généralement admise résultant de ces écrits, d'après laquelle la Tunisie est regardée comme un pays uniquement agricole, dont la prospérité dépend des récoltes très variables d'une année à l'autre, est une idée qui pouvait être juste il y a quelques années encore, mais qui va le devenir de moins en moins.

En effet, il suffit de lire les états annuels du mouvement commercial de la Régence pour se rendre rapidement compte qu'à côté des sources de richesses agricoles, d'autres concourent également à la prospérité générale du pays, et parmi elles il y a lieu de citer les produits des mines, dont l'importance va chaque année en grandissant. Dans cette note, qui est une esquisse rapide de la situation minière actuelle de la Régence et de celle que l'on peut prévoir dans l'avenir, j'envisagerai les mines au seul point de vue économique.

Le titre de cette notice pourrait être : *Quel est l'appoint de l'industrie minière dans le commerce général de la Tunisie et que sera-t-il dans l'avenir ?*

Les produits du sous-sol tunisien sont assez variés : phosphates, lignites, pierres à chaux et à ciment, minerais de zinc et de plomb, de fer, etc.

Phosphates

Sans contredit, les phosphates constituent et continueront à constituer la part la plus importante dans les richesses minérales de la Tunisie. Actuellement, une seule carrière de phosphates est en exploitation, c'est celle des djebels Seldja et Metlaoui, située à 45 kilomètres à l'ouest de Gafsa. La production annuelle dépasse actuellement 350.000 tonnes,(1) laquelle est entièrement exportée dans divers pays d'Europe et même d'Amérique.

---

(1) L'exploitation des phosphates de Gafsa, commencée en 1899, a produit les quantités suivantes, exportées par le port de Sfax : en 1899, 69.000 tonnes ; en 1900, 170.000 tonnes ; en 1901, 176.000 tonnes ; en 1902, 258.000 tonnes ; en 1903, 357.000 tonnes ; en 1904, la production ne sera pas inférieure à celle de 1903.

Le trafic de la ligne Sfax-Gafsa est, en dehors des phosphates, de 671.000 fr. (année 1903).

— 174 —

Dans quelques années, d'autres gisements de phosphates seront en exploitation, notamment ceux de Kalaâ-el-Esnam et de Kalaâ-Djerda.

Ces trois gisements, à eux seuls, fourniront à l'exportation un tonnage de 7 à 800.000 tonnes.

Mais, en dehors d'eux, il en est d'autres de grande importance et qui seront, tout au moins pour quelques-uns d'entre eux, mis en pleine valeur avant une dizaine d'années; je citerai les gisements d'Aïn-Moularès, des djebels Rosfa, Sehib, Aïn-Berda, dans la région de Gafsa, ceux du djebel Zebbeuss à 120 kilomètres de Sfax, voisins de la voie ferrée Sfax-Gafsa, ceux de la région du Ksour et de Sbiba, de Sidi-Ayed, etc.

Si l'exploitation des phosphates en Tunisie était régie par des dispositions plus libérales que celles calquées sur le régime auquel sont soumis les phosphates algériens, il n'est pas douteux que dans une dizaine d'années l'exportation due aux phosphates se chiffrerait par 2 ou 3 millions de tonnes.

Selon toute probabilité, cette exportation sera vers 1915 de 1.000.000 à 1.200.000 tonnes, valant au moins 25.000.000 de francs aux ports d'embarquement.

Combien de temps durera cette production? Se maintiendra-t-elle à ce chiffre?

Sans entrer dans des considérations qui entraîneraient trop loin, je ferai simplement remarquer que les régions phosphatières actuellement connues en dehors de l'Afrique du Nord auront pour la plupart une durée limitée, due à leur tonnage relativement peu important, et que le marché de phosphates augmente progressivement, sans qu'il y ait à prévoir un arrêt, au moins avant de longues années. Aussi peut-on affirmer, avec une quasi-certitude, que le tonnage d'un million de tonnes une fois atteint se maintiendra très longtemps et probablement pendant deux ou trois siècles.

Il suffit, en effet, d'indiquer quelques chiffres montrant que les réserves de la Tunisie en phosphates riches (d'une teneur supérieure à 57 ou 58 % de phosphate) sont énormes :

Gisement de la Compagnie de Gafsa : 100.000.000 de tonnes;
Aïn-Moularès : 80 à 100.000.000 de tonnes;
Kalaâ-Djerda : 5 à 6.000.000 de tonnes;
Kalaâ-el-Esnam : 12 à 15.000.000 de tonnes;
Autres gisements : 80 à 100.000.000 de tonnes.

On conçoit aisément que de pareilles richesses, d'une exploitation assurée pendant une longue période de temps, contribuent à la prospérité générale d'un pays.

Je ne ferai qu'indiquer en passant l'influence heureuse et directe que les phosphates tunisiens auront et ont déjà eue sur la colonisation agricole du pays.

Le chemin de fer Sfax-Gafsa, fait uniquement en vue d'amener au port de Sfax les phosphates du djebel Metlaoui, constitue un moyen de colonisation puissant. Sur son parcours, des centres se sont créés, la plantation de l'olivier a été rendue possible à une grande distance dans l'intérieur et a été entreprise sur une grande échelle; l'alfa à lui seul donne lieu, dans deux ou trois gares, à un trafic important, lequel se chiffre déjà par 15.000 tonnes. L'alfa, comme les phosphates, présente le caractère d'être une source de commerce pour ainsi dire inépuisable.

Pareils faits se reproduiront, et avec une plus grande intensité, par suite de la plus grande valeur agricole des régions traversées, lorsque des voies ferrées desserviront les gisements d'Aïn-Moularès et de la région de Sbiba.

La mise en valeur de ces gisements, qui pour l'un d'eux sinon pour les deux aurait été un fait accompli dans deux ou trois ans, ne se fera probablement que dans plusieurs années, à l'avantage des exploitations existantes, mais au grand dam du port de Sousse et des régions que le chemin de fer doit desservir. Cette fâcheuse situation est due à la législation sur les phosphates tunisiens qui donne à l'État le droit de mettre en adjudication ces gisements quand bon lui semble.

L'exploitation des phosphates de Kalaâ-el-Esnam et de Kalaâ-Djerda, qui aura lieu dans deux ou trois ans, aura aussi un contre-coup heureux pour les pays riches traversés par les chemins de fer qui les desserviront.

En résumé, les phosphates tunisiens, en outre du mouvement commercial important dû à l'extraction annuelle de produits ayant une valeur d'une trentaine de millions, dont une partie restera dans le pays, seront et sont déjà un facteur important de la richesse de la Tunisie.

Si les phosphates, par suite de leur teneur et de leur quantité, donnent lieu à une exploitation importante et de longue haleine, il n'en sera vraisemblablement pas de même pour l'ensemble des autres produits des mines tunisiennes que nous allons passer rapidement en revue.

Il y a toutefois lieu de faire des réserves à ce sujet pour les gîtes de fer, lignites, sel gemme qui, si des circonstances favorables se produisent, permettront une exploitation importante et de longue durée.

Fer

Les minerais de fer sont assez abondamment répandus dans la Régence. En outre des gisements de Ras-Radjel, à 12 kilomètres ouest de Tabarca, ayant un tonnage reconnu de 1.800.000 tonnes de minerais de fer, et de ceux de la région des Nefza, à 80 kilomètres ouest de Bizerte, où des recherches, incomplètement faites, ont reconnu un tonnage de 10.000.000 de tonnes de minerais à une teneur de 52 à 56 % de fer, il y a lieu de citer les mines de fer du djebel Zrissa, de Nebeur, du djebel Gheriffa, de Tabarca, etc.

Le jour n'est peut-être pas éloigné où les mines de fer de Ras-Radjel et des Nefza fourniront un appoint important au mouvement commercial du port de Bizerte, lequel se chiffrerait par une exportation de 100.000 tonnes pendant plus d'un siècle.

La minière de fer du djebel Zrissa, située sur le tracé du chemin de fer en construction de Tunis à Kalaâ-el-Esnam, dont le tonnage reconnu est de 8 à 10 millions de tonnes d'excellent minerai de fer, sera vraisemblablement sous peu mise en exploitation.

Lignites

Un bassin lignitifère d'une vaste étendue a été reconnu à l'ouest d'Enfidaville; des recherches fort incomplètes qui ont été entreprises, il résulte que l'on se trouve en présence d'une formation renfermant deux ou trois couches de bon lignite, ayant une puissance moyenne de 60 à 80 centimètres.

Sel

Le sel existe en de nombreux points de la Régence; une faible partie de ces gisements est actuellement mise en valeur. Il y a lieu de signaler la sebkha de Sidi-el-Hani qui, l'été, se présente sous l'aspect d'une plaine saline de plusieurs milliers d'hectares; l'épaisseur du sel y atteint par endroits plusieurs mètres.

Chaux, ciments, etc.

Plusieurs carrières de pierres à chaux grasse et hydraulique et de pierres à ciment sont en exploitation, notamment à Potinville et aux environs de Tunis. La presque totalité des produits est consommée sur place.

Mines métalliques

Les mines métalliques proprement dites sont très nombreuses, mais en général elles sont de faible importance.

Les demandes en permis de recherches de minerai dépassent actuellement le chiffre de 6.000.

Ce chiffre, pris en lui-même, donnerait une idée inexacte de la richesse de la Tunisie en mines métalliques, car non seulement plusieurs demandes ont été faites pour le même gisement, mais encore il en est qui concernent des gites ne renfermant aucun métal. Dans cette dernière catégorie, il y a très probablement lieu de ranger les demandes de recherches d'or, au nombre de plus d'un millier.

Or

Tout comme au Transvaal, mais avec beaucoup moins de raison, la fièvre de l'or a sévi en Tunisie. Des analyses nombreuses ont été faites sur des grès des étages miocène et pliocène; les résultats en ont été invariablement négatifs de la part de l'Administration et de quelques chimistes, tandis qu'ils étaient parfois bons de la part d'autres chimistes.

Actuellement, il semble établi que l'or paraît bien exister en Tunisie, comme à Sidi-bou-Saïd, mais s'il existe réellement, il ne se trouve qu'en de rares endroits et à de faibles teneurs, ne permettant pas une exploitation rémunératrice.

Des 6.000 demandes de recherches de minerais, il n'en subsiste actuellement que 8 à 900, dont le tiers et même la moitié paraît mériter d'être l'objet de travaux de recherches.

Les mines métalliques, en dehors de celles de fer, sont surtout représentées par des gisements de zinc et de plomb et quelques gîtes de cuivre.

Zinc et plomb

Les mines de zinc et de plomb sont surtout abondantes dans la région nord de Béja. La gare de Béja reçoit annuellement et envoie à Tunis environ 20.000 tonnes de minerais de zinc et de plomb.

Concessions

28 mines métalliques sont à l'état de concessions; elles se divisent en 3 de fer et 25 de zinc et de plomb.

6 mines, dont une de cuivre, sont en instance pour l'obtention de la concession.

Personnel

Le personnel employé dans les mines métalliques est d'environ 2.000 Européens et 3.000 indigènes.

Malgré les efforts persévérants de nombreux chercheurs, il y a certainement encore des mines à découvrir, mais probablement aussi le chiffre en sera-t-il assez limité.

Les mines de zinc, plomb, cuivre, etc., actuellement connues, sont pour la plupart à l'état de recherches. Etant donnée la grande irrégularité de ces gisements, il n'est pas possible de prévoir avec certitude quel sera, pour chacun d'eux, leur rendement dans l'avenir. Toutefois, en se basant sur les résultats obtenus dans diverses mines et en tenant compte de ce qu'une faible partie des gisements connus est en pleine production, il paraît à peu près certain que l'extraction actuelle des minerais de zinc, de plomb et de cuivre, qui représente une valeur d'environ 6 à 7 millions, se maintiendra à ce chiffre, s'il n'est pas dépassé, pendant de longues années.

Il est à observer qu'aucun gisement de fer n'est actuellement en exploitation et que lorsque la réserve de minerai de fer exportable, que l'on peut évaluer au minimum à 25 ou 30 millions de tonnes, sera entamée, l'exportation des produits des mines métalliques dépassera considérablement le chiffre actuel.

Remarquons en passant que l'inconvénient dû à la présence de l'arsenic dans une partie des minerais de fer des Nefza n'est pas un obstacle à leur mise en valeur, laquelle ne peut être qu'une question de temps.

A défaut des minerais de l'Ouenza, le port de Bizerte a dans les minerais des Nefza un trafic assuré relativement considérable, auquel s'ajouteront annuellement de 30 à 40.000 tonnes de minerais divers, provenant des régions de Mateur, Béja et même de Souk-el-Arba.

La totalité des phosphates tunisiens et des produits des mines métalliques est exportée; les statistiques de la Douane donnent à ce sujet des renseignements précis et utiles à connaître; mais pour divers produits, qui peuvent être rangés dans les produits miniers : chaux, ciment, sel, etc., qui sont utilisés dans le pays même, les éléments d'évaluation manquent. On peut toutefois estimer très approximativement à environ 15.000.000 de francs la valeur actuelle, annuelle, des produits de l'industrie extractive.

Cette production, par suite surtout de la mise en exploitation des gisements de phosphates de Kalaâ-el-Esnam, Kalaâ-Djerda, etc., et des divers gîtes de fer, augmentera progressivement pour atteindre vers 1915 la valeur de 40 à 45 millions de francs.

Selon toutes probabilités l'ensemble des mines tunisiennes donnera, à partir de cette date, des produits d'une valeur se maintenant à environ 40 millions de francs pendant très longtemps.

Les phosphates et les minerais de fer fourniront à eux seuls, pendant deux ou trois siècles, des produits valant au moins 30 millions de francs.

L'industrie minière en Tunisie, considérée dans son ensemble, malgré les grandes variations de production d'une année à l'autre de la plupart des mines métalliques, présente donc, comme l'agriculture, un caractère de constance sur lequel il n'était pas inutile d'insister.

Je terminerai cette rapide esquisse par quelques observations tirées de l'examen des états du commerce général de la Tunisie.

Au moment de l'occupation, le commerce extérieur de la Tunisie est d'environ 40 millions; l'industrie minière est représentée par deux seuls gisements délaissés depuis plusieurs années et ne donnant par suite aucun produit à l'exportation.

En 1890, les explorations minières commencent à se produire, mais la part des produits des mines dans le commerce général, qui est d'environ 60 millions, est infime.

Ce n'est qu'à partir de 1895 que l'exportation des matières minérales atteint un chiffre appréciable, pour augmenter progressivement et rapidement d'année en année.

En 1896, la Tunisie exporte pour 741.900 francs de minerais de zinc, et aucun minerai d'autre nature.

En 1897, l'exportation pour les minerais de zinc est de 1.201.690 francs et de 61.810 francs pour les minerais de plomb.

En 1898, les mines de zinc produisent 2.984.630 francs de minerais exportés, et celles de plomb 156.536 francs.

En 1899, aux produits des mines de zinc et de plomb, qui se chiffrent respectivement par 3.579.600 francs et 583.984 francs, s'ajoutent pour la première fois les phosphates. La Tunisie en exporte environ 64.000 tonnes valant 1.592.837 francs.

Remarquons que pendant cette année 1899 la part de l'industrie minière dans le montant des exportations (49.133.460 francs) est de 5.856.421 francs, soit 11,83 %.

Cette proportion va dès lors augmenter progressivement : En 1901 et 1902, elle est respectivement de 17,82 % et de 25,72 %.

En 1901, la Tunisie exporte 4.472.537 francs de phosphates, 2.017.150 francs de minerai de zinc et 515.976 francs de minerais de plomb.

En 1902, sur 44.928.929 francs de marchandises exportées, les mines figurent pour 11.554.059 francs, dont 6.541.675 francs pour les phosphates, 3.806.600

francs pour les minerais de zinc et 1.165.784 francs pour les minerais de plomb.

Il est à présumer qu'à partir de 1915 l'exportation des produits miniers, qui se chiffrera alors par environ 40 millions, entrera pour 50 ou 60 % dans le total des exportations tunisiennes.

Les mines en Tunisie constituent donc un facteur important de la richesse de ce pays, et malgré l'irrégularité dans la production qui caractérise les mines en général, et les mines métalliques en particulier, l'industrie extractive, par la continuité et la longue durée qu'elle présente ici, fera office de régulateur du commerce général de ce pays, dont plusieurs éléments : céréales, vins, huiles, animaux, etc., sont affectés considérablement par les variations de température et par la plus ou moins grande sécheresse, etc., causes qui produisent de grands écarts d'une année à l'autre dans le rendement des produits agricoles.

M. FÉRET, membre de la Chambre d'Agriculture et de la Société de Géographie de Tunis, à la suite de cette intéressante communication, propose le vœu suivant, qui a été adopté par le Congrès :

« Considérant l'intérêt qu'il y a pour l'agriculture tunisienne à
« pouvoir utiliser les phosphates contenus dans le sol de la Régence,
« le Congrès de Géographie émet le vœu que le Gouvernement du
« Protectorat facilite par tous les moyens, et au besoin par des
« exemptions douanières, la création d'usines de superphosphates
« de chaux dans la Régence. »

MŒURS, COUTUMES, TRADITIONS ET LÉGENDES TUNISIENNES

LA LÉGENDE ARABE DES SEPT DORMANTS
ET LES RUINES D'EL-GUEDIMA

Par M. HAMOU BEN BOU DIAF

de la Section tunisienne de la Société de Géographie commerciale de Paris

Mesdames,
Messieurs,

Le sujet que je vais avoir l'honneur de traiter devant vous n'appartient pas précisément, tout entier, au domaine des réalités.

Mon but sera de vous faire faire, par l'esprit, une longue promenade en dehors de Tunis, de Carthage et des différentes villes de la Tunisie que vous allez visiter; de pénétrer avec vous dans l'intérieur de la Régence jusqu'au seuil du Sahara, et de soulever sur votre passage un coin du voile qui cache aux yeux de nos visiteurs ordinaires les mœurs, les coutumes, les traditions et les légendes de ce pays. Cette dernière partie de mon sujet tient un peu, pour ne pas dire beaucoup, de la chimère, car qui dit légendes dit choses qui évoquent des époques bien lointaines, le plus souvent préhistoriques, lesquelles parlent à notre imagination plutôt qu'à notre raison.

En Tunisie, Mesdames et Messieurs, parmi les nombreuses et intéressantes curiosités archéologiques qui couvrent le sol tunisien, parmi cette multitude de ruines antiques que les siècles et la main des hommes n'ont pas épargnées, sans toutefois les faire entièrement disparaître, se trouvent des vestiges d'époques également lointaines, dont les légendes, à défaut d'histoire, ne manquent pas d'intérêt.

Ces légendes sont même, quelquefois, de petits chefs-d'œuvre de l'imagination. Elles plaisent à l'esprit parce qu'elles sont quelque chose qui semble appartenir au pays des rêves, et que notre esprit comme notre âme affectionnent le domaine enchanté des idylles, du merveilleux et du sublime, qui les repose, un moment, des réalités de la vie.

L'archéologue, le voyageur ou le touriste qui vient ici, pendant la saison de l'hiver, jouir de la chaleur réconfortante de notre soleil, de la vue de notre ciel toujours bleu, et qui parfois va porter ses pas parmi ces ruines anciennes, témoins de prospérités passées, prend un sensible plaisir à entendre raconter, le soir, devant un feu de bivouac, quelques-unes de nos légendes qui défraient parfois du sublime et dont la morale est souvent bonne à retenir.

C'est pour lui un attrait supplémentaire qui vient ajouter un charme original à son voyage, une fleur artificielle qui décore la soirée calme et paisible passée sous la tente hospitalière du bédouin, fleur qu'il fixera dans sa mémoire et dont il aimera à se souvenir, plus tard, lorsqu'il sera de retour dans ses foyers.

Parmi les Tunisiens qui me font ici l'honneur de m'écouter, bon nombre ont, dans leurs pérégrinations à travers nos régions africaines, savouré ce plaisir et pourraient nous en citer plus d'une.

Pour ma part, je me souviens, en ce moment, d'une légende toute tunisienne, que je vous demande la permission de vous raconter.

Légende de Sidi Ali ben Nasser

Dans la région du Sahel, au milieu de cette vaste forêt d'oliviers qui s'étend depuis Sfax jusqu'au nord de Sousse, le long du littoral tunisien ; non loin du coquet village de Chebba, près duquel on voit s'élever, encore de nos jours, sur le rivage de la mer, la vieille tour de « Lalla Khadidja », surnommée la mère des corsaires ; sur les bords d'un riant sentier qui conduit au petit centre d'Hazeg, s'élève une blanche koubba, en assez bon état de conservation, sous laquelle reposent les restes vénérés de Sidi Ali ben Nasseur, un des saints de l'Islam.

De son vivant, Sidi Ali habitait un misérable gourbi. Il se nourrissait de pain d'orge et de quelques fruits, portait pour tout costume des haillons, et allait lui-même chercher son eau et son bois, qu'il transportait sur un petit âne.

Cela, dit la légende, ne l'empêchait pas d'être un des saints les plus vénérés de son époque.

En ces temps-là vivait également, dans la partie de la Tunisie connue sous le nom d'Ifriguia (nom que les indigènes donnent à ce qui fut, après la destruction de Carthage, « l'Afrique Romaine »), un autre saint très vénéré : Sidi ben Abderrezag.

Celui-ci menait une existence toute différente.

Possesseur d'une très grande fortune, il habitait une magnifique zaouia, faisait bonne chère, portait de beaux habits, montait de superbes chevaux et avait de nombreux serviteurs. Sa zaouia était grandement ouverte aux habitants du pays comme aux étrangers ; les pauvres, les voyageurs, tous ceux qui s'y présentaient y étaient traités avec beaucoup d'égards et y recevaient une large hospitalité.

Parmi ses plus fidèles disciples se distinguait un certain Younès ben Rerfaï, croyant convaincu, serviteur dévoué, possesseur d'une certaine aisance, ainsi que de grandes qualités. Cependant, Younès aimait par-dessus tout le bien-être et le luxe ; à l'instar de son maître, il vivait largement, possédait de beaux chevaux, avait de nombreux domestiques et recevait, lui aussi, fort bien les hôtes que Dieu lui envoyait.

Ce fervent ne pouvait comprendre et admettre la vie d'abnégation et de réclusion. Aussi, chaque fois qu'il se trouvait en présence d'un pauvre fakir ou d'un ermite, ne pouvait-il s'empêcher de le plaisanter sur sa façon d'être et de vivre.

« Le Créateur, disait-il, a mis sur cette terre de bien bonnes choses pour notre agrément, bien fou qui volontairement s'en prive ! » Il citait à l'appui de ses arguments l'exemple de son patron, qu'il avait en grande admiration.

Un jour, à l'issue d'une cérémonie religieuse, tandis que Sidi Ali ben Abderrezag, le visage illuminé par l'effet d'une dévotion ardente, semblait, à sa sortie de la salle de prière, revenir d'une extase profonde, Younès lui demanda en l'abordant, un peu pour lui faire sa cour, s'il existait de par le monde un plus grand saint que lui.

Sidi Ali ne s'empressa pas pour répondre. Il parut tout d'abord chercher du regard, dans un vague lointain, quelque chose d'invisible ; puis, se tournant vers son disciple, il lui dit :

« Oui, mon fils, il y en a. J'en connais surtout un, dont je serais bien heureux d'avoir la *baraka* (bénédiction). Veux-tu te charger, ajouta-t-il, de me faire le plaisir de te rendre auprès de lui et de la lui demander pour moi ?

« — Ordonne, répondit Younès, et tu seras obéi.

« — Eh bien ! alors, rends-toi auprès de lui, sois bon messager, et, surtout, ne reviens qu'avec sa bénédiction.

« — Mais, reprit Younès, en quels lieux me faut-il aller ?

« — Le grand saint près duquel je t'envoie, dit Sidi ben Abderrezag, se nomme Sidi Ali ben Nasser. Il habite la belle région, toujours verte, des forêts d'oliviers du Sahel, que baignent les flots bleus de la mer, non loin du petit port de Chebba, dans les plaines qui environnent la florissante cité de Sfax. Va, maintenant, mon fils, et que Dieu t'ait en sa garde ! »

Deux jours après cet entretien, Younès prenait congé de son chef spirituel et partait pour le Sahel, suivi de son fidèle écuyer Messaoud, un nègre qu'il avait acheté, tout jeune encore, sur le marché de Teboursouk, à des marchands de Ghedamès.

Il traversa la fertile vallée de la Medjerda et le fleuve de ce nom à l'endroit où se trouve aujourd'hui le centre tout français de Souk-el-Arba ; franchit la chaine du Dir (El-Kef) par Nebeur, et visita Le Kef, où il fut invité à une chasse aux faucons.

De là il passa par la plaine du Sers, le petit village arabe d'Ellès aux nombreux dolmens, situé au pied des montagnes de Souk-el-Djemaâ ; assista un vendredi, près du camp militaire français de ce nom, sur le plateau des Ouled-Afar, au marché hebdomadaire qui s'y tient et qui est un des plus importants de la Régence ; alla ensuite à Mactar, où se trouvent des ruines romaines imposantes ; puis à la Kesra, où il put contempler le superbe panorama qui s'offre, en ce lieu, aux yeux émerveillés des visiteurs de cette petite capitale des montagnards du djebel Serdj et du Bargou.

De la Kesra, notre voyageur se rendit chez les Touaba-et-Gouazine, au souk El-Alla des fougueux Ouled-Sendassen, pays renommé par ses cactus, et arriva à Kairouan, où il se reposa plusieurs jours.

Après avoir visité les mosquées de cette ville et fait quelques pèlerinages, comme tout bon musulman de passage dans la ville sainte tunisienne doit faire, il reprit le chemin de Sfax. Il traversa les tribus réputées guerrières des Ouled-Sdir (Zlass), des Souassi, visita le colisée d'El-Djem, passa dans le pays des Metsalits, et arriva enfin au village d'Hazeg, près duquel se trouve la koubba de Sidi Ali ben Nasser.

Il demanda la demeure du saint et apprit, avec stupeur, qu'il habitait un méchant gourbi, situé à une petite distance du village. Il s'y fit néanmoins conduire.

L'homme de Dieu n'était pas chez lui.

Younès renvoya son nègre, avec ses chevaux, au village, et, sous l'épais ombrage d'un olivier séculaire, il attendit son retour.

Sidi Ali ne revint qu'un peu avant le coucher du soleil.

Durant son attente, qui fut longue, notre voyageur ne put s'empêcher de penser, en regardant la misérable hutte devant laquelle il se trouvait, à la superbe zaouia, véritable palais, habitée par son maître. L'idée qu'un grand saint pouvait consentir, lorsque rien ne l'y obligeait, à habiter un pareil taudis le choquait, et son esprit ne pouvait l'admettre. Aussi, las d'attendre, fut-il sur le point de perdre patience et de se retirer; mais réfléchissant qu'il touchait au but de son voyage et se souvenant de la recommandation de Sidi ben Abderrezag qui lui avait bien dit de ne revenir qu'avec la *baraka*, il demeura à sa place.

Enfin, le saint se montra au loin. Younès le vit revenir du côté des grandes plages aux sables dorés, poussant péniblement devant lui un petit âne qui portait deux fagots de bois.

De taille moyenne, chétif et maigre, il marchait tout courbé sous ses haillons de fakir.

Younès le reconnut au portrait que lui en avaient fait les habitants d'Hazeg.

A mesure qu'il s'approchait de lui, notre voyageur constatait, de plus en plus, combien son air pauvret était différent du maintien digne et imposant qui allait si bien à son patron. Mais lorsqu'il arriva près de lui, il lui parut si malheureux, si cassé, si mesquin, si souffreteux, si faible, si miséreux avec ses loques et ses haillons, qu'il pensa qu'on l'avait abusé et que le pauvre diable qu'il avait devant lui ne pouvait être le grand saint dont lui avait parlé, avec tant de respect et d'admiration, son chef spirituel.

Il voulut alors se retirer et s'engagea aussitôt dans le sentier qui conduit au village. Mais à peine avait-il fait quelques pas qu'il s'entendit appeler par son nom. Il se retourna, surpris, et vit Sidi Ali ben Nasser redressant sa taille qui paraissait devenue plus grande, le visage transformé et rayonnant d'une douce énergie dont il ne l'aurait jamais cru capable, relever, d'un geste noble, sur ses épaules qui semblaient maintenant plus puissantes, les haillons qui tombaient tout à l'heure sur ses pieds, et frapper d'une baguette qu'il tenait à la main et avec laquelle il poussait un instant auparavant son âne, les deux fagots de bois que portait le baudet. Comme dans les vieux contes de bonnes fées, ceux-ci se transformèrent, aux yeux éblouis de l'envoyé de Sidi ben Abderrezag, l'un en un lingot d'or et l'autre en un lingot d'argent.

Les derniers rayons du soleil couchant, en tombant sur ces lingots, semblaient s'y réfléchir pour venir se jouer au-dessus de Sidi Ali ben Nasser et former autour de sa vénérable tête une auréole de lumière.

S'adressant ensuite à Younès, notre saint lui dit, d'une voix claire et ironique, en lui montrant l'or et l'argent :

« Si tu es venu jusqu'ici pour chercher les biens méprisables de ce monde, prends et retourne dans tes foyers ; mais si, au contraire, c'est la *baraka* d'un humble serviteur de Dieu que tu viens demander, parle et ne fuis pas. »

A ces mots, Younès, surpris, émerveillé, honteux et repentant, se jeta aux pieds du saint, qu'il embrassa, et lui demanda, en versant des larmes de regret, son pardon et sa bénédiction.

Les indigènes du pays montrent encore, à quelques pas de la koubba de Sidi Ali ben Nasser, un bloc de pierre noirâtre, enfouie presque entièrement dans le sable, qu'ils déclarent avoir été un des deux lingots précieux dus à la baguette du saint homme.

Usages, mœurs et coutumes arabes

Outre le plaisir que les légendes de nos pays peuvent offrir aux oreilles de nos visiteurs, elles pourraient avoir, quelques-unes du moins, un côté pratique qu'il n'y a pas lieu de négliger pour l'habitant. Grâce à elles, de petits pays ignorés pourraient se transformer et devenir des rendez-vous d'amateurs, de touristes, de pèlerins et même de simples curieux.

N'est-ce pas là, du reste, l'histoire de bien des pèlerinages très fréquentés encore de nos jours, dont les pays ne doivent leur prospérité qu'à la légende?

En Tunisie, combien de petits endroits retirés, dans lesquels accourent en foule et se réunissent, à diverses époques de l'année, des multitudes de Tunisiens et de Tunisiennes des villes et des campagnes, sont inconnus de la plupart de nous ! Que de coquettes koubbas, plus blanches que la neige des hautes montagnes, fraîchement encadrées de verts palmiers, sont l'objet de fréquents pèlerinages où se rencontrent, contents et joyeux, pleins d'entrain et de franche gaîté, de nombreux visiteurs venus quelquefois de très loin !

On y voit, souvent, accourir des tribus entières, avec leurs tentes, leurs provisions, leurs drapeaux, leurs musiques et leurs offrandes.

Tous, hommes, femmes et enfants, s'y rendent en habits de fête.

Les chevaux sont parés des harnachements les plus beaux et richement caparaçonnés ; les palanquins, dans lesquels voyagent, à l'abri des regards indiscrets, nonchalamment étendues ainsi qu'en de moelleux sofas, de jeunes et fraîches beautés, sont garnis de tapis aux vives couleurs ; les fantasias se succèdent avec un entrain toujours remarquable ; le sol résonne sous les sabots des fiers coursiers, et les you you joyeux et sonores se mêlent au bruit de la poudre, sans laquelle il n'est pas de réjouissance complète pour l'Arabe.

Dans la belle saison, la nature elle-même, revêtue de son manteau printanier, semble aussi s'associer à la fête, tant les campagnes sont vertes, les fleurs des champs habillées de fraîches couleurs, le ciel bleu, le soleil agréable et la brise douce et légère. Comme l'humanité est partout la même, il n'est pas jusqu'aux unions matrimoniales qui ne prennent naissance au milieu de ces réjouissances.

Ainsi, un fier cavalier est subjugué par la grâce, le charme, le tendre regard d'une jeune beauté qu'il vient de surprendre, le visage découvert, causant à une sœur ou à une amie, dans la tente voisine; il emporte, profondément gravée dans son cœur, la délicieuse image de la charmante enfant qu'il a, comme dans un rêve, entrevue un instant.

Désormais, il pensera à elle chaque jour davantage. Il se réveillera chaque matin plus épris. Tout d'abord, suivant l'ordre naturel des choses, il ne veut pas croire à sa passion. Néanmoins, comme l'image de la bien-aimée sera toujours présente à son esprit, il commencera par se surveiller avec soin, pour ne pas se laisser deviner.

Plus tard, ne pouvant plus se contenir, il s'épanchera dans le sein d'un ami, non sans lui recommander toutefois la plus grande discrétion; mais peu à peu il laissera échapper son secret; il se confiera à un second, à un troisième, à un quatrième, et le nombre de ses confidents ira ainsi en augmentant.

Il cherchera à faire parler de lui, dans l'espoir que le bruit de son nom parviendra jusqu'à l'objet de ses vœux; il se montrera à toutes les fêtes vêtu de ses plus beaux habits; il commettra toutes les imprudences pour essayer de la revoir, et il fera dans ce but même des prouesses, si cela lui est possible. Il essayera de soudoyer des serviteurs et des servantes, des voisins et des voisines, pour qu'ils intercèdent en sa faveur auprès de la bien-aimée; il fera des largesses, des chansons pour elle; il promènera enfin, partout au grand jour, un cœur véritablement épris.

Alors, plus de repos, plus de tranquillité, plus de sommeil paisible pour lui, jusqu'au jour bienheureux où le père de la jeune fille aura consenti à leur union.

Une autre fois, ce sera une jeune fille qui, ayant rencontré par hasard un jeune cavalier de sa tribu dans l'une de ces fêtes, aura été atteinte par la flèche du terrible enfant. En personne bien élevée, elle couvre vivement son visage de son voile; puis, sentant peser sur elle un regard de flammes, elle frémit instinctivement, prend ombrage et s'enfuit. Telle une jeune cavale, à la vue d'un objet qui lui fait peur, recule, puis s'élance en bondissant, telle, sous le charme naissant d'un sentiment jusque-là inconnu d'elle, fuit la jeune vierge, pour se réfugier sous l'aile maternelle, en murmurant, toute tremblante : « Petite mère, j'ai peur; le fils d'Ahmed m'a regardée avec des yeux qui brûlent comme des tisons de feu. »

De son côté, le jeune homme n'aura pas été insensible aux charmes de la jeune beauté, et bientôt ils se verront unis par les liens du mariage.

Ces grandes réunions autour des marabouts où reposent généralement les restes vénérés d'un des saints de l'Islam, s'appellent des *zerda*.

Ce sont, pour la plupart, de véritables grandes foires où le commerce ne perd pas ses droits et où il a l'avantage d'être plus libre qu'ailleurs.

En effet, point de droits à payer sur les échanges et les ventes qui s'y opèrent librement, à l'abri de toute tracasserie d'une administration plus ou moins exigeante. On y voit, à côté des visiteurs ordinaires et des personnes venues pour faire leur pèlerinage traditionnel, des producteurs, des éleveurs, des marchands de chevaux, de bœufs, de moutons, de céréales, d'étoffes, d'huile, de dattes, etc. On y trouve des cafetiers (appelés *kahouadji*), des *souki* ou épiciers indigènes, des ouvriers en fer, des armuriers, des maréchaux ferrants, des bouchers, des pâtissiers, des marchands de pain, des musiciens, des troubadours, et jusqu'à des saltimbanques et des charmeurs de serpents.

Tout ce monde fait ses dévotions, ses affaires, mange d'immenses couscous, des ragoûts, des grillades, des gâteaux, des fruits, boit du *kahoua* (café), fume, prise, chante, rit, joue, s'amuse, puis s'en retourne enchanté de sa villégiature et convaincu de s'être énormément distrait.

J'ai vu, dans le pays des Kroumirs, près d'Aïn-Draham, à la zerda d'automne de Sidi Abdallah bou Djemal, dont le marabout se trouve à environ quatre kilomètres au sud-ouest de ce centre, des réunions de cinq à six mille personnes toutes installées autour dudit marabout.

Pour Sidi Abdallah bou Djemal, il y a deux réunions par an, une au printemps, l'autre en automne; cette dernière est la plus importante.

La zerda commence généralement un lundi, dans une période de pleine lune, pour se terminer le vendredi suivant.

Tous les marchands ambulants qui fréquentent le marché d'Aïn-Draham s'y transportent; ils y vont, dès l'après-midi du lundi, planter leur petite tente blanche autour du marabout, où ils sont bientôt rejoints par un grand nombre d'autres marchands venus de tous les marchés des environs.

Les montagnards des Beni-Mazen, des Seloul, des Atatfa, de Tabarca, des Mekna, les Arabes des Chiahia, du Ghazouane, des Djendouba, ainsi qu'un grand nombre d'indigènes de la Regba et des tribus frontières algériennes s'y rendent.

Il est de bonne tradition que toute famille véritablement kroumire ne manque pas cette zerda. Cette coutume est passée dans les mœurs de ces montagnards au point qu'elle est devenue pour eux un devoir et une obligation. Ainsi, une femme kroumire ne consentirait plus à vivre avec son mari si celui-ci refusait de la mener à cette zerda de son ancêtre, car il faut vous dire que tout bon Kroumir se dit descendant de Sidi Abdallah et s'en montre très fier.

Dans la Régence, il n'est pas jusqu'à des centres importants qui ne doivent une partie de leur vitalité à ces sortes de pèlerinages.

Pour ne vous parler que d'un seul, je vous citerai Le Kef qui, quoique ville admirablement située dans une région fertile de l'intérieur, doit une partie de sa prospérité aux nombreux pèlerins qui s'y rendent, de différents points de la Tunisie, pour visiter les deux zaouias qui s'y trouvent.

Celles-ci sont : la zaouia des Kadria, dont le chef actuel est le sympathique Sidi Kaddour el Mizouni, et la zaouia des Rahamania, fondée par Sidi Ali ben

Aïssa, décédé l'an passé, connu par les Français du Kef sous le nom du « Vieux ben Aïssa ». Son successeur à la tête de cette zaouia est son fils Sidi Salah.

Géographie régionale

Après vous avoir parlé un peu du nord, un peu du centre de la Tunisie, je vais vous prier de me suivre dans les régions du sud.

Revenons donc à Sfax, cette ville florissante qui a tant prospéré depuis l'occupation française, dans la région de laquelle nous nous trouvions tout à l'heure.

Sfax, coquettement assise sur le bord de la mer, au milieu de ses nombreux jardins peuplés de petites maisons dont la blancheur resplendit au soleil levant, doit au gouvernement du Protectorat : le grand développement de ses olivettes, son port et son chemin de fer de Gafsa-Metlaoui, qui lui assurent un des plus brillants avenirs parmi les villes commerçantes de l'Afrique du Nord.

De Sfax à Gabès, en suivant la route qui contourne le golfe de ce nom, nous trouvons, à 60 kilomètres environ sur notre chemin, le petit port alfatier de Skhira, situé près du marabout de Sidi Mehadheb. Ce marabout a donné son nom à une fraction de la grande tribu des Nefata, appelée Mehadba, ou encore Ouled-Sidi-Mehadheb.

A cette fraction appartient la famille des Ouled-Khalifa, dont il a été beaucoup parlé au début de l'occupation.

Cette famille avait pour chef, en 1881, Si Ali ben Khalifa, alors gouverneur de toute la région de Gabès. Ce dernier fut l'organisateur de la défense de Sfax et le promoteur du soulèvement des tribus du sud tunisien, qui émigrèrent avec lui en Tripolitaine.

Depuis, les temps ont bien changé : le vieux Ali ben Khalifa est mort en exil ; les tribus dissidentes sont toutes revenues, il y a fort longtemps, dans leur pays ; les Ben Khalifa eux-mêmes sont rentrés dans le devoir et nous ont donné plusieurs chefs indigènes, caïds ou khalifas, qui se sont montrés de dévoués serviteurs du gouvernement tunisien.

A Gabès, nous trouvons une petite ville de création toute française, avec ses rues droites et ses trottoirs.

Gabès est principalement remarquable par sa superbe oasis, d'une fertilité exceptionnelle, qui peut soutenir la comparaison avec les plus belles oasis du sud algérien et tunisien.

En allant plus bas dans le sud, nous arrivons à Médenine, grand kassar des Touazine, situé à 82 kilomètres environ de Gabès, où se trouve un commandant supérieur, un bureau des affaires indigènes et une garnison militaire.

Plus loin, à 55 kilomètres au sud de Médenine, se trouve Tatahouine, dernier poste occupé, dans cette direction, par une garnison militaire française. On y trouve également un bureau des affaires indigènes.

A 120 kilomètres plus au sud est le petit poste de Déhiba, occupé par un officier des affaires indigènes, un officier interprète et quelques cavaliers indigènes du maghzen.

Enfin, un bordj ou caravansérail a été construit, il y a quelques années, par les soins de l'autorité militaire, à Djenaïen, à 80 kilomètres environ au sud de Déhiba.

Ce bordj, occupé par un détachement de cavaliers du maghzen tunisien commandés par un chaouch, est destiné à offrir un refuge aux caravanes venant de Ghedamès, de façon à encourager les négociants de ce pays à augmenter et à multiplier les relations commerciales avec la Régence, où ils trouvent, dès leur entrée : eau potable aux étapes, aide, protection et sécurité.

C'est dans cette région de l'extrême-sud, région qualifiée de mystérieuse, par la raison qu'elle est peu connue, que des indigènes du Sud-Tunisien placent, près de ruines auxquelles ils donnent le nom d'El-Guedima, la montagne et la grotte des Sept Dormants de la légende.

Mosquée et ruines d'El-Guedima ; grotte des Sept Dormants

Dans le pays des montagnards de la confédération des Ouderna, sur le versant nord du djebel El-Kef, à une petite étape au sud-ouest de Tatahouine, en face d'un monticule formé par les ruines d'une ancienne cité berbère entièrement détruite, que les indigènes désignent sous le nom d'El-Guedima, s'élève, au milieu de tombes géantes, une mosquée composée de quatre petits dômes dominés par un grand minaret. Le chemin qui conduit de Foum-Tatahouine à Chenini, village berbère situé à un kilomètre environ de ces ruines, passe à quelques mètres de ladite mosquée, après avoir rencontré, à une petite distance auparavant, la route de Douiret, que l'on voit descendre en serpentant sur le flanc de la montagne.

A quatre-vingts mètres environ au dessus de cette mosquée se trouve une grotte dont l'entrée, placée au nord, est encore actuellement fermée par une énorme pierre recouverte d'un enduit ferme et solide, quoique paraissant bien ancien, fait de plâtre, de sable et de petits cailloux.

C'est cette grotte que les gens du pays déclarent être la grotte bienheureuse, la grotte sacrée, des Sept Dormants.

A quelques pas de celle-ci on remarque trois palmiers séculaires, encore verts, près desquels s'échappe une source d'eau limpide jaillissant au pied d'un quatrième palmier isolé. A quatre mètres environ au-dessus de la grotte, on aperçoit encore une grande tombe ; puis, lorsqu'on arrive sur le sommet du mont, on voit une énorme pierre cylindrique de deux mètres environ de hauteur, qui semble avoir été placée là depuis les temps les plus reculés, comme pour marquer la place d'une sentinelle avancée veillant au seuil du grand désert.

De ce point, le coup d'œil est superbe. Le regard s'étend sur la plaine du Ferch, où l'on aperçoit çà et là, dans toutes les directions, des groupes de palmiers, de figuiers et d'oliviers de tous les âges ; des terres défoncées et nivelées prêtes à recevoir de nouvelles plantations, au milieu de petits champs cultivés dont la fraîcheur, à certaines époques de l'année, repose et réjouit la vue.

Dans le fond, vers le centre de la plaine, on voit une tache de pâle couleur, ressemblant de loin à un amas de sable jaune, formée par les ruines d'une petite ville romaine (Telaleti), que les Arabes appellent El-Medeïna (la petite ville).

Tout autour du Ferch se déroule une ceinture de petites montagnes formées par le djebel El-Kef (le nid d'aigle des Guermessa), les monts de Haouaïa, les superbes gorges des Ghoumrassen, au-dessus desquelles brille, d'une blancheur toute orientale, la mosquée de Sidi Arfa, un illustre enfant des Touazine; les contreforts du Tlalet et la trouée de Foum-Tatahouine; au delà on ne voit plus que l'immense plaine de la Djefara, qui s'étend d'un côté jusqu'à la mer et de l'autre jusqu'en Tripolitaine.

Les ruines d'El-Guedima offrent ceci de particulier, c'est qu'à l'encontre de toutes les ruines berbères que l'on rencontre dans la Régence, lesquelles occupent, en général, les sommets les plus élevés et semblent être plutôt les restes d'anciennes forteresses que de paisibles cités commerciales, elles sont situées tout à fait en plaine, au pied même du djebel El-Kef; de plus, leur emplacement à une dizaine de kilomètres environ des ruines d'El-Medeïna, dont nous avons déjà parlé, entre Douiret et les différents villages de la région, semble indiquer qu'El-Guedima a été, en son temps, quelque chose comme notre poste militaire de Tatahouine, devenu aujourd'hui le grand marché de toute cette partie de l'extrême-sud tunisien.

C'est à El-Guedima que devait affluer le commerce du Soudan et des riches contrées du centre de l'Afrique, par Ghedamès; et il est permis de croire que c'est là que se faisaient les premiers échanges entre les négociants des pays noirs et ceux de l'Afrique du Nord.

L'absence totale de monuments historiques dans les ruines d'El-Guedima, les amas de pierres calcinées que l'on trouve parsemés sur la colline grisâtre que forment leurs décombres, la disparition de toute végétation que l'on y constate, indiquent suffisamment que cette enceinte berbère a été détruite et brûlée par un ennemi barbare, animé d'une haine implacable, qui, pour assouvir sa vengeance, a voulu ne rien laisser subsister de ce qui fut une cité florissante, et qui, à l'instar des Romains lors de la destruction de Carthage, y sema le sel après l'incendie, pour qu'aucune plante ne pût y croître désormais.

Légende des Sept Dormants

La légende des Sept Dormants est à la fois une légende musulmane et une légende chrétienne.

Elle a été rapportée d'Orient en France par Grégoire de Tours et reproduite par plusieurs écrivains du moyen âge.

Jacques de Vorogines, l'auteur de *la Légende dorée,* l'a placée dans sa *Fleur des Saints,* et l'Eglise catholique fête les Sept Dormants, dont elle a conservé les noms, le 26 juillet de chaque année.

Certains hagiographes prétendent que le fait qui a donné naissance à la légende chrétienne des Sept Dormants se serait passé en 251 après Jésus-Christ, sous le règne de Décius, à Ephèse, ancienne ville de l'Asie Mineure, située sur la côte, près de la mer Egée, au bord du Caystre et à soixante kilomètres de Smyrne.

On sait qu'Ephèse fut célèbre par son temple de Diane Artémis, que les savants comptaient parmi les Sept Merveilles du monde, et qui fut détruit par les flammes.

La statue de Diane Artémis était, nous dit-on, en or, et le peuple croyait que le temple et la statue étaient tombés du ciel.

D'autre part, l'histoire nous apprend que Décius, empereur romain de 249 à 251, fut un monarque idolâtre et qu'il ordonna la septième persécution contre les chrétiens.

L'Eglise catholique et l'Islamisme tiennent cette légende pour un fait historique des plus vrais, et le Coran lui a consacré une partie de la sourate dite « sourate El-Kehf », (1) chapitre XVIII.

C'est d'après cette sourate que la majorité des anciens recteurs arabes ont donné de la légende des Sept Dormants le récit suivant.

Les hommes du Kehf, (2) dit Ouaheb ibnou El Menabeh, formaient un petit groupe de nobles Romains (ou Grecs) qui croyaient en l'unité de Dieu. Ils habitaient, sur une terre romaine (ou grecque), la ville d'Afsousse, à laquelle les Arabes ont donné plus tard, après leur invasion, le nom de Tersousse. Ils avaient tout d'abord pour roi un prince qui professait leurs croyances.

Les faits qui composent leur histoire se sont passés durant la période de temps qui s'est écoulée entre l'avènement du Christ et la naissance du Prophète.

Leur roi étant mort, un monarque idolâtre qui régnait à Grenade envahit l'Empire, s'empara d'Afsousse et en fit la capitale de ses Etats.

Celui-ci était un tyran du nom de Dakianous (Décius).

Il se fit construire un palais merveilleux dont la description fabuleuse, donnée par certains écrivains arabes, a beaucoup de ressemblance avec celle du temple d'Ephèse, et obligea ses sujets à lui rendre les honneurs divins.

Dès son installation dans sa nouvelle capitale, Dakianous choisit six ministres parmi les nobles de son nouveau royaume.

Le premier de ces ministres avait nom Tamelikha.

Ceux-ci subirent le tyran, sans que rien ne vint atténuer leur foi ni changer leurs profondes convictions.

Un jour, tandis que Dakianous était assis sur son trône, entouré de sa cour, on vint lui annoncer que l'ennemi (la légende dit même les Perses) avait envahi ses Etats.

A cette nouvelle inattendue, son visage se décomposa sous l'effet de la peur; il devint livide; ses dents se mirent à claquer, et son émotion fut telle qu'il en laissa choir sa couronne.

« Allons, pensa Tamelikha en le voyant dans cet état, si tu étais autre chose qu'un simple mortel, tu ne serais pas si effrayé. »

(1) Grotte ou caverne dans une montagne rocheuse.
(2) Ce qui veut dire : les saints de la grotte de la montagne rocheuse.

Revenu de sa désagréable surprise, Dakianous rassembla son armée et se porta au-devant de l'ennemi.

Dès son départ, son premier ministre fit consigner sa porte, sous prétexte de maladie. Ses collègues vinrent le visiter, insistèrent pour le voir, et furent reçus. Dès leur entrée, ils lui demandèrent de quelle maladie il souffrait.

« De l'horreur de servir un tyran et de m'agenouiller devant un idolâtre, répondit celui-ci.

« — Nous aussi, répliquèrent ses visiteurs, nous souffrons de la même maladie que toi.

« — Alors, reprit l'un d'eux, avisons au meilleur moyen de nous tirer de ses griffes.

« Je ne vois guère que la fuite, déclara Tamelikha, comme seul moyen de salut.

« — Eh bien ! dirent les autres, fuyons. »

Il fut convenu entre tous qu'ils fuiraient au plus tôt.

Quelques jours après, Tamelikha ayant mis ordre à ses affaires et vendu une partie du produit de ses terres pour réaliser un peu d'argent, ils quittèrent Afsousse.

Pour ne pas éveiller l'attention, ils sortirent de la ville à cheval, en jouant à la *koura*, jeu favori des Arabes, qui consiste à se disputer et à pousser devant soi, vers un but, au moyen de bâtons recourbés, une petite boule en bois (polo actuel).

Lorsqu'ils arrivèrent dans le désert, ils abandonnèrent leurs montures, quittèrent leurs riches costumes pour se vêtir d'habits communs, et s'engagèrent ensuite plus avant dans l'intérieur du pays.

A une cinquantaine de kilomètres environ plus loin, ils firent la rencontre d'un berger qui gardait des moutons. Ils lui demandèrent du lait ; il leur en donna, et ils burent.

Après cela, le berger leur dit : « Je vois et reconnais en vous des hommes vertueux ; faites-moi part de vos projets si vous en avez, vous me trouverez toujours prêt à vous seconder. »

Voyant en lui une âme bonne et généreuse, ils lui racontèrent leur histoire.

« Je pense comme vous, leur dit-il après qu'il eut entendu leur récit, et je veux vous suivre. Veuillez attendre seulement que j'aie remis ces moutons à leurs propriétaires, et je partirai avec vous. »

Aussitôt, sans perdre un instant, il conduisit le troupeau à ses maîtres, puis il revint rejoindre les fugitifs.

Son chien, le chien *Katmir*, dont la légende a conservé le nom, chien blanc tacheté de noir, (1) les suivit.

Ils le chassèrent à plusieurs reprises, sans parvenir à l'empêcher de les suivre.

---

(1) L'auteur arabe Essoudi dit que ce chien était tacheté de rouge.

Toujours chassé chaque fois qu'il revenait, le chien à la fin parla et dit : « J'affirme qu'il n'y a qu'un seul Dieu, unique. »

Voyant dans ce miracle une manifestation de la volonté céleste, ils le laissèrent les suivre.

Le berger conduisit ses compagnons à la grotte d'une montagne, dans laquelle ils se réfugièrent. La nuit venue, ils s'y endormirent sous la garde de leur chien.

A ce sujet, on lit dans le Coran les deux passages suivants :

$$\text{إِذْ أَوَى الفِتْيَةُ إِلَى الكَهْفِ}$$

« Alors le noble et vertueux groupe se réfugia dans la grotte. »

$$\text{وَكَلْبُهُم بَاسِطٌ ذِرَاعَيْهِ بِالوَصِيدِ}$$

« Et leur chien veillait, les deux pieds de devant étendus sur le seuil (de la grotte). »

Lorsqu'ils furent plongés dans le sommeil, Dieu prescrivit à l'Ange de la Mort de s'emparer de leurs âmes.

L'auteur arabe Essoudi dit ici : « Ils se trouvaient dans une grotte sombre et dormaient leurs yeux grands ouverts. Ils respiraient mais ne parlaient pas. Leurs longues chevelures tombaient sur leurs épaules. Leurs ongles s'étaient allongés. Ils étaient magnifiques et imposants, et semblaient vouloir parler. »

On lit dans le Coran :

$$\text{وَتَحْسَبُهُم أَيْقَاظًا وَهُم رُقُودٌ}$$

« Vous les eussiez cru éveillés, tandis qu'ils dormaient. »

Durant leur sommeil, les anges les retournaient tantôt sur le côté droit, tantôt sur le côté gauche, pour empêcher l'action du sol sur leur corps.

A ce sujet, on lit également dans le Coran :

$$\text{وَنُقَلِّبُهُم ذَاتَ اليَمِينِ وَذَاتَ الشِّمَالِ}$$

« (Dieu dit) Et nous les faisons retourner tantôt sur le côté droit et tantôt sur le côté gauche. »

Lorsque Dakianous revint de la guerre, il demanda ses ministres. On lui répondit qu'ils avaient embrassé une autre religion que la sienne et qu'ils avaient pris la fuite. Furieux, il se mit aussitôt à leur recherche et ne s'arrêta que quand il les eût retrouvés dans leur grotte.

Lorsqu'il les y vit, étendus sur le sol et paraissant sans vie, il se tourna vers ses gens et leur dit : « Si j'avais eu à les punir, je ne les aurais pas châtiés plus sévèrement. » Ensuite il se retira, après avoir fait murer l'entrée de la grotte, pensant en faire, de cette façon, leur tombeau.

Leur sommeil dura trois cent neuf ans.

Le Coran l'affirme en ces termes :

وَلَبِثُوا فِي كَهْفِهِمْ ثَلَٰثَ مِائَةٍ سِنِينَ وَازْدَادُوا تِسْعًا

« Ils demeurèrent dans leur grotte trois cents années plus neuf. »

Ce temps écoulé, Dieu voulut qu'un berger, surpris par la pluie, pensât à se réfugier, avec son troupeau, dans leur grotte.

Après quelques efforts, il parvint à faire une brèche dans le vieux mur qui en fermait l'entrée et s'y introduisit.

Dès qu'il y pénétra, il aperçut les Sept Dormants se réveiller et s'asseoir. La peur le saisit, et il s'enfuit avec son troupeau.

« Il me semble que nous avons profondément reposé cette nuit, dit Tamelikha à ses compagnons, et que nous avons un peu négligé nos devoirs religieux. Allons nous préparer pour la prière. »

Ils sortirent et se dirigèrent vers une source qu'ils avaient remarquée à quelques pas de la grotte, jaillissant au pied d'un arbre. Leur surprise fut grande de constater qu'elle avait disparu sous les sables et que l'arbre était mort.

« C'est bien étonnant, se dirent-ils, que cet arbre qui, hier encore, était vert et paraissait plein de vigueur et de vie, se soit desséché, et que cette source, qui coulait abondante, ait été ensablée à ce point en une seule nuit. »

Tandis qu'ils se livraient à la recherche de l'explication de ce qui leur paraissait, à juste titre, être un mystère, le besoin de prendre quelques aliments se fit sentir à eux.

Ils décidèrent que l'un d'eux retournerait à la ville, avec les quelques monnaies que Tamelikha avait eu la précaution de se procurer avant leur fuite, pour acheter quelques provisions.

A ce sujet, on trouve dans le Coran le passage suivant :

فَابْعَثُوا أَحَدَكُم بِوَرِقِكُمْ هَٰذِهِ إِلَى الْمَدِينَةِ فَلْيَنظُرْ أَيُّهَا أَزْكَىٰ طَعَامًا فَلْيَأْتِكُم بِرِزْقٍ مِنْهُ

« (L'un d'eux dit) Envoyez l'un de vous, avec votre monnaie que voici, à la ville pour acheter des aliments. »

Ce dernier s'offrit pour faire le voyage et, après avoir changé de vêtements avec le berger, dans le but de ne pas être reconnu, il partit pour Afsousse.

Quand il y arriva, il vit sur ses portes l'inscription suivante : « Il n'y a qu'un seul Dieu. Le Christ est le prophète de Dieu. »

Il crut d'abord avoir mal vu; il se frotta les yeux, regarda de nouveau, et vit toujours la même inscription. Il fit tout le tour de la ville, et constata qu'elle se trouvait sur toutes les portes.

« C'est bien surprenant, se disait-il, hier encore personne n'osait ici parler de l'unité de Dieu, et aujourd'hui son nom et celui de son Prophète sont proclamés et glorifiés ! »

Lorsqu'il pénétra dans la ville, Tamelikha constata qu'il n'y reconnaissait plus personne, ni parmi les marchands, ni parmi les promeneurs, et cela le surprit davantage.

Ayant trouvé au fond d'un souk (marché) un boulanger, il lui demanda quel était le nom de la ville.

« Afsousse, répondit celui-ci.

« — Et toi, comment t'appelles-tu ?

« — Je m'appelle Abderrahmane.

« — Eh bien ! Abderrahmane, donne-moi pour un dirhem de pain. »

Et, tirant une pièce de monnaie de sa bourse, Tamelikha la tendit au marchand.

Celui-ci la prit, l'examina avec de grands yeux étonnés, la tourna, puis il lui dit :

« N'aurais-tu pas, vénérable vieillard, trouvé quelque trésor ?

« — Non, répondit celui-ci, je te jure que cet argent est bien à moi. Il me vient du prix de fruits m'appartenant, que j'ai vendus.

« — Si tu as découvert un trésor, continua l'autre, je t'en félicite, mais donne-moi une petite partie de ce que tu as trouvé.

« — Tu plaisantes. Je n'ai rien trouvé. J'ai quitté cette ville du roi Dakianous il y a à peine trois jours.

« — C'est merveilleux ce que tu racontes ! reprit le boulanger. Tu dis d'abord que cet argent provient de fruits que tu as vendus ; tu dis ensuite que tu n'as quitté la ville que depuis trois jours, laissant ici le roi Dakianous. Tout cela est vraiment étrange. »

Un grand nombre de passants, attirés par leurs paroles, se groupèrent autour d'eux pour entendre leur discussion. Des agents survinrent, et, mis au courant de ce qui se passait, amenèrent Tamelikha devant le roi.

Celui-ci était un prince bienveillant, bon et sage. Il lui demanda de lui raconter son histoire.

« On m'accuse d'avoir trouvé un trésor, répondit-il.

« — Si tu en as trouvé un, reprit le roi, verse le cinquième de ta trouvaille à mon trésor et dispose du reste à ton gré.

« — Je vous en conjure, dit Tamelikha, ne me traitez pas à la légère. Je suis un notable de cette ville.

« — Connais-tu quelqu'un ici ?

« — Oui, j'y avais une maison et un roi qui s'appelait Dakianous.

« — Je ne comprends rien à ce que tu me dis là, répondit le monarque, mais, puisque tu affirmes posséder une maison dans cette capitale, la reconnaîtrais-tu, ta maison ?

« — Oui, sire.

« — Qu'on le fasse accompagner à sa maison, ordonna le roi, et qu'on me le ramène ensuite. »

A travers la ville, Tamelikha ne reconnaissait aucune des rues d'Afsousse, tant elles étaient changées. Découragé, il pria intérieurement Dieu de le secourir. Le Tout-Puissant lui envoya l'ange Gabriel qui, sous les traits d'un paisible citadin, le guida vers son ancienne demeure.

« Voici ma maison », s'écria-t-il dès qu'il l'eut reconnue.

On frappa à la porte. Un vieillard courbé sous le poids des ans en sortit.

« Voilà un homme, lui dit un officier du roi, qui prétend que cette maison est la sienne. »

Le vieil homme se fâcha. L'indignation et la colère se peignirent sur son visage. Mais Tamelikha, s'avançant vers lui, lui dit d'une voix calme et résignée : « Ne te fâche pas, vénérable vieillard. Je me nomme Tamelikha, fils de Kastine. Cette maison était la mienne, je la reconnais fort bien. »

A ces mots, l'autre vieillard se jeta à ses pieds, lui embrassa les mains et les vêtements ; puis, se tournant vers ceux qui assistaient, étonnés, à cette scène, il leur dit à son tour : « Cet homme est mon aïeul. Il faisait partie du groupe des nobles qui ont fui le tyran Dakianous. Vous savez que le Christ a parlé d'eux, qu'il a déclaré qu'ils dormaient, et qu'il a annoncé qu'ils se réveilleraient après un sommeil de trois cent neuf ans. »

La nouvelle de ces faits fut immédiatement communiquée au roi. Celui-ci monta à cheval, et, suivi de toute sa cour, se porta au-devant de Tamelikha, qu'il ramena en grande pompe à son palais.

Le peuple, instruit de ce qui venait de se passer, se porta en masse vers la demeure royale. Tous les habitants d'Afsousse voulaient voir Tamelikha et recevoir sa bénédiction.

Après s'être prêté à leurs désirs, Tamelikha se souvint de ses compagnons.

Il dit alors au roi : « Sire, mes compagnons sont demeurés dans la grotte, et ils attendent mon retour et des provisions. »

Il y avait alors dans la ville, dit Ouaheb ibnou El Menabeh, deux chefs de partis, c'est-à-dire, en quelque sorte, deux rois ; l'un était un croyant, l'autre un idolâtre.

Tous deux accompagnèrent Tamelikha à la grotte.

Lorsqu'ils y arrivèrent, celui-ci leur dit : « Laissez-moi entrer seul pour apprendre à mes compagnons les événements qui se sont déroulés depuis notre fuite, la mort de Dakianous, dont ils craignent encore la tyrannie, et pour les préparer à vous recevoir. »

Il fut convenu que les deux princes se tiendraient devant la grotte, pendant qu'il irait mettre ses camarades au courant de tout ce qui s'était passé.

Quand ceux-ci le virent rentrer, ils se levèrent et allèrent le féliciter d'avoir échappé au tyran.

« Il s'agit bien de Dakianous ! leur dit l'ex-premier ministre. Préparez-vous à entendre des choses étonnantes.

« Tout d'abord, combien de temps croyez-vous avoir dormi dans cette caverne ?

« — Mais, répondirent-ils tous, une nuit.

« — En ce cas, une bien longue nuit, mes amis, reprit Tamelikha, car votre sommeil a duré trois cent neuf ans. Pendant ce temps, bien des choses se sont passées. Le roi Dakianous est mort depuis trois siècles. Le prophète de Dieu, Jésus, est passé..... »

Et Tamelikha raconta à ses compagnons tout ce qu'il avait appris, tout ce qu'il avait vu et entendu.

« Maintenant, leur dit-il lorsqu'il eut terminé son récit, le roi et les habitants d'Afsousse sont venus pour vous saluer et pour recevoir votre bénédiction. Ils attendent en ce moment devant la grotte. »

Les Sept Dormants réfléchirent un moment à tout ce qu'ils venaient d'apprendre. Ils se consultèrent ensuite sur la meilleure conclusion à adopter, le meilleur parti à prendre pour eux.

Après avoir compris qu'ils ne pouvaient vivre dans des temps qui n'étaient plus les leurs, ils levèrent, d'un commun accord, leurs mains vers Dieu et lui demandèrent de les rappeler à lui.

Dieu, le Tout-Puissant, exauça leur prière.

Lorsque le roi d'Afsousse ne vit point revenir Tamelikha, il se décida à pénétrer dans la grotte avec sa suite. Il y trouva ce dernier et ses compagnons sans vie.

Il se prosterna devant eux et se jeta à leurs pieds qu'il embrassa.

(Ici, la légende chrétienne n'est pas d'accord avec la légende musulmane : la première dit qu'ils furent visités par l'empereur Théodose et par saint Martin, alors évêque de la ville, et qu'ils leur parlèrent avant de mourir.)

Le roi ordonna ensuite que leurs corps fussent placés dans des cercueils d'or ; mais dans la nuit qui suivit il vit en rêve les Sept Dormants qui lui dirent : « O roi, nous avons été créés du limon de la terre et non d'or et d'argent : laisse-nous à la terre, jusqu'au jour du jugement dernier. »

Le matin, à son réveil, le prince fit replacer leurs corps dans la grotte et en fit murer l'entrée.

Il ordonna ensuite de construire une chapelle à proximité de cette entrée ; mais le prince idolâtre, qui se trouvait avec lui, s'y opposa et déclara qu'il voulait y faire placer un temple.

Les deux partis en vinrent aux mains et se livrèrent bataille. Les idolâtres furent défaits, leur chef fut tué, et le roi bon croyant fit élever, près de la grotte des Sept Dormants, une chapelle.

A ce sujet, on trouve dans le Coran le passage suivant :

$$\text{قَالَ الَّذِينَ غَلَبُوا عَلَى أَمْرِهِمْ لَنَتَّخِذَنَّ عَلَيْهِمْ مَسْجِدًا}$$

« Et ceux qui furent vainqueurs, en défendant leur cause, décidèrent de construire auprès d'eux un local destiné à la prière. »

Les indigènes du Sud-Tunisien, leurs savants et leurs magistrats se plaisent à déclarer que la grotte dont nous avons parlé est bien celle des Sept Dormants, parce qu'elle remplit à leurs yeux toutes les conditions désirables pour cela.

En effet, la montagne dans laquelle elle se trouve porte le nom de Djebel-el-Kehf; près de la bienheureuse grotte on voit une source s'échappant du pied d'un palmier, et la mosquée d'El-Guedima, qui s'élève à proximité, occuperait pour eux la place de la chapelle désignée dans la légende; enfin, le soleil levant se montre à sa droite et le soleil couchant à sa gauche, signe particulier propre à la grotte des Sept Dormants, énoncé dans le Coran en ces termes:

تَرَى الشَّمْسَ إِذَا طَلَعَت تُزَاوِرُ عَن كَهْفِهِمْ ذَاتَ اليَمِينِ وَإِذَا غَرَبَت تَقْرِضُهُمْ ذَاتَ الشِّمَالِ

« Tu verras le soleil levant se montrer à la droite de leur grotte et descendre, à son couchant, à sa gauche. »

Un auteur arabe, El Azizi, déclare que la grotte des Sept Dormants est très connue et très fréquentée par de nombreux pèlerins.

Ce n'est pas là, je l'avoue, le cas de la grotte des environs de Tatahouine.

Notices sur le Sud-Tunisien

Avant de quitter les Ouderna, laissez-moi vous parler un peu de la partie de la Régence à laquelle ils appartiennent, qui vaut mieux que sa réputation et qui n'est pas tout à fait, comme on le dit, le pays de la désolation.

Nos pays du Sud-Tunisien ne sont pas toujours, comme on pourrait le croire, des régions complètement inhabitées et désertes. Elles s'enorgueillissent, à juste titre, de leurs vertes oasis, dont la vue, pour parler un style local, rafraîchit et réjouit l'œil. Elles sont les vastes régions du soleil, où l'Arabe est demeuré jusqu'à ce jour le nomade pasteur, amoureux de l'espace, avide de liberté, parcourant sans cesse, avec ses troupeaux et ses tentes, ce pays de la soif et des chaleurs torrides, où un peu de pluie apporte l'aisance et le bien-être, et où son absence provoque la misère et quelquefois la ruine.

Au point de vue géographie physique, le Sud-Tunisien se compose de grandes plaines aux vastes horizons, paraissant s'étendre à l'infini, séparées par des chaînes de montagnes nues et peu élevées, où l'on compte quelques plateaux.

Les plaines sont le domaine de l'Arabe nomade; les montagnes, celui du Berbère qui, au contraire, est demeuré sédentaire.

Lorsqu'on s'enfonce dans le Sud-Tunisien, au delà de Gabès et de Médenine, et que l'on s'approche de quelques-unes de ces montagnes, telles que celles des Matmata, des Haouaia, des Ghoumrassen et des Ouderna, on est frappé tout d'abord par l'aspect désolant qu'elles présentent, tant elles paraissent dénuées de toute végétation. Mais toute autre est l'impression que l'on ressent dès que l'on pénètre plus avant parmi les nombreuses petites vallées qu'elles renferment.

En effet, on demeure surpris de voir combien ces vallées contiennent de plantations d'arbres. On y trouve de beaux oliviers séculaires, des figuiers gigantesques, des palmiers en assez grand nombre et, quelquefois, des amandiers.

Les gens du pays ont des moulins à huile dans leurs villages et vendent des huiles et des figues sur les différents marchés de la région.

On rencontre, même dans le Dahar, sur le versant sud de la chaîne de montagnes qui s'étend du Grand Chott, autrefois mer intérieure, aux fameuses montagnes de Nefouça, de la Tripolitaine, versant qui regarde le Sahara, d'importantes olivettes et de nombreuses plantations de figuiers et de palmiers envahies à leur base par les sables.

Dans cette région, cet envahissement méthodique est si grand que l'on voit des endroits où les branches des arbres sont, en partie, enfouies dans les sables et semblent, tant elles paraissent encore vivaces, former de grosses touffes.

Parmi ces plantations, il y en a qui paraissent bien anciennes.

Voici comment les Berbères de ces montagnes semblent avoir procédé de tout temps et comment ils procèdent encore de nos jours pour faire leurs plantations.

A la naissance de chacun de ces milliers de petits *chaâbet* (ravins) qui peuplent ses vallées et les flancs de ses montagnes, le Berbère a construit un barrage en pierres destiné à retenir les eaux pluviales et le peu de terre qu'elles apportent avec elles.

Il a ensuite remué et nivelé le terrain, élargi, autant que possible, le lit du petit torrent [1] de façon à obtenir, au bout d'un certain temps, une plate-forme.

Sur cette première plate-forme, il a planté un ou deux arbres de son choix, olivier, figuier ou palmier.

Immédiatement au-dessous et dans le même chaâbet, il a construit, à quelques mètres plus loin, un autre barrage et créé une seconde plate-forme, plus grande que la première, sur laquelle il a planté un plus grand nombre d'arbres.

Au-dessous de celle-ci, et toujours dans le lit du même chaâbet, il a obtenu, de la même façon, une troisième, puis une quatrième, puis une cinquième plate-forme, et ainsi de suite, passant d'un petit chaâbet à un autre plus grand, jusqu'au point où le manque de pente ne lui a plus permis la construction de barrage utile.

En se figurant des séries de montagnes nues, les flancs labourés de petits chaâbet descendant jusqu'à leurs bases, peuplées de plates-formes obtenues comme nous l'avons raconté, couvertes d'arbres et de cultures superposées les unes aux autres, on aura une idée de ce que sont, en réalité, certains coins de ces pays du Sud.

Nous ajouterons à cela que dans les bas-fonds, dans la plaine et sur les plateaux où il a été permis de planter sans avoir recours à ce système de plates-formes, comme par exemple à Techine et aux Beni-Zelten des Matmata, les

---

[1] On sait que lorsqu'il y a des pluies d'orages ces chaâbet charrient énormément d'eau et deviennent de petits torrents.

Berbères ont fait de nombreuses plantations et profité des moindres pentes de terrain pour y amener les eaux qui tombent du ciel.

Pour permettre aux grosses quantités d'eau que lui donnent les orages de s'écouler sans endommager ses travaux et pour éviter que le voisin en perde le bénéfice, le Berbère ménage, à l'une des extrémités de son barrage, un passage par lequel elles peuvent s'écouler, lorsqu'elles ont atteint un certain niveau sur sa parcelle, dans la plate-forme située au-dessous.

Enfin, pour ne rien négliger des profits qu'il peut tirer de son terrain, il sème et récolte sur cesdites plates-formes du blé, de l'orge, des fèves et même des lentilles.

Ceci démontre : 1° que le Berbère du Sud-Tunisien a toujours été et est encore, comme le Kabyle d'Algérie, un travailleur attaché à la terre et un sédentaire ; 2° que l'eau, dans sa région, a été de tout temps un liquide précieux ; ce qui a donné lieu à ce proverbe très connu : « Qui mène l'eau, mène la fortune. »

Dans ces montagnes, on rencontre bien quelques sources ; il y en a même, comme celle de Toujane, dont l'eau est délicieuse et d'une fraîcheur remarquable ; mais elles sont peu nombreuses. L'eau des puits est, elle-même, assez rare.

Afin d'avoir de l'eau potable pour leur consommation et même pour celle de leurs animaux, les Berbères ménagent, sur les flancs de leurs montagnes, de longues et larges rigoles appelées *hemala*, qui amènent les eaux de pluie dans des conduites à ciel ouvert, creusées dans le sol, lesquelles se déversent dans des citernes. C'est à ces citernes qu'ils boivent la plupart du temps.

Aussi, lorsque les années de sécheresse se succèdent, les Berbères sont-ils obligés de sortir de leurs montagnes.

Ils en sortent également pour faire leurs semailles, chaque année, dans les parties du pays où l'eau est tombée, pour faire pacager leurs troupeaux, comme pour faire leurs moissons. C'est ce qui explique pourquoi, ne pouvant lutter, en plaine, avec les Arabes nomades, ils achetaient leur protection.

Avant l'occupation de la Tunisie, les Berbères du Sud-Tunisien vivaient, en quelque sorte, sous une espèce de protectorat des nomades qui, moyennant une redevance de grains, d'huile et de figues, les laissaient descendre dans leurs plaines pour labourer et faire pâturer leurs animaux. Cela n'empêchait pas quelques-uns de ces mêmes nomades, lorsque l'amour du pillage les tourmentait par trop fort, de les razzier quelquefois.

C'est aussi beaucoup pour cette raison que les Berbères ne plantaient pas hors de leurs montagnes, attendu que la récolte d'une partie des plantations de leurs vallées était, assez souvent, faite par des bandes d'Arabes pillards.

Depuis 1881, de grands progrès ont été réalisés de ce côté.

Les Berbères, grâce à une sécurité qu'ils n'avaient jamais connue ni peut-être même soupçonnée, grâce aux efforts de l'autorité militaire qui ne cesse de les encourager et de les aider, les Berbères ont fait, surtout ces dernières années, de nouvelles et nombreuses plantations.

A Médenine, une pépinière appartenant aux Affaires indigènes leur fournit, tous les ans, des plants de différents arbres : tels qu'amandiers, figuiers, pêchers, abricotiers, caroubiers, vigne, cactus, etc.

Ces plants sont distribués gratuitement, chaque année.

Or, tout porte à croire que dans les temps passés la richesse du centre et d'une grande partie du sud de la Tunisie était principalement due à l'olivier.

La légende de Sbeïtla, l'ancienne *Sufetula* des Romains, dont on voit encore les ruines imposantes à 120 kilomètres environ au sud de Kairouan, peut être citée comme une des preuves qui paraissent le démontrer.

La voici en deux mots : Après la prise de Sufetula par les Arabes, le butin ramassé par les vainqueurs fut si grand et si riche, qu'il provoqua leur étonnement. Un de leurs chefs ayant rencontré un notable habitant de la ville, lui demanda quelle était la source de tant de richesses. Celui-ci regarda la terre, parut y chercher quelque chose, puis se baissa, ramassa un noyau d'olive et, pour toute réponse, le montra à l'Arabe.

De ceci il est permis de conclure que, dans un temps plus ou moins éloigné, lorsque les Berbères, sortis de leurs montagnes, auront poussé leurs plantations vers le nord jusqu'au golfe de Gabès ; que quelques tribus arabes auront suivi leur exemple ; qu'autour de l'oasis de Gabès des oliviers auront poussé, et que Sfax, enfin, aura continué, à grands pas, l'envahissement des territoires du Sud par ses grandes olivettes, marchant à leur rencontre, l'aurore des prospérités antiques commencera à se lever pour cette partie de la Régence, grâce au calme complet, à la paix profonde et à la sécurité qui y règnent depuis l'occupation française.

Ce sera une œuvre grande et belle, tout entière à la gloire de la France et de la civilisation.

NOTES SUR LE VOYAGE DU CHEIKH EL HACHAÏCHI
DANS LA RÉGENCE DE TRIPOLI

Par M. SERRES

Délégué de l'Institut de Carthage

M. Monchicourt, remplaçant M. Serres, empêché, donne lecture d'une note très intéressante sur le voyage du cheikh El Hachaïchi en Tripolitaine.

Le voyage du cheikh El Hachaïchi date de 1896. Son but était, en somme, de préparer un terrain moral pour le marquis de Morès. Le cheikh a fait l'itinéraire suivant : Benghazi, Zella, Koufra, où il a vu le cheikh des Senoussia, Zella, Mourzouk, Ghat, Mesrata, Tripoli.

Le gros public européen n'est pas habitué à ces voyages exécutés par des indigènes. Il a une tendance à voir là une sorte de procédé comme ceux employés dans les romans où l'auteur feint que le récit est fait par le protagoniste lui-même.

Aucun doute ne saurait subsister en ce qui concerne le cheikh El Hachaïchi. Quelque temps après son départ, le bruit de sa mort ayant couru à Tunis, la famille s'adressa à l'administration pour obtenir des renseignements un peu précis, et l'on sut alors, par le consulat de France à Tripoli, que El Hachaïchi était parti de Benghazi avec une caravane, sur la route de Zella. D'ailleurs, El Hachaïchi a rapporté de Mourzouk une lettre avec le cachet d'Eyoub-Bey, et des personnes de Tunis, en relations avec Eyoub-Bey, ont reconnu l'authenticité de ce cachet.

Depuis longtemps les géographes, M. Augustin Bernard notamment, ont préconisé l'emploi d'indigènes pour rapporter des renseignements sur les parties de l'Afrique peu connues et inaccessibles aux Européens comme, par exemple, l'intérieur du Maroc. Des gens comme El Hachaïchi, qui est un musulman de vieille roche, descendant du Prophète, et ne parlant pas le français, pourraient rendre de grands services. Lorsque M. Révoil fut nommé ministre de France à Tanger, El Hachaïchi s'était offert à exécuter un voyage par terre de Tunis au Maroc. La chose n'eut pas de suite à cause du départ de M. Révoil.

La question de l'utilisation des voyageurs indigènes est d'ailleurs à la veille d'être close avant d'avoir été résolue. Nos officiers d'In-Salah parcourent le Sahara, et bientôt, nous allons pouvoir explorer directement le Maroc. Il n'y a donc plus de raisons de recourir à eux, car un Européen sachant l'arabe rapportera toujours plus de renseignements scientifiques qu'un indigène qui manque forcément de la culture spéciale nécessaire.

DES RESSEMBLANCES GÉOGRAPHIQUES
QUI EXISTENT ENTRE LA RÉGION DE TUNIS ET LA RÉGION D'ORAN

Par M. MONCHICOURT

De l'Institut de Carthage

M. Monchicourt rappelle les ressemblances géographiques entre la région de Tunis et la région d'Oran. Il attire, avec beaucoup d'à-propos, l'attention des congressistes sur une brochure dont il est l'auteur et qui traite de la géographie de la région de Tunis, brochure distribuée dès l'ouverture du Congrès.

Il attire l'attention des Oranais qui sont dans l'assistance sur les ressemblances qui existent entre les environs de Tunis et ceux d'Oran.

Ces similitudes peuvent être rangées en deux classes.

Des deux côtés le climat est relativement chaud et sec, ce qui entraîne un certain nombre d'analogies au point de vue de l'hydrographie (sebkha Sedjoumi et sebkha de la Mlela) et des cultures. D'autre part, Oran et Tunis occupent une position symétrique aux deux extrémités de l'Algérie-Tunisie. L'une regarde vers l'Espagne, l'autre vers la Sicile. La proximité de ces deux pays, un climat presque semblable, attirent en Tunisie des légions d'Italiens, comme en Oranie de nombreux Espagnols. Par suite, un certain nombre de problèmes culturaux, économiques et sociaux se présentent dans les deux régions sous une forme assez rapprochée. Il y aurait intérêt à pousser la comparaison, qui pourrait donner des résultats pratiques pour les deux contrées.

NOTE SUR UN ESSAI DE GÉOGRAPHIE APICOLE
DE LA TUNISIE

Par M. Félix DUCROQUET

Secrétaire de la Société d'Apiculture de Tunisie

L'apiculture est exercée en Tunisie depuis des temps très reculés. Le mode de culture indigène est resté à peu près tel qu'il est exposé par Varron dans son *Traité d'Agriculture*. Mais l'utilisation des richesses mellifères du pays ne saurait se borner à l'exploitation des abeilles en ruches fixes. C'est pourquoi la Société d'Apiculture de Tunisie a été fondée afin de propager les méthodes rationnelles et substituer peu à peu à la vieille routine le sens pratique que la science moderne imprime par le progrès.

La culture des abeilles peut être un appoint appréciable à la prospérité de la colonie agricole. Le but de notre Société est de développer cette idée, et aussi d'étudier les meilleurs moyens de produire à bon marché et d'écouler facilement le miel, la cire et les dérivés de l'apiculture au mieux des intérêts généraux.

C'est dans l'espoir d'intéresser un peu à nos travaux que nous voulons donner un bref aperçu de l'état de l'apiculture en Tunisie et de la répartition des apiculteurs sur l'étendue de la Régence.

* *

Les ruchers indigènes, disséminés à peu près partout, sont particulièrement abondants dans la région nord où on compte, paraît-il, jusqu'à 20.000 ruches dans un seul Contrôle. C'est assez dire la richesse en fleurs de nos collines.

Parmi les régions particulièrement appréciées par les apiculteurs indigènes, nous citerons les environs de Tunis, depuis La Manouba et Tebourba jusqu'à Zaghouan et au delà, quelques points des Contrôles de Bizerte, Béja, Souk-el-Arba, Thala, Mactar et Le Kef, le Contrôle de Grombalia et différents points des régions du Sud où l'eau est le facteur d'une végétation luxuriante.

L'apiculture rationnelle, pratiquée par les Européens, s'est jusqu'ici étendue plutôt dans les régions du nord et dans les centres de colonisation. Le premier établissement sérieux d'apiculture a été créé à Ksar-Tyr, par M. Thomas Pilter. Cet important rucher a donné l'exemple, et les ruchers de M. l'abbé Reyboubet, à Sainte-Marie-du-Zit, de la Société « l'Expansion Coloniale », à Bir-bou-Rekba, de M. Emile Bordier, à Hamamet, de M. Ruprich-Robert, à Nabeul, ceux de La Manouba, d'Oudna et des environs de Zaghouan se sont installés depuis déjà quelques années.

Parmi les apiculteurs européens, deux seulement sont des professionnels :

M. Jean Mesker, qui a acheté l'établissement qu'il dirigeait, créé par MM. Bordier à Hamamet, et Bourgeois, qui cultive à Bir-bou-Rekba plus de 300 ruches pour la Société « l'Expansion Coloniale ».

Les autres sont en général des colons qui dirigent en même temps leurs exploitations agricoles.

Nous devons citer d'une façon toute particulière les tentatives intéressantes de M. le commandant Defrance, un des fondateurs de notre Société, dont le rucher est un des plus anciens de Tunisie. L'Ecole Coloniale d'Agriculture possède aussi un rucher qui sert aux démonstrations pratiques du cours savamment professé par un de nos collaborateurs de la première heure, M. Pierre Robinet. Nous mentionnerons encore les ruchers de M. Terrisse, à La Manouba, de Mme Obert et de M. Rousseaux, à R'dir-Soltane, celui de la Ferme-Ecole de Djedeïda et celui de notre Société, auquel M. le commandant d'artillerie Dunal a bien voulu donner l'hospitalité à La Manouba. Mais nous ne pouvons les mentionner tous.

Qu'il nous suffise de dire que l'on en crée tous les jours de nouveaux.

* *

En principe, on peut se livrer à l'apiculture à peu près partout en Tunisie. Mais il est évident qu'il y existe des contrées privilégiées par l'étendue et la variété de leurs zones mellifères, l'abondance de l'eau, la nature de leur climat. Comme le disent MM. Robinet et Fondevray dans une étude sur *La production et le commerce du miel et de la cire en Tunisie*, « l'activité des nectaires et la sécrétion du nectar étant en relation étroite avec les conditions atmosphériques, il en résulte que la production du miel et de la cire suit l'influence des saisons. Les années où les pluies sont précoces, fréquentes, et par suite la floraison abondante, sont les plus propices pour la production apicole en Tunisie ».

Les régions montagneuses du nord sont particulièrement favorables à l'apiculture, étant donnée l'abondance de la flore spontanée qui se compose en général du thym, du romarin, de la lavande, etc., toutes fleurs qui produisent un miel abondant et parfumé.

Le miel de Tunisie est agréablement aromatisé et peut rivaliser, suivant beaucoup d'amateurs, avec les miels si recherchés des Alpes et de la Suisse. La cire produite par les Européens est belle et appréciée.

* *

Il serait vraiment dommage que toute cette richesse soit ignorée et inutilisée. Il importe à la France de restaurer l'apiculture en Tunisie, et ce serait faire œuvre utile que de faire connaître que, dans notre colonie, les abeilles sont susceptibles de servir les intérêts agricoles et commerciaux par des produits qui seront universellement recherchés.

Notre Société appelle donc l'attention de tous sur l'opportunité de propager avec elle la culture rationnelle des abeilles. Elle compte sur le concours bienveillant et efficace des membres de ce Congrès pour l'aider dans la tâche utile qu'elle s'est imposée pour la plus grande prospérité de la Tunisie.

....

A la suite de cette communication, le vœu suivant a été adopté par le Congrès :

« Qu'il soit étudié les moyens de fonder des syndicats apicoles d'exportation franco-indigènes. »

GÉOGRAPHIE COLONIALE

L'AFRIQUE OCCIDENTALE FRANÇASE
DIVISÉE EN RÉGIONS NATURELLES & PRINCIPALES RESSOURCES

Par M. Henri LORIN

Professeur de géographie coloniale à la Faculté des Lettres de Bordeaux
Délégué du Ministre de l'Instruction publique au Congrès

La séance est présidée par M. le commandant Bordier, assisté de M. Leclerc, de la Société de Géographie d'Oran, et de M. Colrat.

M. Colrat demande au Congrès de voter une adresse de félicitations à M. Charles Pierre, qui vient de faire une superbe traversée de l'Afrique centrale, du Congo au Nil, sans escorte et avec une rapidité qui n'avait jamais été atteinte.

M. Colrat est heureux de pouvoir proposer cette adresse au Congrès, M. Charles Pierre ayant été autrefois son camarade de mission et ayant su toujours se faire remarquer par sa ténacité, son énergie, son tact et sa bravoure.

« Je m'associe, dit M. le Président, à la motion; mais vous êtes trop modeste, vous en avez fait autant que M. Charles Pierre. »

L'adresse est votée par acclamation.

M. Henri Lorin, professeur à l'Université de Bordeaux, expose la *division de l'Afrique occidentale française en régions naturelles*, dont il précise les principales ressources.

On peut distinguer trois zones, orientées dans le sens de l'équateur.

La première, qui borde le golfe de Guinée, est celle des pluies abondantes et celle de la forêt dense; à peu de distance de la mer poussent le palmier à huile ou *élaïs*; le caoutchouc et les essences forestières, comme l'acajou, abondent dans l'intérieur; malheureusement, les communications dans cette région sont difficiles, et les indigènes de la forêt, parfois encore anthropophages, n'offrent qu'une main-d'œuvre des plus médiocres. Cette région est bornée sur la mer d'une étroite bande de terrain, peu saine en général, où cependant doit être localisé le commerce de transit.

Au nord, la zone soudanienne est beaucoup plus variée et peuplée de races moins primitives, plus ou moins atteintes par l'Islam ; c'est une sorte de parc, avec des fonds forestiers dans les vallées ; sur les parties aérées et drainées viennent des arbres tels que le kolatier, le cotonnier, le papayer, le manguier..., ou encore des céréales, surtout mil et sorgho, plusieurs tribus indigènes élevant des troupeaux. Là s'étaient fondées des sultanies indigènes que nous avons dû combattre, dans le Mossi, le Gourounsi, les anciens états des Tiéba et des Samory. La pacification est désormais complète.

Plus au nord encore, on passe par transition insensible vers le régime saharien, avec bouquets de bois de plus en plus rares, pâturages instables suivant le jeu des pluies, populations demi-nomades élevant le cheval, puis le chameau au lieu du bœuf ; cette zone subsaharienne couvre une partie de la boucle du Niger, les pays intermédiaires entre Niger et Sénégal, enfin le bas Sénégal. Les inondations du Niger en amont de Tombouctou et villes du Sénégal reculent vers le nord, le long de ces deux oasis fluviales, la limite des cultures de céréales ; mais ce sont là des exceptions géographiques, dans une ambiance déjà toute saharienne.

Il résulte de là que la zone intermédiaire, le Soudan, est celle qu'il nous importe d'atteindre le plus vite et le plus commodément possible ; un réseau de chemins de fer, déjà commencé au départ de nos diverses colonies côtières, en assurera la mise en valeur par une combinaison intelligente avec les voies fluviales, si toutefois celles-ci ne trompent pas les espérances que l'on fonde aujourd'hui sur elles.

Sachant maintenant ce qu'est, dans ses traits essentiels, l'Afrique occidentale française, nous devons nous occuper sans tarder d'en achever l'inventaire rationnel et d'en constituer l'outillage économique. Nous savons que c'est l'objet des préoccupations du gouverneur général actuel, M. Roume, qui d'ailleurs considère l'Afrique occidentale comme un organe d'un tout plus vaste, l'Afrique française, étendue sur l'une et sur l'autre rive du Sahara.

Après la communication très applaudie de M. Henri Lorin, M. Auerbach insiste pour qu'un *inventaire méthodique des ressources de nos colonies* et des territoires soumis à notre influence soit dressé dans le plus bref délai possible.

COMMENT FACILITER A LA JEUNESSE
LES VOYAGES A L'ÉTRANGER ET AUX COLONIES

Par M. Ed. BUCHÈRE

délégué de *La France Colonisatrice*, de Rouen

Messieurs,

Nous sommes vraiment confus de prendre la parole devant vous, après les personnes si compétentes qui ont occupé cette place. Vous voudrez bien nous accorder toute votre indulgence, l'accueil si aimable que vous avez réservé à la France Colonisatrice aux deux derniers Congrès est pour nous une marque précieuse de votre bienveillance à notre égard.

Nous exprimons ici les opinions d'un groupe de jeunes gens, pour la plupart étudiants, qui pensent que leur horizon ne doit pas être borné par le clocher de leur village, qui ont soif de connaître des pays nouveaux, de s'instruire des grands problèmes actuels qui ne se limitent plus à notre vieille Europe.

On a reproché aux Français d'être casaniers et à la jeunesse française d'être frivole ; ces reproches ne sont pas tout à fait justifiés. On ne peut nier cependant que les sociétés de géographie et les sociétés assimilées feraient œuvre utile en facilitant aux jeunes Français des voyages d'études soit à l'étranger, soit aux colonies, et en particulier dans notre superbe Afrique du Nord où il y a tant de belles choses à admirer et tant d'enseignements à en tirer.

Il n'est pas nécessaire de vous rappeler que les voyages sont le complément indispensable, ou tout au moins utile, de l'éducation actuelle ; que les voyages élargissent les idées, permettent la comparaison entre les différents pays, entre les différents peuples. Ce serait prêcher des convertis, vous êtes géographes et voyageurs, vous êtes sans aucun doute convaincus de l'utilité des voyages. La question est donc de voir comment on pourrait faciliter les voyages à la jeunesse française.

Voyons d'abord quelles sont les difficultés que rencontre un jeune homme, un étudiant de dix-huit à vingt-cinq ans, qui désire voyager. Ces difficultés sont de plusieurs sortes. La première, et de beaucoup la plus importante, provient certainement des parents. Ceux-ci trouvent que leur fils est bien inexpérimenté pour entreprendre seul un long voyage, qu'il se trouvera dépaysé dans des contrées qu'il ne connaît pas et où il ne connaît personne qui puisse le renseigner, lui donner des conseils. Quelquefois aussi, mais plus rarement, les parents n'aiment pas les voyages et ne comprennent pas pourquoi leur fils veut voir des pays étrangers et lointains.

D'autre part, il faut bien reconnaître que le Français, en général, n'est pas préparé à voyager seul. Où voulez-vous qu'il apprenne à voyager? Bien souvent, il ne sait pas voyager, et ce serait certainement un grand service que rendraient à notre pays les sociétés de géographie et les sociétés assimilées si elles enseignaient aux jeunes Français l'*art de voyager*.

Les parents ont un peu raison lorsqu'ils redoutent de laisser voyager leurs enfants dans un pays où ils ne connaissent personne. Les sociétés de géographie et les sociétés assimilées pourraient ici encore faire sentir leur utile action en recommandant à leurs correspondants les jeunes gens qui voyageraient sous leur patronage.

Enfin, il y a une question qui est loin d'être négligeable, c'est que les voyages sont encore assez coûteux et que beaucoup de jeunes gens se trouvent arrêtés par cette difficulté. Nos Sociétés ne pourraient-elles pas faire quelque chose pour aplanir cet obstacle? Certaines pourraient peut-être remplacer quelques-unes des médailles qu'elles donnent en prix par une bourse de voyage. Il y a lieu de signaler la Société de Géographie de Lille qui est déjà entrée dans cette voie et qui, chaque année, attribue à un de ses lauréats une bourse de 300 francs, sans compter qu'elle supporte encore ses frais de chemin de fer jusqu'à la région qu'il va visiter.

Toutes les sociétés de géographie ne sont malheureusement pas aussi riches que la Société de Géographie de Lille. Mais alors elles peuvent agir autrement. En particulier, elles pourraient obtenir des facilités de voyage pour les jeunes gens qui voudraient se rendre au loin; elles obtiendraient sans doute assez facilement des réductions importantes sur les chemins de fer, sur les lignes de navigation, aussi bien sur celles qui ne prennent pas d'ordinaire des passagers que sur les autres.

La Société de Géographie de Dunkerque est, paraît-il, entrée dans cette voie, et par son intermédiaire des jeunes gens peuvent voyager chaque année.

Notre jeune Société rouennaise, la France Colonisatrice, que j'ai l'honneur de représenter au Congrès, a pu obtenir de plusieurs armateurs, pour ses adhérents, le passage gratuit sur des vapeurs de commerce reliant Rouen soit à l'Algérie, soit aux ports de la Baltique, soit même (nous l'avons obtenu tout récemment) aux ports du Canada et à Philadelphie. Les jeunes voyageurs ont simplement à s'entendre avec le capitaine du navire pour la nourriture; le prix en est minime, il varie entre 2 et 3 francs par jour.

Six membres de notre Société ont déjà effectué la traversée de Rouen à Alger par Oran, et tous en ont été enchantés. Je l'ai effectuée moi-même l'été dernier avec un de mes amis. Nous avions notre cabine à côté de celle du commandant, et nous prenions nos repas à la table de ce dernier. Nous étions tout à fait très bien.

Il est probable que les sociétés de géographie de nos grands ports obtiendraient pour leurs patronnés des avantages analogues.

Enfin, il existe encore une catégorie de voyages. Pourquoi les sociétés de géographie n'organiseraient-elles pas chaque année, en commun, une caravane de la jeunesse en Algérie ou en Tunisie? Les sociétés de géographie de l'Afrique du Nord ne refuseraient certainement pas de donner leur patronage à cette tentative; elles feraient ainsi accomplir chaque année à une élite de la jeunesse française un voyage des plus instructifs.

Il en resterait une impression ineffaçable dans le souvenir des jeunes voyageurs; la vie si belle et si indépendante des colons leur sourirait peut-être, et un certain nombre d'entre eux reviendrait s'y fixer, car cet axiome est bien vrai: « Lorsqu'on a vu l'Afrique du Nord, on veut la revoir, et quand on l'a revue, on veut y habiter. »

Voici le vœu que nous soumettons à votre approbation:

« Le Congrès émet le vœu que les sociétés de géographie et les sociétés assimilées redoublent d'efforts, suivant leurs moyens, pour faciliter aux jeunes Français les voyages à l'étranger ou aux colonies, soit en créant des bourses de voyage, soit en organisant chaque année une caravane de la jeunesse en Algérie ou en Tunisie. »

Ce vœu est adopté.

RENSEIGNEMENTS SUR LA FLORE ARBUSTIVE & HERBACÉE DES PAYS PARCOURUS PAR LES MEMBRES CHARGÉS DE MISSION DE LA SOCIÉTÉ DE GÉOGRAPHIE COMMERCIALE DE PARIS

Par M. GUILLOCHON

Secrétaire général de la Société d'Horticulture de Tunisie
Membre de la Section tunisienne de la Société de Géographie commerciale de Paris

Messieurs,

Depuis quelques mois seulement une modification de la loi phylloxérique permet l'entrée des végétaux vivants, sous certaines conditions qu'il ne nous paraît pas utile de développer ici.

Ceci vous explique la pauvreté — en tant que nombre — des espèces de végétaux cultivés jusqu'ici en Tunisie, en en exceptant pourtant l'olivier et la vigne qui, par leur résistance toute spéciale à un climat relativement froid et humide l'hiver, s'accommodent en été d'une atmosphère chaude et sèche qui rend impossible l'acclimatation d'autres végétaux croissant naturellement dans des contrées à température moins variable et à atmosphère constamment chargée de vapeur d'eau.

Par *acclimatation*, nous ne voulons pas entendre les résultats obtenus avec certaines plantes dans des conditions spéciales de milieu où, à l'aide d'une température et d'un éclairage combinés, le cultivateur conserve à certaines plantes — provenant pour la plupart des régions chaudes du globe — leur vitalité et en obtient même une végétation satisfaisante, soit pour le plaisir des yeux, soit pour l'étude : Orchidées, Broméliacées, Aroïdées, Palmiers cultivés dans des serres.

Dans ces conditions, peut-on dire qu'un végétal est acclimaté, qu'il peut donner naissance à des fleurs qui seront fécondes et donneront des graines aptes à germer ? Nous ne le pensons pas. Si le cas se présente, c'est le fait d'une exception qui confirme la règle.

S'agit-il d'un fruit des tropiques ? Là encore cette fructification sera une curiosité, et le fruit n'aura ni la saveur, ni la délicatesse, ni l'arome de celui de la même espèce récolté en plein air dans son propre milieu.

De ce qui précède nous pouvons déduire que l'acclimatation proprement dite ne peut être que le déplacement d'un végétal, ligneux, demi-ligneux ou herbacé, enlevé du lieu où il croit à l'état autochtone, quelquefois indigène, et transporté dans un climat analogue où il sera cultivé en plein air, exposé, par conséquent, à toutes les intempéries.

Pour dire ce végétal acclimaté, il faudra qu'il ait fleuri, fructifié dans sa patrie d'adoption, et que, semées, les graines aient donné naissance à des plantes identiques à celle dont elles sont issues.

**

Dans cet ordre d'idées, nous avons, Messieurs, sans rappeler l'introduction devenue historique de la pomme de terre, l'acclimatement très remarquable des Aurantiacées et, tout particulièrement, celui de l'oranger qui, emprunté à la Chine, a pris une place considérable dans les cultures du littoral méditerranéen, européen comme africain.

Les Aurantiacées sont maintenant traitées en culture intensive, et les hybridations, ainsi que la sélection, ont donné naissance à des variétés intéressantes qui gardent sur les marchés un prix élevé, d'où un commerce qui se chiffre chaque année à plusieurs millions de francs.

Dans le midi de la France, en Algérie, en Tunisie, aux îles Canaries, n'a-t-on pas réussi à acclimater différentes espèces de palmiers qui y atteignent une taille suffisante pour produire des fruits dont les graines germent et donnent naissance à de nouvelles plantes sans qu'il y ait dégénérescence? Le *Phœnix Canariensis*, le *Washingtonia robusta*, le *Pritchardia filifera* sont de ce nombre.

Dans la partie du littoral français qui avoisine l'Italie, beaucoup de végétaux reproduisent là, considérant leur taille et leur vigueur, un reflet de la zone tropicale.

C'est là ce qu'on est convenu d'appeler, en matière d'acclimatation, un *climat local*, créé par le voisinage de la mer. Nous devons nous rappeler que le littoral africain possède pendant l'hiver une humidité atmosphérique élevée due aux pluies de la saison, mais qui, malheureusement, correspond à une température parfois très basse, + 3° + 4° centigrades. Plus au sud, et dans l'intérieur, la température est plus élevée, mais les étés sont trop secs et, en hiver, les pluies trop rares.

Dans les oasis seulement, le *Phœnix dactylifera* (dattier) prospère, grâce aux irrigations constantes qui lui sont prodiguées, et parce qu'il ne craint pas les vents chauds qui soufflent du sud-est pendant l'été.

Les *Musa* (bananier) ne peuvent trouver place que dans les régions à température suffisamment élevée, à atmosphère humide et à l'abri des grands vents.

Pourtant, même dans ces conditions, pour être rémunératrice la culture doit être intensive, de façon à ce que le régime soit formé et que les bananes aient commencé de mûrir avant l'automne.

Par contre, nous avons les Eucalyptus, les Acacia et bon nombre d'autres espèces originaires d'Australie qui végètent fort bien dans le nord de l'Afrique, où ils jouissent d'un climat analogue à celui de l'Australie qui est à peu près à la même latitude dans l'hémisphère Sud que l'Algérie et la Tunisie dans l'hémisphère Nord.

Les Faux-Poivriers originaires d'Amérique, les Ficus de l'Inde et ceux de l'Australie, qui résistent à la longue sécheresse des mois d'été, qui s'accommodent des pluies relativement froides de l'hiver, forment, avec les Eucalyptus et les Acacia, le fond de l'ornementation et du boisement.

En outre du climat, il faut envisager, pour une région étudiée dans un but d'acclimatation, la quantité d'eau pluviale qui y tombe, ainsi que sa répartition suivant les saisons. De là le succès, dans le nord de l'Afrique, de la culture de la vigne, qui réclame un climat chaud et sec en été, et l'impossibilité, au contraire, d'obtenir, du Caféier par exemple, une végétation de nature à encourager de grandes plantations, la sécheresse pendant les mois de juin à octobre lui déplaisant autant que la température basse des mois d'hiver.

Le cotonnier, dont il a été parlé à plusieurs reprises comme pouvant être cultivé dans le nord de l'Afrique, dont la culture donne de bons résultats en Amérique et en Egypte dans les terrains d'alluvion du Nil, ne peut plus être en Tunisie qu'un élément d'étude ou de curiosité, sa culture devant être intensive, partant coûteuse, et n'étant plus rémunératrice à cause de l'impossibilité de semer avant avril et l'obligation de récolter avant les premières pluies, soit en octobre, ce qui ne permet pas de faire la récolte totale.

*

Des résultats rapidement énumérés qui précèdent, nous pouvons tirer quelques règles que nous considérons indispensable de connaître pour le choix judicieux des espèces susceptibles d'être acclimatées dans un pays, une région ou une localité.

Ces renseignements, comme horticulteurs-cultivateurs, nous en avons besoin, et il est indispensable que nous les ayons le plus précis possible, afin que nous donnions aux plantes importées la culture qu'elles exigent.

1º Etre renseigné sur les conditions atmosphériques du pays d'origine de la plante à acclimater. Savoir l'altitude du lieu où elle croit, la température s'abaissant en raison directe de l'élévation. Connaître les conditions, souvent locales, de milieu où elle végète et se rappeler qu'à latitude égale il y a lieu de distinguer les climats marins, relativement doux et tempérés, des climats continentaux, excessifs souvent par la rigueur du froid et l'ardeur du soleil. Savoir encore si les saisons se répartissent en saison froide et en saison chaude, ou en période sèche et en période humide, la température ne variant pas sensiblement.

2º Connaître, si possible, la nature physique du sol où la plante végétait, certaines étant calcicoles alors que d'autres sont calcifuges ou silicicoles, on réclament, pour végéter convenablement, de l'humus presque pur.

*

Vous voyez, Messieurs, l'aide que vos voyageurs, vos membres chargés de missions peuvent nous apporter à nous cultivateurs qui, actuellement, en sommes réduits, en Tunisie, à quelques végétaux d'ornement dont la liste n'est pas, malheureusement, très longue à dresser.

Et qui nous dit aussi que par cette action commune — Géographie et Horticulture — il ne sera pas trouvé une plante s'acclimatant ici et susceptible de modifier certaines cultures faites actuellement qui, par leur similitude, concurrencent celles du midi de la France, au grand dam, certaines années, de nos compatriotes méridionaux ?

Nous sommes persuadé qu'avec votre aide nous arriverons à déplacer certains végétaux de leur pays d'origine, et qu'il sera possible alors d'en tirer des résultats pratiques qui, interprétés scientifiquement d'abord, conduits intelligemment ensuite, pourront modifier dans notre belle colonie africaine — je n'en excepte pas l'Algérie, qui est une terre française — les conditions d'existence des indigènes et, par le fait même, favoriser son peuplement en augmentant ses ressources.

Je termine, Messieurs, en vous demandant, au nom de la Société d'Horticulture de Tunisie, de vouloir bien prier MM. les membres de vos importantes Compagnies chargés de missions de vouloir bien s'intéresser aux végétaux qu'ils rencontrent, et de porter à notre connaissance leurs remarques et leurs observations par l'intermédiaire de vos Bulletins de Sociétés, ou directement par lettres adressées à notre Président.

A l'avance, nous vous remercions du concours que vous voudrez bien nous apporter, pour le plus grand bien d'une industrie intéressante entre toutes, l'Horticulture.

DE L'UTILISATION DES POPULATIONS DU NORD DE L'AFRIQUE POUR LA MISE EN VALEUR DU SOUDAN

Par M. le Docteur BERTHOLON

Secrétaire général de l'Institut de Carthage

La France a acquis d'immenses territoires dans la partie occidentale de l'Afrique. Ces territoires sont vides d'habitants.

En effet, les conquérants qui nous y ont précédés ont détruit des populations considérables. Les survivants échappés aux boucheries des Samory, des Rabah, pour ne nommer que les plus célèbres, sont des nègres d'une civilisation fort primitive. Aussi ces immenses territoires ne produisent-ils que fort peu de chose.

Le seul moyen d'en tirer parti, c'est de les coloniser.

On ne peut songer à y envoyer des Français métropolitains. Les Français n'émigrent pas. Les colonies d'Algérie et de Tunisie, aux portes de Marseille, n'en reçoivent qu'un faible contingent. Ceux-ci iront moins encore au Soudan. La seule espérance à nourrir est de les voir arriver dans ce dernier pays comme fonctionnaires, directeurs ou surveillants. Ils peuvent constituer des cadres, mais ils sont incapables de former une masse immigrante.

Outre ces cadres, la métropole peut fournir les capitaux. Qui fournira donc la masse? Nous avons à notre portée, parmi nos sujets et protégés du nord de l'Afrique, les éléments de ce recrutement. Quelle est, en effet, la première condition nécessaire pour réussir au Soudan ?

Vivre dans ce climat. Le Français le supporte mal. Pour les Arabes et les Berbères, la question est tranchée. Nombreuses sont les tribus de cette race qui vivent et prospèrent dans certaines parties du Soudan. D'ailleurs, il ne saurait être question de coloniser au hasard. Les régions les plus saines pourraient être attribuées aux nouveaux colons. Ces précautions paraissent nécessaires, d'une part pour assurer la brillante réussite de ces tentatives coloniales, d'autre part parce que les contingents nord-africains seront presque toujours encadrés par des Français.

Beaucoup d'habitants de Berbérie ont du sang nègre dans les veines. J'ai dit beaucoup. Ma conviction est que tous sont métissés à des degrés divers. Peut-être peut-on expliquer par ce métissage les affinités des Berbères pour la race nègre. Des unions avec celle-ci assureront la prospérité des familles immigrées au Soudan. Une population de civilisation supérieure se substituera de la sorte aux primitifs disséminés sur ces vastes espaces.

L'adaptation au climat n'est pas la seule condition de réussite. La question d'alimentation se pose aussi. Le Français n'est pas adapté au régime nécessaire dans le Soudan. Il n'y trouve pas les mets auxquels il est habitué. De plus, le vin manque. L'alcool, si cher à un trop grand nombre, fait défaut. L'indigène de Barbérie se trouve, sous le rapport de l'alimentation, dans des conditions bien supérieures. C'est avant tout un végétarien. Or, le sorgho, la céréale la plus féconde, que Schweinfurth appelle « le pain de l'avenir », vient en quelques semaines au Soudan. La banane, que tous nos indigènes savent cultiver, s'y rencontre partout. Un hectare de bananes donne, au Congo, de 30 à 50.000 kilos de fruits. A ne citer que ces deux produits, on voit que la vie matérielle des immigrés pourrait être assurée partout sans transports coûteux.

L'agriculture soudanaise se rapproche beaucoup de celle de Berbérie. Aussi le même matériel peut-il être employé, pendant les débuts tout au moins. Un joug, une corde d'alfa ou de poils de chèvre, une charrue faite de deux branches d'arbres, munie d'un soc d'une valeur de 3 francs, une hache, une pioche, voilà pour le matériel agricole de l'indigène.

L'habitation se compose d'un gourbi en pierre ou en briques de terre glaise et paille séchées au soleil, le tout recouvert de chaume.

Ces conditions permettent à l'immigrant venu de Berbérie de s'installer avec un bien faible capital. Quelle différence avec celui nécessaire à un Français, à qui il faudrait au bas mot 6.000 francs !

L'Européen ne peut rien faire sans routes bien établies. L'indigène nord-africain passe partout avec ses produits entassés sur le *barda* de quelques ânes ou mulets.

Toutes ces conditions montrent quel appoint précieux nous pourrions trouver dans la main-d'œuvre indigène de l'Afrique du Nord, si cette population voulait collaborer à notre œuvre de mise en exploitation de notre immense domaine du Soudan. Rappelons que c'est par une collaboration semblable des Cosaques et des Russes que la Sibérie a été créée.

Emigreraient-ils ? Telle est la question. L'un des principaux stimulants de l'émigration est la recherche d'un sort meilleur. Le Français se trouve heureux dans son pays. On ne peut l'en faire sortir que temporairement, comme employé ou fonctionnaire ; l'indigène nord-africain est plutôt pauvre. Son nombre augmente sans que ses revenus s'accroissent parallèlement. En Algérie, les cultures indigènes ne produisent guère plus aujourd'hui qu'il y a quarante ans, bien que cette population se soit accrue de 33 % depuis lors. C'est la famine en permanence dans beaucoup de régions. En 1863, les impôts indigènes donnaient 12 millions, soit environ 4 fr. 50 par tête ; en 1894, malgré l'augmentation de la population, ils ont fourni 14 millions, soit en moyenne 4 francs par tête. L'émigration serait un remède à cette situation misérable, comme elle l'est à la situation de la Sicile, comme elle l'a été pour l'Irlande.

Tout prouve que les émigrants afflueraient si les premiers réussissaient. D'ailleurs, il s'en trouve déjà, venus spontanément.

Dans le Bornou, le commandant Monteil a rencontré des négociants algériens et tunisiens installés là pour faire le commerce. M. Gaston Mery, dans son premier voyage à Tombouctou, a embauché des Tunisiens; de même, le commandant Decœur et la mission de Béhagle ont emmené des Algériens. M. Mercuri a rencontré des Algériens fixés dans l'Adamaoua. Ils étaient employés dans les maisons de commerce ou au service du gouvernement.

Quand le gouvernement a demandé des muletiers kabyles pour l'expédition de Madagascar, l'affluence de candidats a été énorme. Dans ce cas, cependant, il ne s'agissait pas de gagner de l'argent, mais de mener une vie rude, dans un climat malsain, en s'exposant aux balles de l'ennemi.

De ces faits pris au hasard, on peut augurer qu'on trouvera un nombre de colons pour le Soudan d'autant plus considérable que l'émigration sera dirigée avec prudence dans des localités saines et fertiles, et autant que possible peuplées de nègres musulmans.

La prudence conseillera de grouper les nouveaux colons. C'est le meilleur moyen de leur permettre de s'entr'aider et de ne pas se décourager. Le premier groupe à créer serait bien placé dans le Fouta-Djallon, cette Suisse africaine si saine, si fertile et si bien située entre Konakry et le haut Niger. Sur ces plateaux on pourrait installer des *décheras* de Kabyles. Le chemin de fer que l'on construit dans cette région permettra aux colons d'exporter leurs produits à la côte. Le capital français, aidé par cette main-d'œuvre, assurera, comme il l'a fait pour l'olivier à Sfax, la réussite de cette installation initiale.

C'est surtout sur les rives du haut Niger que cette association pourra être utile. Depuis quelque temps, divers auteurs ont appelé l'attention sur l'importance de cette région au point de vue de la production du coton. Nous sommes tributaires de l'Amérique et de l'Angleterre pour cette matière première. Le jour où ces nations le voudront, toutes nos manufactures pourront être ruinées. Ce grand danger qui nous menace ne pourrait être écarté que par la colonisation rapide de cette région, au moyen de nos indigènes du nord de l'Afrique. Les capitalistes trouvant une main-d'œuvre par ce moyen pourraient organiser de vastes plantations de coton, sous la surveillance de Français.

Enfin, la contrée voisine de Tombouctou, avec ses grands lacs temporaires, est un merveilleux pays d'élevage. Bien des nomades du nord de l'Afrique y trouveraient une région saine et bien supérieure à leurs terrains ordinaires de parcours. Beaucoup y réussiraient.

Plus tard, la colonisation pourrait s'étendre, vers l'est, jusqu'au Tchad... La haute vallée de la Sangha, très saine et riche en pâturages, pourrait être la base d'un peuplement dans la région du Congo.

On conçoit par ces renseignements, impossibles à développer ici, toute l'importance que pourrait prendre notre empire soudanais par la collaboration de nos indigènes de l'Afrique du Nord. Les chemins de fer que nous construisons, le transafricain que nous rêvons de voir construire, pourront être présentés comme des opérations rémunératrices le jour où cette émigration aura été mise en mouvement.

Pour les indigènes, les avantages ne seront pas moindres. Beaucoup de misérables s'y feront des situations meilleures au sud du Sahara. Beaucoup de jeunes gens sortis d'écoles professionnelles trouveront l'emploi de leurs capacités dans ce pays où ils n'auront pas à lutter contre la concurrence de l'ouvrier européen. Beaucoup de fonctionnaires indigènes du nord pourront recevoir des emplois dans la région soudanaise. Cette émigration aurait une répercussion importante sur les industries indigènes. En effet, les Soudanais, par leur genre de civilisation, ont besoin beaucoup plus des objets fabriqués par les Berbères que de ceux qui viennent d'Europe. Aussi, les industries du nord de l'Afrique, qui se meurent, verraient-elles affluer les commandes si l'émigration se développait de la Berbérie vers le Soudan. Les Djerbiens, les Mozabites et les Kabyles seraient les agents actifs de ce commerce.

Telles sont les grandes lignes, au plus haut point intéressantes autant pour nous que pour les indigènes de la Berbérie, de la colonisation du Soudan. Sans eux, il nous est impossible de tirer parti de ce vaste empire. Sans nous, ils ne peuvent rien y faire. De la collaboration réciproque de ces deux éléments, assistés par les nègres de ces régions, naîtra une magnifique colonie pleine de vitalité.

Le Congrès de Géographie commerciale rendrait un grand service tant à la métropole qu'à la France d'Afrique si, par un vœu, il pouvait appeler l'attention des pouvoirs publics sur cette question. On pourrait le formuler de la sorte :

« Le Congrès :

« 1° Appelle l'attention des pouvoirs publics sur l'importance que présente, pour la mise en valeur du Soudan français, la colonisation de ce pays par des immigrants venus de l'Afrique du Nord ;

« 2° Prie le Ministre des Colonies de faire étudier par les autorités locales, tant aux points de départ qu'à ceux d'arrivée, les conditions les plus favorables de recrutement et d'installation des colons ; et de proposer le vote de fonds nécessaires pour assister cette émigration. »

M. COLRAT discute pied à pied la proposition de M. le docteur Bertholon. Il s'était proposé de faire lui-même une communication sur le développement de l'Islam, et il y avait renoncé trouvant le sujet trop vaste et un peu en dehors de l'objet du Congrès. Mais puisqu'on ouvre la discussion, il va dire son sentiment.

Et d'abord, il faut se demander s'il y a tant de main-d'œuvre dans l'Afrique du Nord qu'on en puisse envoyer au Soudan. A son avis, il n'y en a pas trop.

Puis, les Arabes constitueront-ils une bonne main-d'œuvre pour l'Afrique centrale ? M. Raymond Colrat ne le croit pas. Il cite l'exemple de de Béhagle qui fut obligé de faire fusiller quelques-uns des Arabes qu'il avait emmenés avec lui. Citant des exemples personnels, il déclare que tous ceux qu'il a rencontrés au cours de ses explorations faisaient la traite et dépeuplaient le pays. Excellentes sans doute dans l'Afrique du Nord, les populations arabes et berbères sont redoutables au Sud. Là, les fétichistes sont les seuls qui travaillent et produisent. Mais dès qu'on les convertit à la religion musulmane ils ne travaillent plus et prennent l'esprit sectaire et révolté des Arabes.

Et puis, les conditions climatériques des régions centrales leur sont-elles favorables? Non. Mahomet a dit : « L'Arabe doit vivre dans le pays des dattes. » Donc.....

M. BERTHOLON précise sa pensée : il a voulu parler des Berbères. La population kabyle se développe tellement qu'elle constitue ou peut constituer un véritable péril pour la population française. Il pense qu'au Fouta-Djallon notamment les Kabyles pourraient rendre des services.

M. COLRAT : « Ce sera toujours un danger d'introduire l'Islam. »

M. MONTBRUN, d'Oran, estime le vœu au moins imprudent. Que demandons-nous toujours en Algérie et en Tunisie? dit-il, de l'argent et des bras; ce n'est pas le moment d'enlever à l'Afrique du Nord les bras dont elle dispose, pas plus que de détourner d'elle les capitaux.

Les Kabyles, si tant est qu'il y en ait trop — et ce n'est pas son avis — constituent pour l'Algérie une main-d'œuvre de premier ordre. Les colons de la Mitidja en ont besoin : ils remplissent auprès d'eux le même rôle que les admirables Marocains de l'Oranie, également Berbères. Qu'on ne nous les enlève pas pour les transplanter dans le continent noir.

M. BERTHOLON réplique qu'il faut faire de l'Algérie une terre absolument française et ne pas la laisser trop envahir par l'élément indigène.

« Merci du cadeau, conclut M. COLRAT : vous ne voulez plus de vos indigènes dans l'Afrique du Nord, et vous nous les envoyez dans l'Afrique centrale, merci ! »

MM. ROMPAL, de Marseille, DE BEAUMONT et MOHAMED LASRAM prennent ensuite la parole pour déclarer que la main-d'œuvre indigène est de toute utilité en Tunisie ; au surplus, jamais un indigène tunisien ne consentirait à s'expatrier au Soudan.

M. HENRI LORIN s'excuse d'arriver un peu tard et de prendre la parole dans une discussion dont il n'a pu suivre toutes les phases, mais il connait M. le docteur Bertholon, il sait avec quel soin et quel désintéressement celui-ci a étudié les questions tunisiennes, et sans adopter d'une façon absolue ses opinions il peut bien déclarer qu'il est partisan d'une pénétration mutuelle des races africaines. Sans doute, il reconnaît qu'il peut être dangereux d'introduire l'Islam dans les pays qu'il n'a pas encore pénétrés, mais cette pénétration « vaccinée » (selon sa forte expression), survenant dans des conditions économiques déterminées, peut être utile ; dans tous les cas, pour le sud marocain, le problème inverse se pose, car la main-d'œuvre soudanienne y est nécessaire... De cet échange raisonné et pratique de populations qui supprime les cloisons étanches qu'on voudrait arbitrairement établir entre les divers pays africains peut résulter un grand bien, et le Gouvernement doit favoriser l'établissement de relations suivies entre les populations.

La discussion officielle étant close, le vœu de M. Bertholon est mis aux voix et repoussé à l'unanimité moins une voix.

LE ROLE SOCIAL DE LA FRANCE EN TUNISIE

Par M. G. VALRAN

Professeur d'histoire au Lycée d'Aix
délégué de la Société de Géographie de Marseille

Le rôle social de la France en Tunisie se manifeste par des institutions qui peuvent se classer, d'après leur destination, en trois catégories : elles ont un caractère ou économique, ou philanthropique, ou éducatif.

Par leurs origines, par leur nombre, par leur diversité, par leur prospérité elles témoignent de l'intensité de l'initiative personnelle, de l'éveil de l'esprit d'association et d'une sollicitude affectueuse pour le sol, pour le colon, pour l'indigène.

Groupements à caractère économique

La première catégorie de ces groupements comprend deux institutions principales : le *Peuplement français*, l'*Association de colons*.

PEUPLEMENT FRANÇAIS. — Ce groupement se propose de pourvoir au recrutement de la main-d'œuvre agricole avec des éléments français ; il travaille à organiser la petite colonisation ; il voudrait l'établir à côté de la petite colonisation italienne, surtout sicilienne. Il procède par propagande, stage et implantation. Il s'adresse dans les villages des pays montagneux aux autorités de la commune, et plus spécialement aux notabilités. Il s'inspire de faits, de tendances sensibles à l'observation dans certaines régions de la France. Ici, en pays basque, on voit le montagnard émigrer vers la République Argentine ; dans les pampas, il s'adonnera à l'élevage ; fortune faite, il reviendra au pays et avec ses nouveaux capitaux il mettra en valeur le sol natal. Là, dans la vallée de Barcelonnette, le paysan réduit à émigrer par la dénudation du terrain que les torrents ont dilué, se dirige vers le Mexique ; il exercera le commerce des draps ; quand le fils sera assez âgé pour le remplacer, il reviendra et prendra pignon sur rue dans la ville. Basques ou Barcelonnettes émigrent pressés par le besoin, avec esprit de retour, et conservant un vif sentiment de solidarité avec leurs compatriotes. Réussissent-ils dans leurs affaires, ils appellent auprès d'eux et à leur aide leurs camarades d'école, amis ou membres de la famille ; ils forment une colonie qui se renouvelle, se rajeunit, se perpétue par rejetons : ils ne s'implantent point, ils ne s'enracinent point. C'est, avec l'émigration, la transplantation qui préoccupe le peuplement français. Ses promoteurs pensent que c'est l'union éternelle de l'homme et du sol consacrée par leur labeur fécond qui créera une Tunisie française. Dans cette fin, il procède par une lente et pratique initiation à l'agricultures et à la vie tunisienne. Toute recrue est, selon sa condition sociale ou ses ressources personnelles, soumise à un stage spécial. S'agit-il d'un ouvrier agricole ? il est employé comme valet de ferme ; s'agit-il d'un élève sortant d'une école spéciale? il est adjoint à un colon sous certaines conditions d'indemnité à payer au colon ou de rémunération à recevoir dès que ses services sont appréciables; s'agit-il d'un émigrant qui dispose de quelques capitaux et qui a déjà une certaine expérience de l'agriculture? il est accepté comme métayer. Le métayage peut même être consenti au valet de ferme ou à l'élève qui ont fait leurs preuves : c'est comme un stage supérieur d'où le colon peut s'élever à un affranchissement complet. Après quelques années d'expériences et avec ses économies, le métayer peut devenir propriétaire d'un domaine et faire valoir lui-même pour lui-même; sinon il peut substituer au métayage le fermage : c'est même l'évolution préférée dans ces dernières années. Conçu dans cet esprit, le peuplement français apparaît comme une pépinière de colons pour la petite propriété. Dans la réalité, les résultats ne répondent ni à ses efforts ni à ses espérances. Peut-être conviendra-t-il de différer à des jours meilleurs l'organisation de la petite colonisation, si séduisante qu'elle semble. A cette conception théorique il sera plus sage de substituer une conception pratique, le simple recrutement de la main-d'œuvre agricole sans préoccupation d'un établissement ultérieur. Il y a toutefois un ensemble de circonstances où le programme du peuplement français est susceptible d'une application immédiate et effective : c'est l'exécution des travaux publics, c'est tout spécialement la construction des chemins de fer. A cette occasion, le Comité a présenté à M. le Résident Général un vœu qui a attiré l'attention : c'est que les poseurs de la voie puissent être admis à recevoir un lot de terrain.

Par cet allotissement on encouragerait l'émigration d'une population saine, travailleuse; en accordant à l'ouvrier les avantages que procure une maisonnette entourée d'un jardin on faciliterait l'émigration de la famille. Dès lors la colonisation française procéderait à grands pas : là où s'établit la famille se forme la patrie.

Association de colons. — C'est là un groupement d'études et d'action pour mettre en valeur suivant une méthode rationnelle et avec une harmonieuse coopération toutes les énergies appliquées à la colonisation. Il est né à Tebourba ; il a provigné sur nombre de points de la Régence, à Béja, Mateur, Kairouan, etc.

Par son recrutement il présente deux types, variant d'ailleurs avec les besoins des localités : ici il réunit colons et commerçants, là il ne comprend que des colons. Ce n'est pas le syndicat : il le prépare; il est même le porte-greffe d'institutions qu'il étudie et dont il peut provoquer avec ses propres membres la création. Trois de ces institutions, soumises à l'examen des associations, discutées dans leurs réunions et dans le Bulletin, offrent le plus grand intérêt pour le développement économique de la Tunisie; il s'agit de la création d'une caisse de crédit rural, d'un syndicat d'achat et de vente pour l'exportation, d'une fédération des associations de colons.

Ces idées ont germé au milieu des discussions, des travaux de l'association de Tebourba.

Pour l'étude du crédit rural, ce groupement s'est mis en relations avec M. Raineri, le directeur-fondateur de la Banque populaire de Menton, l'un des économistes les plus autorisés pour l'organisation de la mutualité appliquée au crédit. Ces recherches ont été complétées par une enquête en Algérie sur les institutions existantes. Avec tous ces éléments a été rédigé un rapport qui a été présenté à la Chambre d'Agriculture ; il a été la matière d'une discussion approfondie. Le principe a été adopté, des différences d'opinion sur le rôle des caisses régionales seulement séparant les membres de l'assemblée.

Sous cette réserve, et grâce à l'établissement d'une succursale de la Banque d'Algérie à Tunis, la cause du crédit rural est entendue et gagnée : c'est un succès marquant et justifié pour l'Association des colons de Tebourba. La caisse de crédit rural peut être considérée comme l'assise fondamentale de toutes les entreprises agricoles en Tunisie : caisse de dépôt et de prêt, elle peut devenir l'intermédiaire entre les capitalistes métropolitains ou citadins des grandes agglomérations tunisiennes et les colons ; elle peut drainer sur ce sol que la nature a doué d'une si large fécondité un peu de cet argent que l'épargne locale n'a pu, jusqu'à présent du moins, y apporter.

La création du crédit rural aidera la production ; la création d'un syndicat d'achat et de vente pour l'exportation aidera au commerce. C'est une question qui a pris rang immédiatement après l'organisation du crédit rural dans les études de l'Association des colons de Tebourba. L'organisation commerciale de l'agriculture est le complément nécessaire de la production agricole. Rechercher les débouchés, solliciter la clientèle étrangère sur les marchés, entretenir des relations continues d'informations et d'opérations sur les places les plus éloignées de la sphère locale, ce sont autant d'actes hérissés de difficultés déjà pour le métropolitain, bien plus encore pour le colon isolé. Faute d'établir et nourrir le courant d'affaires avec l'étranger, le colon se laisse devancer ou supplanter par le concurrent, son voisin de frontières. Ces raisons, et combien d'autres, ont été examinées et présentées dans un rapport à la Chambre d'Agriculture ; là ce projet a trouvé l'accueil le plus favorable : à l'unanimité, la constitution d'un syndicat à l'exportation a été adoptée.

Les mêmes efforts sont suivis avec attention, sont soutenus avec une intelligente et zélée collaboration par les autres associations; cet accord spontané laisse prévoir une entente consentie entre tous les groupements et la constitution d'une fédération des associations de colons. Ce jour-là serait réalisée l'unité économique et morale de la Tunisie française. Il est dans cette voie une tendance utile à noter : dans quelques associations la question s'est posée, question des plus graves pour l'unification et la pacification de la Tunisie : l'Association de colons ne doit-elle comprendre que des colons français ? Cette question a engendré trois systèmes :

L'association française, l'association européenne, l'association franco-indigène. La porte doit-elle être fermée, entr'ouverte ou largement ouverte ? On ne saurait répondre à ces questions par des arguments théoriques, mais par des arguments de faits. La vérité pratique et vivifiante ne serait-elle pas dans une lente, prudente et conciliante évolution ? Ne conviendrait-il pas tout d'abord de faire soi-même et le premier l'apprentissage de l'association économique ? Le cadre une fois formé, l'esprit une fois discipliné, les mœurs une fois contractées, chaque association, selon les lieux, pourrait abaisser une barrière, recevoir des membres non français, se réservant toutefois l'administration supérieure, en quelque manière le *protectorat*. Peu à peu l'élément européen s'adapterait au plan primordial, l'élément indigène ferait sa propre éducation des mœurs sociales d'une civilisation supérieure, mais non radicalement différente de la sienne à ce point de vue ; suivant cette méthode s'achèverait l'unité non plus seulement économique et morale, mais ethnique de la Tunisie, rassemblant toutes ses forces, sans distinction de peuples ni de races, pour l'exploitation du sol, berceau commun à tous ses fils.

Studieuses, ces associations sont en même temps agissantes : elles sollicitent des initiatives autour d'elles et sous leur patronage ; ce sont des forces expansives et des comices. L'Association de Tebourba prête son précieux appui moral à la Société d'Apiculture de Tunisie. Ces mêmes associations interviennent au besoin auprès des pouvoirs publics pour obtenir des améliorations dans les divers services : chemins, impôts, assistance médicale, instruction. Récemment, l'Association de Tebourba appuyait un vœu en faveur de la création d'une école professionnelle agricole. Dans leur sphère d'influence privée, ces groupements prêtent leur concours pour le placement des stagiaires, pour l'acquisition ou pour l'exploitation de lots de terrain.

Ces associations, jeunes encore, nées d'hier, témoignent d'une vitalité tout africaine. Vigoureuses par nature, elles sont assurées de vivre à proportion que la colonisation se développera. Lorsque le colon se sera enraciné, lorsque la *famille-souche* se sera fortement implantée, lorsque la terre ancestrale sera devenue le patrimoine, lorsque la tradition historique aura noué une chaine de souvenirs entre les familles, la confiance réciproque naîtra entre tous leurs membres ; ce jour-là les associations seront mûres pour toutes les transformations, pour tous les types de la mutualité et de la coopération agricoles. L'heure présente n'est encore que l'heure des espoirs, mais ce sont déjà des espoirs fermes et légitimes.

Groupements à caractère philanthropique

Cette seconde catégorie comprend des groupements nettement français ou nettement indigènes, ceux-ci provoqués toutefois par des initiateurs français. Nettement français sont les quatre types de groupements suivants : la *Société privée de Bienfaisance française*, l'*Union des Travailleurs français*, l'*Assistance mutuelle tunisienne*, l'*Epargne tunisienne* [1].

---

[1] En décembre 1904, par l'initiative française, s'est constituée une mutualité féminine assurant à ses membres l'assistance par le travail : *l'Adelphie tunisienne*. Cette institution

La Société privée de Bienfaisance française assure l'assistance ; elle l'a organisée avec une ingénieuse adaptation à toutes les formes multiples et diverses que revêt l'infortune plus fréquente et plus calamiteuse en pays neufs. Elle a créé et centralisé sous une même administration et dans un même local tous les services philanthropiques dont sont dotées nos cités métropolitaines qui ont suivi de plus près le progrès des institutions modernes : dispensaire avec consultations gratuites, secours à domicile, assistance par le travail, asile de nuit, protection de l'enfance moralement abandonnée, toutes ces œuvres fonctionnent, étendant leur action bienfaisante sans distinction de races, de nations ou de religions. Elles personnifient la science française animée d'un esprit largement humain.

L'*Union des Travailleurs français* se propose de recueillir au débarquement les ouvriers français pour les placer sous son patronage moral et au besoin les aider de son appui matériel. Elle guide les nouveaux venus à la recherche d'un emploi, les dirige sur les chantiers où la main-d'œuvre est disponible ; elle les réunit dans des assemblées amicales, fraternelles ; elle leur apporte un secours financier en cas de chômage, de maladie ; elle s'emploie à leur rapatriement. Elle ne sollicite pas la recrue pour la colonisation, ce qui la distingue du *Peuplement français*; elle lui procure les bienfaits de l'aide mutuelle, ce qui lui donne la raison d'être et sa garantie de développement.

L'*Assistance mutuelle tunisienne* n'est pas seulement une institution d'assistance, elle est une institution de prévoyance. Elle a en vue le décès ; elle se propose d'en conjurer le péril pour la famille que la mort prématurée prive de son chef, de son soutien et laisse dans le dénûment loin de la mère patrie. Moyennant une minime cotisation annuelle versée pendant quinze ans, elle assure au bénéficiaire désigné par le sociétaire pendant cette période un capital fixe une fois versé. Cette institution a pris un accroissement soudain et considérable dans toute la Régence ; c'est même le groupement le plus considérable par le nombre qui existe en Tunisie. Par une extension du principe de la mutualité, les initiateurs songeraient à fonder l'*association pour les logements à bon marché*. La pensée se justifierait par les difficultés que rencontrent les Français pour trouver un appartement : cherté des loyers ou insalubrité des maisons. Pour triompher de ces obstacles, il s'agirait de construire sur la périphérie de Tunis des maisons en forme de villas très simples pour familles, dont l'occupant deviendrait propriétaire dans un délai d'années moyennant une annuité : ce quartier serait *Mutuelleville*.

L'*Epargne tunisienne*, comme l'*Assistance mutuelle tunisienne* et la future *Mutuelleville*, répond à la nécessité d'améliorer les conditions matérielles de la vie ; elle se distingue des institutions analogues ; elle se complète ; par son principe et son affectation, c'est une société coopérative de consommation.

Chez les indigènes, le type de l'association c'est la *Société de prévoyance agri-*

est étudiée dans une communication récente faite au Comité des Sciences sociales au Ministère de l'Instruction publique et au Musée social.

S. V.

cole. L'initiative a été suggérée et se trouve secondée par les représentants de la Colonie les plus autorisés auprès des indigènes; elle est par tous accueillie avec faveur. D'ailleurs, les populations arabes sont de par la tradition habituées à la vie corporative; la corporation rassemble dans les villes les gens de métier; elle les rassemble encore dans les campagnes entre agriculteurs; déjà existait chez les musulmans, dans les *silos de l'aumône*, l'institution du prêt de blé de semence. C'est cette institution que fait revivre, en la modernisant, la *Société de prévoyance agricole indigène*. Elle maintient, conformément au principe coranique, la gratuité du prêt; elle substitue à la cotisation en nature la cotisation en argent; avec le capital que constituent les cotisations elle achète le blé, elle prête le blé pour la semence; elle en reçoit à la récolte suivante le remboursement en argent au prix du cours. Ces institutions se sont surtout développées dans la région de Sousse.

Cette floraison d'institutions qu'anime l'esprit de solidarité sous les manifestations les plus ingénieuses de la sociologie contemporaine est du meilleur augure : à l'abri des ramures vigoureuses qui se projettent dans tous les sens de l'activité philanthropique, se conserve l'épargne des forces vives de la population, s'accroît le bien-être, se précise et se fortifie un attachement plus profond à la mère patrie, à la France, à proportion qu'elle apporte à ses fils du sang ou de l'adoption plus de bonheur.

Groupements à caractère éducatif

Il est une garantie nécessaire à ce bonheur, il est une condition primordiale pour que toutes ces institutions économiques ou philanthropiques rendent tout leur effet utile et que cette efficacité soit durable : c'est l'organisation moderne de la famille. Ce problème ne peut être solutionné que par l'éducation ; il comporte deux données : l'enfant, la femme.

L'éducation de l'enfant n'a donné naissance à un groupement social que dans un cas spécial : l'enfance moralement abandonnée. Elle a été l'objet d'une institution en création : *la colonie agricole des indigènes*. Cette association est l'œuvre de Tunisiens et de Français se prêtant une mutuelle collaboration; elle se propose de recueillir les enfants indigènes moralement abandonnés; elle les reçoit dans un domaine accordé par l'Administration des Habous; elle leur donne une instruction agricole sur le plan des programmes métropolitains adaptés à l'agriculture tunisienne; elle les destine aux métairies. C'est l'assistance par le travail en même temps que le recrutement, le renouvellement de la main-d'œuvre indigène, et un système de préservation sociale.

L'éducation de la femme musulmane est une œuvre d'une portée plus haute, plus générale; si controversée que puisse être la thèse, elle mérite d'autant plus l'attention que, la preuve en est faite aujourd'hui, elle est accueillie avec la plus réelle satisfaction par les indigènes eux-mêmes et que ce sont les indigènes qui en soutiennent la création, le fonctionnement et le développement. Il est aussi permis d'ajouter que l'idée peut se suivre et se reconnaître avec les mêmes caractères dans toute l'Afrique française du Nord, aussi bien à Alger qu'à Tunis. Cette idée se présente en sa forme concrète et agissante à Alger dans les *ouvroirs indigènes* et à Tunis dans le *Collège des jeunes filles musulmanes*, et tout récemment aussi à Kairouan dans une initiative proposée par la Ligue de l'Enseignement avec le concours de l'Alliance française, sous le nom de *Enseignement ménager des jeunes musulmanes*.

L'éducation ménagère de la femme musulmane c'est, de fait, le principe fondamental commun à ces institutions. Dans l'application, il s'agit d'apprendre à la femme musulmane à administrer sa maison ; franciser l'intérieur, le foyer musulman, tout en respectant la tradition coranique et ancestrale, c'est moderniser la famille arabe, c'est la rapprocher par quelque conformité plus intime de la grande société moderne au milieu de laquelle se meut le mari, le chef, qu'i apprécie, qu'il finit par aimer, et dont l'affection sera entretenue au foyer par une femme qui lui en rappellera quelqu'un des attraits. Cette éducation peut devenir un des moyens les plus efficaces de l'influence française sur les indigènes.

C'est la mission coloniale de la femme française. La femme française peut seule s'acquitter de ce devoir : elle seule a accès dans la famille musulmane ; elle seule peut attirer et retenir auprès d'elle la femme musulmane. C'est de ce commerce que peut naître son influence bienfaisante. Dans les conversations la femme française a pu devenir la confidente, la conseillère discrète et affectueuse de la femme musulmane ; dans ce rôle elle anime le foyer de l'âme française et, en faisant du bien, elle fait aimer la France. Ce n'est pas seulement le caractère de la femme musulmane qui peut se renouveler, se haussant en quelque sorte par l'éveil d'un sentiment de dignité au rôle de la femme moderne à côté de l'homme moderne, c'est la direction aussi de la maison. Dans le *Collège des jeunes filles musulmanes* (un externat), chaque jour une cinquantaine de jeunes filles s'initient à la couture, au repassage, à la comptabilité domestique ; ce ne sont pas des ouvrages d'art qu'elles préparent, ce sont des objets de lingerie qui seront utilisés par la famille ; en même temps, elles reçoivent des notions de langue française, elles se pénètrent des idées françaises. Une idée a été accueillie par elles avec un vif empressement : c'est d'échanger quelques-uns de leurs ouvrages manuels avec des jeunes filles françaises ; les premiers objets dus à cette initiative à ses débuts ont été reçus par elles avec une grande joie ; elles sentaient que là-bas d'autres femmes, des Françaises, s'intéressaient à elles. Ces essais mériteraient d'être encouragés dans la métropole ; ils ont d'ailleurs été appréciés par un haut fonctionnaire, par une inspectrice générale de l'enseignement de la couture.

Le *Collège des jeunes filles musulmanes* est une institution française d'esprit et de cœur, mais tunisienne par son organisation ; elle est soutenue par l'Administration des Habous. Ses cours sont fréquentés par la moyenne bourgeoisie, rassurée dans ses croyances par le profond respect qui est professé pour le Coran et confiante dans les résultats qu'elle en retire et en espère ; elle envoie d'elle-même ses filles au collège et veille à leur assiduité. Se défendant toute propagande, modeste et laborieuse, cette institution, comme les bons ouvriers, fait beaucoup de besogne, d'excellente même et dans le silence. Elle personnifie la délicatesse et l'abnégation, les deux vertus de la femme française, celles où par l'exemple la femme musulmane peut former et développer ses riches qualités naturelles.

CONCLUSION

Puisse en son cadre restreint ce tableau nécessairement sommaire avoir montré sinon tout ce que la France a fait depuis trente ans pour le bien-être matériel et moral de la Tunisie par le groupement des efforts, par l'esprit d'association, mais tout ce qu'elle a voulu faire et ce que dans l'avenir, grâce à ses réserves d'intelligence et de générosité, elle est capable d'entreprendre et de mener à bonne fin. Elle observe chez elle ce que donnent à l'expérience les institutions sociales ; elle choisit le meilleur, et comme un suc nourricier elle l'apporte aux fils dont elle se sépare et aux fils qu'elle adjoint à la plus grande famille. La semence est apportée : c'est la coopération s'appliquant au recrutement de la colonie, à l'organisation de son outillage économique, aux œuvres de conservation, de préservation, de progrès. Quelle sera la récolte ? Il faut l'escompter d'un esprit scientifique, c'est-à-dire avec sagesse et patience ; il faut l'attendre d'un esprit philosophique, c'est-à-dire avec sérénité et confiance : la loi de l'évolution règle les sociétés avec la même constance et la même logique que la nature. Une ère nouvelle se prépare où la Tunisie sera unie dans une pensée commune qui se réalisera avec des tempéraments, des caractères différents, mais harmonisés par l'interéchange des idées et la réciprocité des intérêts ; cette unité devra être d'abord économique ; elle deviendra morale ; il faut la souhaiter et il est juste de la saluer : c'est l'œuvre sociale de la France. (1)

La remarquable communication de M. Gaston Valran donne lieu aux divers vœux ci-après, adoptés par l'assemblée :

« 1° Enquête dans les colonies et pays de protectorat sur les groupements économiques, philanthropiques, éducatifs pour les intérêts matériels et moraux des colons, des Européens et des indigènes ;

(1) Il n'a été fait mention que des groupements nés en Tunisie et non des groupements importés. Pour être complet et donner une physionomie de tous points exacte du rôle social, il y aurait à élargir le champ de l'observation ; on ne montrerait pas seulement le rôle social par l'éveil de l'esprit à association en quelque sorte autochtone, mais par la transposition de cadres métropolitains tout faits. A ce dernier point de vue, il serait logique et équitable de rappeler un groupement philanthropique : *l'Avenir du prolétariat* ; un groupement éducatif : *l'Alliance française* qui a créé, comme dans la mère patrie, les cantines scolaires, les bibliothèques populaires, les cours d'adultes. Peut-être la liste ne devra-t-elle point s'arrêter, tant est puissante l'heureuse contagion du bien.   G. V.

« 2º Création à l'Exposition coloniale de Marseille, en 1906, d'une section pour l'exposition de ces documents ;

« 3º Adaptation de la législation tunisienne à la création des caisses de crédit rural. »

Il est bon de faire remarquer ici qu'au cours de la discussion M. DE BEAUMONT, alors qu'on décidait de demander, pour certaines entreprises de crédit agricole, la personnalité civile, a fait ressortir avec raison que c'est uniquement en attendant que la Tunisie jouisse du bénéfice des lois françaises en matière de crédit rural.

LA VOIE TRANSAFRICAINE DE TUNISIE A LOANGO PAR LE TCHAD

Par M. le Commandant BORDIER
délégué de la Société Languedocienne de Géographie, de Montpellier.

MESSIEURS,

La Société Languedocienne de Géographie, qui m'a fait l'honneur de m'accréditer auprès de vous, m'avait autorisé à vous exposer mes vues sur la voie transafricaine de la Tunisie à Loango par le Tchad, voie qu'il est indispensable d'ouvrir pour relier entre elles les parties de notre vaste empire colonial africain, y asseoir en toute sécurité notre influence et offrir des débouchés considérables à notre industrie, à notre commerce, à notre activité sous toutes ses formes.

Je n'étais pas très embarrassé pour vous faire cette communication, car, vieux soldat-voyageur de la côte occidentale d'Afrique, du Sahara et de la Tunisie, ces questions patriotiques me passionnent depuis plus de quarante ans.

Mais les solutions que j'avais l'intention de vous proposer demandaient un long développement ; elles eussent dépassé les limites du temps accordé au conférencier. Et puis, je l'avoue sans difficulté, je n'étais pas complètement fixé sur quelques-unes des questions à traiter.

La lecture du programme du 25ᵉ Congrès est venue faire cesser mes hésitations et, momentanément au moins, simplifier considérablement le labeur que j'entreprenais. Elle m'a appris, en effet, que douze communications se rapportant au même sujet seraient faites dans cette enceinte, par des maîtres de la parole, des maîtres de la science géographique, par de vaillants explorateurs qui nous diront ce qu'ils ont vu et quel parti la France peut tirer de leurs patients et périlleux travaux pour atteindre le but grandiose et fructueux que nous poursuivons tous.

Je les écouterai avec une attention intéressée dont je serai récompensé par l'ample moisson que je ferai de renseignements précieux, d'appréciations nouvelles qui, peut-être, modifieront, sur divers points, celles que je vous soumets, moisson qui me permettra de produire à la Société de Montpellier un travail complet, bien documenté. Elle voudra, j'en suis presque sûr, l'insérer à son Bulletin, non seulement pour concourir à l'œuvre commune, mais encore pour rendre un suprême hommage à la mémoire de son regretté président, M. Duponchel, qui a consacré trente années de sa laborieuse existence à étudier la question si attrayante, si palpitante d'intérêt de notre établissement définitif, magistral, en Afrique.

J'aborde donc ce sujet.

Vous savez tous, Messieurs, que les conventions internationales, signées depuis 1890, établissent que des surfaces considérables du territoire africain doivent rester sous notre influence, depuis la Méditerranée jusqu'au Congo français. Mais « influence » ne veut pas dire *possession, occupation,* même *dépendance.* Sommes-nous bien sûrs que les populations hétérogènes de ces vastes espaces se soumettront toujours à cette influence et que nos voisins d'Europe, qui sont aussi nos voisins d'Afrique, nous laisseront librement l'exercer, ne chercheront pas, au moins sur certains points, à l'accaparer à leur profit? Sur ces questions, le passé aidant, des doutes peuvent s'élever. Il semble prudent de transformer en possession effective, en occupation permanente et forte, l'influence qui nous est reconnue.

Si vous voulez bien admettre l'indispensabilité de cette précaution, nous allons chercher les moyens à employer pour arriver au résultat désiré.

Chacun sait que ce vaste domaine colonial est constitué par deux régions, immenses aussi, absolument dissemblables, dans lesquelles nous devons pénétrer, nous installer, vivre, remplir notre mission civilisatrice et patriotique par des modes tout à fait différents.

Ces deux grandes régions sont :

1° L'Afrique du Nord et son Sahara ;
2° Le Soudan et ses prolongements jusqu'au Congo.

Je ne dirai presque rien, pour le moment du moins, de l'Algérie et de la Tunisie, sinon pour constater que nous avons là deux voies de communication extrêmement importantes, dont l'une est amorcée jusqu'à In-Salah du Touat, amorce glorieuse que nous pourrons continuer, sans difficultés excessives, jusqu'à Tombouctou [1] et dont l'autre, partant de la côte tunisienne, nous conduira par le lac Tchad au cœur du Soudan, venant se réunir à la première.

Je ne parlerai que de la voie de pénétration partant de la Tunisie.

Elle est tout indiquée dans une étude fort remarquable, très complète, due à M. le lieutenant-colonel Rebillet. Cette étude a pour titre : « Les relations commerciales de la Tunisie avec le Sahara et le Soudan. » Il l'a écrite alors qu'il était chef de bataillon, premier attaché militaire à la Résidence française à Tunis. Elle est le fruit d'un long séjour dans la zone saharienne, de patientes investigations auprès des gens du désert, de recherches minutieuses dans les archives diplomatiques et dans les ouvrages historiques et géographiques d'autrefois ;

---

[1] Je lis à l'instant (10 mai), dans les journaux, l'information suivante : « Des renseignements provenant de l'Afrique occidentale disent que la jonction entre Tombouctou et In-Salah..... serait chose décidée. On procède actuellement à la reconnaissance méthodique des environs de Tombouctou, afin de se rendre compte de quel côté devront se porter les premiers efforts. Il est probable que nous procéderons.....chaque année, aussi bien par le nord que par le sud. Nous avancerons nos postes de façon à ce que, petit à petit, la route se trouve jalonnée de postes..... »

Ce sont les moyens que j'indique ici, ceux que j'ai proposés, avec instance, en 1879, à la Sorbonne, dans : « Les moyens à employer pour construire le chemin de fer transsaharien projeté par M. Duponchel ». Ils vont être utilisés après vingt-cinq années d'hésitation !

elle est, en un mot, l'œuvre d'un brave et d'un savant, d'un officier comme on en rencontre tant dans notre vaillante armée et, en particulier, dans le service des affaires indigènes. Un exemplaire de cette brochure m'avait été remis ; mais je n'osais utiliser les précieux renseignements qu'elle contient, ou du moins en nommer l'auteur, car elle était timbrée « Confidentiel », lorsque mon ami Rebillet (car j'ai l'heureuse chance de le compter au nombre de mes amis) a levé mes scrupules en m'envoyant ce travail avec la mention *Non confidentiel*.

Pour le moment, je ne puis que vous faire suivre bien rapidement la voie de pénétration signalée par M. Rebillet.

Il lui donne, comme point de départ, *Gabès*, et je me range complètement à son avis, bien que, le 20 avril 1881, j'aie présenté à la dix-neuvième réunion des Sociétés savantes, à la Sorbonne, un projet ayant pour titre : « Service régulier de caravanes entre Djerba et le centre de l'Afrique ». Mais ce projet avait été conçu avant l'occupation de la Tunisie par la France ; il était naturel qu'à ce moment on cherchât à mettre bien à l'abri, dans une île assez difficilement abordable, que la mer de Bou-Grara protège du côté du continent, le dépôt principal de nos marchandises. Aujourd'hui, les conditions ne sont plus les mêmes et nous pensons, avec beaucoup de ceux qui ont étudié cette question, qu'on doit choisir *Gabès* comme tête de la voie transsaharienne. Du reste, ce choix n'a, pour la réalisation de l'ensemble du projet, qu'une importance secondaire. Que cette voie parte de Gabès ou de Bou-Grara, le principe reste le même : lutter contre l'influence commerciale de Tripoli, ramener à nous l'ancienne ligne des caravanes de Rhadamès, la faire aboutir à un des points du littoral tunisien, de telle sorte que ce mouvement commercial ne profite qu'à la France.

Je dirai la même chose au sujet du mode à employer pour ouvrir la voie jusqu'à l'extrémité du territoire tunisien, jusqu'aux environs du dernier poste militaire que nous y avons, Douirat, et même jusqu'à la frontière, Dehiba, où se trouve le chaouch de notre maghzen, sur la route de Rhadamès au Sahel tunisien. Que la voie soit constituée par un chemin de fer de n'importe quel système à travers les plaines des Ouderna et des Oughamma, ou qu'elle soit le chemin caravanier en pays accidenté qui passe à proximité de nos postes de l'extrême-Sud, cela importe peu pour le moment. Quand l'heure de l'exécution — et je l'appelle de tous mes vœux — sera venue, le Gouvernement du Protectorat, secondé par M. le général de division et par ses vaillants auxiliaires des affaires indigènes, saura bien déterminer la route à suivre et son point de départ côtier.

C'est depuis ce poste, où s'arrête notre domination effective, qu'il est nécessaire de déterminer avec une scrupuleuse attention le tracé de la voie et le mode de pénétration.

Il semble évident que le chemin Rhadamès-Rhat serait le préférable, mais une politique africaine mal entendue, indifférente plutôt, a laissé, en 1840 d'abord et en 1874 ensuite, la Turquie prendre successivement possession de Rhadamès et de Rhat. Ces deux grands centres commerciaux, sur lesquels nous trouverons sans doute un moment propice pour faire valoir nos droits, nous échappent momentanément. Il faut donc, quand nous aurons quitté notre limite tunisienne, établir un poste à Oued-Djeneïen ou, un peu plus au sud, à Montesser, puis créer un grand comptoir commercial, non à Rhadamès, mais à Toukout, à vingt-cinq kilomètres à son ouest, dans la zone où notre influence est reconnue; opérer de même en passant à proximité de Rhat, à Djanet, centre des Touareg-Azdjer, où nous établirons un autre grand comptoir commercial, dépôt de nos marchandises, lieu de repos, de refuge, de protection pour nos caravanes. Ces deux établissements importants attireront à nous le commerce et les commerçants de Rhadamès et de Rhat et, en partant du second, de Djanet, nous aurons à notre entière disposition la route de l'Aïr, « la plus naturelle », la plus courte et la plus facile, dit le général Faidherbe,[1] entre le littoral de la Méditerranée et le Soudan central ». Nous arriverons ainsi jusqu'à Agadès ou à un point un peu plus septentrional de l'Aïr, d'où nous nous dirigerons sur *Bilma* pour contourner le lac Tchad, ou vers le coude nord-est du Niger, vers Gagho ou Zinder de l'ouest, en traversant le pays que détiennent les Songhais, dont l'origine et les mœurs nous vaudront la sympathie. Nous devrons même utiliser ces deux voies. La première, celle par Bilma, nous fera accéder au Congo par le Chari et l'Oubangui; la seconde, venant atteindre le Niger près de sa boucle, fera que ce grand fleuve deviendra la voie à laquelle se relieront presque toutes nos colonies de la côte occidentale depuis le Sénégal jusqu'au Bénin.

Comment nous établirons-nous et nous maintiendrons-nous dans cette immense contrée, depuis le Sud tunisien jusqu'à l'Aïr, et de l'Aïr au Tchad vers l'est, aussi de l'Aïr à la boucle du Niger vers l'ouest?

Le général Faidherbe nous en a fourni le moyen dans le Cayor, et je l'ai calqué pour le projet de caravanes de Djerba au centre de l'Afrique : comptoirs commerciaux et petits blockhaus distants d'une journée de marche, établis sur les points d'eau existants et en interdisant par conséquent l'accès à nos antagonistes; ces postes fortement installés, défendus au besoin par tous les moyens que l'art militaire moderne possède, reliés par pigeons voyageurs, télégraphe optique et même électrique, et par un va-et-vient de caravanes suffisamment nombreuses, vigoureusement constituées et pourvues d'un personnel dévoué, habitué à la vie du désert, connaissant ses habitants, leur langue, leurs coutumes, leur duplicité.

Quel sera ce personnel? Indigène autant que possible, pris dans le pays même qu'on traversera. Les gens de Tunisie escorteront les caravanes jusqu'à Toukout, les Touareg-Azdjer jusqu'à l'Aïr et même delà jusqu'à Bilma vers l'est, jusque chez les Songhais vers l'ouest. Si on est dans l'obligation d'adjoindre quelques Européens à ces caravanes, il faudra les choisir minutieusement parmi les gens ayant les mêmes qualités que les indigènes, les prendre de préférence parmi les jeunes Français d'Algérie et de Tunisie, race nouvelle pour ainsi dire, gé-

[1] Général FAIDHERBE : « Voyage des Cinq Nasamons d'Hérodote », *Revue africaine*, t. XI.

néralement méconnue, dont je cherche depuis plus de vingt ans à faire reconnaître les bonnes qualités. Mais il faudra bien faire comprendre à tous que la force dont ils disposent ne doit être que protectrice et jamais agressive; qu'ils ont des armes seulement pour se défendre, pour éviter un échec qu'ils doivent énergiquement empêcher, car un échec sanglant au désert est de suite répercuté, considérablement grossi, et nous avons eu, hélas! plus d'une occasion de constater que des entreprises réalisables ont été retardées, abandonnées peut-être, parce qu'on n'avait pas su les conduire avec la prudence alliée à l'énergie.

Ne croyez pas trop à l'hostilité des indigènes. Je l'ai souvent dit, ils ne résistent guère à ces deux leviers : la *force* et l'*argent*. De ces coupeurs des routes, de ces écumeurs du désert, nous ferons aisément les protecteurs de nos caravanes, à l'aide d'une légère rémunération en argent ou mieux en nature, en vivres surtout, car *ils ont faim.* C'est par ces moyens que nous nous attacherons les Touareg-Azdjer. Quand nous nous les serons conciliés, nous assurerons notre sécurité par un autre moyen : nous créerons, comme l'a fait le général Faidherbe, qu'il faut toujours prendre comme modèle, des écoles d'*otages;* la présence des enfants nous assurera la fidélité des parents et les élèves deviendront pour nous d'utiles auxiliaires.

A Bilma, où nous serons assez rapprochés de nos ennemis, les Snoussia, nous pourrons contrebalancer leur funeste influence à l'aide des professeurs que nous trouverons dans nos sectes musulmanes de Tunisie, dans nos zaouia, qui nous doivent bien, il me semble, cette preuve de dévouement en échange de la protection généreuse dont nous les faisons jouir.

Il est évident que, dans un avenir qu'il faut désirer prochain, nous relierons la ligne du Touat à celle de l'Aïr, par les approches du plateau de Tadmaït; mais dans cette région nous n'avons guère à craindre l'ingérence des étrangers, et je crois prudent de surseoir à l'examen de cette question.

Pour terminer, en ce qui concerne notre pénétration par l'Afrique du Nord et dans son interland jusqu'au Soudan, je ne puis que vous demander, Messieurs, de vous reporter à la savante et substantielle étude du colonel Rebillet.

Abordons maintenant, rapidement, le Soudan et ses voies de communications qui sont, presque partout, ses magnifiques fleuves.

On peut dire que, dans ses possessions de la Côte occidentale, du Soudan et du Tchad, la France a été admirable et qu'elle fait de gigantesques efforts pour continuer son œuvre. Un millier de nos fonctionnaires et de nos soldats suffit pour garder, surveiller, étudier cette immense région, pour faire exécuter les travaux considérables qui rattacheront entre elles les différentes parties de ce vaste domaine.

Le Sénégal se relie à Tombouctou successivement par sa voie fluviale jusqu'à Kayes, ensuite par chemin de fer presque jusqu'à Kita, [1] se continue par une

---

(1) Exactement jusqu'à Badingko (au kilomètre 334).

route d'étapes fort rudimentaire il est vrai, mais qui s'améliore journellement, quelque chose comme nos anciennes pistes de Tunisie, jusqu'à Koulikoro, où on reprend un fleuve, le Niger cette fois, jusqu'à Koriumé, le véritable port de Tombouctou, pour continuer, si on le veut, jusqu'à l'embouchure de cette grande artère sur la côte du Bénin, ainsi que l'a fait le colonel Toutée, qui a affirmé n'avoir pas éprouvé de difficultés insurmontables. Des renseignements de même nature m'ont été fournis récemment par un de mes anciens subordonnés de la Compagnie franche de Tunisie, M. le capitaine Stauber, qui, nommé résident de France à Dori, dans le Mossi, a rejoint son poste en prenant le Niger jusqu'à Zinder de l'ouest, puis, lorsqu'il est rentré en France, a utilisé le même fleuve depuis les environs de Say jusqu'au Caroumana, où il a abandonné la voie fluviale pour gagner, à pied, le port d'embarquement de Kotonou, traversant ainsi le Dahomey du nord au sud.

Une réelle amélioration sera apportée aux relations de la colonie du Sénégal avec la boucle du Niger quand le chemin de pénétration de Thiès, près Dakar, à Kayes, qu'étudie en ce moment le commandant Belle, sera ouvert. Cette ligne ferrée se soudera à celle existant de Kayes à Badingko, et tout fait espérer que la ligne jusqu'au Niger, c'est-à-dire jusqu'à Koulikoro, sera livrée à la circulation en 1905, sur tout son développement qui sera de 560 kilomètres, depuis Kayes jusqu'au Niger.

Lorsque le tronçon de Thiès à Kayes sera terminé, nos administrés du Sine et du Saloum pourront l'aborder sur tout son parcours de Dakar à Kayes.

Quant à nos Mandingues de la Haute-Cazamance, ils peuvent déjà rejoindre la voie ferrée existant entre Bafoulabé et Kita.

En ce qui concerne la Guinée française, nous savons que l'inauguration du chemin de fer de Konakry à Kindia est prochaine et nous fera avancer de 150 kilomètres par ce moyen rapide de locomotion vers Timbo. Le capitaine du génie Salesse, chargé des travaux, s'est occupé activement du prolongement de cette ligne. Prochainement elle atteindra les hauts plateaux du Fouta-Djalon et par conséquent Timbo, centre important, chef-lieu du gouvernement. Les difficultés de l'exécution auront été considérables. Elles seront moindres pour arriver à *Kouroussa*, où le Haut-Niger commence à être navigable et nous permettra d'entrer dans sa boucle après avoir rejoint, à Bamakou, la ligne de pénétration qui vient de Saint-Louis du Sénégal.

A la Côte-d'Ivoire, la voie ferrée est à l'étude de Bingerville, la nouvelle capitale, jusqu'à Kong; mais là, des intérêts divers militent, paraît-il, en faveur d'une variante dans le tracé. Il est à désirer que cette hésitation cesse et qu'on en arrive rapidement à l'exécution. C'est ce que nos voisins, les Anglais, n'ont pas manqué de faire. Depuis 1898, ils travaillent à la ligne de Sekondi à Coumassie, qu'ils viennent d'achever et qui est parallèle à celle qui, chez nous, n'est encore qu'à l'état de projet. Il faut néanmoins rendre justice à notre administration, constater les efforts énergiques qu'elle fait pour ouvrir des voies de communication, avec ou sans ligne ferrée. Ainsi, depuis 1901, elle s'occupe, dans le Cavally, de la voie de pénétration de Tabou vers Fort-Binger et le Soudan. En 1902, dix mois ont suffi à mon jeune ami, Jules Repiquet, administrateur du Cavally, pour ouvrir, sur une longueur de 70 kilomètres, en pleine forêt vierge, dans l'épaisseur de fourrés réputés impénétrables, une route de six mètres de large, munie de ponts, bordée de fossés, et ce beau travail n'a coûté que *mille francs* au budget local. Voilà un magnifique résultat ; on poursuit, à travers la grande forêt, la tâche commencée. La même s'impose dans toutes les parties de notre immense domaine colonial, et, si ardue qu'elle soit, le Gouverneur de la Côte occidentale d'Afrique, l'honorable et progressiste M. Roume, et ses vaillants auxiliaires, la mèneront à bien.

Quant à la voie de Bingerville à Kong — ligne de chemin de fer ou route — elle sera une des plus importantes, car on pourra même la subdiviser pour tirer le meilleur parti des grands espaces compris entre Segou et le Fort-Archinard (Say).

Au Dahomey, notre point de raccord avec le Niger peut être — en partant de son port, Kotonou, qui vient d'être relié à Abomey, sa capitale, par un chemin de fer — un point quelconque de son cours.

Il en sera de même pour le Benin.

On peut donc dire avec une rassurante satisfaction que nos colonies de la Côte occidentale seront reliées assez facilement avec le Niger et qu'elles ont, pour arriver à ce but, des ressources importantes, *dès à présent*. Elles ont été autorisées à emprunter 65 millions sous la garantie de l'Etat. Cinq millions sont prévus pour l'amélioration des fleuves du Sénégal et du Niger ; douze millions pour celle des ports de Saint-Louis, de Dakar, de Rufisque ; cinq pour le desséchement des marais ; plusieurs millions pour les chemins de fer ; enfin, il y a huit millions et demi dans les caisses de réserve du Sénégal, de la Guinée, de la Côte-d'Ivoire et du Dahomey. Voilà certainement de puissants moyens d'action, qu'on augmentera encore, qui nous assureront le succès.

Pour atteindre le Congo français par l'est des contrées dans lesquelles notre influence est reconnue par les conventions internationales, je m'en rapporte à ce que vous exposera M. Paul Bonnard, qui a étudié à fond cette importante question.[1] Il va nous dire les ressources considérables que nous offrent les oasis de Bilma avec leurs salines, comment nous contournerons le Tchad pour descendre par le Chari, dont la rive droite seulement nous est accessible — car les Allemands ont pris possession de la rive gauche ; — comment, avançant ainsi de proche en

---

(1) Malgré la grande confiance que j'ai dans les lumières de M. Paul Bonnard, il est certain que je m'en rapporterai avec plus d'assurance aux administrateurs, comme M. Fourneau, aux explorateurs qui ont visité récemment ces contrées et dont la liste serait trop longue à donner. M. le capitaine Lenfant vient de parcourir un itinéraire qui permet, en partant du Bénin, de gagner le Tchad rapidement avec *un seul jour de portage*, d'où économie des trois quarts sur les frais de transport. Cet itinéraire n'a qu'un inconvénient : nous mettre, pendant une grande partie du trajet, à la merci des Anglais et des Allemands.

proche par l'Oubangui, nous arriverons à Brazzaville et au terminus de *Loango*; comment enfin nous relierons, occuperons les pays qui séparent le Congo du Niger, et que MM. Maistre, Colrat et plusieurs autres ont explorés au prix de tant de souffrances, de tant de dangers. Nous profiterons des travaux de tous ces vaillants, de tous ces héros, quelquefois victimes, hélas! de la science géographique.

Quels moyens emploierons-nous pour occuper ces vastes régions? La réponse est simple, bien que l'exécution en soit fort compliquée. Sur les fleuves, sur ces *routes qui marchent*, quelques vieux navires seront des *stationnaires*. Reliés par un va-et-vient de pirogues perfectionnées, ils suffiront, car, à l'exception de quelques rares tronçons, je ne crois guère à la *navigabilité permanente* de nos cours d'eau soudaniens. Ces *stationnaires* rempliront le même rôle que nos fortins, bordjs, etc., de la zone saharienne. Dans la grande brousse, en dehors des communications fluviales, de petits postes, analogues à ceux des routes du désert septentrional, nous donneront une sécurité complète, des stations de repos, de ravitaillement, de ces secours physiques et moraux dont on a tant besoin pour échapper, dans ces pays où notre race n'est pas encore acclimatée, à l'anémie, à la terrible anémie qui frappe souvent non seulement le corps, mais l'intelligence.

Nous continuerons là ce qui a déjà été commencé avec une entente parfaite de nos besoins. Nous restreindrons au strict minimum l'élément européen. Nous attirerons à nous l'indigène par les moyens que le général Faidherbe et ses continuateurs ont si victorieusement employés. Nous utiliserons nos Français du Nord africain, aux aptitudes si variées, à l'esprit si enthousiaste, au cœur si ardent.

Nous créerons, Messieurs, le *Nouveau Monde africain*. Nous sommes en bonne voie. Un jour, nous ferons mieux encore, nous dirons à la Patrie : « Mère ! tu as été bonne pour nous! Pour te remercier de ta tendresse, de ta sollicitude, permets-nous de déposer à tes pieds ces immenses territoires que nous avons eu tant de peine à connaître, à conquérir pacifiquement. Nous mettrons aussi, dans le livre d'or de ton histoire, quelques pages glorieuses faites des lambeaux de chair de quelques-uns de tes enfants et écrites avec leur sang. Sur ta tête chérie, nous placerons la couronne coloniale dont chaque fleuron signifie : affranchissement, concorde, civilisation, progrès, humanité, liberté, en un mot toutes ces devises qui sont celles de la France républicaine. »

Communications ayant trait au même sujet
faites au 25ᵉ Congrès national de Géographie

M. Henri LORIN. — L'Afrique occidentale française : divisions en régions naturelles et principales ressources.

M. Henri LORIN. — Vingt-deux ans de politique coloniale.

Dʳ BERTHOLON. — De l'utilisation des indigènes de l'Afrique du Nord pour la mise en valeur du Soudan français.

M. Gaston VALRAN. — Rôle social de la France en Tunisie.

M. Paul BONNARD. — Le Transsaharien-Méditerranée (Bilma-le Tchad).

M. Paul Bonnard. — La jonction Tchad-Niger.

M. Destrées. — Le Maroc.

M. Blondel. — Les colonies africaines allemandes.

M. Raymond Colrat. — La main-d'œuvre dans nos colonies de l'Afrique centrale.

M. Flamand. — Le problème saharien. — L'état de nos connaissances sur les ressources du Sahara : le sous-sol, le sol, les hommes (géologie, minéralogie, hydrologie).

M. Flamand. — Des conditions physiques de l'industrie pastorale dans le Nord-Afrique (Hauts-Pays et Sahara). La transhumance.

M. le lieutenant de Troismont. — Observations sur la navigation et la navigabilité du Niger ; de l'intérêt d'y introduire le plus tôt possible la navigation à vapeur.

M. le lieutenant de Troismont. — Observations sur le commerce, l'industrie et l'élevage dans la boucle du Niger.

Commandant Rebillet. — Les relations commerciales de la Tunisie avec le Sahara et le Soudan.

M. Paul Bonnard. — A propos du Transsaharien.

Commandant Bordier. — Service régulier de caravanes entre Djerba et le centre de l'Afrique.

L'OUENZA-BIZERTE

Par M. Paul BONNARD
de la Section tunisienne de la Société de Géographie Commerciale de Paris

M. Paul Bonnard fait une longue communication sur le tracé de l'Ouenza-Bizerte. Voici le libellé des explications résumées par M. P. Bonnard sous forme de considérants :

I. — Au point de vue de la défense nationale :

Considérant qu'il y a 140.000 tonnes de charbon à Malte, presque rien à Bizerte ;

Qu'il faut donc assurer le ravitaillement de Bizerte en charbon de guerre, c'est-à-dire en charbon de vitesse, sans fumée, toujours frais, sans cesse renouvelé ;

Que le fret amènera à Bizerte le charbon à bon marché ;

Que les minerais de fer de l'Ouenza « sont dans la zone d'attraction de Bizerte » et donneront, par an, selon les chiffres officiels, deux millions de tonnes ;

Que même en l'absence des avant-projets refusés au public, la longueur virtuelle (celle qui tient compte des courbes, des rampes, des pentes), la seule à considérer, est plus courte vers Bizerte, puisque l'Ouenza-Bizerte était préféré par les concessionnaires ;

Que les rampes de l'Ouenza sont de dix millimètres au plus vers Bizerte, alors qu'elles vont à dix-huit et vingt-trois millimètres vers Bône-Philippeville ;

Que les minerais seraient portés, par exemple, à Cette, où il y a un établissement du Creusot, et le charbon de Bessèges, de la Grand'Combe, viendrait en retour à Bizerte ;

Que le steam coal viendrait de Cardiff à Bizerte ;

Que ces charbons, l'Ouenza pouvant fournir autant de minerai qu'on voudra, permettraient la métallurgie du fer à Bizerte, avec ces clients : notre camp retranché de l'Afrique du Nord, le port de guerre, le port de commerce, enfin le port franc qu'on a tout lieu de créer à Bizerte ;

Considérant que la métallurgie du fer et une fabrique d'armes dans notre Afrique du Nord serviraient, en cas de guerre, à ravitailler en munitions non seulement notre armée d'Afrique, mais au besoin notre flotte et une flotte alliée, ce qui peut être nécessaire pour sauvegarder non seulement Bône, Philippeville, Alger, mais même Nice, Toulon, Marseille ;

Considérant que des fabriques d'armes, avec leur stock, seraient, à Bizerte, protégées jusqu'au dernier moment, au lieu qu'à Bône elles pourraient servir à l'ennemi ;

Considérant que même si des navires marchands coulés dans le chenal de 200 mètres de large (au plafond) pouvaient l'obstruer, il y a place, à Bizerte, pour un port de commerce (au service du port de guerre), par exemple en dehors de la jetée Nord, sans compter qu'un second chenal est possible à Menzel-Djemil;

Considérant, d'autre part, que si les minerais de l'Ouenza viennent à Bône, au lieu de venir à Bizerte :

En temps de paix, le charbon de retour pourrait sans doute venir à Bizerte, bien qu'avec escale;

Mais qu'en cas de guerre, peut-être inopinée, si, au début, l'approvisionnement de Bizerte en charbon était insuffisant, le complément de cet approvisionnement ne serait ni facile ni sûr (quel que soit le parfait accord des autorités militaires d'Alger et de Tunis) :

Sur mer, Bizerte pouvant être coupée de Bône ou d'Alger par les navires ennemis;

Sur terre, le Bône-Guelma pouvant être coupé par les éboulements ou la dynamite, ou encombré, surtout vu l'insuffisance du matériel (les 38.000 tonnes de charbon qui manquent aujourd'hui font, par exemple, 3.800 wagons de dix tonnes);

De plus, le Bône-Guelma pouvant être coupé de Bizerte, si Tunis et Djedeïda étaient occupés par l'ennemi (le tronçon *Pont-de-Trajan-Mateur,* prévu par la loi (mars 1902) qui a donné non à Bizerte mais à Tunis le fret des phosphates de Thala n'étant pas commencé);

II. — Au point de vue des intérêts et des droits de l'Algérie :

Considérant que le Gouvernement de l'Algérie, par un Tébessa-Souk-Ahras rectifié, élargi ou doublé, prolongé jusqu'à l'Ouenza, ne peut soustraire aux pouvoirs publics métropolitains la question de l'Ouenza-Bizerte, les Affaires étrangères (dont dépend actuellement la Tunisie), la Guerre, la Marine, leurs conseils supérieurs ou le Parlement ayant lieu d'intervenir;

Que l'Algérie, bénéficiant de la redevance par tonne de minerai extrait, est intéressée au succès de l'exploitation, meilleure par l'Ouenza-Bizerte que par l'Ouenza-Bône;

Que l'Algérie a d'autant moins lieu de se plaindre des mesures imposées par la défense que les dépenses des services de la Guerre et de la Marine sont réservées au budget général de l'Etat;

Que le Gouverneur général ne peut concéder des chemins de fer ou autres grands travaux publics qu'en vertu des délibérations conformes des Délégations financières et du Conseil supérieur, approuvées par une loi ;

Que si la loi de 1900 portant création d'un budget spécial était un obstacle absolu aux mesures essentielles à la défense, il faudrait l'abroger sans retard;

Que l'Algérie n'a pas plus la volonté — tant s'en faut — que le pouvoir de s'opposer aux mesures vitales pour elle et pour la métropole. (Elle ne veut pas être exposée à devenir une autre Alsace-Lorraine...);

III. — Vu que les concessionnaires et bénéficiaires d'option demandaient l'Ouenza-Bizerte ; que l'Administration leur a imposé l'Ouenza-Bône ; qu'ils se prêteront, sans velléité de résistance et même volontiers, à une rectification du cahier des charges conforme à leur première demande et nécessaire à la *défense nationale* ;

IV. — Vu, pour le fret et le ravitaillement de Bizerte en charbon, les vœux des Congrès de 1898, 1899, 1900 sur Bizerte port de Thala, le procès-verbal de 1903 sur Bizerte port charbonnier et centre métallurgique, le vœu de 1902 sur Bizerte port de l'Ouenza....

M. BONNARD, s'appuyant sur ces considérants, propose un vœu identique à celui qui a été adopté par tous les Congrès de Géographie depuis 1899.

A cela, M. MONBRUN répond que M. Bonnard soutient une théorie contraire aux intérêts de l'Algérie, et que le tracé de la ligne doit aboutir à Bône, puisque l'Ouenza est territoire algérien et se trouve, d'ailleurs, effectivement plus rapproché de Bône que de Bizerte.

M. FÉRET intervient et fait remarquer que la Tunisie a déjà consenti des sacrifices très importants vis-à-vis de l'Algérie en abandonnant au port de Bône le trafic des phosphates ; il serait naturel, par réciprocité, que le trafic de l'Ouenza passât par Bizerte, puisqu'il y a là un intérêt national : l'alimentation en charbon de notre grand port de guerre.

M. COLRAT se lève et, dans une apostrophe virulente, déclare que M. Monbrun s'est placé au point de vue algérien, M. Féret au point de vue tunisien, mais qu'il n'y a dans la question qu'un seul intérêt : l'intérêt national. A ce point de vue, et bien qu'ayant combattu souvent les opinions de M. Bonnard, M. Colrat se rallie entièrement à sa proposition.

Sur ces paroles, le Congrès adopte, à l'unanimité moins une voix, le vœu de M. Bonnard ainsi conçu :

« Que les Pouvoirs publics examinent s'il ne serait pas possible et désirable, au point de vue de la défense nationale, de diriger sur Bizerte les minerais du Djebel-Ouenza. »

En fin de séance, sur la proposition de M. CHARLES GAUTHIOT, le Congrès vote des félicitations au capitaine LENFANT et au lieutenant FAURE, qui viennent de terminer la jonction du Tchad et du Niger.

L'orateur ajoute : « Ce qui importe et ce qui serait bien plus utile dans la circonstance, ce serait de proclamer très nettement, comme M. Paul Bonnard vient de le faire, la découverte géographique qui vient de se réaliser.

« Il s'agit, dit-il, de la jonction du Tchad avec le Niger. Or, si, d'après la découverte du capitaine Lenfant et du lieutenant Faure, il n'y a que vingt-cinq kilomètres de route à tracer pour mettre en communication le Tchad et le Niger, on aura obtenu une ressource considérable, et nos deux vaillants officiers auront fait une très importante découverte géographique.

« Il existe, dit-il encore, entre les deux contrées une chute très puissante, de quarante mètres de hauteur, découverte par le capitaine Lenfant et le lieutenant Faure, chute tout à fait insoupçonnée jusqu'à présent. Cette chute, il faudra absolument la contourner ; elle nécessitera un travail considérable, très difficile à exécuter dans ce pays où la main-d'œuvre fait grand défaut. »

Le temps nous l'enseignera ; mais, de l'avis de l'auteur, ce n'est pas le moment de signaler la situation, alors qu'on est en train de régler cette question avec l'Angleterre. *(Applaudissements)*

LE TRANSSAHARIEN (MÉDITERRANÉE-BILMA-LE TCHAD)

Par M. Paul BONNARD
de la Section tunisienne de la Société de Géographie commerciale de Paris

La question du transsaharien a mis en présence ses spécialistes ordinaires. M. Raymond COLRAT présidait.

M. le commandant BORDIER, un ancien lieutenant de Faidherbe, rappelle les conventions de 1890 établissant que des surfaces considérables, de la Méditerranée au Congo, sont soumises à notre influence. Il part de ce principe qu'il faudrait transformer cette influence en occupation effective, et étudie les divers projets du transsaharien ; il se prononce pour la ligne de la Tunisie à Loango par le Tchad.

M. Paul BONNARD, à son tour, affirme, dans une communication très étudiée et qui fourmille de documents intéressants, sa foi dans l'avenir du transsaharien méditerranéen par Bilma et le Tchad.

Il insiste sur la nécessité d'envisager avec le plus grand sérieux la question du transsaharien. La ligne Bilma-Tchad est, à son avis, la jonction la plus directe.

Il faut savoir quelles sont les ressources de l'Afrique centrale. Ces ressources existent et, en dehors même de la nécessité politique et de domination qui impose l'étude du transsaharien, il faut aussi compter avec elles.

Songeons, dit M. Paul Bonnard, que les nations rivales construisent ou construiront des voies transafricaines : l'Italie, l'Allemagne, l'Angleterre se préoccupent de trouver une voie vers l'Afrique centrale ; la France ne peut rester en dehors.

M. Paul Bonnard expose ensuite les raisons qui militent en faveur du tracé Bilma-Tchad.

Sa communication est accueillie par de vifs applaudissements, et la discussion commence.

Et l'argent? demande M. Monbrun, délégué d'Oran.

M. Bonnard déclare que si nous voulions bien envisager sérieusement la question d'un emprunt destiné à réaliser le transsaharien, nous trouverions à gager cet emprunt en rattachant toutes les colonies africaines au même ministère, à un ministère unique qui serait, comme nous l'avons souvent demandé, le ministère de l'Algérie, des colonies et des pays de protectorat.

Elisée Reclus a dit, ajoute M. Bonnard, que le transsaharien par Bilma se ferait certainement. Cette voie est la plus courte, elle a moins de 1.000 kilomètres dans le désert proprement dit. L'examen de la carte et les récits des explorateurs démontrent qu'elle peut se faire ; les ressources pour la justifier sont suffisantes ; l'argent sera facilement trouvé, il faut aboutir.

M. Monbrun, au contraire, se refuse à admettre la perspective d'un transsaharien, le chemin de fer du Sud-Oranais et les voies qui relient ou relieront nos colonies africaines à la mer lui suffisent momentanément. Il demande à opposer au projet de M. Paul Bonnard la question préalable. Depuis vingt ans on a perdu à discuter sur le transsaharien, inutile et coûteux, un temps précieux ; il faut s'occuper avant tout des intérêts de l'Afrique française. Il préférerait, quant à lui, au transsaharien, une organisation bien comprise des chemins de fer existants ou à créer dans le nord africain, améliorant surtout les lignes qui unissent l'Algérie à la Tunisie, et termine ainsi :

« Je propose au Congrès de rejeter tout projet de classement d'un transsaharien que le budget de la France n'est pas actuellement en état d'entreprendre tant que l'Algérie, la Tunisie et nos colonies africaines (Sénégal, Congo, Dahomey, etc.) ne seront pas pourvues des voies ferrées nécessaires à leur développement commercial et industriel. »

M. Raymond COLRAT se rallie à la proposition de M. Monbrun : le centre africain n'offre pas autant de ressources qu'on le croit, la population n'y est pas très dense, les indigènes sont paresseux... la pénétration doit se faire de l'ouest à l'est et non du nord au sud. Il faut d'abord s'occuper des chemins de fer de la Guinée, du Dahomey et du Congo. Le transsaharien, quelle que soit la voie qu'il emprunte, coûterait fort cher et ne servirait à rien.

M. Colrat met aux voix la question préalable opposée par M. Monbrun aux communications de M. Paul Bonnard sous forme de vœu.

Mais l'assistance est favorable aux idées de M. Bonnard : elle repousse la motion de M. Monbrun.

L'ASSISTANCE MÉDICALE DES INDIGÈNES
& LES AUXILIAIRES MÉDICAUX

Par M. le Docteur BRUNSWIC-LE BIHAN

ancien interne des Hôpitaux de Paris, chirurgien en chef de l'Hôpital Sadiki,
membre de la Société de Géographie de Tunis

Messieurs,

L'assistance médicale des indigènes d'Algérie venant de faire l'objet d'un débat à la Chambre, j'ai cru qu'il n'était peut-être pas sans intérêt de vous exposer brièvement ce qui se fait à cet égard en Tunisie. Encore que le sujet semble plutôt médical que géographique, il mérite cependant, je crois, de figurer au programme de ce Congrès.

L'assistance médicale est un gros élément de prospérité pour une colonie où la population indigène représente une source précieuse d'énergie et de forces vives à utiliser. Pour ne citer qu'un exemple devenu classique, je vous rappellerai que la colonie de Java ne comptait que trois millions d'habitants au début du xixe siècle ; aujourd'hui, grâce aux efforts constants accomplis par les autorités hollandaises dans le sens de l'hygiène et de la protection de l'existence humaine, elle contient plus de vingt-cinq millions de Javanais. Aussi bien, à ne se placer qu'au point de vue politique, est-il certain que dans les pays exotiques le médecin a toujours été un agent d'influence considérable ; il est, en tout cas, le mieux accueilli ; encore faut-il lui faciliter l'accueil en multipliant ses contacts avec le milieu indigène, et ceci sera l'objet spécial de cette communication.

Messieurs, de quelque manière qu'on la comprenne, l'assistance médicale comporte deux facteurs indispensables : des médecins et des hôpitaux ; les uns et les autres ne manquent pas dans les principaux centres de la Régence, mais il en est autrement dans les populations rurales de l'intérieur.

Dans les villes où existe un organisme municipal, le Gouvernement Tunisien a depuis longtemps installé un médecin français qui, sous le nom de *médecin communal,* remplit, moyennant un modeste traitement, des fonctions analogues à celles du médecin de colonisation algérien. Mais la population est très peu dense dans les campagnes, et le médecin est bien isolé au milieu de ces indigènes dont il ignore généralement la langue. Ses fonctions sont pénibles, parfois délicates, toujours difficiles. J'ai eu, par suite de circonstances particulières, à vivre ainsi pendant deux années en plein centre indigène ; j'ai pu me rendre compte des difficultés qu'éprouve le médecin à y exercer utilement sa profession ; j'ai vu combien d'éléments hostiles séparent les malades indigènes du praticien français.

Il faut tout d'abord compter avec l'indifférence, le fatalisme du musulman qui, bien plus encore que nos paysans, laisse évoluer la maladie jusqu'au moment où elle est trop souvent incurable, et c'est alors qu'il viendra demander au médecin de la lui guérir, et de la lui guérir immédiatement, à la première visite, au premier pansement. Encore s'adresse-t-il généralement peu au médecin officiel, au docteur ; ses préférences vont aux nombreux individus qui exercent couramment la médecine d'une manière aussi illégale que naïve, quand elle n'est pas des plus dangereuses ; mais ces empiriques sont des Arabes, le malade se sent en communion d'idées et de langage avec eux. Malheureusement, depuis Avicenne et Averrhoës, la médecine arabe a quelque peu décliné, et c'est dans les cafés et les bains maures de la Régence de Tunis ou de Tripoli que les *toubibs* indigènes ont été prendre leurs inscriptions. Or, leurs soins ne sont pas toujours inoffensifs, et si je les ai vus souvent se borner à tracer des versets du Coran sur les parties malades, j'ai vu plus souvent encore des oculistes de rencontre crever les yeux de leurs infortunés clients, des sages-femmes d'occasion semer à pleines mains l'infection puerpérale, des chirurgiens de hasard panser des plaies avec des onguents dont la bouse de chameau formait une base trop importante. Ces gens sont légion, légion meurtrière, facteurs de dépopulation importants, en tout cas redoutables concurrents et ennemis déclarés pour le médecin français qui a trop à compter avec eux.

Pour attirer l'indigène, pour acquérir sa confiance et pour la conserver, il faut, vous disais-je, le guérir ou tout au moins le soulager rapidement. Aussi la médecine proprement dite et sa thérapeutique lente, méthodique, parle-t-elle peu à son esprit ; la chirurgie, par ses résultats tangibles, immédiats, le frappe bien davantage. Simpliste, n'escomptant que le résultat rapide, l'Arabe est indifférent à la drogue, mais il accepte le bistouri, surtout s'il a connaissance de précédents heureux ; ici, comme ailleurs, les premiers succès sont les plus difficiles à obtenir.

Mais comment le praticien isolé pourra-t-il faire une opération quelconque ou exercer heureusement la chirurgie ? Son rayon d'action s'étend souvent à plus de cent kilomètres ; qu'un accident vienne à se produire dans un centre indigène éloigné de la ville, de deux choses l'une : le chirurgien ira au blessé ou ce dernier va venir à lui. Or, que va-t-il se passer ? Dans le premier cas, le chirurgien s'en va donner ses soins, il va opérer, appliquer un pansement, poser un appareil, mais il ne peut cependant élire domicile auprès de son client. Qui donc va surveiller les suites de l'intervention ? Si, au contraire, le blessé est transporté à la ville, où va-t-il se loger ? Et le plus souvent ne trouvant pas de gîte, opéré ou pansé, voilà notre homme qui repart pour son village, pour sa tribu ; il y arrive après de douloureuses étapes dans l'état que vous imaginez. Et voilà un échec de nos soins qui sera exploité contre la médecine française par les nombreux intéressés.

Ce qu'il faut au médecin, c'est une infirmerie, un lieu d'asile, un modeste hôpital où ses malades puissent rester le temps nécessaire à leur guérison. Or, il n'est ni coûteux ni difficile de réaliser une installation de ce genre; j'ai eu l'occasion de le faire à Nabeul, et voici comment.

Il n'est nullement indispensable de construire un hôpital; il suffit d'adapter une maison mauresque à cet emploi. Vous connaissez, Messieurs, la maison mauresque: c'est un rectangle de maçonnerie composé de chambres ouvrant sur une cour intérieure. Prenez une de ces chambres, trouez le mur, percez le plafond, enchâssez un vitrage dans ces baies; du ciment sur le sol, de la chaux sur les murs, voilà de la lumière à flots et une salle d'opération simple, claire, propre. Des autres chambres, vous ferez, à aussi peu de frais, une salle de consultation, un magasin, une pharmacie, voire un laboratoire. Le reste fournira les salles de malades. A Nabeul, trois maisons mauresques contiguës furent ainsi successivement aménagées de manière à communiquer entre elles.

Parlons maintenant du matériel hospitalier. Rien de plus simple; les lits sont fabriqués sur le modèle des anciens lits militaires: trois planches reposant sur deux traverses de fer, un matelas d'alfa ou de diss, des draps, une couverture laine et coton; le tout revient à *vingt-deux francs*. Ajoutez à cela le mobilier de la salle d'opération et les instruments indispensables. Tout ce matériel a été payé par une collecte faite parmi les musulmans aisés de la région, le budget municipal a aisément complété la somme nécessaire, et voilà un hôpital prêt à fonctionner.

Mais le personnel? l'administration? la cuisine? Rien de tout cela, Messieurs. Pas de cuisine, peu d'administration; comme personnel, deux infirmiers et une femme pour les malades de son sexe qui sont logées dans une des trois maisons.

Et voici maintenant le mécanisme de cet hôpital économique. En même temps que le malade, entre avec lui un de ses parents ou un de ses amis (le musulman complètement isolé est bien rare et peut encore compter sur la charité de son voisin); ce parent, cet ami devient un gardien volontaire et dévoué attaché à la personne de l'opéré, couchant à côté de lui sur un lit ou sur une natte; il va pourvoir à ses besoins et notamment à sa nourriture, l'infirmier se bornant à surveiller l'observance du régime prescrit et à entretenir la propreté du matériel et de l'immeuble. Si le malade est complètement privé de ressources, ce qui pratiquement est assez rare, l'infirmier ira chercher en ville la jatte de lait, la poignée de dattes ou de «couscous» qui constitue en temps ordinaire l'alimentation indigène, et l'hôpital fera les frais de ce frugal repas.

D'ailleurs, quand le malade ne présente pas sous forme de certificat la preuve de son indigence, il est astreint à payer un prix de journée qui va faire recette et permettra de nourrir les autres.

Dans cet embryon d'hôpital qui pouvait contenir trente lits, j'ai pu pratiquer en dix-huit mois 342 opérations chirurgicales.

Je crois qu'il sera facile, en attendant mieux, de créer un hôpital de ce genre dans les localités où réside un médecin français; les indigènes afflueront toujours, et malades et médecin y trouveront leur compte, ceux-là en y recouvrant la santé, celui-ci en conservant et augmentant son habileté professionnelle, en employant mieux son temps auprès de ses malades qu'en parcourant des kilomètres sur des routes, quand celles-ci existent.

L'hôpital installé, le problème n'est pas complètement résolu ; le médecin qui ignore la langue arabe ne peut pas toujours se faire comprendre ; de plus, il ne peut pratiquer une opération sans l'assistance d'un aide suffisamment instruit, d'un aide qui saura donner le chloroforme, qui connaîtra les principes de l'art chirurgical. Il lui faut un aide qui soit à la fois un interprète et un assistant, qui puisse non seulement lui être utile dans l'hôpital, mais qui puisse aussi aller là où le médecin ne peut toujours se rendre, donner les premiers soins et, suivant le cas, appeler utilement son chef ou lui envoyer le malade. Il faut enfin au médecin un aide qui lui soit régulièrement, administrativement subordonné. C'est de cette idée qu'est née la conception d'un enseignement médical élémentaire, mais pratique, donné à de jeunes Tunisiens destinés à devenir, du nom officiel qui leur a été consacré, des *auxiliaires médicaux*.

Ceci, Messieurs, n'est pas une innovation ; il est toujours imprudent d'innover ; nous n'avons fait qu'imiter — et de fort loin — ce que les Hollandais et les Anglais ont fait dans leurs colonies, ce que la France a depuis longtemps créé à Pondichéry, ce que le général Galliéni a organisé à Madagascar, ce qu'on vient d'inaugurer à Hanoï et à Saïgon, ce que font enfin toutes les puissances étrangères qui cherchent à étendre leur influence en Chine.

L'hôpital Sadiki, que j'ai l'honneur de diriger, fournissait largement les ressources nécessaires à un enseignement de ce genre, grâce à son important mouvement de malades indigènes, et le recrutement des élèves n'était d'ailleurs que trop facile. Tunis est encombré de jeunes musulmans instruits dans nos écoles, munis de certificats, chargés de diplômes ; ils sont à la recherche incessante d'un emploi administratif qui leur est désormais rarement dispensé. C'était fournir à quelques-uns d'entre eux l'occasion d'être utiles à leurs compatriotes et à eux-mêmes. L'essai, tenté depuis dix-huit mois, a été officiellement confirmé par un arrêté en date du 12 octobre dernier.

Permettez-moi de vous en lire les articles les plus significatifs :

« Art. 4. — Les élèves de l'hôpital Sadiki sont recrutés parmi les sujets tunisiens présentant les garanties nécessaires de moralité et possédant des notions d'enseignement primaire.

« Ils y sont nourris et logés dans la mesure des locaux vacants.

« Pendant leur séjour à l'hôpital, ils concourent avec le personnel médical aux soins à donner aux malades.

« Art. 8. — Les études dureront trois années pendant lesquelles les élèves recevront une indemnité mensuelle de 10 à 20 francs, suivant l'importance des services qu'ils pourront rendre.

« Art. 9. — Les élèves qui justifieront de connaissances théoriques et pratiques sur l'ensemble du programme et qui offriront les garanties morales nécessaires seront nommés *auxiliaires médicaux* sur la proposition du Comité, par arrêté du Premier Ministre, et affectés à un des établissements d'assistance publique dépendant du Gouvernement. Ils pourront également être adjoints aux médecins titulaires d'un service public qui en feront la demande.

« Si les circonstances le permettent, ils pourront, en attendant leur affectation définitive, être employés à l'hôpital Sadiki à titre d'internes auxiliaires.

« Art. 10. — Toute tentative d'exercice de la médecine, soit par un élève stagiaire, soit par un auxiliaire médical, dans les conditions autres que celles énoncées à l'article 9, sera considérée comme illégale et poursuivie comme telle. »

Messieurs, je parlais tout à l'heure de Pondichéry, de Madagascar et de l'Indo-Chine; il y a entre les écoles de ces colonies et celle de l'hôpital Sadiki quelque différence. A Madagascar, par exemple, les élèves indigènes deviennent de véritables praticiens livrés à eux-mêmes sous le nom de *médecins de colonisation;* ils sont seulement placés sous le contrôle des médecins du corps de santé des colonies, qui prennent le titre de médecins-inspecteurs. Le but que nous visons à Tunis est plus modeste : la Tunisie, si voisine de la métropole, peut et doit rester un champ ouvert à l'exercice de la médecine française, qui en a d'ailleurs jalonné les principaux points. Ces jeunes gens, leur nom l'indique, ne seront que *les auxiliaires* de nos médecins, et leur tâche sera encore des plus utiles et des plus nobles.

Le nombre des élèves est assez restreint et a été calculé de telle manière que d'ici longtemps on puisse les employer tous dans les différents services du Gouvernement. Que si, d'aventure, il arrive un moment où les emplois officiels leur feront défaut, ne pourront-ils pas aller utilement là où n'ira, où ne vivra jamais un médecin européen?

Dans les tribus du sud, par exemple, où, vaccinant, pansant, donnant à propos la quinine, ils sauveront des milliers d'existences. Et je ne parle pas des pays musulmans voisins soumis à notre influence éventuelle, comme le Maroc, où ils pourront être de précieux pionniers; ce serait prévoir un peu loin, le *péril* n'est pas si proche.

Car, Messieurs, ce mot a été prononcé, et dans ce pays où l'exercice de la médecine est ouvert si largement, si libéralement aux docteurs étrangers de toutes nations, on a émis la crainte que les auxiliaires médicaux ne devinssent des « concurrents dangereux pour les médecins français ». Il suffit, je crois, de se reporter aux articles que je vous lisais tout à l'heure pour effacer toute équivoque à cet égard et convaincre les adversaires de bonne foi.

Il y a encore une différence à signaler entre notre école et celle des autres colonies, pourquoi ne pas la dire? Mes collaborateurs et moi avons tenu à honneur d'assurer gratuitement cet enseignement, et si vous voulez bien considérer que l'indemnité mensuelle de dix à vingt francs qui est allouée aux élèves paye bien peu les services qu'ils rendent à l'hôpital, permettez-moi de vous faire remarquer que voilà une école qui n'aura pas coûté grand'chose au budget tunisien.

Cette école fonctionne très simplement ; chaque jour a lieu un cours d'une heure portant sur un programme médical élémentaire assez analogue à celui de l'école des infirmières de l'Assistance publique de Paris ; mais le principal enseignement est celui que les élèves recueillent dans les salles d'opération, dans les salles de malades, à la pharmacie, au laboratoire, à l'amphithéâtre, car, par une exception qui mérite d'être signalée, nous avons pu convaincre les autorités musulmanes de la nécessité des autopsies. Les élèves nous sont à l'hôpital du plus grand secours, et nous serions perdus au milieu du flot des malades indigènes si nous ne les utilisions déjà comme aides et comme interprètes.

Au résumé, voici comme je comprends l'organisation de l'assistance médicale des indigènes. Dans chaque centre, un médecin français, médecin communal dans le territoire civil, médecin militaire dans les zones du sud, médecin dirigeant un hôpital qui pourra être plus ou moins bien doté suivant les fonds disponibles, mais qu'il sera toujours possible, au moins, de faire analogue à celui de Nabeul. Le médecin sera assisté d'un auxiliaire médical qui sera son aide et son interprète, et n'exercera toutefois en aucune manière dans la résidence du médecin ; son rôle sera limité au service de l'hôpital. Mais si le territoire d'action du médecin est très étendu, un auxiliaire pourrait être détaché à l'extrémité du rayon, en avant-poste pour ainsi dire, donnant les premiers soins en cas d'accident, vaccinant, signalant les débuts d'épidémies de variole et de typhus, malheureusement si fréquentes en Tunisie.

Ainsi sera établi un véritable réseau médical dont la création ne coûtera rien aux deniers publics, grâce à l'Administration des Habous. On désigne sous ce nom une administration qui centralise et gère des biens légués à titres d'œuvres de bienfaisance, biens dont les revenus sont affectés au culte musulman et à diverses œuvres charitables.

Ce programme est actuellement largement esquissé, et sa réalisation commence. Grâce aux libéralités intelligentes de l'Administration des Habous, il nous a été permis de réorganiser l'hôpital musulman de Tunis, l'hôpital Sadiki. Je ne vous en ferai pas la description, qui serait un peu longue ; les membres du Congrès qui désireraient le visiter y verront une installation moderne complète dans un cadre oriental qui a gardé son pittoresque. Je vous signalerai seulement notre dernière conquête : nous y soignons et y opérons maintenant *des femmes musulmanes*, femmes qui entrent à l'hôpital de leur plein gré, amenées par leurs maris, leurs pères, leurs frères. Pour qui connaît la répugnance que manifeste la femme musulmane, surtout celle des villes, pour les soins d'un médecin européen, il y a là, je crois, une preuve de progrès dans les idées de civilisation et d'influence française.

Nous avons en 1903 hospitalisé dans cet établissement 2.750 malades, pratiqué 588 opérations, donné près de 7.000 consultations gratuites avec distribution de médicaments. Ce sont là des résultats encourageants.

Messieurs, en terminant je dois rendre hommage à la bienveillance et à l'appui qui ne m'ont jamais fait défaut tant à la Résidence qu'au Gouvernement Tunisien. Permettez-moi aussi de remercier ici publiquement mes dévoués et désintéressés collaborateurs, MM. Tostivint, Comte, Bouhageb, Carbonnière, Catouillard ; mes internes, MM. Cardaliaguet et Marquer, qui ont la plus grande part dans l'œuvre commune, dans le but poursuivi sans relâche : acquérir la reconnaissance des populations soumises au Protectorat de la France et faire, nous le croyons du moins, une besogne aussi utilement humanitaire que nationale.

Cette communication a été accueillie par des applaudissements unanimes. MM. Monbrun et Canal, d'Algérie, ont vivement félicité M. le docteur Brunswic-Le Bihan et, sur la proposition de M. Paul Hazard, président de la séance, il est décidé que les congressistes visiteront l'hôpital Sadiki.

Le Congrès consacre la communication du docteur Brunswic-Le Bihan par le vœu suivant, qui est adopté à l'unanimité :

« Le Congrès donne son complet assentiment aux idées développées par M. le docteur Brunswic-Le Bihan dans sa communication, et émet le vœu que l'organisation qu'il préconise soit étendue à toutes les colonies. »

LES COLONIES AFRICAINES ALLEMANDES

Par M. Georges BLONDEL

Professeur à l'Ecole des Hautes Etudes Commerciales de Paris
délégué de la Société de Géographie Commerciale de Paris

Messieurs,

L'expansion des peuples européens au delà des mers a une importance considérable dans l'histoire générale de l'humanité. L'esprit de conquête s'est développé chez la plupart d'entre eux au cours des âges, mais à aucune époque peut-être ils n'ont été animés d'un désir d'expansion coloniale aussi ardent que celui dont nous sommes les témoins de nos jours. Les Allemands, gens terriens et continentaux, ont entendu rivaliser avec les autres. Après avoir peuplé des régions entières en Amérique, ils ont voulu se donner aussi un domaine colonial, espérant acquérir ainsi de nouvelles sources de puissance et d'activité.

C'est sur l'Afrique que le nouvel Empire, fier de ses victoires, a principalement porté son effort. Après quelques années d'hésitation, bientôt suivies d'une action très énergique, il a conquis des territoires dont la superficie totale dépasse trois millions de kilomètres carrés et dont la population est évaluée à huit millions d'habitants.

Les Allemands ont procédé, pour la mise en valeur de ces terres nouvelles, avec beaucoup de prudence. « En matière coloniale, disait Bismarck le 2 mars 1885, nous n'avons point de système dans la tête, nous n'avons pas de théorie toute préparée, nous laissons les choses s'organiser et se cristalliser d'elles-mêmes ; nous n'avons même pas la prétention de diriger les efforts coloniaux du peuple allemand. »

Vous savez quelle a été la conséquence de cette tactique : ce fut d'abord la fondation de compagnies de commerce. Ce sont même les traités passés par ces compagnies avec les chefs indigènes qui ont assuré à l'Allemagne la plus grande partie de son empire colonial actuel.

En déléguant à ces sociétés un pouvoir quasi-souverain, avec les charges qui en découlaient, l'Etat Allemand s'exonéra provisoirement des graves préoccupations financières qu'engendre presque toujours une colonisation directe. Mais un jour vint où les compagnies se montrèrent impuissantes à accomplir l'œuvre qu'elles avaient assumée. Il fallut bien intervenir. A partir de la fameuse conférence de Berlin, on peut dire que c'est Bismarck qui prit lui-même la direction de la politique coloniale.

L'opinion publique, d'abord récalcitrante, accepta peu à peu cette solution. En dépit de bien des insuccès on peut affirmer que le peuple allemand lui-même approuve en majorité la politique qui a été suivie et estime que la fondation de colonies est un moyen d'accroître le prestige de l'Allemagne dans le monde.

Les colonies allemandes en Afrique sont au nombre de quatre, mais une seule, la colonie de Togo, présente actuellement des résultats vraiment satisfaisants. C'est la seule où les revenus provenant des douanes suffisent à couvrir les frais d'administration. Le mouvement commercial y a notablement augmenté. De 1898 à 1902, les importations y sont passées de 2.500.000 marks à plus de 6 millions; les exportations se sont élevées de 1.500.000 marks à plus de 4.000.000. Un certain nombre de cultures ont été tentées avec d'autant plus de succès que la population est assez laborieuse. Plusieurs entreprises, toutes allemandes d'ailleurs, semblent avoir fait d'assez beaux bénéfices avec le commerce de l'huile de palme et avec celui du caoutchouc. Il en a, cette année même, été expédié des quantités considérables à Hambourg. On se préoccupe actuellement beaucoup de rechercher dans quelle mesure la colonie de Togo pourra convenir à la culture du coton, la crise cotonnière étant en Allemagne, pour les mêmes raisons qu'en France, un des problèmes qui préoccupent le plus le monde industriel et commerçant. On a construit à Lomé un wharf, et si on n'a pu doter la côte d'un port, au moins lui a-t-on donné un débarcadère qui est relié maintenant par une voie ferrée de 42 kilomètres aux autres comptoirs de la côte. On s'efforce en ce moment d'assurer les communications avec l'intérieur du pays; c'est le meilleur moyen d'empêcher que son trafic ne soit détourné soit par la Côte-d'Or anglaise, qui possède tout le cours inférieur de la Volta, soit par notre chemin de fer du Dahomey. On s'occupe en ce moment de la construction d'une voie ferrée de 120 kilomètres qui, de Lomé, doit gagner d'abord Misahohe, puis Agome ou Tove-Djigbe.

Comme la colonie de Togo, celle de Cameroun se préoccupe aussi de développer la culture du coton : les derniers rapports à cet égard sont satisfaisants. Là aussi le mouvement commercial suit une marche ascensionnelle assez rapide L'importation s'est élevée en 1902 à 13.367.000 marks, l'exportation à 6.264.099 marks. Elle consiste surtout en huile de palme et en noix de palme. Sept grandes sociétés de plantations ayant leur siège à Berlin se sont constituées pour cultiver principalement le cacao et le caoutchouc.

Un Syndicat s'est récemment constitué pour la construction de deux voies ferrées qui doivent pénétrer dans une région où se trouvent des plateaux fertiles dont le séjour, grâce à une altitude de près de 2.000 mètres, n'est pas trop malsain pour les Européens. Une première ligne de 60 kilomètres qui va de Victoria à Meanja est déjà fort avancée et doit être terminée avant la fin de la présente année. Il n'est pas douteux que cette ligne (qui aura le monopole du transport des approvisionnements administratifs) ne donne de bonnes recettes. L'autre ligne, qui aurait au moins 400 kilomètres, devrait être livrée en 1908. L'entreprise se ferait presque sans aucune subvention. Si elle réussit, ce sera un beau succès pour l'initiative des capitaux allemands.

La colonie de l'Afrique Orientale a trompé jusqu'ici les espérances qu'on avait d'abord placées en elle. Elle paraît cependant s'être relevée, cette année même, grâce à une bonne récolte. Les exportations de kopra, de poivre rouge, de kapok, ont augmenté; mais les planteurs de café se plaignent beaucoup. Ils se rejettent en ce moment sur la culture du caoutchouc qui est de très bonne qualité et se vend à un prix rémunérateur. En revanche, l'exploitation du chemin de fer de Tanga à Korogwé, qui devait être l'amorce du chemin de fer du Tanganyika et qu'on croyait devoir être abondamment alimentée par les produits des plateaux de l'Usambara, n'a pas été heureuse. La ligne était déjà, en 1896, en si piteux état qu'il fallut interrompre la circulation. Dès 1897, l'Etat Allemand vint à son secours par des subventions; il racheta la ligne en 1899 pour 1.700.000 francs, et dut faire pour sa réparation des dépenses si considérables qu'on a calculé que cette ligne avait coûté près de 100.000 francs le kilomètre. Le peu de succès de l'Usambara a refroidi les enthousiasmes pour le Grand-Central qui de Dar-es-Salam devait se diriger sur Mrogoro.

Ce fameux projet du Grand-Central, qui a suscité en Allemagne d'aussi vives discussions que le Transsaharien chez nous, a été condamné d'abord par le Reichstag. Mais les coloniaux sont revenus à la charge, et la Commission du budget a émis un vote favorable.

C'est actuellement le Sud-Ouest africain qui, de toutes les colonies allemandes, provoque le plus de récriminations. Les troubles qui se sont produits nécessitent l'envoi d'une véritable expédition, et le colonel Leutwein n'hésite pas à déclarer qu'il faudra deux ans au moins pour pacifier le pays. L'élevage du bétail, sur lequel on avait fondé de grandes espérances, réussit mal, et la ligne de Swakopmund à Windhoek (qui a 382 kilomètres et est actuellement la plus importante des voies ferrées allemandes en Afrique) a entraîné de grandes déceptions. Il est bon de rappeler qu'en certaines parties de la ligne les pentes sont si raides (Windhoek se trouvant à 1.638 mètres d'altitude) qu'on s'était demandé s'il n'eût pas mieux valu créer un funiculaire. On a dû organiser de véritables relais de locomotives et on a les plus grandes peines à lutter contre la sécheresse du climat et les difficultés du débarquement.

Les Allemands, avec leur persévérance accoutumée, ne se laissent pas décourager par toutes ces difficultés. Aussi je crois que nous ne devons pas attacher trop d'importance aux insuccès qu'ils ont éprouvés. L'Afrique n'est certainement pas la région qui présente pour eux les plus riantes perspectives : son climat les éprouve durement et les populations du continent noir ne sont pour les commerçants de l'Allemagne que de médiocres clients. Mais les efforts de l'Allemagne pour créer au moins quelques postes dans des régions où ils ne peuvent espérer faire de gros bénéfices n'en méritent pas moins de fixer notre attention. Ils se rattachent étroitement à cette politique mondiale qui est le contre-coup des victoires remportées en 1870.

Il serait prématuré de porter un jugement définitif sur la colonisation allemande, qui ne date que d'une vingtaine d'années. Les Allemands se rendent bien compte qu'ils ont encore sur ce terrain beaucoup à apprendre, mais ce que nous devons remarquer, c'est que l'activité coloniale allemande en Afrique se rattache étroitement à toute cette série d'efforts dont j'ai plusieurs fois parlé [1] pour créer des sociétés de propagande et des ligues, pour multiplier les conférences, pour fonder des journaux ou des revues, pour développer à la fois la marine militaire et la marine marchande, pour se mettre en situation d'intervenir dans toutes les parties du monde dès qu'un conflit surgit et essayer de faire connaître le nom de l'Allemagne dans les régions où il était jadis complètement ignoré.

« C'est l'Allemagne, disait peu de temps avant sa mort l'historien Treitschke, qui aura dans l'avenir la mission d'assurer la paix du monde. La Russie, colosse aux pieds d'argile, sera absorbée par ses difficultés économiques; l'Angleterre, plus forte en apparence qu'en réalité, verra ses colonies se détacher d'elle; la France, tout à ses discordes intestines et à ses luttes de partis, s'enlisera de plus en plus dans le chemin de la décadence; l'Italie aura assez affaire pour assurer du pain à ses enfants... L'avenir appartient à l'Allemagne. »

Ces idées hantent les cerveaux des Allemands. Ils entrevoient la race allemande dominant le monde et la surface de la terre constellée de nombreux groupements de population germanique qui constitueront de petites Allemagnes entre lesquelles subsistera la volonté de rester unies.

L'avenir nous dira si l'Allemagne, avec ses ambitions, qu'elle appelle parfois elle-même ses idées du dimanche *(Sonntagsideen)*, ne se fait pas quelques illusions et si elle est capable de faire face à la fois aux nécessités de l'expansion mondiale et aux dangers de sa situation continentale. L'avenir nous dira si elle s'est demandé au nom de quels principes elle peut avoir la prétention de parler si haut sur la scène du monde et si elle ne se heurtera pas un jour à des difficultés nouvelles qui la forceront à reculer.

Quoi qu'il en soit, nous devons étudier dans ses diverses manifestations cet entraînement économique de nos voisins, aussi important pour nous à connaître que leur entraînement militaire. L'Allemagne a des excédents de population qui lui permettent de se répandre plus aisément que nous au dehors et de chercher à mettre en pratique cette devise de notre éminent confrère M. Paul Leroy-Beaulieu : « Le peuple qui colonise le plus est le premier peuple. S'il ne l'est pas aujourd'hui, il le sera demain. »

M. Deman, qui préside la séance, remercie le conférencier en termes très chaleureux : la communication de M. Blondel, orateur éminent, constitue, en effet, avec celle qu'il a faite le matin, l'une des parties les plus intéressantes des travaux du Congrès.

---

[1] Voir notamment mon livre sur l'*Essor industriel et commercial du Peuple allemand*, 8ᵉ édition.

LA MAIN-D'ŒUVRE
DANS NOS COLONIES DE L'AFRIQUE CENTRALE

Par M. Raymond COLRAT

Délégué de la Société de Géographie de Brives

M. Colrat dépose tout d'abord le vœu suivant :

« Le Congrès,

« Considérant que la question de la main-d'œuvre dans nos colonies ne peut être séparée de l'organisation judiciaire,

« Emet le vœu :

« Que la justice indigène soit partout rétablie sur des bases plus en concordance avec l'intellectualité, les mœurs et les coutumes des indigènes de chaque colonie. »

Puis, développant sa communication, il estime qu'il serait très mauvais, comme on le propose en France, d'appliquer brusquement dans les colonies les lois ouvrières de la métropole. Il y a une différence immense, dit-il, entre les ouvriers conscients et instruits de la France et les manœuvres illettrés et primitifs des colonies. Ce qui est excellent en France serait très dangereux au dehors dans les pays coloniaux neufs.

Les coloniaux sont assez divisés sur la question de la main-d'œuvre indigène. M. Dubief, qui n'est pas un colonial, mais qui fut rapporteur du budget des colonies, voulait envoyer aux colonies des inspecteurs du travail pour limiter à huit heures la durée du travail des noirs. « Il eût fait fausse route, ajoute humoristiquement notre confrère, car jamais un nègre n'a travaillé pendant huit heures. »

Le grand parti colonial n'envisage qu'un point de vue : il veut rendre l'ouvrier indigène utile à la colonisation française ; il estime que la législation actuelle est désastreuse.

Tous ceux qui ont habité les colonies ont été frappés des désordres graves que peut amener l'introduction trop rapide et inconsidérée d'une justice peu en rapport avec la mentalité indigène. Dans quelques-unes de nos colonies on a compris l'incompatibilité qu'il pouvait y avoir entre une législation compliquée et écrite pour un peuple civilisé et des populations arriérées et simplistes. Malheureusement, il n'existe presque nulle part de codes d'indigénat consciencieusement établis ; il est vrai que vu la diversité des races leur nombre serait considérable, mais leur utilité paraît toutefois incontestable. Certains gouverneurs, M. Clozel entre autres, ont déjà commencé à recueillir des documents ethnographiques précieux, qui leur permettront de donner à chaque peuple, suivant ses aptitudes et ses mœurs, une justice adaptée à leur intellectualité.

La direction d'une nation civilisée ne peut être salutaire qu'à la condition qu'elle soit inspirée par une connaissance profonde de l'état social des peuples. Il est vrai que la tâche des nations civilisées est d'encourager l'évolution de cet état social par la culture intellectuelle. Mais cette culture ne peut être que lentement progressive et, en voulant trop la hâter, on risquerait d'immobiliser dans leur stagnation les races inférieures. Il faut, du reste, bien considérer que si ces races sont capables de progrès, elles ne sont point capables des mêmes que nous, et que si elles sont perfectibles, il est infiniment probable, toutefois, que leur développement ne suivra pas la même ligne que la nôtre. Il est donc fâcheux qu'on ait quelquefois à transporter une législation et une procédure, parfaites pour nos pays, dans des colonies où elles se trouvent dépaysées et dangereuses.

Nous avons, il est vrai, apporté dans nos colonies des idées notoirement sentimentales. Nous n'avons voulu voir, au début, dans les indigènes que des frères ; nous les avons considérés comme s'ils avaient été nos égaux en science et en civilisation. Sans être négrophobe, il est permis de regretter cette politique qui introduit dans nos colonies un état d'anarchie fâcheux. Peu à peu les théories humanitaires font place au raisonnement ; on commence à se rendre compte que le noir, tout en étant perfectible, n'est pas susceptible d'être enrôlé tout de suite sous l'étendard de notre civilisation. Il voudrait bien, du reste, en accepter les avantages, mais en repousse toutes les charges, ne se rendant pas compte que nous avons mis des siècles de travail, d'activité et de dévouement pour conquérir cette liberté et que pour en jouir il faut l'avoir méritée. Qu'il commence donc par travailler, c'est le seul chemin qui puisse conduire sa race vers un avenir de prospérité et de bonheur !

M. MONBRUN ajoute qu'en Algérie, depuis la conquête, nous avons un code de l'indigénat qui donne les meilleurs résultats et sous la législation duquel les indigènes travaillent utilement.

Après ces courtes observations, le vœu formulé par M. Colrat au début de sa communication est adopté.

Bien que la discussion sur la *main-d'œuvre indigène* ait paru close dans la première partie de la séance, elle a repris après que l'ordre du jour eût été épuisé.

Ce fut un fort joli tournoi d'éloquence entre MM. Henri LORIN, COLRAT, MONBRUN et GAUTHIOT.

Avant la clôture de la séance, M. A. GOUNOT, colon tunisien, membre du Congrès, a présenté les intéressantes observations suivantes sur cette même question de la *main-d'œuvre* :

La population de la Tunisie a toujours été très mélangée. Actuellement, grâce à l'ordre et à l'aisance qui y règnent, par suite aussi quelque peu de la paresse de ses habitants, elle est un centre d'attraction pour la main-d'œuvre étrangère.

Les Italiens y viennent en masse; mais à côté, et les concurrençant, on trouve des musulmans des régions les plus diverses. Les Marocains, les Touati sont recherchés comme gardiens ; les Kabyles d'une part, les nègres du Fezzan, du Borgou, du Baghirmi et de Tombouctou d'autre part, sont largement utilisés par les colons, aussi bien que dans les grands travaux publics.

Si, d'une part, des populations travailleuses de l'Afrique viennent prêter leur concours à l'œuvre française, d'autre part, nombreux sont les Arabes du Nord qui descendent dans le Sud et vont trafiquer dans les régions semi-barbares du Soudan. Ils s'y installent même et arrivent parfois à constituer des *sultania* ou royaumes musulmans. Ce sont alors les plus gros obstacles et les ennemis les plus redoutables que rencontrent nos explorateurs ou nos colonnes lorsqu'ils veulent prendre possession de l'intérieur de l'Afrique. C'est à eux que nous devons de trouver des régions inhabitées, dépeuplées par la traite. Mais quand nous commanderons au Soudan, comme nous commandons au Sénégal, n'aurons-nous pas intérêt à favoriser cette émigration d'Arabes qui nous connaissent, qui ont vécu à côté de notre civilisation, dans des pays plus barbares? Ils peuvent nous aider à organiser ces pays, ils peuvent surtout être les auxiliaires de nos commerçants, en drainant vers nos comptoirs tous les produits exportables de régions peu peuplées, où, sans leur concours, le Français ne ferait pas un chiffre d'affaires suffisamment rémunérateur.

Ce double échange de population, devons-nous l'arrêter ou le favoriser ?

SÉANCE DE CLOTURE

Cette séance eut lieu au Théâtre municipal, le 7 avril, à trois heures et demie, sous la présidence de M. Stéphen Pichon, Ministre Plénipotentiaire, Résident Général de la République Française, Président du Congrès, assisté de MM. d'Anthouard, Secrétaire d'Ambassade, Délégué à la Résidence Générale, Président de la Société organisatrice du Congrès, et Dollin du Fresnel, Secrétaire général.

Sur la scène avaient pris place les représentants des Ministres et les délégués des Sociétés de Géographie, ainsi que les notabilités tunisiennes.

*
* *

Après la *Marseillaise*, écoutée debout, le Président du Congrès donne la parole à M. le Secrétaire général pour la lecture des vœux émis par le Congrès et retenus, après examen, par le Comité.

LISTE DES VŒUX MAINTENUS PAR LE COMITÉ DU CONGRÈS

I

Le Congrès émet le vœu :

« Qu'à l'avenir chaque Société de Géographie au siège de laquelle aura été tenue une session transmette en temps utile, à la Société organisatrice de la session suivante, la liste des vœux adoptés avec la suite qui leur aura été donnée et la réponse ou les réponses qui auront pu être déjà faites par les pouvoirs publics, les administrations ou assemblées compétentes ; tous ceux qui n'auront pas reçu satisfaction seront portés en tête de l'ordre du jour de ladite session pour être soumis à un nouveau vote et, au besoin, à une discussion nouvelle. »

II

Le Congrès émet le vœu :

« Qu'au cours de la XXVIe session le Comité examine et, s'il y a lieu, détermine les modifications aux Statuts qui permettraient d'obtenir une meilleure et plus fructueuse méthode de travail au cours des sessions futures. »

III

Le Congrès émet le vœu :

« Que la Société Apicole de Tunisie étudie les moyens de fonder des syndicats apicoles d'exportation franco-indigènes. »

IV

Le Congrès émet le vœu :

« Que la législation tunisienne sur les associations favorise la création de syndicats d'exportation. »

V

Le Congrès émet le vœu :

« Que les Sociétés de Géographie et les Sociétés assimilées redoublent d'efforts pour faciliter aux jeunes Français les voyages à l'étranger et aux colonies, soit en créant des bourses de voyages, soit en obtenant des conditions spéciales sur les compagnies de transport, soit en organisant chaque année une caravane de la jeunesse en Algérie et en Tunisie. »

VI

Le Congrès émet, en outre, le vœu :

« Que le Gouvernement autorise les Chambres de Commerce à voter des crédits dans le but de favoriser les voyages à l'étranger et aux colonies. »

VII

Le Congrès émet le vœu :

« Que pour les travaux publics aux colonies, et notamment en Tunisie, il soit inséré au cahier des charges un article prescrivant que les matériaux provenant du dehors devront, autant que possible, être d'origine française et embarqués dans un port français. »

VIII

Le Congrès émet le vœu :

« Que l'organisation de l'assistance médicale des indigènes soit étendue à toutes les colonies françaises. »

IX

Le Congrès émet le vœu :

« Que le Gouvernement du Protectorat facilite, par tous les moyens, et au besoin par des exceptions douanières, la création d'usines de superphosphate dans la Régence. »

X

Le Congrès émet le vœu :

« Que le Gouvernement encourage l'exploitation minière en Tunisie en facilitant l'obtention des concessions par toutes sortes de moyens, et surtout par la construction rapide des voies ferrées et l'amélioration du port de Tunis, amélioration qui permettrait à ce port de recevoir les navires de fort tonnage. »

XI

Le Congrès émet le vœu :

« Que la justice indigène soit partout établie en tenant compte de l'intellectualité et des mœurs des habitants, la question de la main-d'œuvre dans nos colonies étant absolument dépendante de l'organisation rationnelle de cette justice. »

XII

Le Congrès émet le vœu :

« Que les Sociétés de Géographie, de concert avec leurs Municipalités, favorisent l'émigration des travailleurs français en Tunisie. »

XIII

Le Congrès émet le vœu :

« Que le Parlement français vote une addition à la loi du 18 juillet 1890, permettant l'introduction en franchise, sans compensation douanière, d'une certaine quantité de fruits et de légumes. »

XIV

Le Congrès émet le vœu :

« Qu'il soit créé un service postal maritime régulier entre Tunis et la métropole (via Nice) avec escale en Corse. »

XV

Le Congrès émet le vœu :

« 1° Que les conserves de poissons faites en Tunisie soient admises en franchise en France ;

« 2° Que particulièrement, en ce qui concerne les espèces migratrices, anchois, sardines, thons, les statistiques de pêches en Algérie et en Tunisie indiquent chaque année, pour chaque localité, les résultats des années précédentes. »

XVI

Le Congrès émet le vœu :

« Que les pouvoirs publics prennent l'initiative de l'établissement d'une carte ichtyologique des côtes de l'Algérie et de la Tunisie. »

XVII

Le Congrès émet le vœu :

« Que les Pouvoirs publics examinent s'il ne serait pas possible et désirable, au point de vue de la défense nationale, de diriger sur Bizerte les minerais du djebel Ouenza. »

Le Congrès décide ensuite que le prochain Congrès de 1905 aura lieu à Saint-Etienne, en août.

Reprenant la parole après la lecture des vœux, M. Pichon prononce le discours ci-après, dans lequel il résume les travaux du Congrès de Tunis. [1]

Mesdames et Messieurs,

Le Congrès de Géographie de Tunis aura été remarquable par les qualités de ses membres et fructueux par l'attention qu'ils ont apportée dans l'examen des questions qu'ils avaient à traiter. Il résulte des travaux du Congrès qu'on sort de plus en plus de la doctrine pure pour entrer dans le domaine pratique.

Sans doute, la science continue à diriger les discussions, mais les membres du Congrès n'ont pas tardé à s'apercevoir qu'il était temps d'appliquer des théories

---

[1] Compte rendu sténographique.

qui reposent sur un nombre de faits : connaissant depuis longtemps la méthode, ils en ont préconisé l'application.

Le Congrès de Tunis a eu un caractère particulièrement colonial. Il n'entre pas dans mon esprit de donner un aperçu complet des travaux de ce Congrès, il faudra s'en rapporter à son compte rendu sténographique ; mais je me garderai, en résumant les discussions, de les dénaturer et d'en atténuer la saveur.

Je voudrais seulement expliquer en quelques mots que les questions qui ont été examinées par les congressistes peuvent être considérées à trois points de vue.

Il y a d'abord les questions purement locales, puis les questions qui se rattachent aux rapports de la Tunisie avec la métropole et avec les autres pays, et enfin les questions d'ordre général.

Au point de vue local, on a entendu un certain nombre de communications tout à fait intéressantes et importantes. Je vais en mentionner quelques-unes ; vous m'excuserez pour celles que je ne citerai pas.

On a entendu une communication de M. le docteur Brunswik-Le Bihan. J'attache une importance particulière à cette question ; comme le Gouverneur de l'Algérie, je me suis préoccupé, dès mon arrivée en Tunisie, d'assurer l'assistance publique aux indigènes. Le docteur Brunswic a créé une œuvre qui lui fait le plus grand honneur ; il a apporté des idées originales et une esprit pratique. Je lui demande de ne pas vouloir se livrer d'une façon complète, de calculer son effort aux ressources dont nous disposons. Il a indiqué une voie à suivre, et c'est une voie que nous suivrons avec la plus grande attention. *(Applaudissements.)*

Une autre communication a été faite sur le rôle social de la France en Tunisie, par M. Valran ; une autre, sur la géographie coloniale de la Régence ; une autre, sur le climat et le régime des pluies en Tunisie, faite par M. Ginestous, qui est un savant aussi simple que modeste et qui rend de véritables services à ce pays ; une autre, sur les mines et la richesse minière, par MM. Sogno et Belbezé ; une autre, sur l'horticulture.

Toutes ces questions, qui ont fait l'objet d'études, auront cet intérêt d'abord d'appeler notre attention sur elles, et de faire qu'en France on se rende bien compte qu'arrêtés souvent par des difficultés considérables, nous nous appliquons du moins à les résoudre pour le plus grand bien du pays.

Parmi les questions relatives à nos rapports, il faut citer les communications relatives à l'Ouenza-Bizerte, du commandant Bordier, qui ont fourni matière à d'abondantes discussions auxquelles MM. Bonnard et Monbrun ont pris une part brillante. Puis, les réformes à apporter à notre régime douanier ; sur ce point, M. Randet, de la Société d'Horticulture, nous cite des chiffres intéressants. Il faut également mentionner les indications précieuses qui ont été fournies par divers congressistes sur les communications relatives au pays, questions dont M. Jonnart s'occupe en même temps que moi.

Nous y voyons un moyen, d'abord, de donner satisfaction aux besoins français en raison de la crise qui sévit sur notre littoral ; ensuite, de donner satisfaction à des besoins tunisiens, de développer notre commerce et notre industrie et de travailler pour le bien de notre pays.

Il faut citer aussi la communication faite par M. Grébauval sur la création d'un service maritime postal régulier entre Tunis et la métropole, avec escale en Corse.

Parmi les questions d'ordre général, il faut citer d'abord celle du Transsaharien, question qui a compté parmi ceux qui l'ont discutée deux des personnes dont j'ai parlé tout à l'heure, MM. Bonnard et Monbrun, qui ont appelé une fois de plus sur ces débats si importants et d'un avenir si grand l'attention de l'opinion publique, et nous ne pouvons que les en remercier.

La question de la main-d'œuvre dans l'Afrique du Nord a été traitée par des congressistes distingués, notamment par M. Colrat et M. le docteur Bertholon.

On a également traité des questions indigènes, de littérature juive, de commerce et d'industrie ; le rôle économique des grandes puissances a été étudié avec beaucoup de compétence et de succès.

Une importante discussion s'est engagée, et qui mérite une mention spéciale à la fois par son élévation et par la compétence des personnes qui l'ont soulevée, c'est la communication sur « l'importance pour nos colonies du mouvement protectionniste anglais » faite par M. Blondel. MM. G. Blondel et de Claparède ont fait particulièrement honneur à la séance sur ce point, et je les remercie tout spécialement.

Je ne puis conclure sans une constatation que je souhaite de voir se généraliser de plus en plus et de voir se reproduire dans la bouche du Président du futur Congrès. Il s'agit de la part que les indigènes ont prise à cette discussion ; je souhaite beaucoup qu'elle s'accroisse, et je suis heureux de trouver parmi les noms des congressistes celui de M. Béchir Sfar.

Que les indigènes viennent à nous, qu'ils y viennent en toute confiance, qu'ils nous exposent leurs besoins, qu'ils se fondent le plus tôt possible dans nos rangs, qu'ils assistent à nos assemblées ; ils seront toujours écoutés avec justice, ils nous y porteront les documents les plus utiles pour résoudre des questions locales qui les intéressent autant que nous.

Enfin, Mesdames et Messieurs, après ce résumé, il est en outre un devoir qui s'impose à moi, c'est de remercier les organisateurs du Congrès, particulièrement le Bureau de la Section de la Société de Géographie commerciale ; son président, M. d'Anthoüard, qui a apporté à l'organisation de ses séances ses qualités de dévouement, l'intelligence et le tact que je lui connais depuis longtemps ; M. Dollin du Fresnel, qui a déployé une ardeur infatigable et auquel on doit pour une bonne part le succès de vos réunions.

On a critiqué quelquefois un peu son effort ; quant à moi, je l'en remercie et je lui en suis très reconnaissant.

Messieurs, d'une façon générale, au nom de la Tunisie, je vous remercie d'être venus en si grand nombre; je vous remercie du soin avec lequel vous avez suivi les séances du Congrès; je vous remercie de la confiance que vous avez apportée et de l'esprit qui a dicté vos résolutions, car, comme je vous l'indiquais dans la séance d'ouverture de vos travaux, vous avez été constamment guidés par un but patriotique. Si vous avez traité des questions locales, vous avez été constamment occupés du bien de votre patrie; vous n'avez jamais oublié que c'était au nom de la France que vous êtes venus en Tunisie et pour discuter des questions particulièrement françaises. Je vous en suis très profondément reconnaissant, et comme Ministre de la République et comme Représentant de la France en Tunisie.

Vous avez vu la Tunisie, Messieurs, je sais combien vous l'avez trouvée belle et agréable; laissez-moi, pour me servir d'une expression qui, bien qu'un peu banale, vous rendra très bien ma pensée, vous dire non pas adieu, mais au revoir. *(Vifs applaudissements.)*

M. Pichon donne ensuite lecture de la liste des récompenses honorifiques accordées à l'occasion du Congrès. Sont nommés:

Officiers d'Académie

MM. le lieutenant GRILLIÈRES, BELBEZÉ, GALTIER, HAUZERMANN, SOLER et ORGEVAL.

Chevaliers du Mérite agricole

MM. PAUL BONNARD, PAUL PROUST, PAUL CHAFFARD, PAGEYRAL et MONCHICOURT.

Dans le Nichan-Iftikhar:

Grands officiers

MM. CHARLES GAUTHIOT et DOLLIN DU FRESNEL.

Commandeurs

MM. MÉGEMONT, COLRAT et BLONDEL.

Officiers

MM. BRODARD, BLAIZE DE MAISONEUVE, JACQUES DUCOUT, DELEBARRE, BUCHÈRE, BOCKSTAEL, DEMAN, MORTIER, GODY, BOULLAND DE L'ESCALLE, GEORGES BOTTIN, VALRAN, BERTRAND AUERBACH, CANONVILLE-DELYS, DE CLAPARÈDE, BOULENGER, Docteur RIOU, ETIENNE PORT, DE GIVENCHY, RAYMOND THÉRY, BUSSON, capitaine TRIVIER, DELSTANCHE, GAUDY, A. DANINOS, Docteur DOMELA.

Chevaliers

MM. DE PARLIER, SION FELLOUS, sténographe, MARCEL FRAENKEL, adjoint au trésorier, et PAQUET, agent de la Société à Paris.

Le Président ayant déclaré le Congrès clos, la séance est levée à cinq heures.

SUITE DONNÉE AUX VŒUX DU CONGRÈS

L'esprit qui a présidé à l'idée, à la rédaction et à la philosophie de ces vœux ne peut manquer de produire une sérieuse impression, et il est aussi à espérer que les gouvernants les prendront en considération et aideront à leur réalisation. Les modifications, les améliorations qu'ils indiquent, les innovations qu'ils préconisent doivent donner une forte et rapide impulsion au développement de l'agriculture, du commerce et de l'industrie en Tunisie. Ils préconisent, entre autres choses, la création d'usines de superphosphates dans la Régence, l'encouragement à l'émigration française en Tunisie, la création d'un service maritime postal entre la Tunisie et la métropole, via Nice, avec escales en Corse, l'admission en franchise des conserves de poissons faites en Tunisie, etc., etc.

* *

Conformément au vœu adopté par le Congrès, le Secrétariat général de la Section tunisienne de la Société de Géographie commerciale de Paris a transmis en son temps, à la Société organisatrice de la session prochaine, la liste des vœux adoptés avec la suite qui leur a été donnée, ainsi que les réponses qui ont été faites par les Pouvoirs publics, Administrations, etc. De cette façon, les vœux qui n'auront pas reçu satisfaction pourront être portés en tête de l'ordre du jour de la session suivante pour être soumis à un nouveau vote et, au besoin, à une discussion nouvelle.

LES CONFÉRENCES

CONFÉRENCE DE M. DESTRÉES
AVOCAT

VOYAGE AU GHARB MAROCAIN & A FEZ

M. Destrées, dont on connaît l'exploration à travers les régions les plus intéressantes du Maroc, a fait à Tunis, devant les membres du Congrès de Géographie et les notabilités tunisiennes, le récit fort attachant de la mission qui lui a été confiée au Gharb et à Fez.

Nous regrettons de ne pouvoir donner *in extenso* le texte de cette nouvelle manifestation coloniale. En voici du moins la conclusion, c'est-à-dire la partie la plus intéressante :

....

L'explorateur a traversé tout l'ouest du Maroc et a rapporté, notamment de Fez, des renseignements très intéressants pour l'avenir de ce pays. Il a laissé de côté, dans sa communication, l'itinéraire de son voyage qu'il avait déjà retracé en deux longues heures de conférence à son retour. Il s'est appliqué à ne donner, cette fois-ci, que les notes économiques, agricoles et commerciales qu'il a rapportées et qui sont complètement inédites. Il a fait une étude très complète du régime foncier, de la nature du sol, des diverses races qui distinguent les habitants des 300.000 kilomètres carrés du Gharb marocain.

Il a exposé le résumé d'un travail très détaillé qu'il a écrit sur ces sujets dont l'intérêt n'échappera à personne.

M. Destrées a nettement divisé en régions distinctes les pays qu'il a traversés. Il a notamment insisté sur l'avenir qui est réservé à Fez, où le voyageur a résidé trente-cinq jours. Il ne croit pas à l'expansion de Tanger. Le conférencier conseille aux commerçants de ne pas s'arrêter aux désillusions qui l'attendent à Tanger, et il conclut en les engageant d'essayer les marchés de l'intérieur, où ils peuvent opérer, en ayant beaucoup de prudence, par ces temps troublés, et surtout en connaissant la langue arabe.

....

M. Destrées a remporté un succès bien mérité en parlant à son auditoire, avec jolies projections au cours de son récit, de la partie occidentale de l'Empire chérifien, dans lequel il nous est actuellement permis de pénétrer sur les traces qu'il nous a ouvertes.

CONFÉRENCE DE M. GINESTOUS
PROFESSEUR AU COLLÈGE SADIKI

LE CLIMAT ET LES RÉGIONS NATURELLES
DE LA TUNISIE

M. Ginestous, chargé du service météorologique à la Direction de l'Enseignement, a fait devant les membres du Congrès de Géographie une très intéressante conférence sur les régions naturelles de la Tunisie et leur climat.

Après une étude générale des principaux phénomènes, au cours de laquelle des diagrammes projetés ont rendu très claires les explications du conférencier, chaque zone a été successivement examinée au double point de vue climatologique et agricole. De nombreuses vues ont donné une idée exacte de ces régions.

M. Ginestous a été écouté avec un vif intérêt et a recueilli les applaudissements de l'auditoire d'élite qui assistait à sa conférence.

CONFÉRENCE DE M. PAUL LABBÉ
EXPLORATEUR, DÉLÉGUÉ DU MINISTRE DE L'INSTRUCTION PUBLIQUE

A TRAVERS LA SIBÉRIE ORIENTALE & LA MANDCHOURIE

C'est au théâtre municipal, devant un public considérable, en présence du Résident Général et de Mme Pichon et du général Roux, qu'a eu lieu la conférence de M. Paul Labbé, explorateur, chargé de missions par le Ministre de l'Instruction publique dans l'Asie russe, qu'il a parcourue de 1897 à 1902.

L'orateur, qui avait pris pour sujet : « La Sibérie orientale et la Mandchourie, Russes et Japonais », a décrit avec beaucoup d'attrait et de verve ces vastes régions et leurs habitants, Russes ou indigènes.

M. Labbé a démontré quelle œuvre magnifique de civilisation la Russie avait réalisée en unissant, par le grand chemin de fer transsibérien, la mer Baltique à l'océan Pacifique.

En séjour au Japon lorsque fut signée l'alliance anglo-japonaise, le conférencier constate les ambitions excessives de l'Empire du Soleil Levant, à la suite de son adoption de la civilisation occidentale.

Parlant de la guerre russo-japonaise, M. Labbé signale que les Russes ne l'avaient pas cru prochaine, alors que le Japon y était fermement décidé. Il est convaincu que, quand l'armée russe en Extrême-Orient sera suffisamment renforcée, la défaite des Japonais est inévitable.

M. Paul Labbé a semé sa conférence d'un grand nombre d'anecdotes souvent réjouissantes, et l'a complétée par une belle série de projections lumineuses sur la Sibérie, la Corée et le Japon.

Le jeune et distingué conférencier, qui a été chaleureusement applaudi, a terminé en remerciant son auditoire de l'accueil qu'il a reçu à Tunis et a dit l'émotion qu'il a éprouvée en parlant devant l'ancien représentant de la France en Extrême-Orient.

CONFÉRENCE DE M. LE MARQUIS DE SEGONZAC

LE MAROC [1]

Avant de donner la parole au conférencier, M. Ch. Gauthiot, le savant secrétaire perpétuel de la Société de Géographie commerciale de Paris, qui préside la séance, adresse les paroles suivantes à l'intrépide explorateur :

Mesdames et Messieurs,

Je vous en prie, veuillez m'excuser. On m'impose un devoir dont je m'acquitte avec plaisir, c'est de vous présenter l'éminent explorateur M. de Segonzac. Il vous dira ce qu'il a vu au péril souvent de sa vie et certainement après de nombreuses fatigues, ce qu'il a remarqué au Maroc et ce qu'il importe de vous faire connaître dans ce pays qu'il a parcouru absolument seul, dans diverses régions pieds nus et en mendiant. Je vous dirai que M. de Segonzac a employé plusieurs de ces moyens pour pouvoir nous donner ces renseignements.

Il joindra à cela des vues excellentes qu'il a rapportées lui-même et qui nous feront connaître le pays qu'il a parcouru.

Vous aurez à Tunis une grande satisfaction que beaucoup de Parisiens n'ont pas goûtée, celle d'entendre M. de Segonzac qui a bien voulu venir à Tunis sur la prière que je lui ai adressée.

Le Congrès de Géographie de Tunis comptera ainsi un des plus brillants explorateurs. *(Applaudissements.)*

La parole est à M. le marquis de Segonzac.

Messieurs,

L'heure est propice pour parler du Maroc, puisque nous sommes à la veille d'entreprendre la pénétration, c'est-à-dire la civilisation et l'organisation dans ce pays voisin de l'Algérie. Ce n'est un secret pour personne que les négociations diplomatiques engagées à ce sujet entre la France et l'Angleterre sont sur le point d'aboutir et que les puissances intéressées aux destinées du Maroc se résignent à voir entrer dans la zone de l'influence française cette troisième et dernière province de la Berbérie. Il importe donc de bien connaître la tâche qui va nous échoir et de poser dès maintenant les grandes lignes de ce plan de pénétration pacifique que la France s'est imposé l'obligation d'exécuter par la douceur et la persuasion, non pas en conquérante, mais en amie, en alliée qui ménage son vassal de demain.

Avant d'aborder cette discussion de notre programme d'action, il importe de

[1] Compte rendu sténographique.

bien connaître le Maroc ; nous commencerons donc par en étudier brièvement la géographie, et, pour faire cette étude moins abstraite, nous parcourrons ensemble sur la carte et à l'aide de projections photographiques toutes les régions du pays, depuis les plaines faciles du littoral atlantique jusqu'aux montagnes berbères les plus interdites aux voyageurs.

La carte dont nous nous servirons est une carte hypsométrique due à M. de Fl. R..., l'éminent cartographe du Maroc. La gradation des teintes indique la progression des altitudes : les plaines sont en blanc, les montagnes de 4.000 mètres et plus sont en noir. Et vous voyez du premier coup d'œil que le Maroc est un pays très montagneux qui, si l'on tient pour exactes les données des géographes allemands (Théobald Fischer, Paul Schnell, Arnold), s'étend sur 800.000 kilomètres carrés (la France n'en a que 529.000), répartis en 200.000 kilomètres carrés de plaines et 600.000 kilomètres carrés de montagnes.

Les plaines bordent le littoral atlantique, qu'elles raccordent à l'Atlas par une succession de plateaux étagés. Elles figurent trois grands triangles :

1° Tanger-Fès-R'bat, pays désigné sous le nom de Rarb ;
2° R'bat-Merrakech-Mogador, pays nommé El-Houz ;
3° Agadir-Taroudant-Tiznit, pays nommé le Sous.

L'extrême-Sud est formé par les plaines désertiques de la vallée de l'oued Dra et de la seguiet El-Hamra qui confinent au Sahara. A l'ouest, les plaines de l'oued Mlouya prolongent et répètent les régions arides du Sud-Oranais.

Les plaines sont arrosées par de grands fleuves ; leur cours irrégulier mais constant féconde et quelquefois inonde plus de 80.000 kilomètres carrés, dont la fertilité peut être comparée à celle des meilleures terres de l'Europe.

Les principaux de ces cours d'eaux sont l'oued Lekkous qui arrose El-Ksar-el-Kébir ; l'oued Sebou, qui passe auprès de Fès et se jette dans la mer à Mehedia ; l'oued Bou-Regreg dont l'estuaire sépare les villes de R'bat et de Salé ; l'oued Oum-er-Rebia ; l'oued Tensift qui arrose les jardins de Merrakech ; l'oued Sous à qui le pays de Sous doit sa richesse ; l'oued Massa ; l'oued Noun ; l'oued Dra et la seguiet El-Hamra dont le régime est celui des cours d'eau sahariens. Les bassins méditerranéens sont ceux de l'oued Martil qui passe à Tétouan ; l'oued Talembadès ; l'oued Nekour et l'oued Riss qui se jettent en face de la préside espagnole d'Alhucemas ; l'oued Kert dont la vallée ouvre la voie la plus importante du Rif ; et enfin l'oued Mlouya dont le cours borde comme un fossé les montagnes de l'est marocain.

Nous partageons les montagnes du Maroc en trois massifs : celui du nord formé des montagnes du Rif qui bordent la côte méditerranéenne et des montagnes des Djebala qui enveloppent celles du Rif. Cette répartition en Rif et Djebala correspond à des divisions politiques, mais ne répond à aucune dissemblance physique. La structure tectonique et l'apparence de ces chaînes sont identiques. Elles naissent du pâté montagneux compris entre Tanger et Tetouan, se divisent en quatre chaînes dont l'altitude est comprise entre 600 et 2.200

mètres. Leur direction reproduit, en l'accentuant, la courbe concave du littoral auquel elles reviennent pour former quatre caps dont le plus saillant porte à son extrémité la préside de Melilia.

Le Rif et les Djebala sont médiocrement riches. Les vallées seules y sont fertiles; les montagnes, schisteuses, sont arides ou maigrement boisées; on y trouve pourtant des forêts de chênes-liège dont l'exploitation serait facile. La côte est réputée dangereuse à cause de ses ilos schisteux ; elle est inhospitalière, c'est le « littus importuosum » des géographes romains. Les Espagnols y ont installé cinq présides : deux sur le rivage, assez prospères, Ceuta et Melilia ; les trois autres édifices sur des îlots, ne sont que de misérables bagnes, Peñon de Velez, Alhucemas, Zaffarines.

Je n'ai pas à vous rappeler, Messieurs, quelles destinées l'Espagne rêve pour ces présides : elles sont les sentinelles avancées de la « reconquista ». Depuis quatre cents ans bientôt, les garnisons espagnoles qui s'y succèdent y meurent de soif et d'ennui, en attendant le jour héroïque où la dernière croisade contre les Maures ira planter sur les minarets de Fès l'étendard des rois catholiques.

Le massif montagneux du centre marocain porte le nom de moyen-Atlas. Il est constitué par une succession de terrains calcaires où les vallées des affluents de la Mlouya à l'est, les fleuves tributaires de l'Atlantique à l'ouest ont creusé de profondes vallées d'érosion.

Ce sont les matériaux arrachés à ce massif et largement épandus dans les plaines qui font le Tell marocain si fertile. L'axe du moyen-Atlas est sud ouest nord-est. L'importance du massif croit du nord au sud, en sorte que les altitudes les plus élevées se trouvent aux voisinages de l'oued Mlouya, dans le djebel Bou-Iblan, qui atteint une cote supérieure à 4.000 mètres.

Cette région, d'accès difficile, est l'habitat des grandes tribus Beraber dont les villages fortifiés peuplent et cultivent les riches vallées. Les montagnes sont couvertes d'immenses forêts de chênes, de thuyas et de cèdres, où les troupeaux de chèvres, de moutons et de bœufs trouvent de bons pâturages.

La face orientale et méridionale du moyen-Atlas surplombe la vallée de la Mlouya et ne présente que de mauvais cols impraticables aux animaux de bât. La seule voie d'accès qui s'offre à la pénétration d'est en ouest, de l'Algérie au Maroc, est la trouée naturelle qui sépare le moyen-Atlas des monts des Djebala, ouverte vers l'est par l'oued Msoun, affluent de la Mlouya, et vers l'ouest par l'oued Inaoun, affluent du Sebou. Au sommet du dos d'âne qui sépare ces vallées opposées se trouve la ville de Taza, qui, perchée sur son promontoire escarpé, commande ce défilé si justement appelé « la porte du Rarb ».

J'attire votre attention, Messieurs, sur cette trouée de Taza; elle sera, dans un avenir que nous souhaitons prochain, la grande voie commerciale de Fès à Oran. Aujourd'hui, la route est coupée par les partisans du prétendant, les turbulents Riata ; mais en temps normal les caravanes et les troupeaux de bœufs font en dix étapes le trajet de Fès à Oujda.

Le troisième massif montagneux occupe le Sud-Marocain. On lui donne le nom de haut-Atlas, en y rattachant l'anti-Atlas qui forme le rebord sud du bassin de l'oued Sous et le djebel Bani qui borde la rive droite de l'oued Dra. On avait considéré jusqu'à ce jour le haut-Atlas comme une longue chaîne orientée sud-ouest nord-ouest, plus ancienne que les terrasses du moyen-Atlas. Les explorations de ces dernières années paraissent démentir cette conception. Le haut-Atlas serait formé de deux parties distinctes : la partie occidentale présentant une série de chaînes orientées nord-sud, c'est-à-dire suivant l'axe de l'ancienne chaîne hercinienne dont le Tamioukht et le Likount seraient des témoins; la partie orientale, au contraire, est une chaîne orientée sud-ouest nord-est et présentant des vallées longitudinales. Et de même il semble résulter des travaux les plus récents que l'anti-Atlas n'est pas une chaîne de montagnes, mais un plateau fortement érodé vers l'ouest par l'oued Massa et par l'oued Noun.

Quoi qu'il en soit, le haut-Atlas est un puissant massif montagneux dont l'altitude moyenne est supérieure à 3.500 mètres, avec des sommets s'élevant à 4.500 mètres. On n'y trouve pas de glaciers, mais les neiges fondent lentement et quelquefois même ne fondent pas complètement. Cette barrière climatérique protège le Maroc contre les vents brûlants du désert. Les neiges s'y amoncèlent, les nuages s'y condensent et le Maroc lui doit ses grands fleuves et son climat tempéré.

Dans quelques années, quand nous aurons civilisé le Maroc, le haut-Atlas avec ses cols sauvages jalonnés de villages berbères et couverts d'admirables vergers où fleurissent toutes les fleurs, où mûrissent tous les fruits d'Europe, avec ses cimes majestueuses couvertes de forêts de cèdres et de thuyas, peuplées de gazelles, de sangliers, de mouflons, de panthères et de lions, sera l'un des coins du monde les plus attirants et les plus visités.

Par delà le haut-Atlas on trouve, à l'est, le Tafilelt, berceau de la dynastie actuelle, dont les palmeraies et les villages s'étendent sur plus de cent kilomètres de longueur; au centre, la haute vallée de l'oued Dra qui porte en cette partie de son cours le nom d'oued Dadès; à l'ouest, le Sous, dont la capitale est Taroudant. L'oued Sous, formé par les oueds Zagmousen et Tindouf, traverse une région fertile extrêmement peuplée. C'est la région des arganiers et le pays du cuivre. Le port du Sous est la ville d'Agadir, ancienne forteresse portugaise dont le rempart n'a qu'une seule porte jalousement fermée aux étrangers.

Telle est, Messieurs, la situation géographique du Maroc.

De ce rapide examen, nous pouvons déjà tirer une conclusion importante.

Le Maroc, l'Algérie et la Tunisie forment, suivant l'expression de M. Augustin Bernard, un tout, une unité géographique distincte, la Berbérie, sorte d'île montagneuse comprise entre la Méditerranée et le Sahara. La partie occidentale de cette Berbérie, baignée par deux mers, a des montagnes plus hautes, un climat plus maritime, des eaux plus abondantes que les parties orientale et centrale; elle est à tous égards plus favorisée de la nature. Les musulmans résument ces supériorités en un dicton charmant : « La terre est un paon, le Maroc en est la queue. » Ce n'est donc pas un insatiable appétit de conquête, le désir d'agrandir indéfiniment notre domaine colonial et la vaine satisfaction de teinter aux couleurs françaises sur nos atlas des territoires considérables qui nous poussent à assurer notre prépondérance au Maroc. C'est une nécessité logique, inéluctable. « Il est de toute évidence, comme l'écrivait M. Etienne, que de la solution qui sera donnée à la question marocaine dépend l'avenir même de notre pays. Il ne s'agit pas ici d'un de ces territoires plus ou moins riches, plus ou moins désirables au sujet desquels les transactions et les partages sont possibles. Les énormes sacrifices que nous avons faits en Algérie et en Tunisie peuvent se trouver annulés si la solution qui intervient n'est pas conforme à nos intérêts et à nos droits. » En effet, Messieurs, si le Maroc tombait aux mains d'une autre puissance, la situation que nous avons si chèrement acquise dans la Méditerranée occidentale s'effondrerait. A côté de l'Algérie nous verrions se développer un pays de climat et de productions analogues, mais incomparablement mieux doué et plus fertile. Et cette nécessité, qui se dégage d'une façon si évidente déjà de nos connaissances encore incomplètes et superficielles du pays, nous sera confirmée et plus péremptoirement affirmée par l'étude et l'exploration du sol et du sous-sol, auxquelles nous allons nous livrer.

Permettez-moi d'invoquer à l'appui de cette opinion que vous pourriez croire optimiste et partiale le témoignage du géographe allemand Théobald Fischer qui, après trois voyages au Maroc, écrivait dans la *Revue Nord-Africa, organ der Marokkanischen Gesellschaft in Berlin* : « La possession du Maroc par une seule puissance est inadmissible, tant elle conférerait à cette possesserice une supériorité de force et de richesse dans le monde. »

Cette supériorité, Messieurs, nous la voulons pour la France.

Pour compléter notre connaissance du Maroc, il nous faut encore étudier la situation politique du pays.

Vous savez, Messieurs, que l'expression géographique « Maroc » ne correspond à aucune réalité. Le Maroc est une juxtaposition de tribus divisées elles-mêmes en fractions, toujours en querelles, sans cesse en guerre. Les populations berbères, islamisées et plus ou moins arabisées suivant que la configuration de leur sol a bien ou mal servi leur lutte contre l'envahisseur asiatique, ne se sont pas encore élevées à l'idée de nation, ni à la notion de patrie. La famille constitue chez elles l'unité fondamentale et l'indépendance est pour elles une condition vitale. Sur ces éléments si peu cohérents règne un souverain théocratique, chef temporel, empereur, dans les pays de plaine, le Bled-el-Maghzen, où ses troupes, pourtant bien misérablement organisées, ont facilement raison des révoltes locales, chef spirituel seulement, pontife, assez mal vénéré et en ce moment très décrié, dans le pays montagneux, le Bled-es-Siba, inaccessible à ses soldats.

La situation actuelle du jeune sultan Mouley Abd el Aziz, fils de Mouley Abd el Hassen et d'une Circassienne, Lalla Riqueia, est extrêmement précaire. Je ne referai pas l'historique de l'insurrection du rogui Bou Hamara, qui mit l'an dernier le souverain trop futile et imprudemment novateur à deux doigts de sa perte. Mais il faut prévoir une reprise prochaine des hostilités. Le calme présent n'est que l'accalmie imposée par la saison pluvieuse, qui dure de janvier à mars, et par le temps des récoltes. Vienne le mois de juin, et les hommes, rendus à l'oisiveté, reprendront leurs fusils ; ils s'en iront en *harkas* folles se jeter sur nos postes du Sud-Oranais ou contre les remparts de Fès. Actuellement, tout le nord-est du pays paraît acquis à Bou Hamara. Non pas qu'on songe à l'introniser sultan, comme d'aucuns le pensent. Djilali ben Iousfi ez Zerhouni — l'homme à l'ânesse — n'est qu'un agitateur et la personnalité de l'aventurier n'en impose à personne. Il ne se donne d'ailleurs que pour le mandataire du frère aîné du sultan, Mouley Ismaïl, le reclus de Meknès. L'est demeure aussi indépendant et impénétrable que jamais. Le sud est en effervescence ; les caïds du Sous s'ingénient à concilier les exigences de leur maître avec leurs intérêts et avec les velléités d'émancipation de leurs administrés. Dans le Houz et dans le Rarb, au cœur du Bled-el-Maghzen, les habitants ont contracté depuis deux ans l'habitude de ne plus payer l'impôt.

Vous vous souvenez, Messieurs, que l'une des causes primordiales de l'insurrection fut justement l'essai d'institution d'un nouveau régime fiscal, plus logique à la vérité et plus simple que l'ancien, mais anti-coranique. Le *tertib*, c'est-à-dire le comptage, suivant le nom donné à ce nouvel impôt, supprimait et remplaçait les deux impôts prescrits par le Coran : la *zekkat* et l'*achour*. Absorbé par ses luttes contre les montagnards, Mouley Abd el Aziz n'eut pas le loisir d'imposer sa réforme. Le trésor, lourdement grevé par les fantaisies dispendieuses du souverain et par les frais énormes qu'entraînait l'expédition contre le rogui, n'étant plus alimenté par les rentrées périodiques, il fallut renoncer à la lutte, licencier les contingents auxiliaires, contracter des emprunts. Aujourd'hui, le sultan se trouve dans une position inextricable : son trésor est vide, son crédit est épuisé, ses soldats désertent, ses ennemis s'assemblent et se préparent à l'assaillir jusque dans son Aguedal. Il n'est de salut pour lui que dans le concours d'un allié assez riche pour remettre ses finances à flot, assez proche pour lui accorder au besoin une assistance effective et immédiate.

Autour de lui ses ministres se disputent. Si Abd el Kerim ben Sliman, préposé aux affaires étrangères, préconise une politique de recueillement, d'économie, de temporisation. Hadj Omar et Tazi, le nouveau favori, aussi peu respectueux des traditions que son prédécesseur El Menebhi, prêche l'audace politique et financière. A son instigation, le sultan vient de lancer une mahalla de 1.500 hommes sur la province de Chaouia, où l'on espère faire un exemple facile de répression terrifiante. Hadj Omar s'est institué aussi le pourvoyeur des plaisirs de Sa Majesté Chérifienne. De son avènement aux faveurs du sultan datent le retour à Fès et la rentrée en grâce des amuseurs et fournisseurs européens dont nous avions obtenu le renvoi. Si Mohammed el Guebbas, le négociateur des accords de 1901-1902 avec la France, s'efforcerait, dit-on, d'amener son jeune maîtré à l'idée de placer l'intégrité du Maroc sous l'égide de sa puissante voisine de l'est. Acceptons-en l'espoir, Messieurs, mais ne nous leurrons pas de l'idée chimérique que le Maroc se jettera dans nos bras. Le fruit est mûr sans doute, encore faut-il prendre la peine de le cueillir. Nous avons revendiqué la tutelle du Maroc, et nul en effet n'était plus qualifié que nous pour cette tâche d'éducateur, puisque le Maroc est enclavé dans notre domaine africain, puisque soixante-dix années de politique musulmane ont fait de nous la puissance la plus experte au maniement délicat des gens et des choses de l'Islam. Profitons donc de l'occasion qui nous est offerte; prouvons au monde que notre expérience nous a servi ; sachons éviter les erreurs de nos aînés en nous efforçant de réaliser le rêve de Bugeaud, qui voulait voir l'ombre du drapeau français planté sur la Casba d'Alger s'étendre de la Tripolitaine à l'Atlantique.

Et maintenant, Messieurs, que nous connaissons le Maroc, ses habitants, sa situation politique, nous possédons tous les éléments nécessaires à la discussion d'un plan de pénétration au Maroc. Le problème qui se pose est singulièrement complexe par lui-même. Nous avons à substituer à l'anarchie, au désordre, au fanatisme, la civilisation, l'ordre, la tolérance. A ce pays barbare qui n'a d'autre aspiration que la stabilité, nous voulons donner pour idéal le progrès, nous prétendons faire brûler en quelques années l'étape de six siècles qui mesure le retard du monde musulman sur le monde chrétien. Et, comme si ce problème n'était pas, à lui seul, déjà assez ardu, nous nous imposons encore de le résoudre par une méthode nouvelle : la pénétration pacifique. Nous déclarons en principe ne vouloir user que de la persuasion, de la *manière douce*.

C'est une idée généreuse, nouvelle à la vérité, mais non pas paradoxale ni irréalisable pour une grande nation comme la France, ayant en dernier argument le poids de sa puissance à mettre au service de sa persuasion.

Notre mode d'action étant ainsi fixé, comment l'appliquerons-nous ?

Il nous faut d'abord trouver un point d'appui pour y poser notre levier civilisateur. Nous n'en avons pas le choix ; il n'existe au Maroc — nous l'avons vu — qu'un seul embryon d'organisation, qu'un seul noyau à peu près stable et consistant : le Maghzen, l'administration chérifienne proprement dite.

Que ce Maghzen restauré, fortifié, soit un outil docile entre nos mains et, peu à peu, en augmentant sa force, sa richesse, son autorité, nous étendrons son action sur tout le pays et nous n'aurons à intervenir qu'indirectement, non pas comme acteur, mais comme régulateur de son fonctionnement et contrôleur de sa gestion.

Cette partie de notre programme comporte trois actes : prise de contact intime avec le Maghzen par l'installation auprès du sultan d'un agent diplomatique muni de pouvoirs suffisants pour entamer et poursuivre les négociations ; — réorganisation de l'armée chérifienne ; — règlement de la situation financière du Maroc.

Ces questions ont été dès longtemps étudiées et peuvent recevoir une solution immédiate ; la réorganisation de l'armée peut être entreprise de suite. La mission militaire que nous entretenons auprès du sultan depuis 1877 et qui, jusqu'ici, a toujours été volontairement écartée, vient d'être réorganisée ; elle a un nouveau chef, le commandant Fariau, qui fut le collaborateur du ministre de la guerre marocain actuel, Si Mohamed el Guebbas, comme membre de la commission franco-marocaine de 1901 à 1902. Nous avons sous la main dans nos contingents d'Algérie des éléments musulmans tout prêts à encadrer, à renforcer et à instruire les effectifs marocains ; enfin, la situation financière a été étudiée.

Ce n'est un secret pour personne que le Maroc a contracté un emprunt gagé sur des garanties définitives, qui fait de nous ses créanciers uniques, nous donne un droit de contrôle sur la gestion de ses deniers et constitue entre nos mains une hypothèque d'une valeur capitale.

Vous le voyez, Messieurs, la question est en bonne voie ; mais gardons-nous d'oublier que le Maghzen, en déférant à nos conseils, ne fait que céder aux difficultés insurmontables d'une heure particulièrement critique, et que cet Empire chérifien sur qui nous nous appuyons n'est qu'une minime partie du Maroc.

Il vous apparaîtra tout de suite, Messieurs, que ce programme laisse une large place aux initiatives privées. En effet, bien avant que l'opinion et la politique se fussent avisées de l'intérêt qu'offrait le Maghreb pour la puissance maîtresse de l'Algérie, quelques hommes, des savants, des coloniaux, des industriels, des voyageurs, s'efforçaient d'étudier le pays et de le faire connaître. Le Comité de l'Afrique française, dont je n'ai pas à vous apprendre l'œuvre magistrale, avait de suite compris l'intérêt capital de cette question marocaine et, coutumier des initiatives fécondes, il avait aussitôt pensé qu'il lui appartenait de s'occuper d'une manière toute spéciale de cette grande affaire.

C'est ainsi que fut créé, au mois de janvier dernier, dans le sein même du Comité de l'Afrique française, un *Comité du Maroc* présidé par M. Eugène Etienne, le chef éminent du parti colonial français et président d'honneur du xxve Congrès de Géographie.

Le double but que ce Comité se propose d'atteindre, ainsi que sa brochure vous l'apprend, est de connaître le Maroc et de le faire connaître.

Connaître le Maroc est une tâche à peine ébauchée. De ce pays grand comme l'Allemagne, nous ne connaissons encore qu'un tiers, et cette connaissance est demeurée si superficielle qu'il importe en hâte de la compléter, de faire un inventaire scientifique des richesses du sol et du sous-sol. On enverra des missions d'étude dans le Bled-el-Maghzen, des missions d'exploration dans le Bled-es-Siba ; nous aurons à dresser la carte politique du pays et sa carte religieuse avant de pouvoir nous aventurer dans ce chaos de tribus et de confréries. On nous demande de toutes parts des renseignements sur la valeur économique des diverses régions du Maroc, des conseils pour l'installation de comptoirs, pour la fondation d'établissements agricoles, pour l'organisation d'entreprises industrielles. Le Comité fera des enquêtes, centralisera les renseignements et les répandra aussi largement qu'il lui sera possible. *Le Bulletin de l'Afrique française,* qui est son organe, a déjà publié d'intéressants documents politiques et commerciaux. Il compte faire une place de plus en plus importante aux questions marocaines.

À côté de ces enquêtes, d'autres œuvres non moins fécondes sollicitent son concours. Il faut subventionner plus généreusement les écoles franco-musulmanes qui répandent notre langue au Maroc, en créer de nouvelles dans toutes les agglomérations, attirer et subventionner des médecins français, fonder des dispensaires, secourir les prisonniers qui meurent de faim dans les effroyables prisons marocaines..... Le Comité, qui n'a que trois mois d'existence, est assailli de demandes toutes intéressantes, de sollicitations toutes urgentes.....

Vous jugez, Messieurs, de la grandeur d'une pareille entreprise et de l'intérêt national qui s'y attache. Aucun Français ne saurait y être indifférent, puisqu'il s'agit de contribuer à la gloire et à la richesse de notre pays. Et le Comité du Maroc, en vous conviant à y collaborer tous, vous invite, suivant la belle expression de son président, à « parachever l'œuvre impériale de la France en Afrique ».

J'ai terminé ce rapide exposé de la situation du Maroc. Permettez-moi, Messieurs, en vous exprimant toute ma gratitude pour la bienveillante attention que vous m'avez prêtée, d'emporter l'espoir que j'ai pu vous faire partager mon admiration pour le Maroc et ma foi dans le succès de l'œuvre d'expansion et de civilisation que nous allons entreprendre et à laquelle, je l'espère, vous voudrez tous coopérer.

Cette péroraison de l'orateur est saluée par des applaudissements répétés. Lorsque cette manifestation a pris fin, reprenant la parole M. Charles Gauthiot a remercié le conférencier en ces termes :

Mesdames, Messieurs,

Permettez-moi d'ajouter quelques mots à l'excellente conférence de M. de Segonzac. Ce qui m'a frappé le plus, c'est que si quelque chose a été oublié dans l'exposé qui vient de vous être fait, vous l'avez deviné vous-mêmes, c'est que l'homme qui vient de nous parler a oublié complètement de nous dire au prix de quelles fatigues il a recueilli ces renseignements pour vous les donner ensuite, et avec quels dangers !

Il y a quelques années, un jeune homme absolument dévoué, le jeune Forest, a disparu dans une pareille exploration. Si je vous rappelle ceci, c'est pour vous signaler les dangers au prix desquels on est venu vous raconter ce que c'est que le Maroc, ce qu'il est et ce qu'il peut devenir.

Je vous demande de vouloir bien remercier M. de Segonzac en applaudissant son œuvre et en le remerciant d'être venu ici exposer ce que l'on peut faire savoir du Maroc.

Le conférencier est l'objet d'une longue et sympathique ovation.

CONFÉRENCE DE M. MEHIER DE MATHUISIEULX

LA TRIPOLITAINE

C'est devant une salle trop petite, comblée d'une assistance d'élite, que M. CHARLES GAUTHIOT présente, en quelques mots, M. MEHIER DE MATHUISIEULX, explorateur, chargé de mission en Tripolitaine. C'est sans prétention et avec une véritable éloquence que M. de Mathuisieulx développe sa conférence sur son voyage en Tripolitaine. Cette conférence, toute d'actualité, est écoutée avec grand plaisir, et coupée fréquemment par les applaudissements de l'assistance.

Le Bulletin de la Société de Géographie commerciale de Paris en fera le compte rendu.

CONFÉRENCE DE M. HENRI LORIN
PROFESSEUR A L'UNIVERSITÉ DE BORDEAUX

L'EXPANSION COLONIALE DE LA FRANCE [1]

Mesdames,
Messieurs,

Mon premier mot sera un remerciement à l'adresse du lieutenant Grillières. C'est lui qui devait faire la conférence de ce soir, et sa communication sur les contrées mystérieuses de l'Asie eût été la suite applaudie de celles que vous avez entendues de MM. de Segonzac et Paul Labbé. M. le lieutenant Grillières demeurant à Tunis, tandis que je dois partir sous peu, il a été assez aimable pour me céder son tour de parole.

C'est assez audacieux de faire une conférence lorsque déjà plusieurs soirées ont été occupées par des distractions de ce genre, plus audacieux encore pour quelqu'un qui n'a pas de projections lumineuses à vous présenter. Vous en avez vues d'originales sur le Maroc, sur le Japon et la Mandchourie... je n'ai que quelques faits d'histoire à placer devant vous.

Cependant, je n'ai pas perdu le souvenir de l'aimable accueil qui m'était fait à Tunis même, il y a sept années, lors de mes conférences dans le local exigu de la rue de Russie; à cette époque, la splendeur de l'Hôtel des Sociétés Françaises n'était qu'une promesse. Je reconnais dans l'assistance nombre de mes auditeurs d'alors, et vous m'accorderez certainement tous votre bienveillante attention, assurés que je n'abuserai pas de votre patience.

C'est un plaisir particulier que de parler d'expansion coloniale en Tunisie: il semble que l'on parle de mouvement sur une machine. Ici, c'est le mouvement même. Vous êtes chacun un des éléments de ce mouvement, de ce progrès de la colonisation que nous admirons de France et que l'étranger admire aussi. En vous entretenant de « vingt-deux années de politique coloniale », je vais vous raconter l'œuvre dont chacun de vous a été plus ou moins l'artisan.

La politique coloniale est fille de la politique industrielle. Cette politique devint générale dans toute l'Europe Occidentale à partir du jour où l'industrie prit un grand essor en Angleterre; les Anglais ont précédé les autres nations sur cette voie nouvelle; chez ces dernières, l'essor industriel ne date que de la seconde partie du XIXe siècle et ce développement correspond à la période de la grande ferveur des conquêtes coloniales. L'Angleterre, seule pendant de longues années à courir dans cette carrière, n'a pas d'abord trouvé de rivaux, elle a pu s'établir en avance sur tous les points du globe.

La guerre de 1870 a été dans l'histoire de l'expansion coloniale un fait capital.

[1] Compte rendu sténographique.

Certes, Messieurs, nos progrès coloniaux furent brillants dans la dernière partie du xixe siècle, mais je dois reconnaître aussi et proclamer la grandeur de la renaissance de l'Allemagne : après la joie de vaincre, elle s'enivra de la joie de produire. Ce pays a tant travaillé que, moins de trente années après la guerre, on dénonçait *le péril allemand*. M. Georges Blondel a écrit un livre sous ce titre même, tandis qu'en Angleterre éclataient les mêmes plaintes en un ouvrage qui a fait beaucoup de bruit : *Made in Germany*. Ce développement industriel de l'Allemagne a été suivi du développement colonial dont Bismarck a été l'initiateur.

Chez nous, Messieurs, le mouvement colonial est parti un peu plus tard. Nous étions encore endoloris par la défaite, et pendant cinq ou six ans ce fut une période de recueillement ; elle fut féconde, car nous avons alors restauré l'armée nationale, nous avons non pas refait l'unité complète de la France, puisque notre pays restait mutilé sur la frontière de l'est, mais nous avons repris confiance, et l'année 1875 a marqué l'entrée en scène du régime définitif de la France.

Messieurs, en 1875, nous étions encore incertains, indécis sur la voie à suivre et nous n'osions pas regarder au delà de la frontière des Vosges ; l'occasion s'offrait pourtant d'une intervention qui aurait pu changer l'avenir : en Egypte, le khédive, ruiné par des prodigalités, offrait de vendre les 177.000 titres qu'il avait reçus de la Compagnie du Canal de Suez ; la proposition fut faite à la France ; il s'agissait d'une grosse somme, mais c'était surtout une action à dessiner : nous avons reculé moins devant la dépense que devant l'action ; nous n'étions pas relevés de notre attitude de vaincus.

La rénovation de la France commence en 1878 ; nul plus beau spectacle de restauration n'a frappé les temps modernes que l'Exposition de 1878 : les étrangers ont alors compris que la France, ses plaies pansées, était toujours hospitalière à toutes les rivalités pacifiques des arts et de la science.

Enhardis par ces succès, nous avons enfin jeté les yeux sur le monde extérieur à l'Europe. En 1879, la conquête du Sénégal a été reprise. Faidherbe en avait tracé la voie ; dès cette époque, on prépare la construction du chemin de fer de Dakar à Saint-Louis.

1881 est une date plus caractéristique encore, et c'est celle que j'ai choisie pour en faire le point de départ du chemin que nous allons parcourir ensemble. 1881 est une date sacrée pour la Tunisie, une date qui marque le commencement de sa fortune nouvelle et aussi, à l'égard des précurseurs qui surent la donner à la France, le commencement de sa dette de reconnaissance.

La conquête de la Tunisie n'a pas été chose facile ; les obstacles ne sont pas venus du pays, presque prêt à recevoir un régime dont il attendait surtout des bienfaits, mais de nous-mêmes, de notre ignorance et de l'ignorance du Parlement français. Jules Ferry — je suis heureux de saluer ce grand nom devant vous — n'arriva pas sans de grandes peines à persuader le Parlement que nous avions une tâche à accomplir, qu'il fallait protéger les frontières d'Algérie, depuis longtemps ruinées par le pillage des Khroumirs et nous étendre du côté de l'est.....

Nous sommes entrés en Tunisie au commencement du printemps de 1881 ; mais il a fallu, en plein été, une deuxième expédition, alors que l'œuvre militaire ne pouvait pas être considérable et qu'elle eût été simplifiée si nous avions su donner du premier coup l'effort nécessaire.

A peine avions-nous occupé la Tunisie qu'une autre occasion s'offre, en 1882, d'intervenir en Egypte. Nous avions osé envoyer nos troupes en Afrique ; en 1882, on ne voulut pas renouveler cette tentative. L'Angleterre nous invite à nous joindre à elle, nous refusons. Or, il eût suffi, en 1882, de débarquer un bataillon sur les rives du canal de Suez ! Alors on entendit une voix éloquente, celle de Gambetta, qui devinait la faute que nous allions commettre en Egypte. Il prononça des discours très applaudis du Parlement, mais il ne fut pas suivi, et les conséquences de cet abandon furent immenses !

Bientôt après, nous étions entraînés irrévocablement vers la politique coloniale. En 1885 a lieu la première expédition de Madagascar, et presque en même temps nous commençons à constituer notre domaine de l'Afrique Occidentale. L'occupation du Tonkin s'impose à notre attention. Jules Ferry fut l'inspirateur d'une conquête qu'on lui a disputée au Parlement et qui lui valut le surnom, alors presque infamant, de Tonkinois. Combien de fois, pour des crédits, fut-il obligé d'intervenir à la Chambre, mal soutenu par le Ministère, attaqué de tous côtés ! C'est grâce à lui, Messieurs, que nous avons le Tonkin.

On lui a reproché son système des petits paquets, mais il lui était imposé par les Chambres. Malgré toutes les difficultés, la guerre du Tonkin devait être terminée en 1885 ; à ce moment, comme l'annonçait Jules Ferry à la Chambre, la paix était faite ; mais un incident vint renverser le Ministère et compliquer la conquête : la retraite de Langson. Le général de Négrier, devant une troupe chinoise considérable, dut reculer ; il fut blessé ; le commandement tomba entre les mains d'un officier qui n'était pas préparé pour l'exercer et ne fut pas à la hauteur de sa tâche. Il n'y avait là qu'un incident, une défaillance personnelle, et qui cependant retentit très loin.

Je ne me souviens pas d'une séance plus troublante que celle de la Chambre, encore appelée séance de Langson... La Chambre était sans doute lasse d'un Ministère qui s'était prolongé depuis deux ans. J'entends encore les discours prononcés ce jour-là ; je vois encore Jules Ferry, découragé, ployé sous l'insulte, sortant de la salle. Je ne connaissais guère à cette époque les secrets de la politique coloniale, mais j'ai eu le sentiment poignant ce jour-là qu'il venait d'être commis au Parlement français une grande injustice... Vous le voyez, Messieurs la politique coloniale a eu ses apôtres et ses martyrs.

De 1885 à 1903, les idées ont singulièrement changé : un revirement s'est produit dans la pratique gouvernementale, dans l'esprit du Parlement et dans l'opinion publique. Nous pouvons attribuer pour une part ce revirement aux tarifs protecteurs de 1892, qui ont été néfastes pour certains intérêts, mais qui du moins nous ont rendu le sentiment très vif de l'étranger et nous ont obligés à chercher en pays neufs des marchés que notre régime protectionniste nous empêche de trouver chez d'autres nations civilisées.

Mais, dira-t-on, est-il bien raisonnable d'aller conquérir des terres nouvelles, habitées par des populations sauvages ou tout au moins peu préparées à nos produits, alors que nous pourrions essayer de nous ouvrir des débouchés plus rémunérateurs? Nous touchons ici à l'une des racines de la politique coloniale. Certes, si vous pensez aller au Congo pour vendre vos produits, il est sûr que vous ne réussirez qu'après beaucoup de temps auprès des indigènes; mais ces nouveaux pays sont aussi des champs de placement pour les capitaux français; on peut dire que partout où nous avons implanté notre influence, il y aura une chance nouvelle pour que la France, une des plus grandes puissances économiques de l'Europe, soit plus forte qu'elle n'était avant.

Établissons rapidement les dates principales de nos récents progrès:

En 1885, une expédition incomplète à Madagascar nous fit établir notre protectorat; en 1895, nous avons été obligés d'intervenir pour la conquête définitive de ce pays.

En Indo-Chine, le Tonkin est devenu un pays riche et envié. Après l'occupation française, quelques gouverneurs ont passé plus ou moins vite, puis M. Paul Doumer est venu, qui avait pour lui la triple force de son intelligence, de sa volonté et de son travail; de toutes nos colonies indo-chinoises, il a fait l'union, qui doit constituer pour la France un instrument d'expansion dans l'Extrême-Orient, comme l'Inde pour l'Angleterre.

Si nous passons en Afrique, vous savez que nos colonies côtières de jadis sont devenues la grande Afrique Occidentale Française. Elles sont toutes parties du littoral pour se rejoindre dans l'intérieur; avec l'Algérie et le Congo, elles se sont donné rendez-vous sur le lac Tchad.

La rencontre, à point nommé, de trois missions françaises (Saharienne, Afrique Occidentale, Chari) fut pour les indigènes comme une révélation divine de la puissance française; de ce jour, la fortune de Rabah a été anéantie par nos troupes et nous n'avons plus eu à faire dans cette région qu'une simple police.

Enfin, Messieurs, n'oublions pas que l'Afrique du Nord n'a pas encore ses bornes; pendant combien de temps avons-nous reculé devant l'occupation du Touat? En 1890, M. Ribot avait déclaré au Parlement qu'il n'y avait là qu'une question de politique intérieure que nous pourrions régler lorsque nous le voudrions; eh bien! nous avons attendu douze ans avant d'agir. Aujourd'hui, la question Saharienne n'existe plus, il en est une autre qui a été traitée ici par un homme à qui je tiens à rendre hommage: la question du Maroc. C'est la question vitale de la politique française aujourd'hui.

N'oubliez pas que Prévost-Paradol disait que l'Afrique du Nord était la chance suprême de la grandeur de la France. Or, le Maroc est le complément nécessaire de notre domaine de l'Afrique du Nord. Je dois parler ici du Maroc avec beaucoup de discrétion, non seulement parce que nous avons affaire à des populations qui ne sont pas encore préparées, comme celles de Tunisie, à recevoir l'influence européenne, mais parce que tout ce qui prendra à nos propres yeux l'apparence de démarches trop caractéristiques risquerait d'aliéner à la politique d'expansion certains partis en France. Je n'insisterai donc pas sur cette question du Maroc; je vous rappelle seulement que nous sommes en train de nous entretenir là-dessus avec l'Angleterre. Je suis très partisan d'une entente avec l'Angleterre, à une condition cependant, c'est que nous sachions parler aux Anglais la seule langue qu'ils comprennent, la langue des faits; n'allons pas traiter avec eux en Latins, en gens qui dédaignent de discuter affaires. Les Anglais méprisent celui qui ne défend pas ses intérêts, ils sont pleins d'estime pour celui qui revendique jusqu'au bout l'exercice de ses droits.

Je me trouvais un jour avec le Gouverneur du Canada au moment de la première affaire du Siam (1893). « Eh bien! me disait un officier d'ordonnance de ce haut personnage, j'espère bien que vous allez au Siam, maintenant; si vous n'y allez pas, il faudra bien que nous y allions à votre place. » Cet Anglais avait bien raison : ne laissons jamais prendre une place en négligeant de l'occuper nous-mêmes à temps.

Voilà, Messieurs, comment notre politique coloniale, pendant vingt-deux ans, a réalisé peu à peu des conquêtes rarement méthodiques. Je tiens cependant à vous signaler la part très large qui revient dans la direction de ce mouvement au Comité de l'Afrique Française; quelques hommes d'intelligence et de cœur se réunissaient, en 1890, dans un petit salon de Paris, et là, sur une carte d'Afrique encore blanche, furent tracées les voies de l'expansion coloniale de la France.

Parmi les assistants il y avait M. Binger qui venait de faire son mémorable voyage à la Côte d'Afrique; le regretté M. Percher qu'un duel imbécile est venu enlever à l'œuvre commencée; le prince d'Arenberg, président du Comité; il y avait également M. Etienne, l'honorable vice-président de la Chambre des Députés et président du Groupe Colonial de la Chambre.

Ce dernier est aujourd'hui le chef, l'inspirateur de la politique coloniale en France, et c'est un véritable honneur pour moi de collaborer avec lui au journal *la Dépêche Coloniale*, où il écrit souvent d'excellents articles.

M. Etienne était le président d'honneur du Congrès de Géographie qui vient de se terminer. Vous avez su qu'il était retenu dans le Sud-Algérien par un voyage d'études : il n'a donc pu venir ici; mais je crois que vous vous associerez tous à moi, puisque j'ai l'occasion de prononcer son nom, en lui envoyant le témoignage de la confiance entière d'une réunion de Français qui pensent à la plus grande France. *(Vifs applaudissements.)*

Dans ces derniers temps, le gouvernement français a permis aux colonies de prendre conscience d'elles-mêmes, de se constituer, de chercher du crédit, d'emprunter.

Madagascar et l'Indo-Chine, ayant à leur tête des hommes de premier ordre, s'occupent activement de leur outillage économique et sont engagées en très bonne voie.

L'Algérie a aujourd'hui son budget spécial. Celui de la Tunisie a présenté durant ces dernières années des excédents de recettes assez sensibles.

Le personnel directeur de notre politique coloniale a fait de tels progrès qu'il a acquis une réputation considérable à l'étranger; l'Angleterre peut nous envier des hommes comme les Galliéni, les Doumer, etc. Nous avons aux colonies des hommes de haute valeur entourés de collaborateurs compétents et très dévoués. Ce personnel n'est pas seulement un personnel d'administrateurs ; il cherche à développer la colonisation, et nous voyons arriver de la métropole dans les colonies des commerçants, des industriels et des agriculteurs. Il faut maintenant que l'on arrive à une entente plus complète entre deux éléments sans lesquels la colonisation est impossible, « le capital et le travail » ; c'est une question d'ailleurs qui se pose dans toutes nos colonies.

Sans capital, pas de colonisation possible ; et le travail, sous quelle forme le fournir ? Quels sont parmi les Français et les indigènes ceux qui peuvent travailler ? De quelle façon peuvent-ils travailler et comment les capitaux venus de France doivent-ils s'employer pour féconder leurs efforts ? Ici, je le déclare, nous n'avons pas encore trouvé la formule à employer, mais nous savons que nous marchons vers le but; partout où les capitaux français s'engageront, il y aura des places pour des employés français. A ce sujet, quoiqu'il nous reste beaucoup à faire, nous avons fait des progrès signalés.

Nous en avons fait sur un autre terrain : nous avons compris que toutes les colonies ne se ressemblent pas. Nous avons distingué le nègre du blanc; il n'a pas fallu peu de temps pour cela, et encore aujourd'hui nous voyons présenter dans la presse et le Parlement des idées de doctrinaires que je considère comme dangereuses. Que l'on ne dise pas que les philosophes condamnent « l'opportunisme » des coloniaux : Spencer a fortement établi que le progrès s'accomplit toujours dans le sens d'une perpétuelle différenciation. Nous ne saurions imposer aux indigènes des lois qui sont faites pour la démocratie française. Plus nous connaîtrons nos colonies, plus nous les aurons pénétrées, plus nous comprendrons alors quels sont les régimes d'une variété infinie qu'il leur faut.

On fait encore aussi quelques objections à la politique coloniale. On parle d'abord des dépenses engagées pour fonder notre empire colonial et pour l'agrandir. Mais si l'on tient compte du chiffre d'affaires de nos colonies, on s'apercevra bien vite que ce n'est pas à une faillite qu'il faut conclure, mais à un placement.

A côté de l'objection financière, il y en a une autre. Certes, il est des exploits tout à fait singuliers qui valent à leurs auteurs des avancements extraordinaires, mais cela ne suffit pas pour dénoncer les colonies comme une carrière ouverte aux militaires ambitieux; dans l'armée coloniale, à côté du très petit nombre de ceux qui se sont rapidement illustrés, il faut penser que la majorité se compose d'hommes qui remplissent leur tâche sans autre espoir et sans autre satisfaction que d'avoir fait leur devoir.

Nos soldats coloniaux, même quand ils se battent, sont seulement des pacificateurs; la seule guerre qu'ils font est celle qu'on pourrait appeler « de liquidation »; lorsque nous avons abattu les Samory, les Ahmadou, les Rabah, etc., si nous avons tué quelques centaines d'indigènes, nous avons sauvé des milliers de vies pour l'avenir.

Ne laissons donc pas dire que les officiers français aux colonies sont des bourreaux et des traîneurs de sabres : ce sont des administrateurs coloniaux toujours guidés par l'intérêt du pays, et rarement de ceux pour qui les lauriers poussent vite.

....

Messieurs, je vous ai montré comment nous sommes parvenus à fonder un empire colonial, comment nous avons un personnel à la hauteur de la tâche qui s'impose à lui pour l'administrer et le mettre en valeur. Élevons un peu, si vous le voulez bien, les conclusions de cette conférence; pour moi, je considère la politique coloniale comme un exercice d'hygiène nationale; n'est-ce pas, en effet, sur ce terrain de la politique coloniale que toutes les bonnes volontés du pays pourraient se rencontrer dans le seul souci du bien public?

La politique coloniale nous oblige à regarder au dehors, elle nous force à nous occuper de l'étranger et à ne point considérer que nous avons le dépôt exclusif d'une vérité que nous devons répandre à travers le monde. Nous prenons conscience de tout un monde, où tous les hommes ne sont pas faits à notre exacte image et dont cependant nous ne pouvons nous passer.

La politique coloniale nous aide encore à comprendre cette vérité profonde, que le temps respecte peu ce qu'on a fait sans lui. Nous étonnerons nous de ce que le protectorat en Tunisie, ne datant que de quelques années, n'a pas encore réalisé les merveilles du régime romain qui dura six siècles en Tunisie? N'oublions pas que l'humanité se compose de plus de morts que de vivants; nous serons un jour de ces morts, et — permettez-moi cette expression — la dernière couche de ce fumier sur lequel grandiront les moissons de l'avenir. La politique coloniale associe les générations qui vivent et celles qui viendront, elle nous ouvre de larges horizons et nous invite à la persévérance, de même qu'elle nous conseille le respect des populations indigènes différentes de nous et devient ainsi, pour nous-mêmes, conseillère de mutuelle tolérance.

La politique coloniale, ainsi conçue, est profondément utile à la vie d'un grand pays comme le nôtre, et puisque les nécessités contemporaines nous commandent de continuer dans cette voie, je vous invite tous, Messieurs, à collaborer de toute votre intelligence et de toute votre volonté à cet effort national. *(Vifs applaudissements.)*

Après cette conférence, M. DU FRESNEL, secrétaire général du Congrès, qui préside la séance, remercie M. HENRI LORIN par ces mots :

MESSIEURS,

Je crois être votre interprète à tous en remerciant notre conférencier M. Henri Lorin. Il nous a dit d'excellentes choses; nous sommes heureux de retrouver et d'applaudir en lui ce qu'il était autrefois près de nous, un éloquent et très savant conférencier. *(Salve d'applaudissements.)*

BANQUET

Un banquet de près de trois cents couverts, offert aux délégués des ministères, aux congressistes et aux autorités locales, a réuni, lundi 4 avril, à sept heures et demie, les congressistes et de nombreux membres de la Société de Géographie de Tunis dans la salle du jardin d'hiver du Casino municipal.

Le menu, très artistement dessiné, ne manquait pas de charme. La plus grande cordialité et une mutuelle sympathie régnaient parmi les convives.

A la table d'honneur avaient pris place MM. le Résident Général Pichon, Si Sadok Ghileb, représentant S. A. le Bey, le général Roux, Machuel, l'amiral Aubert, Gauthiot, Aymonnier, de Fages, Gilbert, le commandant Toussain, Delmolino, le commandant Lacroix, colonel Pambet, général Larrivet, général Dolot, baron d'Anthoüard, Homberger, Pelletier, président Fabry, procureur de la République Bourgeon, Roy, Hugon, Dubourdieu, Prévost, Th. Proust, Berkeley et Vélez y Corralès, consuls généraux d'Angleterre et d'Espagne, de Claparède, Stauffer, Colrat, Hazard, Canonville, le capitaine Trivier, Boulenger, Deman, le commandant Bordier, Théry, Pelleport, Paul Labbé, Dollin du Fresnel et Paul Proust.

Au dessert, le Résident Général a porté le toast suivant :

Mesdames,
Messieurs,

Je vous demande de lever vos verres en l'honneur de M. Loubet, président de la République française, et de S. A. Sidi Mohamed el Hadi, bey de Tunis.

Vous estimerez comme moi que vos travaux et votre séjour ici ne peuvent être placés sous un meilleur patronage que sous celui de ces deux noms.

M. le président Loubet a donné l'année dernière, dans son important et utile voyage en Algérie et en Tunisie, une preuve touchante de l'intérêt particulier avec lequel il suit le développement de nos possessions de l'Afrique du Nord.

En allant prochainement à Paris rendre sa visite à notre Président, le Bey lui portera l'hommage de son amitié, de son loyalisme et de son attachement fidèle aux intérêts de la France qui se confondent dans son esprit comme dans le nôtre avec ceux de la Régence.

En portant le toast auquel je vous convie, vous unirez dans un même sentiment la prospérité de la France et celle du Protectorat.

Après ce toast, qui est longuement applaudi, le Résident Général donne la parole à M. D'ANTHOUARD, qui s'exprime en ces termes :

MESSIEURS,

Il est de tradition dans nos Congrès de se réunir dans un banquet amical et d'ajouter ainsi à l'intérêt de nos discussions scientifiques le charme de l'intimité et de la cordialité entre collègues.

La Section tunisienne de la Société de Géographie commerciale est d'autant plus heureuse de s'acquitter de cet agréable devoir d'hospitalité qu'elle a à cœur de vous remercier de l'empressement que vous avez mis à venir à Tunis.

En lui confiant l'organisation de ce vingt-cinquième Congrès vous avez grandement honoré sa jeunesse, elle vous doit sa reconnaissance et vous l'exprime de la manière la plus vive.

Sa gratitude s'adresse aussi à MM. les Ministres du Gouvernement de la République, qui ont bien voulu lui accorder leur haut patronage; à M. le Résident Général, qui a accepté la présidence de ce Congrès et ne nous a pas ménagé son appui bienveillant; à M. le Gouverneur Général de l'Algérie, qui, par l'envoi d'un délégué, nous prouve qu'il s'intéresse à tout ce qui touche la Tunisie.

Elle n'oublie pas, enfin, l'armée, représentée par les chefs les plus distingués, l'armée, dont les sacrifices et le dévouement à l'exploration et à la géographie ne se mesurent plus.

Messieurs, la satisfaction que nous ressentons ne tient pas seulement au succès de ce Congrès; sa source est plus élevée, permettez-moi de le dire.

Depuis près d'un quart de siècle les Sociétés de Géographie se dévouent à l'expansion coloniale. Après avoir conseillé, encouragé les explorateurs, elles s'efforcent de propager le goût et la connaissance des questions coloniales et de mettre ainsi nos compatriotes en mesure d'exercer d'une manière utile, dans notre politique coloniale, l'autorité que leur confèrent nos institutions démocratiques. Et peu à peu nous voyons les Français, naguère casaniers, sortir de France, promener leur regard ravi sur ce monde extérieur dont leur timidité s'effrayait autrefois, découvrir nos colonies, en saisir la valeur et le charme, les aimer, s'y intéresser, quelques-uns même s'y fixer. Nos énergies, à l'étroit sur le sol natal, se tournent vers ces champs d'action que nous avons marqués dans le monde. Par l'exercice, elles s'accroissent et augmentent ainsi la réserve de forces morales et matérielles qui permet à la France de soutenir le rang élevé que lui assigne l'histoire, mais que lui dispute la rivalité des autres nations.

Un Congrès comme celui-ci est une manifestation certaine des progrès accomplis dans cette évolution salutaire et, comme tel, doit réjouir tous les cœurs français.

C'est dans ces sentiments, Messieurs, qu'en levant mon verre en l'honneur de ce Congrès et à la prospérité des sociétés françaises et étrangères qui y prennent part, je souhaite de toute mon âme que le mouvement qui entraîne nos compatriotes au dehors, qui les lance dans la lutte mondiale, pour les aguerrir et les rendre plus utiles à l'État, se généralise sous l'influence bienfaisante des Sociétés de Géographie et rapporte à notre chère patrie les avantages qu'elle est en droit d'attendre des sacrifices consentis pour sa politique coloniale, c'est-à-dire force, honneur et profits.

Le toast de M. le baron d'Anthoüard est très applaudi, et M. Boulenger, président de la Société de Roubaix, improvise la courte allocution suivante :

Monsieur le Président,
Messieurs,

Comme vice-président de la Société de Géographie de Lille et président de la Société de Roubaix, je suis heureux d'avoir l'occasion d'adresser mes félicitations et mes remerciements aux organisateurs du Congrès, ainsi qu'à la Municipalité, pour leur accueil charmant et inoubliable.

Cet accueil sera de nature à augmenter encore la sympathie des congressistes pour la Tunisie, dont ils admirent *tous* l'œuvre accomplie en si peu d'années, grâce à la sagesse et à l'intelligence de son administration, ainsi qu'à la volonté et l'énergique persévérance des colons.

Je lève mon verre à M. le Ministre Résident Général, ainsi qu'à la prospérité croissante de la Tunisie.

M. de Claparède, docteur en droit, président de la Société de Géographie de Genève, s'exprime en ces termes :

Monsieur le Président et Messieurs,

> Ne forçons point notre talent,
> Nous ne ferions rien avec grâce !...

Vouloir se faire entendre dans le jardin d'hiver du Casino de Tunis, lorsqu'on est atteint d'une extinction de voix, me paraît illusoire. Toutefois, ayant dû refuser ce matin de prendre la parole à la séance d'ouverture du Congrès, il serait discourtois de ma part d'agir de même ce soir. Vous y gagnez du moins d'ouïr un toast d'une brièveté sinon lapidaire, du moins extrême. Ce sera pour vous tout bénéfice. Je le résume en un vers de Delille :

> Un seul mot vaut un long poème
> Quand c'est le cœur qui l'a dicté...

Ce mot, c'est un remerciement sincère adressé au Congrès au nom des Sociétés de Géographie étrangères qui ont été invitées à s'y faire représenter. Je lève mon verre en l'honneur du président du Congrès, M. Pichon, Résident Général de France ; du baron d'Anthoüard, président de la Section tunisienne de la Société de Géographie commerciale, organisatrice du Congrès, et de M. Dollin du Fresnel, son dévoué secrétaire général, la cheville ouvrière du Congrès.

Le discours de M. de Claparède est souligné par de chaleureux applaudissements.

Enfin, M. PELLEPORT, délégué de la Société de Géographie d'Alger et de l'Afrique du Nord, se lève et dit :

MONSIEUR LE RÉSIDENT GÉNÉRAL,
MESDAMES,
MESSIEURS,

C'est un grand regret pour la Société de Géographie d'Alger et de l'Afrique du Nord de ne pas être représentée ici par son président, M. Armand Mesplé.

M. Armand Mesplé, dont le dévouement à tous les intérêts africains est bien connu, a été l'un des plus ardents promoteurs de l'idée de choisir cette année Tunis comme lieu de réunion des Sociétés de Géographie ; il était donc particulièrement qualifié pour remercier nos voisins de Tunisie d'avoir, par leur cordiale et somptueuse hospitalité, rendu ce Congrès si attrayant.

Mais, pour déférer à un désir de M. le Gouverneur Général de l'Algérie, il a dû accepter les fonctions de délégué au Congrès de Naples, qui a lieu à la même date que le nôtre.

Pendant qu'il va porter à nos frères italiens l'expression des sympathies de l'Afrique du Nord, permettez-moi, Messieurs, d'être, dans cette salle, l'interprète des sentiments des Sociétés algériennes.

Je lève mon verre en l'honneur de M. le Résident Général, dont la seule présence à la tête des affaires de la Tunisie est un gage de prospérité pour le pays, et de la Section tunisienne de la Société de Géographie commerciale de Paris. J'exprime le vœu que notre communauté d'efforts pour l'avancement des sciences géographiques resserre encore les liens qui unissent l'une à l'autre ces deux filles africaines de la France, la Tunisie et l'Algérie. *(Applaudissements répétés.)*

Après une courte mais vibrante allocution de M. Vélez y Corralès, consul général d'Espagne, le Résident Général se lève et tous les convives se répandent dans les vastes salons du Casino municipal.

INAUGURATION DU SALON
DE LA SOCIÉTÉ TUNISIENNE DES BEAUX-ARTS
AU PALAIS DES SOCIÉTÉS FRANÇAISES

Le mercredi 6 avril, à deux heures et demie, a eu lieu, à l'Hôtel des Sociétés Françaises, le vernissage et l'inauguration du Salon des Beaux-Arts, placé sous le patronage de la Société de Géographie commerciale de Tunis.

Devant une assistance nombreuse et choisie, parmi laquelle nous remarquons MM. Roy, secrétaire général du Gouvernement; Machuel, directeur général de l'Enseignement; Gauckler, directeur des Antiquités et Arts; le général Dolot; Buisson, directeur du Collège Alaoui; le commandant Lacroix, représentant le Ministre de la Guerre; le peintre Aublet; président Fabry, chargé par M. Foncin, président de l'Alliance Française, de représenter cette Société; Colrat; Dollin du Fresnel; docteur Riou, etc.; les représentants de la presse; les membres du Comité et de la Société des Beaux-Arts; une foule de personnalités du Congrès de Géographie présentes à Tunis et un essaim de dames charmantes dans leurs fraîches toilettes de printemps, le commissaire général du Salon, M. Paul Proust prononce, au nom du Comité, le discours suivant, devant M. Gauckler, directeur du Service des Antiquités et des Arts de la Régence, qui représente M. le Résident Général, empêché d'assister à cette cérémonie :

Monsieur le Directeur,
Mesdames,
Messieurs,

Tout en regrettant l'absence de M. le Résident Général, à qui nous vous prions de vouloir bien transmettre nos respectueux hommages, permettez-nous de nous féliciter de voir présider l'ouverture de ce Salon par un homme tel que vous.

Votre présence ici prouve que votre admiration pour les anciens n'est pas sans réserve, que votre sens artistique est assez large pour ne pas être hypnotisé par une admiration exclusive des merveilles de l'archéologie, et que si vous avez su admirer les grands ancêtres, vous ne dédaignez pas d'encourager les initiatives naissantes.

Comme le disait M. d'Anthoüard dans un récent discours, après Montesquieu, je crois : « Les pays ne sont pas cultivés en raison de leur fertilité, mais en raison de leur liberté. » Vous allez pouvoir constater, en jetant les yeux sur ces murs, que nous avons su profiter de cette liberté qu'on nous a donnée et que, malgré le souci de préoccupations constantes, nécessitées par l'organisation et la mise en valeur d'un pays neuf, nous n'avons pas oublié qu'un pays n'existe pas si aux spéculations un peu vaines de la politique il ne sait joindre le noble souci des arts.

Vous avez vu, Messieurs, combien la Tunisie était un pays français, combien vous pouviez compter trouver ici cette grâce qu'on sent comme un parfum de France partout où a passé un Français. Transplantés sur un sol nouveau et conservant le souvenir constant de la patrie, nous avons aussi voulu ne pas oublier la caractéristique de notre race qui aima toujours les arts et à travers les inévitables changements de religions, allant de l'idolâtrie à l'athéisme, sut toujours conserver le culte de la beauté.

Ne vous étonnez donc pas d'avoir vu surgir, sans appui pécuniaire des pouvoirs publics, mais avec leur appui moral et bienveillant, rien qu'avec les forces latentes de l'initiative individuelle, ce Salon issu de la Société tunisienne des Beaux-Arts. Autour de notre dévoué président, M. Pinchart, dans le rayonnement de la gloire naissante du maître Noiré sont venus se grouper des énergies et des bonnes volontés nouvelles.

A force de travail, de constance et aussi de foi, nous avons pu créer, dans ce pays si beau lui-même, un mouvement artistique. Vous assisterez, Messieurs, à son éveil et vous voudrez bien pardonner à l'ensemble de cette Exposition les quelques imperfections qui s'y trouvent. Nous acceptons d'avance vos critiques qui ne sauraient être que bienveillantes, et nous faisons appel à l'union de tous dans le culte de l'Art et de la Beauté.

M. GAUCKLER répond par une charmante allocution en félicitant le Comité et la Société de son œuvre menée à bien malgré les difficultés rencontrées.

Il donne l'assurance de la sympathie et de la bienveillance avec lesquelles le Gouvernement suit l'effort constant qui a été tenté depuis quelques années par un groupe d'hommes dévoués, parmi lesquels il doit signaler tout particulièrement le commissaire général du Salon, auquel il est heureux de rendre en passant une justice méritée.

Il regrette que les ressources mises à la disposition de son budget ne lui permettent pas encore de donner une preuve un peu moins platonique de son intérêt à la cause des beaux-arts, mais il est heureux d'apporter, avec ses félicitations personnelles, les encouragements du Gouvernement et du Résident Général.

L'assistance parcourt ensuite le Salon qui est fort joli et contient de belles œuvres pleines d'intérêt et d'originalité.

LES EXCURSIONS

LES CONGRESSISTES A BIZERTE

Les congressistes ont visité le port de Bizerte les 12 et 13 avril; ils ont été reçus à la gare par MM. Moncelon, vice-président de la Municipalité, Abel Couvreux, administrateur de la Compagnie du Port de Bizerte, Piquet, vice-président de la Société de Géographie, Sanzé, directeur de la Compagnie du Port, Baccouche, caïd de Bizerte, ainsi que par de nombreux membres de la Section tunisienne de la Société de Géographie résidant à Bizerte.

Après le déjeuner, qui a eu lieu à l'hôtel Davesne, les congressistes se sont répandus dans la ville, puis se sont réunis à trois heures au quai Ponty pour prendre passage à bord de l'*Annibal*, vapeur frété gracieusement par la Compagnie commerciale du Port de Bizerte, qui les a conduits aux Pêcheries où les pêcheurs bretons attendaient leur arrivée pour assister à une levée de filets.

Le temps, gris et brumeux, n'a pas favorisé l'excursion. Les congressistes ont curieusement examiné le matériel des Pêcheries, puis ont assisté à la pêche qui a été très fructueuse. Ce spectacle, nouveau pour la plupart des congressistes, a paru les intéresser beaucoup.

A quatre heures, ils sont remontés sur l'*Annibal*, à bord duquel ils sont rentrés à Bizerte.

Le programme portait pour le lendemain : départ à sept heures pour l'ascension du Kébir et embarquement à dix heures pour la traversée du lac et la visite de l'arsenal.

Le soir de la journée du 12 avril, a eu lieu à l'*Hôtel de la Paix* le banquet offert par la Section bizertine de la Société de Géographie de Tunis aux membres du Congrès venus excursionner à Bizerte.

Les principaux convives étaient : M. Gauthiot, membre du Conseil supérieur des Colonies, délégué par le Ministre, et secrétaire perpétuel de la Société de Géographie Commerciale de Paris ; M. Colrat, explorateur, chargé de missions ; M. Moncelon, vice-président de la Municipalité de Bizerte et de la Section bizertine de la Société de Géographie de Tunis ; M. le Consul général d'Espagne à Tunis ; M. Couvreux, M. Schwich, M. Hauserman, directeur des travaux de la Compagnie Hersent ; M. Sanzé, représentant de la Compagnie du Port de Bizerte ; M. Alfred Féret ; M. Belbezé ; M. Bernay ; M. Sof ; M. Paul Lafitte ; M. Bonnard ; M. du Fresnel, agent commercial de la Compagnie P.-L.-M. ; M. Piquet, vice-président de le Section bizertine de la Société de Géographie ; M. Paul Proust, cartographe de la Société ; M. Bury, directeur de la maison Ducout jeune, etc. De nombreuses dames ont égayé la réunion de leur gracieuse présence.

Les convives à peine assis, M. Moncelon a présenté M. Gauthiot à l'assistance, puis les invités, mis en appétit par leur promenade sur le lac, ont attaqué le menu qui était excellent.

Au champagne, M. MONCELON remercie les congressistes présents de ne pas avoir oublié Bizerte, la ville la plus française de la Tunisie, et qui a fait dire à Jules Ferry qu'à elle seule Bizerte valait la conquête du pays. Il a montré cette ville ignorée même de ceux qui en causent le plus et a prié les congressistes qui l'entouraient d'être, à leur retour, les défenseurs de Bizerte.

Il a démontré que pour que son port soit, comme on le désire, la base de notre puissance maritime dans la Méditerranée, il fallait qu'à côté du port de guerre il y ait un port de commerce où la Marine puisse puiser ses approvisionnements et qui soit alimenté par un fret de retour, les minerais de l'Ouenza par exemple, que notre patriotisme nous fait un devoir de faire aboutir dans notre port.

M. Moncelon a ensuite, en quelques mots, rendu hommage au dévouement de M. Gauthiot, qui a fondé la Société de Géographie de Paris.

M. BONNARD, succédant à M. Moncelon, dit que Bizerte est l'objet des préoccupations de la France. Il expose la nécessité, pour que notre port militaire devienne le futur boulevard maritime de la France, de le largement approvisionner en charbon, et il boit à la prospérité de Bizerte, centre de notre puissance maritime dans la Méditerranée et centre de notre puissance nord-africaine.

M. COLRAT se lève à son tour et fait l'éloge de M. Gauthiot qui prodigue ses encouragements, ses conseils et son appui aux explorateurs de la jeune génération ; il ajoute que l'on doit considérer Bizerte au point de vue français et, faisant abstraction de la barrière fictive qu'est la frontière algéro-tunisienne, y amener les minerais de l'Ouenza, seuls capables de lui assurer un fret de retour.

Il s'associe au projet de transsaharien de M. Bonnard, boit à M. Abel Couvreux, et remercie M. Moncelon et la Section bizertine de la Société de Géographie de Tunis de leur aimable accueil.

M. LAFITTE, doyen de la presse bizertine, parle au nom de celle-ci. Il fait constater que, d'après leur situation géographique, les phosphates de Tébessa devraient appartenir à la Tunisie, et dit que, pour réparer cette injustice de la frontière algéro-tunisienne, on devrait accorder à la Tunisie la ligne Ouenza-Bizerte.

M. DU FRESNEL remercie la Section bizertine dont l'invitation a permis aux membres de la Section tunisoise de visiter Bizerte, et boit à la santé de Mme veuve Dyé, dont le fils faisait partie, en qualité d'enseigne, de la mission Marchand, aux dames et à tous les invités présents.

M. GAUTHIOT dit qu'il a été surpris de voir Bizerte devenue une ville très active, et ses habitants très remuants, particulièrement lorsque les intérêts et les privilèges de la région sont en jeu. Mais il croit exagérées les inquiétudes des Bizertins. La récente convention franco-anglaise doit rassurer les plus timorés, qui peuvent, à l'abri de ce traité qui dissipe les inquiétudes, travailler à faire de leur ville un puissant port de guerre et un riche port de commerce. Le Gouvernement, ajoute-t-il, se préoccupe beaucoup de développer nos colonies, et en particulier Bizerte. Il faut se reposer sur lui de notre sécurité et se mettre à l'œuvre.

Il boit à la santé des membres des Sociétés tunisiennes, françaises et autres, et à la prospérité du pays.

M. Canal déclare que lorsqu'il est question d'expansion coloniale, il est un nom qu'on ne doit pas oublier: celui de M. Etienne, président d'honneur du Congrès, dont il porte la santé.

M. le Consul d'Espagne remercie, au nom de la Société Royale de Géographie de Madrid, de l'invitation qui lui a été faite, et boit à la santé de M. le Président de la République, à la prospérité de la France et aux Sociétés représentées.

Au Kébir

Après une nuit d'un repos bien gagné, les excursionnistes se retrouvaient, mercredi matin, à sept heures, devant l'*Hôtel de la Paix*, où stationnait une interminable file de voitures. A sept heures et quart, le cortège étant organisé, les véhicules s'ébranlaient dans la direction du Kébir.

Au pas, les voitures montaient par la route abrupte les coteaux couverts d'oliviers, laissant voir à nos visiteurs, à travers le feuillage sombre des arbres, l'argent uni du lac, bordé à l'horizon d'une chaîne de montagnes roses. L'air calme et pur, la température délicieuse ont favorisé à souhait cette superbe excursion.

L'ascension terminée, les congressistes avaient l'agréable surprise du panorama de Bizerte, embrassant d'un coup d'œil la ville blanche s'étalant entre le lac et la mer, le lac miroitant, et au loin, dans une brume blanchâtre, l'arsenal de Sidi-Abdallah semblable à une petite ville.

La caravane, continuant à pied, a tourné le fort pour aller jouir, du haut de la batterie Nord, de la vue de la côte.

Avec des longues-vues on apercevait, à un mille au large du ras Engelas, les deux mâts et la cheminée du *Baron-Landermont*, naufragé de la veille, qui émergeaient des flots.

Après un dernier coup d'œil, le cortège s'est reformé pour rentrer à Bizerte en passant par El-Euch, et à dix heures et demie la caravane était rendue.

Chacun regagnait sa chambre à la hâte, les Tunisois préparant leurs bagages pour le retour, les dames réparant le désordre de leur toilette matinale, et à onze heures tout le monde était à quai et embarquait sur l'*Alcarazas*, qui partait aussitôt, tout le monde… sauf des retardaires pour lesquels le remorqueur stoppait. A la hâte, on hissait à bord MM. Paul Bonnard et Théry, et le remorqueur reprenait sa course pour arriver à midi à Sidi-Abdallah.

A Sidi-Abdallah

Faisaient partie de l'excursion de l'arsenal : Mme v^ve Dyé, M. José Vélez y Corralès, consul général d'Espagne; M., Mme et Mlle Schwich; M., Mme et Mlle du Fresnel; M. et Mme Proust; M. et Mme Lemoine; M. et Mme Bataille; M. Jovart; M. François; Mme Philippe Dazin; M. de Givenchy; M. Desachy; MM. Moncelon, Vernet, Raymond Théry et Mme, M. Belbezé, MM. Colrat, Bury, Estragnat, Defaix, Bernay, d'Orgeval, Paul Bonnard, Mealin, Sof, Bigot, Canal Albert, etc.

Après une halte devant les sous-marins, que les congressistes examinaient curieusement, on prenait la route de Ferryville, pour prendre part au déjeuner préparé à l'*Hôtel de l'Arsenal*.

La décoration, faite d'une profusion de fleurs des champs et de drapeaux, donnait à la salle coquettement parée un air de fête. Mis en appétit par la traversée du lac, les convives attaquaient aussitôt l'excellent menu.

Au champagne, M. Canal, au nom de M. Moncelon, a remercié les visiteurs qui ont courageusement affronté les fatigues d'un long voyage pour voir la Tunisie et Bizerte.

Après lui, M. Colrat, dans une improvisation superbe de chaleur communicative et d'émotion, a rappelé le souvenir de Jules Ferry, celui qu'on appelait ironiquement *le Tunisien* et *le Tonkinois*, deux surnoms qui sont aujourd'hui ses plus beaux titres de gloire; il fait encore l'éloge de Mme veuve Dyé qui, au moment du départ de son fils pour l'expédition Marchand, n'a pas craint de sacrifier à la patrie son amour maternel, et, pour terminer, le jeune explorateur a levé son verre en l'honneur de M. Etienne, qui a fait pour les colonies autant que Jules Ferry et Gambetta, et qui est peut-être le seul aujourd'hui à conserver dans son cœur le culte de ces deux grands hommes.

M. Bonnard traduit en quelques mots la satisfaction des visiteurs à la vue du travail accompli en dépit de l'hostilité de nos rivaux, et il boit à la prospérité de Bizerte, l'espoir de la France dans l'Afrique du Nord.

Le café pris, la caravane prenait le chemin de l'arsenal, que M. Canal a fait visiter en détail aux congressistes.

Mais le temps passe, et il faut songer au retour. Les Tunisois regagnent à la hâte la gare de Tindja pour prendre le train de cinq heures, tandis que les Bizertins et les congressistes qui reviennent en France reprenaient l'*Alcarazas* pour rentrer à Bizerte.

Ces derniers ont pris passage à bord du courrier de Marseille et nous ont quittés enchantés de la réception qui leur a été faite à Bizerte par la Section de la Société de Géographie, réception dont ils emportent, leur avons-nous entendu dire, le meilleur souvenir.

LES EXCURSIONS AUX ENVIRONS DE TUNIS

D'autres excursions dans les environs de Tunis, notamment au Bardo, Carthage, La Manouba, Potinville, Mornag, ont eu lieu également et ont admirablement réussi. Les décrire en détail serait dépasser le cadre que nous nous sommes fixé. Disons cependant que l'excursion au djebel Reças et à l'orangerie de Bradahi a été l'une des plus charmantes. Nous ne pouvons faire mieux que de reproduire *in extenso* le compte rendu si fidèle que la *Dépêche Tunisienne* a bien voulu en faire :

Samedi a eu lieu la tournée projetée par les itinéraires aux environs de Tunis.

Environ quatre-vingts personnes y prirent part et se trouvaient réunies, le matin à huit heures, aux abords de l'Hôtel des Sociétés françaises, où une vingtaine de landaus étaient mobilisés dans cette intention.

Le signal du départ est donné par le capitaine de route, M. de Parlier, et le convoi gagne à une vive allure la route du Mornag et de Crétéville. Le temps est doux, mais quelque peu douteux ; cependant tout le monde a la plus grande confiance et les visages sont radieux.

Le paysage se déroule, véritablement splendide, aux yeux des voyageurs. La nature semble aujourd'hui avoir revêtu son manteau de fête, et les fleurs qui émaillent les champs traversés leur donnent l'aspect d'un immense tapis de Kairouan étendu là pour la joie des yeux.

On traverse rapidement Sidi-Fatallah, Bou-Jerga, la Zaouia, la Cebala, Crétéville, et la caravane arrive à la mine du djebel Reças à onze heures. Une halte bienfaisante, organisée par M. Pageyral, l'aimable directeur de la mine, est accueillie par les voyageurs avec reconnaissance, et la visite des travaux de la mine commence. Malgré tout le désir qu'on a de s'instruire, il faut se hâter, car l'heure du déjeuner arrive et il faut songer à regagner l'endroit où il se trouve installé. On prend congé de M. Pageyral et le convoi rétrograde sur la Zaouia au milieu d'un nuage de poussière, tourne brusquement à droite dans la direction de l'orangerie Bradahi et arrive à une heure chez M. Giraud, le propriétaire et très aimable hôte d'aujourd'hui.

Les tables du banquet sont dressées sous la voûte de verdure formée par les orangers en fleurs. Les voyageurs poussent de véritables cris d'admiration à la vue du merveilleux décor qui va servir de cadre à leur réunion.

Il est en effet difficile de rêver un endroit plus délicieux et plus ravissant que le domaine de M. Giraud. La brise est douce et chargée des senteurs odorantes des orangers. Les pétales blanches des fleurs se détachent et tombent comme de la neige sur les assistants et sur les tables. Le service est fait en silence, un calme profond règne dans la nature, les convives s'entretiennent gaiement, tout est paix, bonheur, joie de vivre dans cette réunion si pleine d'harmonie, de charme et de bonhomie simple.

Le déjeuner, installé par les soins du propriétaire de la *Brasserie des Deux-Charentes*, est copieux, bien servi et remarquablement conduit.

Quand on veut songer à la difficulté qui a été rencontrée et vaincue d'installer, à seize kilomètres de Tunis, un banquet de quatre-vingts couverts, on est forcé de rendre un hommage sincère et convaincu à son organisateur, M. Hagelstein.

Le moment des toasts est venu. Un silence, puis tout à coup rompu par le président, le vénérable M. Gauthiot, qui porte la santé de M. et Mme Giraud, les propriétaires de ce petit jardin des Hespérides. Il salue avec émotion le travailleur qui a apporté sur ce précieux coin de terre l'énergie et le courage du Français, l'esprit d'ordre, de travail et de persévérance qui caractérise notre race. Celui que les congressistes ont surnommé, malgré son âge, le plus jeune d'entre eux, ne peut s'asseoir sans porter la santé des dames qui ont fait, avec les fleurs, l'ornement de cette fête.

Plusieurs personnes ripostent au doyen de l'assemblée : MM. Lorrin, Colrat, Deman, Giraud, du Fresnel prennent successivement la parole et celui-ci, dans une improvisation heureuse et vibrante, porte la santé des colons français en Tunisie, de ceux chez qui l'on ne frappe jamais en vain et qui représentent si bien et si dignement l'âme française éparse aux quatre points cardinaux de notre belle colonie.

L'heure est enchanteresse et propice à la rêverie. On ne songe plus au départ, et cependant le temps s'écoule, rapide.

Le souvenir de cette assemblée est fixée pendant ce temps par un de nos habiles artistes, M. Soler, et bientôt le signal du départ est donné par un peu poétique et rigide commissaire qui, la montre à la main, ne connaît que le programme et donne, d'une voix brève et autoritaire, le commandement final.

Un adieu aux hôtes charmants et hospitaliers, et la caravane roule vers Hammam-Lif, traverse au grand trot le village et arrive à Potinville à cinq heures.

Encore un accueil charmant et cordial de M. GAUVRY, harangué par M. GAUTHIOT ; un vin d'honneur accueilli avec reconnaissance, une rapide visite aux caves, à l'usine de chaux, et encore le commissaire général, de plus en plus rigide, la montre à la main.

Il est six heures. Il reste encore vingt kilomètres à parcourir avant la rentrée à Tunis, et il y a banquet à huit heures au *Grand Hôtel* en l'honneur du secrétaire perpétuel de la Société de Géographie de Paris. Pas un moment ne doit être perdu : en route, l'heure n'est plus au doux rêve. Il faut brûler l'étape. Et le convoi repart comme dans un rêve, formant sur le blanc ruban comme un immense serpent déroulant ses anneaux tortueux. Voici les feux de Tunis, le bourdonnement de la ville, la fin de l'idylle virgilienne sous les blanches pétales colorant de leur éclat et embaumant de leur odeur les poussiéreux touristes, émerveillés et enchantés.

EXCURSION A CARTHAGE

Un temps également favorable a concouru à l'attrait de cette promenade qui avait réuni une centaine de congressistes, sous la présidence de M. Gauthiot, assisté de M. Louis Drappier, l'aimable fonctionnaire attaché à la Direction des Arts et des Antiquités, que sa Direction avait bien voulu mettre à la disposition des excursionnistes pour les guider à travers les ruines de Carthage. Toute la caravane a été enchantée de la promenade à travers ces ruines qui rappellent bien la gloire passée de l'antique Carthage.

Avant de reprendre le train, les membres du Congrès se sont rendus aux caves des vignobles de l'Archevêché, où M. Paul Chaffard, concessionnaire des vins du clos, a eu la délicate attention d'offrir aux congressistes un copieux lunch, arrosé des meilleurs crus de la propriété.

Enthousiasmés de cette agréable excursion, où avait régné la plus cordiale intimité, les congressistes se sont séparés en gardant un durable souvenir du Congrès et de la Tunisie.

TABLE DES MATIÈRES

INTRODUCTION

	Pages
Organisation du Congrès	3
Liste des délégués	7
Réunion du Comité du dimanche 3 avril 1904	11

LES TRAVAUX DU CONGRÈS

Séance solennelle d'ouverture du lundi 4 avril 15
Lecture des Rapports des délégués sur la situation de leur Société respective :
   Société de Géographie d'Alger et de l'Afrique du Nord, par M. Pelleport 25
   Société de Géographie Commerciale de Bordeaux, par M. le D' Gilbert Lasserre 27
   Société de Géographie de Brives, par M. Raymond Colrat 29
   Société de Géographie du Cher (Bourges), par M. Paul Hazard 30
   Société de Géographie de Lille, par M. Raymond Théry 31
   Société Bretonne de Géographie (Lorient), par M. Al. Legrand 34
   Société de Géographie de Lyon, par M. Zimmermann 35
   Société de Géographie et d'Études Coloniales de Marseille, par M. Gaston Valran 36
   Société Languedocienne de Géographie (Montpellier), par M. le commandant Désiré Bordier 38
   Société de Géographie de l'Est (Nancy-Epinal), par M. P. Collesson ... 39
   Société de Géographie d'Oran, par M. Leclerc 40
   Société de Géographie de Paris, par M. Frédéric Lemoine 41
   Société de Géographie Commerciale de Paris, par M. Blondel 43
   Société de Géographie de Roubaix, par M. Boulenger 44
   Société de Géographie de Rochefort, par M. le capitaine Trivier 45
   Société de Géographie de Saint-Omer, par M. César de Givenchy 46
   Société de Géographie Commerciale de Paris (section tunisienne), par M. Dollin du Fresnel 47
   La France Colonisatrice, par M. Ed. Buchère 49
   Union Coloniale Française, par M. Marcaggi 50
Motion sur la suite donnée aux vœux du Congrès, par M. Paul Hazard ... 53
Des modifications à apporter aux programmes et à la méthode de travail du Congrès, par M. Paul Hazard 54

GÉOGRAPHIE GÉNÉRALE

Japonais et Coréens, esquisses historique et économique, par M. Arthur de Claparède 57
Étude sur la Géographie chez les Arabes, par M. Bechir Sfar 71

	Pages
Note sur les travaux de l'explorateur Joseph Martin en Sibérie orientale (1877-1887); remarques sur ses voyages inédits en Chine et au Thibet (1888-1892), par M. Allemand-Martin	93
Adoption d'une dénomination internationale pour les noms géographiques, par M. le lieutenant Grillières	99
L'Esperanto et la Géographie, par M. Poulain	101
Situation de la Pêche côtière en Bretagne, par M. A. Legrand	103
Les Monographies dans l'Afrique du Nord, par M. Charles-René Leclerc	109

GÉOGRAPHIE ÉCONOMIQUE

Relations commerciales de Bordeaux avec la Tunisie, par M. Henri Busson	129
Etude de la modification de la loi douanière actuellement en vigueur en Tunisie, par M. Randet	131
Ce que l'Etude de la Géographie économique a fait de progrès depuis trente ans et ce qu'on doit encore attendre d'elle, par M. Gauthiot	135
De la nécessité de la création d'un service maritime postal régulier entre Tunis et la métropole, avec escales en Corse, par M. Grébauval	137
Importance pour nos colonies du mouvement protectionniste anglais, par M. Blondel	139
De la nécessité d'une Etude côtière de l'Algérie et de la Tunisie en vue du développement de la pêche maritime, par M. Marcaggi	145
Un voyage à Rouen... et ailleurs, par M. le capitaine Trivier	151
La littérature populaire des Israélites tunisiens, par M. Eusèbe Vassel	159
De la nécessité d'une Ligue maritime française, par M. Cloarec	161
Le port de Dunkerque et ses relations avec l'Afrique du Nord, par M. Thomas Deman	165

GÉOGRAPHIE RÉGIONALE

Les Mines et les Lignes de communication en Tunisie, par M. Belbezé	169
L'Avenir des Mines en Tunisie, par M. Sogno	173
Mœurs, coutumes, traditions et légendes tunisiennes : La Légende arabe des Sept Dormants et les ruines d'El-Guedima, par M. Hamou ben Bou Diaf	181
Notes sur le voyage du cheikh El Hachaïchi dans la Régence de Tripoli, par M. Serres	203
Des Ressemblances géographiques qui existent entre la région de Tunis et la région d'Oran, par M. Monchicourt	205
Note sur un Essai de Géographie apicole de la Tunisie, par M. Félix Ducroquet	207

GÉOGRAPHIE COLONIALE

L'Afrique Occidentale Française, par M. Henri Lorin	211
Comment faciliter à la Jeunesse les Voyages à l'étranger et aux colonies, par M. Buchère	213
Renseignements sur la Flore arbustive et herbacée des pays parcourus par les membres chargés de missions, par M. Guillochon	217

	Pages
De l'Utilisation des populations du nord de l'Afrique pour la mise en valeur du Soudan, par M. le Dr Bertholon	221
Le Rôle social de la France en Tunisie, par M. G. Valran	227
La Voie Transafricaine de Tunisie à Loango par le Tchad, par M. le commandant Désiré Bordier	235
L'Ouenza-Bizerte, par M. Paul Bonnard	245
Le Transsaharien (Méditerranée-Bilma-le Tchad), par M. Paul Bonnard	251
L'Assistance médicale des indigènes et les Auxiliaires médicaux, par M. le Dr Brunswick-Le Bihan	259
Les Colonies africaines allemandes, par M. Georges Blondel	261
La Main-d'Œuvre dans nos Colonies de l'Afrique centrale, par M. Raymond Colrat	265
Séance de clôture	269
Liste des Vœux maintenus par le Comité du Congrès	269
Discours de clôture du Congrès, prononcé par M. Stephen Pichon	272
Récompenses honorifiques	275
Suite donnée aux vœux du Congrès	277
Conférences :	
Voyage au Gharb marocain et à Fez, par M. Destrées	279
Le Climat et les Régions naturelles de la Tunisie, par M. Ginestous	281
A travers la Sibérie orientale et la Mandchourie, par M. Paul Labbé	283
Le Maroc, par M. le marquis de Segonzac	285
La Tripolitaine, par M. Mehier de Mathuisieulx	295
L'Expansion coloniale de la France, par M. Henri Lorin	297
Banquet	305
Inauguration du Salon de la Société tunisienne des Beaux-Arts	309
Les Excursions :	
A Bizerte	313
Aux environs de Tunis	319

www.ingramcontent.com/pod-product-compliance
Lightning Source LLC
Chambersburg PA
CBHW070607160426
43194CB00009B/1215